"十三五"普通高等教育工程管理和工程造价专业系列规划教材
国家自然科学基金（71402045）资助出版物

工程项目管理原理

主　编　王卓甫　王文顺
副主编　丁继勇　高　辉　赵　利
参　编　李慧敏　石晓波　杨志勇　张　辉
主　审　成　虎

机械工业出版社

在市场经济环境下，工程项目与其他类型项目相比具有其特殊性，主要表现在：工程项目实施过程是一种交易过程，这种交易过程与常规商品/物品的交易过程不同，为"先订货，后生产""边交易，边生产"；加之工程项目实施过程的参与主体较多，因而工程项目管理总体更为复杂。针对这一特点，本书分三篇介绍工程项目管理原理：第1篇为工程项目及其立项、融资与组织，主要介绍工程项目及其管理、工程项目立项与决策、工程项目融资和工程项目组织框架；第2篇为工程项目交易与治理，主要介绍建设单位的工程项目交易规划、工程项目招标与合同、工程项目投标以及工程项目交易治理；第3篇为工程项目承包与实施管理，主要介绍建筑企业及其项目部的项目管理，包括工程项目承包组织与整体管理，工程项目进度管理、工程项目质量管理和工程项目成本管理，工程施工项目采购与分包管理，以及工程项目 HSE 管理、工程项目风险管理和工程项目信息管理，并简要介绍了国际工程承包管理。

本书为高等学校工程管理、工程造价本科专业教学用书，也可作为土木工程、水利工程以及工商管理学科下属相关专业的教学参考书，还可作为从事工程项目管理实务的相关人员，如工程建造、工程监理等人员的学习和参考用书。

图书在版编目（CIP）数据

工程项目管理原理/王卓甫，王文顺主编. —北京：机械工业出版社，2019.6

"十三五"普通高等教育工程管理和工程造价专业系列规划教材

ISBN 978-7-111-62379-3

Ⅰ.①工… Ⅱ.①王… ②王… Ⅲ.①工程项目管理-高等学校-教材 Ⅳ.①F284

中国版本图书馆 CIP 数据核字（2019）第 058196 号

机械工业出版社（北京市百万庄大街 22 号 邮政编码 100037）
策划编辑：林 辉 责任编辑：林 辉 何 洋
责任校对：张 力 封面设计：张 静
责任印制：邮 敏
河北鑫兆源印刷有限公司印刷
2019 年 6 月第 1 版第 1 次印刷
184mm×260mm·22 印张·546 千字
标准书号：ISBN 978-7-111-62379-3
定价：55.00 元
凡购本书，如有缺页、倒页、脱页，由本社发行部调换

电话服务 网络服务
客服电话：010-88361066 机工官网：www.cmpbook.com
　　　　　010-88379833 机工官博：weibo.com/cmp1952
　　　　　010-68326294 金 书 网：www.golden-book.com
封面无防伪标均为盗版 教育服务网：www.cmpedu.com

"十三五"普通高等教育工程管理和工程造价专业系列规划教材

编审委员会

序

住房和城乡建设部高等学校工程管理和工程造价学科专业指导委员会（简称教指委）组织编制了《高等学校工程管理本科指导性专业规范（2014）》和《高等学校工程造价本科指导性专业规范（2015）》（简称《专业规范》）。两个《专业规范》自发布以来，受到相关高等学校的广泛关注，促进他们根据学校自身的特点和定位，进一步改革培养目标和培养方案，积极探索课程教学体系、教材体系改革的路径，以培养具有各校特色、满足社会需要的工程建设高级管理人才。

2017年9月，江苏、安徽等省的高校中一些承担工程管理、工程造价专业课程教学任务的教师在南京召开了具有区域性特色的教学研讨会，就不同类型学校的工程管理和工程造价这两个专业的本科专业人才培养目标、培养方案以及课程教学与教材体系建设展开研讨。其中，教材建设得到机械工业出版社的大力支持。机械工业出版社认真领会教指委的精神，结合研讨会的研讨成果和高等学校教学实际，制订了"十三五"普通高等教育工程管理和工程造价专业系列规划教材的编写计划，成立了该系列规划教材编审委员会。经相关各方共同努力，本系列规划教材将先后出版，与读者见面。

"十三五"普通高等教育工程管理和工程造价专业系列规划教材的特点有：

1）系统性与创新性。根据两个《专业规范》的要求，编审委员会研讨并确定了该系列规划教材中各教材的名称和内容，既保证了各教材之间的独立性，又满足了它们之间的相关性；根据工程技术、信息技术和工程建设管理的最新发展成果，完善教材内容，创新教材展现方式。

2）实践性和应用性。在教材编写过程中，始终强调将工程建设实践成果写进教材，并将教学实践中收获的经验、体会在教材中充分体现；始终强调基本概念、基础理论要与工程应用有机结合，通过引入适当的案例，深化学生对基础理论的认识。

3）符合当代大学生的学习习惯。针对当代大学生信息获取渠道多且便捷、学习习惯在发生变化的特点，本系列规划教材始终强调在要求基本概念、基本原理描述清楚、完整的同时，给学生留有较多空间去获得相关知识。

期望本系列规划教材的出版，有助于促进高等学校工程管理和工程造价专业本科教育教学质量的提升，进而促进这两个专业教育教学的创新和人才培养水平的提高。

王卓甫

2018年9月

前　言

在现代市场经济环境下，工程项目实施过程本质上是一市场交易过程。随着专业分工细化、工程复杂程度提升和工程规模扩大，这种市场交易的复杂程度及参与主体的数量也在不断增长。传统的项目管理理论和方法已难以完全适应现代工程项目管理的需要，如创立于1969年的美国项目管理学会（Project Management Institute，PMI）早在20世纪80年代末就率先提出了项目管理的知识体系（Project Management Body of Knowledge，PMBOK），到目前已推出了第6版，但PMBOK对建设单位始终难以起到系统的指导作用。又如，我国2017年颁布《建设工程项目管理规范》（GB/T 50326—2017），试图用于同时指导建设单位和工程承包人的项目管理活动。但客观上来说，这几乎是不可能的。由于工程项目交易主体分为项目买方（建设单位/发包方）和项目卖方（建筑施工企业/承包方），在工程交易过程中，双方所处的环境、追求的目标以及管理或治理的对象不尽相同，且在交易过程中双方之间还存在博弈。因此，一个知识体系一般难以同时满足交易双方应用的需要；一个规范或标准也难以同时系统地规范交易双方的行为，除非在规范或标准的各条款中明确适用对象。

基于上述认识，我们突破现有许多工程项目管理教材的框架，将工程项目知识体系分为项目立项过程管理、以项目发包方为主导的工程交易过程管理以及以项目承包方为主体的项目实施过程管理三个子体系。通过这样的划分，明确相关知识点的理论基础，主要应用场合，以及能解决什么样的问题等，进一步帮助读者明确学习方向，促进学与用结合。本书共分为三篇，17章。第1篇为工程项目及其立项、融资与组织，主要介绍工程项目及其管理、工程项目立项与决策、工程项目融资和工程项目组织框架；第2篇为工程项目交易及其治理，主要介绍建设单位的工程项目交易规划、工程项目招标与合同、工程项目投标以及工程项目交易治理；第3篇为工程项目承包与实施管理，主要介绍建筑企业及其项目部的项目管理，包括工程项目承包组织与整体管理，工程项目进度管理、工程项目质量管理和工程项目成本管理，工程施工项目采购与分包管理，以及工程项目HSE管理、工程项目风险管理和工程项目信息管理，并简要介绍了国际工程承包管理。

本书为高等学校工程管理、工程造价本科专业教学用书，也可作为土木工程、水利工程以及工商管理学科下属相关专业教学参考书，还可作为从事工程项目管理实务的相关人员，如工程建造、工程监理等人员的学习和参考用书。

本书由王卓甫编写绪论和第1、2、4、8章，并负责全书策划和统稿；李慧敏编写第3章；丁继勇编写第5、6、7章；王文顺编写第9、14章；赵利编写第10、13章；张辉编写第11章；石晓波编写第12章；高辉编写第15、16章；杨志勇编写第17章。此外，安晓伟、王小丽、马天宇、韩涵、乔然、刘娜、朱保霞、陆如霞、周雪峰和张宇也参加了本书的部分资料搜集与整理工作。东南大学成虎教授在百忙之中对本书进行了精心审阅，提出了许多宝贵意见和建议，使本书得到进一步完善。在此表示衷心的感谢。

本书在编写过程中参考了大量相关文献，谨向所有作者表示深深的感谢。工程项目管理理论和实践在不断发展，本书在内容、结构上的探索还有待实践的检验，期望同行专家、读者们提出宝贵意见或建议，不胜感激。

本书出版受到国家自然科学基金（71402045）资助。

编　者
2018 年岁末于南京秦淮河畔

目　录

第2篇 工程项目交易与治理

第3篇 工程项目承包与实施管理

绪　论

■ 0.1　工程项目在现代经济社会发展中的重要作用

0.1.1　现代经济社会发展中的工程项目

工程项目，即建设工程项目，是指人们根据经济社会发展需要而动工兴料、改造自然，进而构造"人工自然"的活动。这一活动需要消耗大量人力、物力和财力，特别是现代工程项目建设，面临的经济社会发展需求在提升，构造"人工自然"环境的复杂程度也在提升。总结 21 世纪以来建成的重大工程，具有下列几个显著特点：

1. 工程项目立项影响因素多、决策复杂、论证过程历时长

其中最著名的几项工程有长江三峡工程、南水北调工程、港珠澳大桥工程等，从项目提出到开工建设历时几十年。

长江三峡工程，即长江三峡水利枢纽工程或三峡水电站工程，位于湖北省宜昌市境内的长江西陵峡段，是目前世界上规模最大的水电站工程。1919 年，孙中山先生在《建国方略之二——实业计划》中提出建设三峡工程的设想；1953 年，毛泽东主席在听取长江干流及主要支流修建水库规划的介绍时，希望在三峡修建水库，以"毕其功于一役"。但三峡工程真正开工是 1994 年，第一台机组发电是 2003 年，最后一台机组发电是 2012 年。三峡工程坝顶高程 185m，蓄水水位 175m，防洪库容 221.5 亿 m^3，水库调洪可削减洪峰流量达 27000 ~ 33000 m^3/s，属世界水利工程之最；安装 32 台 700MW 和 2 台 50MW 水轮发电机组，装机总容量达到 22500MW，成为世界最大的水力发电站和清洁能源生产基地。三峡工程的建成大大缓解了长江中下游地区的防洪压力以及上海、江苏等地用电紧张的局面，但涉及的 110 多万名移民安置问题以及对生态环境的影响问题还在逐步解决。

南水北调工程是我国为缓解华北地区水资源短缺而实施的战略性工程，分东、中、西三条线路，已建成中线和东线工程。其中，东线工程起点位于江苏扬州江都水利枢纽，供水区域为山东、河北、天津等省（市）；中线工程起点位于湖北汉江上游的丹江口水库，供水区域为河南、河北、北京、天津四个省（市）。1954 年，毛泽东主席视察黄河时提出南水北调工程，经 50 多年的方案比较、论证，东线、中线工程分别于 2002 年、2003 年才开工建设，并分别于 2013 年、2014 年正式通水。

港珠澳大桥工程是连接香港、珠海、澳门的超大型跨海通道，全长 55km，是目前世界

最长的跨海大桥。1983 年，我国香港商人及建筑师胡应湘先生率先提出兴建连接香港与珠海的跨境大桥；1987 年，珠海市政府开始酝酿开辟珠港跨海通道；2002 年，香港特区政府向中央政府提出了修建港珠澳大桥的建议；直到 2009 年年底，工程才正式开工建设；2017 年年底具备通车条件；2018 年 10 月正式通车。港珠澳大桥"海中桥隧"长 35.578km，按 6 车道高速公路标准建设，设计行车时速 100km。

2. 工程项目投资规模大

现代工程项目，特别是重大工程项目，投资规模巨大。例如，2003 年第一台机组开始发电的三峡工程，静态投资约 1350 多亿元人民币；南水北调东、中线工程概算投资约 1010 亿元，其中东线 420 亿元，中线 590 亿元；港珠澳大桥工程造价超过 720 亿元人民币，由中央以及粤、港、澳三地政府共同出资兴建。2014—2020 年，国家计划投资建设 172 项重大水利工程项目。其中，规模较小的重庆市南川金佛山水利枢纽工程，概算投资 20.4 亿元；规模较大的引江济淮工程，估算总投资 912.7 亿元（包括安徽省和河南省）。可见现代重大工程项目的投资规模巨大。

3. 工程项目技术复杂

许多工程项目建设条件十分恶劣，对建设技术提出了高要求。例如，港珠澳大桥的"海中桥隧"，其中"隧"为 6.7km 的海底深埋沉管隧道，由每节排水量达 8 万 t、33 节长约 180m 巨形沉管和 1 个合龙段最终接头组成，最大安装水深超过 40m。海底隧道基槽、碎石基床铺设，巨形沉管的加工、制作，以及运输和对接施工过程中，要求管身不裂缝，管节对接后不脱落，这些均是世界级难题。最终建设者们将难题一一攻克，高质量地建成了这一国内首条外海沉管隧道，也是当今世界上埋深最大、综合技术难度最高的沉管隧道。

我国西南地区的公路、铁路桥梁工程项目技术复杂。高速公路北盘江大桥跨越云贵两省交界的北盘江大峡谷，全长 1341.4m，桥面到谷底垂直高度 565.0m，比国外最高桥梁巴布亚新几内亚海吉焦峡谷大桥（管道桥）高出近 100 m；高铁南盘江特大桥全长 852m，主桥单跨 416m，比著名的美国胡佛水坝公路大桥长 87m，桥面凌空高出江面 270m。在数百米高的桥墩建设中，大体积混凝土温度控制、施工监控等成为这类工程建设的关键技术。

4. 工程项目管理要求高

工程项目管理包括项目立项的管理和项目实施的管理。现代经济社会发展，对工程项目提出更高的要求，包括工程功能要求和对生态环境影响控制的要求。如何用最小的投资或成本最大限度地满足这些要求，是工程项目立项决策要解决的问题；在工程项目立项后，又如何实现工程项目目标，这对工程项目管理者又是一项挑战。一方面，现代工程项目技术越来越复杂、项目技术风险越来越大，对项目实施过程的协调、控制精准程度的要求在不断升级；另一方面，经济社会发展，对工程项目需求也在升级，加之市场波动，对工程项目目标的实现会构成威胁。以上两方面均要求项目管理要与时俱进，不断提高水平。

0.1.2 工程项目对促进经济社会发展的重要作用

1）大规模基础设施项目的实施，改变了电力供应、交通运输等方面的紧张状态，为工农业生产的可持续发展插上了翅膀。三峡工程是我国"西电东送"工程中线的巨型电源点，所发的电力主要售予华中电网的湖北省、河南省、湖南省、江西省、重庆市，华东电网的上海市、江苏省、浙江省、安徽省，以及南方电网的广东省，可缓解我国电力供应的紧张局面。自 2003 年以来，我国公路建设取得了高速发展，至 2013 年年底，全国公路总里程达 435.62 万 km，高速公路总里程达 10.44 万 km，形成了四通八达的密集网络；高速铁路建设初步形成网络，建设水平、运营里程为世界第一，已经成为我国走向世界的一张名片。电力、交通等基础设施的发展，有力地促进了我国工业、农业、商业等的可持续发展和高速增长。

2）由工程项目形成的建筑业是国民经济的重要组成部分。建筑业所完成的产值在社会总产值中占有相当比重，所创造的价值也是国民收入的重要组成部分。建筑业是国民经济的支柱产业之一。2016 年，我国建筑业总产值突破 19 万亿元。国家统计局发布 2016 年度国民经济数据，其中，国内生产总值 744127 亿元，同比增长 6.7%；全国建筑业总产值为 193567 亿元，比上年同期增长 7.1%；固定资产投资增速放缓，同比增长 8.1%。我国建筑业增加值增长率一直高于国内生产总值增长率和工业增加值增长率。

3）由工程项目而形成的建筑业，通过吸收大量的物料或中间产品带动其他相关部门的发展。建筑业的生产对相关产业的影响较大，促进了建材、冶金、有色金属、化工、轻工、电子、森工、运输等 50 多个相关产业的发展。建筑业物资消耗占全国各业总消耗量的比例很高，分别占钢材的 25%、木材的 40%、水泥的 70%、玻璃的 76%、塑料的 25%、运输量的 28%。建筑业能够吸收国民经济各部门大量的物质产品，建筑生产可以带动许多相关部门生产建筑产品的生产活动，也是物质资料的消费过程。据统计，仅房屋工程所需要的建筑材料就有 76 大类、2500 多个规格、1800 多个品种，包括建筑材料、冶金、化工、森工、机械、仪表、纺织、轻工、粮食等几十个物质生产部门。

4）由工程项目而形成的建筑业，能够容纳大量劳动力，是重要的劳动就业部门。我国建筑业目前仍是劳动密集型部门，能容纳大量的就业人员，成为主要就业部门，在整个国民经济就业人数的构成中占有较大的比例，尤其是为农村的剩余劳动力提供了一条方便的就业途径，为缓解我国的就业压力做出了贡献。

■ 0.2　工程项目管理的目标、任务以及对项目成功的影响

0.2.1　工程项目管理的目标和任务

1. 工程项目管理的目标

工程项目是为满足经济社会发展需要，而建造"人工自然"的一种努力；而工程项目管理是将知识、技能、工具与技术应用于工程项目的活动，以提高工程项目质量，进而满足经济社会发展需要。然而，在工程项目实施过程中，为满足这种需要，是有一定条件约束或限制的，包括建设环境、建设资金和建设时间等。此外，在市场经济条件下，工程项目由多个主体参与，各主体追求的管理目标不尽相同。因此，满足经济社会发展的需要是工程项目投资方初始的、整体的、宏观的目标；随着工程项目活动的深入，项目投资方一般有工程项目的具体建设管理目标，包括工程产品的功能和品质、建设时间范围、建设环境保护和建设投资控制等；而对于工程项目其他参与各方，也均有各自的管理目标，一般包括进度、质量、成本和安全等。

2. 工程项目管理的任务

工程项目管理总体包括项目立项和项目实施两个过程，参与主体众多，可分为两类：一是项目投资方（包括投资方构建或委托的建设单位或项目法人）；二是项目承包及咨询方（包括为投资方提供咨询服务或产品的工程设计公司、工程监理公司、工程施工公司、工程设备生产厂商等）。它们的工程项目管理任务不尽相同。

1）项目投资方的工程项目管理任务。一般包括：工程项目立项过程的项目策划、项目可行性研究、项目报批等方面的管理工作，以及工程项目实施过程的项目设计管理、项目发包招标管理、工程实施过程的项目治理和项目验收管理等。

2）项目承包及咨询方的工程项目管理任务。一般包括：工程投标组织与决策、工程中标后的合同分析与项目目标确定，以及项目质量、进度、成本和安全等的目标管理。

0.2.2 工程项目的使命和成功的标准

工程项目的使命总体来说是满足经济社会发展的需要；具体而言，工程项目既包括满足国民经济各项事业发展需要的交通运输、机场、港口、桥梁、通信、学校、水利及城市供排水供气等公共工程项目，也包括改善人们居住条件所需的房屋建筑工程。

目前国内外还没有工程项目成功的统一标准。但一般认为，成功的工程项目应具有下列特征：

1）工程项目实施过程和产品交付后，项目相关者都感到满意。

2）与环境协调，即工程项目所形成局部的"人工自然"能被它的上层系统所接受。

3）工程项目的最终交付成果应能够满足预定的使用要求，能经济、安全、高效率地运行，并提供完备的运行条件。

4）在预算费用范围内完成，尽可能地降低资源消耗，以保证项目的经济性要求。

5）在预定的时间内按计划、有秩序、顺利地完成项目建设，没有发生事故或其他损失，达到预定的项目总目标。

6）工程项目具有可持续发展的能力和前景。

0.2.3 工程项目立项管理对工程项目成功的影响

工程项目立项是投资方对项目目标、项目方案进行财务、经济、环境等多方面分析、评估和论证后，认为可行，并报政府相关部门审批、核准或备案，进而列入实施计划的过程。显然，工程项目立项是确定项目目标和方案的过程，其与工程项目的功能、品质、经济性以及对环境的影响直接相关。因而，工程项目立项管理是否科学合理，对工程项目能否取得成功影响很大。试想，若工程项目立项有问题，即"先天不足"，不论项目实施过程如何努力，这种不足都是很难弥补的。例如，黄河三门峡水利枢纽工程，位于黄河中游下段，连接河南、山西两省，控制流域面积占黄河总流域面积的 91.5%、来水量的 89%、来沙量的 98%。该工程于 1957 年 4 月动工，1961 年 4 月建成投入运用。枢纽建筑物包括混凝土重力坝、表孔、底空、泄洪排沙钢管、电站厂房等。大坝基本建成后，于 1960 年 9 月至 1962 年 3 月为蓄水拦沙运用期。在约一年半的时间里，水库泥沙淤积严重，严重威胁关中平原和西安市的安全。为了减少库区淤积，从 1962 年 3 月起，水库运用方式由"蓄水拦沙"改为"滞洪排沙"，暂不考虑发电和灌溉，同时拆除已安装的唯一一台 150MW 机组。这次改建减少了库区淤积，但泄流排沙能力仍不足，库区冲淤难以达到平衡。因此，1969 年 6 月，确定对枢纽泄洪设施进一步改建。1973 年 10 月起水库开始采取非汛期蓄"清水"兴利，汛期排"浑水"，以恢复库容的"蓄清排浑"运用方式，基本实现了年内泥沙冲淤平衡，控制了淤积上延。显然，该工程项目不能算是一个成功的项目。其原因就是工程项目立项管理存在问题，形成"先天不足"。

0.2.4　工程项目实施管理对工程项目成功的影响

工程项目立项管理的主要任务是保证项目实施方案的科学合理，这是工程项目成功的基础。工程项目要想取得成功，离不开工程项目实施管理。工程项目实施管理主要对项目的工程质量、建设工期、工程投资和施工安全产生影响。例如，重庆綦江彩虹桥坍塌事件中，数十名过桥者随大桥坍塌坠入河中，造成 40 人死亡的严重事故。这是一起因工程项目实施质量问题而导致的重大责任事故，包括工程施工方的质量管理缺失和工程质量监督部门的工作不到位。又如，南水北调东、中线工程（一期），原计划 2002 年年底开工，2010 年前后建成通水，但由于工程项目管理上的建设资金供应、征地拆迁、工程协调等方面原因，使工程分别延误到 2013 年和 2014 年方才通水，严重影响了工程前期投资效益的发挥。

■ 0.3　工程项目管理学科的主要内容

工程项目管理包括工程项目立项管理和工程项目实施管理。在市场经济条件下，工程项目实施管理包括工程项目招标投标管理、工程发包方的项目治理和工程承包方的项目管理。

0.3.1　工程项目立项管理

工程项目立项管理，一般是以工程项目需求方或项目投资方为主体，并涉及政府相关部门的管理。其主要内容包括：工程项目目标和方案初步分析，并形成项目建议书或投资机会研究报告；工程项目可行性研究，其在对项目目标和方案进行初步研究，并认为项目基本可行的基础上，对项目及其建设条件，在技术、经济以及对环境影响等方面展开深入研究，对项目是否立项进行初步决策；若初步计划实施工程项目，则上报政府投资管理部门审批、核准或备案，必要时需组织评估项目对国民经济、环境等方面的影响。

0.3.2　工程项目实施管理

1. 工程项目招标投标管理

一般由工程项目投资方或委托/设立的建设单位为工程招标人，建设市场主体为投标人。在市场经济环境下，工程项目交易一般采用招标方式选择交易对象（即承包人），并确定工程交易合同（包括工程价格）。工程招标投标管理涉及工程招标方和投标方。工程招标方的主要管理内容包括工程交易规划、工程招标文件编制、工程招标投标组织、工程评标和决标等；工程投标方的主要管理内容包括工程投标组织、投标决策、资格预审、编制投标文件（包括报价）等。

2. 工程发包方的项目治理

通过工程招标，确定工程承包人和工程合同价，这仅是工程交易的开始，而工程实质性的交易是在此后工程项目的实施过程中，即工程项目交易具有"边实施、边交易"的特性。由于工程交易合同具有不完全性，以及工程承包人总是以利润最大化为追求目标，因此出现了工程交易治理或项目治理的概念。发包方项目治理的主要依据是工程合同；治理参与方为发包方、"第三方"和承包人；发包方经常委托"第三方"（"工程师"或监理工程师或建筑师）对项目进行监管。治理基本机制包括合理分配风险、监督和激励。第三方监管的具体方法包括现场记录、下达指令文件、旁站监理、巡视检验、跟踪检测和平行检测等。

　　3. 工程承包方的项目管理

　　投标人通过工程投标，一旦中标，就成了工程项目承包人，接下来的任务是按工程合同规定要求实施合同范围内的工程项目。工程承包方项目管理的内容包括合同范围内的项目整体管理（包括确定项目目标、项目组织、项目总计划等）、项目进度管理、项目质量管理、项目成本管理、项目采购与分包管理、项目风险管理，以及项目健康、安全与环境管理等。

■ 0.4　工程项目管理课程的特点和学习要点

0.4.1　工程项目管理课程的特点

　　1）工程项目管理课程涵盖内容丰富。工程项目有多种类型，而不同类型的工程项目在管理上存在较大差异。例如，按工程项目经济属性，可将其分为公益性项目和经营性项目。而对于这两类工程项目，不论立项过程还是项目管理组织方面均存在较大差异，有必要分别介绍。又如，在市场经济条件下，实施一个工程项目，参与主体至少有两方：一方是工程发包方（投资方或其委托/组建的建设单位）；另一方是工程承包方。其中，工程承包方是具体建造/生产工程产品方；而工程发包方的主要任务是对承包方进行监管，并向承包方支付工程款项。因此，目前在工程实施中，常将工程发包方的行为也称为项目管理。事实上，工程发包方的这种项目管理与工程承包方的项目管理存在本质的差别。在理论上，若细分，应将该工程项目实施中工程发包方对工程承包方的监管等行为称为项目治理；但从工程项目整体视角看，该项目治理是工程项目管理的组成部分，其相关知识点有必要在工程项目管理课程中介绍。

　　2）工程项目管理课程内容相关性强。工程项目管理涉及项目立项和项目实施这两个相对独立阶段的管理。然而，实施阶段的管理总是以立项的成果作为依据的。这是工程项目较为宏观层面的相关性。在工程项目管理课程中，一般分别设有工程项目招标和工程项目投标两个不同的章节，以分别介绍它们的知识点。但事实上，工程项目招标投标过程是工程招标方和投标方两个主体互动或博弈的过程，这两个章节的内容难以分割。工程合同管理也有同样的问题。目前许多书籍基本上是在介绍工程发包方的合同管理，事实上，工程承包方也在考虑如何通过加强合同管理，获取更多的收益和利润。因此，工程项目管理课程内容相互交织，有必要系统学习，才能掌握其精髓。

　　3）开设工程项目管理课程的院校众多。据调查，绝大多数设有工程管理与工程造价专业的院校，基本都开设了工程项目管理课程。一般认为该课程是专业课程的龙头课程，起着引领其他专业课程的作用。然而，该课程又具有内容丰富、相关内容联系紧密等特点。如何安排本课程的教学？如何处理好与其他专业课程的关系？通过总结多年教学实践，并征求相关专家教授的意见，笔者在本书中试图做到以下两点：一是希望本课程能覆盖工程项目管理所涉及的项目立项和实施管理，以及项目实施中工程发包方和承包方的项目管理或治理的主要内容，并做系统介绍；二是在教材篇幅和学时有限的条件下，对各部分内容安排详略适度。对工程项目管理的核心、重点内容，如工程项目估价、工程项目合同管理等，在本课程仅简要介绍，甚至仅简要介绍概念；对工程项目管理中的一般内容，并且在后续课程没有介绍的，如工程项目立项的相关内容，则在本课程做具体介绍。

0.4.2 工程项目管理课程的学习要点

1）本课程内容相当繁杂，要抓住主线去学习。本书结构可分为工程项目及其立项、融资与组织，工程项目交易及其治理，以及工程项目实施管理，总共三大块知识体系。每块知识体系有其自身的理论基础和内在逻辑，每块知识的应用有其独立性，也有内在的联系。

2）本课程涉及的概念很多，有些概念边界并不十分清晰，要求在学习过程中系统把握。例如，项目管理、项目治理、项目控制等概念可能边界不是十分清晰，但在学习时应进一步确定：它们的主体是什么？客体是什么？在什么环境下提及这些概念的？这时对这些概念就容易把握了。

3）本课程涉及的基础理论或知识点也较多，因此首先要选修相关课程。这些课程包括工程技术、管理学、经济学、系统科学/运筹学和法律基础等。因此，在学习本课程前，建议对这些基础理论或知识点进行系统学习。当然，在这些内容十分丰富的基础理论或知识点中，可以选择一些与工程项目管理密切相关的内容学习。例如，对工程技术知识，本课程主要涉及工程结构和工程施工；对经济学知识，本课程主要涉及工程经济学；对系统科学知识，本课程主要涉及图论和决策理论等。

4）根据本课程的内容和特点，学习时应着眼于掌握基本概念、基本原理、基本方法，结合每章前面的"本章知识要点与学习要求"，以及每章后面的"思考题和习题"，对课程内容进行归纳、总结，并通过课程设计和毕业设计等实践环节，有效掌握本课程的内容。

第1篇

工程项目及其立项、融资与组织

工程项目，即建造"人工自然"的项目，既是经济社会发展水平的标志，也是进一步发展的基础。工程项目的实施过程是人类生产活动的组成部分，但与一般物品生产相比，其组织方式、生产环境不同，同时，生产过程和生产完成后所获"人工自然"对周边环境（包括生态环境、经济社会环境）有着不同程度的影响。因而，工程项目，特别是重大工程项目的立项一般存在一个复杂且漫长的论证过程，这不完全取决于项目发起人或投资人的需要，还受到"人工自然"周边环境因素（包括自然环境和经济社会发展环境）的制约。建设工程项目需要大量资金，但一般项目发起人或投资人不足以提供全部建设资金，需要通过适当方式融资，以弥补建设资金的不足。建设工程项目还要消耗大量资源，这需要依靠社会组织力量才能完成，特别在现代社会，随着专业分工细化和市场的发育，工程项目实施的组织更显重要，但也十分复杂。

本篇作为本书的首篇，主要介绍工程项目管理的基本内容，包括工程项目的基本概念以及工程项目的立项、融资和组织。其中，由于项目组织的内涵相当丰富，管理也十分复杂，因此在此仅介绍基本框架，详细内容将在后续相关章节中具体介绍。

本篇涉及的基础理论主要有系统科学、新制度经济学和组织论等，主要知识点可供项目投资人/发起人或建设单位等相关人员参考。

第1章

工程项目及其管理

本章知识要点与学习要求

序　号	知识要点	学习要求
1	工程、项目与工程项目的内涵	掌握
2	工程项目特殊性与系统性，以及寿命期与实施程序	熟悉
3	工程项目分类与分解方法	熟悉
4	工程项目主要利益相关者及其关系	掌握
5	工程项目管理与工程项目治理的内涵	掌握
6	工程项目管理在我国的发展	了解
7	工程项目管理主要过程和知识体系框架	了解

什么是工程项目？什么是工程项目管理？回答好这两个问题是把握工程项目管理原理的第一环，也是十分重要的一环。

■ 1.1　工程、项目与工程项目

1.1.1　工程与项目

在现代经济社会生活中，"工程"和"项目"两个词的内涵十分丰富。

1. 什么是工程

18世纪，欧洲创造了"工程"一词，其本来的含义是有关兵器制造、具有军事目的的各项劳作，后扩展到许多领域，如建筑楼宇、架桥修路、制造机器等。而在现代社会生活中，"工程"被广泛应用于各领域，其内涵也存在较大差异。综合《辞海》（2009版）等相关文献，可将工程的内涵归纳为以下三个方面：

1）人们将自然科学的原理应用到工农业生产各部门中去，从而形成的各学科的总称，即工程（Engineering），如土木工程、水利工程、生物工程、软件工程等。

2）人们为满足经济社会发展需要，有效地利用资源而开展的造物（人工自然）活动，并得到的"人工自然"，即建设工程（Construction Project），如住宅小区、摩天大楼、高速公路、水电站等。

3）为实现特定目标，或提供特定产品或成果，科学投入人力、物力而开展的一次工作或做出的临时努力。例如，"希望工程"是团中央、中国青少年发展基金会于1989年发起的以救助贫困地区失学少年儿童为目的一项公益事业，其宗旨是建设希望小学、资助贫困地区失学儿童重返校园、改善农村办学条件；又如，"211 工程"是国务院于 1995 年启动的，其目标是面向 21 世纪、重点建设 100 所左右的高等学校和一批重点学科。

2. 什么是项目

与"工程"类似，"项目"（Project）这一概念在现代社会中也被广泛应用，而不同领域、不同组织或标准对"项目"的定义也存在一定的差异：

1）德国国家标准 DIN 69901 认为，项目是指在总体上符合下列条件的唯一任务（计划）：具有预定的目标；具有时间、财务、人力和其他限制条件；具有专门的组织。

2）美国项目管理协会（Project Management Institute，PMI）认为，项目是为提供某项独特产品、服务或成果所做的临时性努力。

3）《质量管理——项目管理质量指南》（ISO 10006）将项目定义为由一组有起止时间的、相互协调的受控活动所组成的特定过程，该过程要达到符合规定要求的目标，包括时间、成本和资源约束条件。

不同组织或标准对项目有不完全相同的定义，但项目的基本要点（可能是隐含的）是类似的：

1）项目应有专门的组织或主体去实施。

2）项目应具有预定的目标。

3）项目的实施会受到某些条件制约。

1.1.2 工程项目

1. 什么是工程项目

比较工程与项目这两个词的内涵可以发现，工程有一种内涵与项目类似。本书中工程的内涵是指造物活动，其中物为"人工自然"，即建设或建造"人工自然"的活动。

工程项目（Construction Project）也称建设工程项目，在我国的 GB/T 50326—2017《建设工程项目管理规范》中定义为：完成依法立项的新建、扩建、改建工程而进行的、有起止日期的、达到规定要求的一组相互关联的受控活动，包括策划、勘察、设计、采购、施工、试运行、竣工验收和考核评价等阶段。该定义的特点是：一是针对整个工程项目；二是从工程项目投资方的视角出发。事实上，工程项目参与方经常很多，相关参与方可能是做整个项目的某一方面或某一部分，他们在做工程项目，因而也存在项目管理的问题。本定义的适用范围较窄，并不适用于投资方以外的项目参与方。

本书将工程项目定义为，为满足经济社会发展需要而建造"人工自然"（或某一方面、某一部分）所做的一次性努力。

这种经济社会发展需要包括：满足交通运输的需要，一般修建路桥、航道等建筑；满足改善人们住房和办公条件的需要，一般修住宅楼、办公楼；利用水能并满足提升河道防洪能力的需要，则修建水库、大坝等。

"人工自然"是指修建工程建筑后改变了原有自然环境，不论是修建路桥、电站还是修建水坝，这种对原有自然环境的改变总是存在的。除去修建工程建筑产生有利于经济社会发展的功能和作用外，这种对原有自然环境的改变也可能对经济社会发展产生不利影响。这是建设工程项目需要经过可行性研究或可行性论证的问题之一。"人工自然"的某一方面，可能是工程的设计，也可能是工程的施工等；"人工自然"的某一部分，即"人工自然"的某一组成部分。

一次性是指每个工程项目（或某一部分）均有它们的开始和结束，当工程项目的目的已经达到，或者已经清楚地看到该目的不会或不可能达到时，或者该工程项目的必要性已不复存在并已终止时，该工程项目即达到了它的终点。一次性是指工程项目实施过程的一次性，但并不意味着时间短，大型工程项目一般要实施多年；一次性也并不意味着工程项目实施的结果是临时的，正好相反，实施工程项目所得成果一般要运行或使用几十年，甚至超过百年。例如，北京的人民大会堂已经使用了约60年，武汉长江大桥已经使用了60多年，目前仍在健康运行，估计继续运行几十年没有问题。

2. 工程项目与工程及项目的联系

工程项目中的"工程"体现了工程内涵中的一种意思，即建造"人工自然"的活动。工程项目中的项目仅指众多项目中的一种，即以建造"人工自然"为目标的一次性活动。这一活动需要由专门的组织或主体去完成，并受到建造资源、建造环境等的限制。

1.2 工程项目的特殊性与系统性

1.2.1 工程项目的特殊性

1. 工程项目实施与企业生产运作或营运的区别

人们的生产活动可分为两大类：一类是在相对封闭和确定的环境下所开展的重复性、持续性的活动或工作，如企业定型产品的生产与销售，铁路、公路客运系统的经营与运行，影院、宾馆的日常营业等。通常人们将这种活动或工作称为生产运作或营运（Operation）。另一类生产活动是在相对开放和不确定的环境下开展的，具有独特性、一次性的活动或工作，即项目；以构造"人工自然"为目的的则为工程项目。这两种不同的生产活动或工作虽然创造的都是一定的产品和服务，但是它们之间有本质的不同，主要体现在下列几个方面：

1）工作性质与内容的不同。在一般生产运作或营运中存在大量不断重复的常规性工作或劳动；而项目中则存在较多创新性的一次性工作或劳动。因为生产运作或营运工作通常是不断重复、周而复始的，所以其工作基本上是重复进行的常规作业；而每个项目都是独具特色的，其中很多工作都是开创性的。

2）工作环境与方式的不同。一般生产运作或营运的环境是相对封闭和相对确定的；而工程项目的环境是相对开放和不确定的。生产运作或营运工作中的很大一部分是在组织内部开展的，且其营运环境是相对封闭的，如企业的生产活动主要是在企业内部完成的。同时，营运中即使涉及外部环境，这种外部环境也是相对确定的。例如，企业某种产品的销售多数是在一种相对确定的环境中开展的，市场环境虽然会有一些变化和竞争，但相对而言还是比较确定的。相反，项目工作基本上是在组织外部环境下开展的，所以其工作环境是相对开放的。例如，工程项目大多是露天作业，新产品研制项目主要是针对外部市场的新需求而开发的。

3）组织与管理的不同。由于营运工作是重复的且相对确定的，所以一般生产运作或营运工作的组织是相对不变、相对持久的，生产运作或营运的组织形式基本上是分部门、成体系的。由于项目是一次性的、相对不确定的，所以一般项目的组织是相对变化的、相对临时性的，项目的组织形式多数是团队性的。

4）所得成果/产品的不同。一般生产运作或营运所得成果是较为定型的产品或服务。例如，某企业生产的某型号电视机或汽车一般是定型的，生产也是批量的，而不仅限于生产一件或几件产品。完成一个项目最后得到的成果一般具有单件性的特点，即一般一个项目最终只出一个成果，而且这个成果与其他项目的成果不同。

2. 工程项目特殊性的表现形式

工程项目除了具有一般项目所共有的整体性、目的性、一次性和被限制性等特点外，还有其特殊性。这种特殊性表现在工程项目实体的特殊性和工程项目建设过程的特殊性两个方面。

（1）工程项目实体的特殊性

1）工程项目实体规模庞大。无论是复杂的工程项目实体还是简单的工程产品，为满足其使用功能的需要，并考虑到建筑材料的物理力学性能，均需要大量的物质资源，占据广阔的空间，因而工程项目实体规模庞大。

2）工程项目实体在空间上的固定性。一般的工程项目实体均由自然地面以下的基础和自然地面以上（地下建筑则全部在自然地面以下）的主体结构两部分组成。基础承受主体结构的全部荷载（包括基础自重），并传给地基，同时将主体结构固定在地面上。任何工程产品都是在选定的地点上建造和使用的，与选定地点的土地不可分割，从建造开始直至拆除均不能移动。所以，工程项目实体的建造和使用地点在空间上是固定的。

3）工程项目实体的单件性。工程项目实体不仅规模庞大、结构复杂，而且由于建造时间、地点、地形和地质条件等方面的差异，又由于所在地建筑材料的差别以及工程项目业主对其使用要求等的不同，工程项目实体千差万别，具有单件性，很少或几乎不可能完全类同。

（2）工程项目建设过程的特殊性

1）建设周期长。工程项目实体规模庞大、工程量大，需要较长的时间才能建成，即建设周期长。一般工业企业通常一边消耗人力、物力和财力，一边生产出产品，并产生经济效益。工程建设则不同，它需要经过长期的建设才能完工投产，进而收回投资、取得效益。而在建设期间（如1年，大型工程可能要3～5年甚至更长时间），工程项目占用了大量人力、物力和财力，却不产生效益。为了更好地发挥投资效益，在工程项目的建设管理上，应尽可能缩短建设周期，及时形成生产能力或交付使用。

2）建设过程的连续性和协作性。建设过程的连续性、协作性意味着工程建设的各阶段、各环节、各协作单位、各项工作必须按照统一的建设计划有机地组织起来，在时间上不间断，在空间上不脱节，使建设工作有条不紊地进行。如果某个过程受到破坏或中断，就可能导致停工，造成人力、物力和财力的积压，并可能使工程拖期，不能按时投产或交付使用。

3）建设过程的流动性。工程项目实体的固定性，决定了建设过程的流动性。这种流动性表现在两个方面：一方面，一个工程项目建成后，建设者和施工机具便要转移到另一个项目的工地上去施工，这是建设者和施工机具在工程项目之间的大流动；另一方面，在同一建设工地上，一个工种（或作业）在某一作业面完成后撤退下来，转移到另一作业面，同时开始后续工种施工，这是建设者和施工机具在同一工程项目中的局部流动。建设过程的流动性给建设者的生活安排带来了诸多不便，也给工程项目管理增加了难度。

4）受建设环境影响大。建设环境包括自然环境和社会环境。工程项目建设一般为露天作业，受水文、气象等因素影响较大；工程项目建设地点的选择常受到地形、地貌、地质等多种复杂因素的制约；工程实体规模庞大、结构复杂，经常碰到地下或高空作业，施工安全常是很重要的问题；建设过程所使用的建筑材料、施工机具等的价格受到工程所在地物价等因素的制约，工程项目投资控制问题也常较复杂。总而言之，工程建设的制约因素较多。

5）工程项目的建设/生产过程与交易过程相交织。在市场经济环境下，工程项目普遍采用承发包交易方式实施，其交易特点是先订货后生产，工程交易过程与生产过程相交织。

1.2.2 工程项目的系统性

系统性也称整体性，在管理视角下，它要求以系统或整体目标的优化为出发点，协调系统中各子系统之间的相互关系，使系统完整、平衡，以实现系统效能或收益最大化，或消耗或成本最小化。工程项目的系统性可分为项目成果的系统性、项目目标的系统性、项目实施过程的系统性。

1. 工程项目成果的系统性

工程项目成果，即工程项目经实施最后形成的工程实体，如一座大桥、一座水电站或一幢大楼，为了实现既定的功能目标，十分强调系统性。

案例1-1 长江三峡工程的主要组成

　　长江三峡工程的主要任务是防洪、发电、航运和水资源利用等。为实现这些目标，建设的子项工程包括挡水大坝（坝顶长2335m，底部宽115.0m，顶部宽40.0m，高程185.0m）、大坝的后侧水电站、船闸（分双线五级，全长6.4km，其中船闸主体部分1.6km，引航道4.8km；上下落差达113.0m）和输变电工程等，形成复杂而系统的一个整体，如图1-1所示。

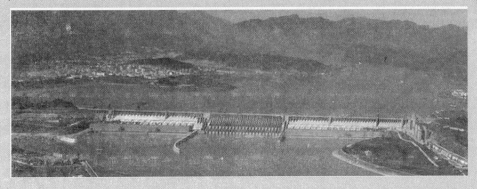

图1-1　长江三峡工程

案例1-2 某软件园的主要组成

　　图1-2为建成后的某软件园各部分组成图。各部分相互配套，形成了一个能满足生产、生活等多种功能需要，完整而系统的园区。

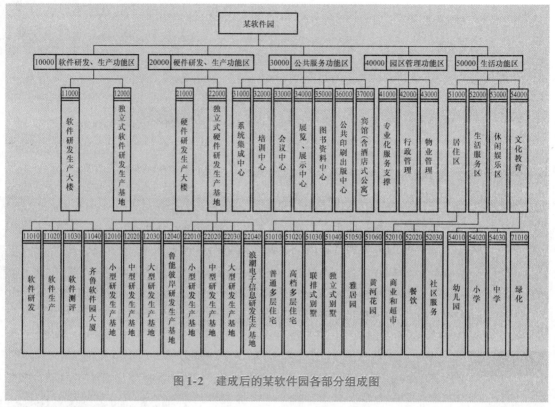

图1-2　建成后的某软件园各部分组成图

2. 工程项目目标的系统性

工程项目目标包括工程产品的基本目标和工程实施过程的控制目标。其中，工程产品的基本目标有工程进度/工期、工程投资/成本、工程质量；实施过程的控制目标除上述三大基本目标外，还有施工安全和施工现场环境。工程进度、投资/成本、质量目标相互联系，安全和现场环境问题在项目施工中无处不在。如图1-3所示。

图1-3中，工程项目的进度/工期、投资/成本和质量三个基本目标联系十分密切；保障施工安全和项目/施工环境对工程进度、投资产生深刻影响。

1）工程工期与工程投资及其效益的关系。工程工期是工程项目计划中的龙头，当工程规模、结构一定时，工程工期不同时，意味着投入资源不同，并导致工程投资不同；与此同时，工程投资发挥作用的时效不同，因而工程建设的经济效果不同。显然，总存在一个工程工期的优化问题，以谋求最佳投资效果。

2）工程工期与质量的关系。在一定的工程工

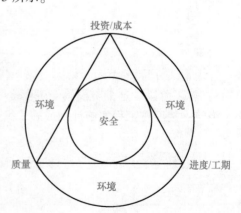

图1-3　工程项目目标关系图

期范围内，工程质量不会有明显的差异，但当将工程工期缩短到一定程度，如超出了规定工程工期的下限时，进一步压缩工期，对工程质量和安全将是一种风险。

3）工程投资（或成本）与质量、安全的关系。一般而言，在工程建设中，要提升工程

质量和安全的水平，势必增加工程投资（或成本）；如果不重视工程质量、安全，当出现质量、安全问题后，处理质量和安全事故势必产生较高的成本。

4）工程投资对工程环境的影响明显。建设工程是"人工自然"，在项目立项阶段，"人工自然"与自然如何达到和谐，与工程投资紧密关联；在工程实施阶段，要减轻工程施工对自然环境的影响，也少不了工程成本的增加。

3. 工程项目实施过程的系统性

1）工程项目实施过程宏观层面的系统性。工程项目实施一般要经历规划（可行性研究）、设计、施工这样一个过程，这是被实践证明的工程项目实施的规律性。

2）工程项目实施过程微观层面的系统性。不论什么工程，总是先基础，后上部结构，即"从下而上"，不可能产生"空中楼阁"；先外部结构，后设备安装和内部装饰装修。此外，工程施工要满足施工工艺的要求，如混凝土工程施工，一般是先进行混凝土相关物料准备、模板架设，然后是混凝土拌和、运输、入仓浇筑，最后是养护等施工活动。

上述系统安排一般要求满足工程实施的组织要求和施工技术、工艺要求。

■ 1.3　工程寿命期和实施程序

1.3.1　工程寿命期

工程与其他有生命的动物一样具有寿命期，在寿命期中，工程会经历从产生到消亡的过程。工程寿命期是指从工程项目构想策划到退役拆除的全过程。不同类型的工程，这一过程不尽相同，但一般会经历下面几个阶段：

1）前期策划与论证阶段。这一阶段一般包括项目建议书，即工程项目构想或项目建设目标和建设方案的提出，以及对建设方案的分析、论证，以确定项目是否可行，即项目可行性研究。若经过分析论证，认为建设的工程项目在技术、经济上可行，对自然环境的影响也在可接受的范围内，或改善了自然环境，则该工程就可以立项。

2）设计阶段。工程项目的立项，标志着项目进入了实施阶段。这一阶段的工作首先是工程项目设计，工程项目设计也是分步进行，一般包括初步设计、详细设计两个步骤，而详细设计通常又分为招标设计和施工图设计两个步骤。然后是工程施工准备工作。

3）施工阶段。这个阶段始于工程现场开工，标志性的活动经常是奠基，或开挖，或混凝土浇筑；然后按工程实施计划或施工组织设计，完成各部分工程；最终形成整个工程项目的成果，即整个工程实体。这一阶段止于整个工程项目完成后，通过了竣工验收。

4）运行阶段。在这个阶段，工程开始实现其使用价值。对一些工程，如水电站工程，为了发挥其效益，并不是等整个水电站工程通过竣工验收后才开始发电运行的，而是部分工程完成，具备发电条件，并且这部分工程通过验收后，就开始部分机组的发电运行。工程进入运行期后，就存在维护、修理等管理问题，对某些工程可能还存在更新、改造和扩建等工作。工程运行几十年后，最终完成其使命，退出运行，即退役。

5）退役阶段。项目什么时间退役？一般项目有一个设计寿命期限，即设计退役时间点。但到达设计退役时间点后，项目是否马上停止运行，立刻拆除？这不一定，主要取决于工程项目的运行状态，如项目运行效率、安全性等因素，以及经济社会对其要求等方面。例如，武汉长江大桥截至 2017 年 10 月已经通车 60 周年，然而经过给该大桥进行体检，结果表明十分健康。在这种条件下，该大桥可能马上进入退役期（若设计寿命期是 60 ~ 70 年），但其不会立即退役或被拆除。

上述 1）~ 3）阶段为工程建设期，亦称工程项目期。

1.3.2 工程项目的实施程序

经多年工程建设实践，针对重大工程项目，我国已总结出了一套工程建设过程的规律，即项目实施程序，或称建设程序（Construction Procedure），如图 1-4 所示。

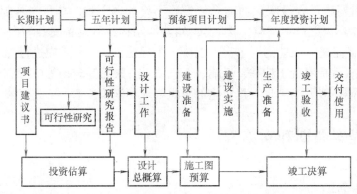

图 1-4 我国重大工程项目的实施程序

图 1-4 表明，国家重大工程项目与国家中长期发展计划密切相关；每个建设过程均要对工程建设资金的需求进行估计，并列入国家投资计划。

对于各地（省、市和县级）组织建设的中小型工程项目，以及企业投资建设的工程项目，实施/建设程序与图 1-4 类似，不过建设所需资金通常列入地方或企业的投资计划。

■ 1.4 工程项目分类、分解和利益相关者

1.4.1 工程项目分类

对同一工程项目，参与建设的各方常赋予其不同的名称。投资方或政府部门常称工程项目为建设项目；设计者称所设计的工程项目为设计项目；工程监理称所监理的工程项目为监理项目；工程咨询称所咨询的工程项目为咨询项目。具体来说，投资方或政府部门通常对建设项目按投资用途、建设性质、总投资多少、建设阶段、项目投入产出属性等标准分类。

1. **按行业构成、投资用途分类**

工程项目可分为生产性建设工程项目和非生产性建设工程项目。生产性建设项目是指直接用于物质生产或为了满足物质生产需要，能够形成新的生产能力的建设工程项目，如工业建设项目。非生产性建设项目是指用于满足人们物质生活和文化生活需要，能够形成新的效益的建设工程项目，如住宅、文教、卫生和公用事业建设项目等。

2. **按建设项目的建设性质不同分类**

工程项目可分为新建、扩建、恢复和迁建项目等。新建项目是指从无到有、"平地起

家"建设的项目。扩建项目是指现有企业为扩大原有产品的生产能力或效益或者为增加新的品种生产能力而增建的项目。恢复项目是指企事业单位由于原有的建设项目因自然灾害或人为原因破坏，全部或部分报废，又投资重新建设的项目。迁建项目是指现有企业因改变生产布局的需要，或环境保护和安全生产以及其他特殊需要，搬迁到另外地方进行建设的项目。

3. 按建设的总规模或总投资多少分类

工程项目可分为大型或重大、中型及小型三类。我国对生产性建设项目和非生产性建设项目的大、中、小型划分标准均有规定，中央各部对所属建设项目的大、中、小型的划分也有相应的具体标准。

4. 按建设工程项目的建设阶段分类

工程项目可分为前期项目、预备项目、施工项目和建成投产项目。项目建议书批准后，可行性研究报告批准前的项目称前期项目；可行性研究报告批准后，开工前的项目称预备项目；开始施工的项目称施工项目；竣工验收后交付使用的项目称建成投产项目。

5. 按建设项目的投入产出属性分类

工程项目可分为经营性建设项目和公益性建设项目。经营性建设项目是指有明确投入，建成之后可用于生产经营、创造经济效益、回收投资，并取得利润的建设项目，如高速公路、水电站、房地产开发等。公益性建设项目是指有明确投入，建成之后能产生社会效益，但难以用于生产或经营，创造经济效益的一类项目，如防洪、水土保持、生态环境等工程。

1.4.2 工程项目分解

在工程项目施工阶段，可按工程项目最终产品的物理结构和形成项目最终产品基本结构的工作内容或过程两个层次进行分解。

1. 按工程项目最终产品的物理结构分解

为满足工程项目管理需要，有必要按工程项目最终结果，即项目产品的物理结构，进行工程项目结构分解（Project Decomposition），通过分解得到工程项目分解结构（Project Breakdown Structure，PBS）。工程项目一般分解为单项工程、单位工程、分部工程和分项工程等。

（1）单项工程 单项工程是指具有独立的设计文件，可以独立施工，建成后能独立发挥生产能力或效益的工程。生产性建设项目的单项工程，一般是指能独立生产的车间、设计规定的主要产品生产线等；非生产性建设项目的单项工程，是指工程项目中能够发挥设计规定的主要效益的各个独立工程，如办公楼、住宅、电影院、图书馆、食堂等。单项工程是工程项目的组成部分，它包括建筑工程、设备及安装工程、其他工程等。单项工程由若干个单位工程组成。

（2）单位工程 单位工程是指具有独立设计文件，可以独立组织施工，但完成后不能独立发挥效益的工程。单位工程是单项工程的组成部分。例如，某车间是一个单项工程，则车间的建筑工程（即厂房建筑）就是一个单位工程。又如，该车间的设备安装也是一个单位工程。此外，还有电器照明工程（包括室内外照明设备安装、线路铺设、变电与配电设备的安装工程）、工业管道工程（如蒸汽、压缩空气、煤气、输油管道铺设工程）等。每一个单位工程本身又是由许多结构更小的部分组成的，因此，对单位工程还可以按工程的结构、部件甚至更细小的部分，进一步分解为分部工程和分项工程。

（3）分部工程　分部工程是单位工程的组成部分，它是按工程部位或工种的不同而做出的分类。例如，建筑工程中的一般土建工程，按照不同的部位、工种和不同的材料结构，大致可以分为土石方工程、基础工程、砖石工程、混凝土及钢筋混凝土工程、木结构、木装修工程等，其中的每一部分即为分部工程。在分部工程中，影响工料消耗的因素仍然很多。例如，同样都是土方，由于土壤类别（如普通土、坚土、砂砾坚土）不同，每一单位土方工程所消耗的工料有所差别。因此，还必须把分部工程按照不同的施工方法、不同的材料、不同的规格等做进一步分解。

（4）分项工程　分项工程是分部工程的组成部分，是工程项目产品的基本单元。分项工程是通过较为简单的施工过程就能生产出来，并且可以用适当的计量单位，计算工料消耗的最基本构造因素。例如，砖石工程按工程部位可划分为内墙、外墙等分项工程；钢筋混凝土工程可划分为模板、钢筋、混凝土等分项工程；一般墙基工程可划分为开挖基槽、垫层、基础浇筑混凝土、防潮等分项工程。

案例1-3　某水电站工程项目结构分解

某水电站工程项目结构分解如图1-5所示。

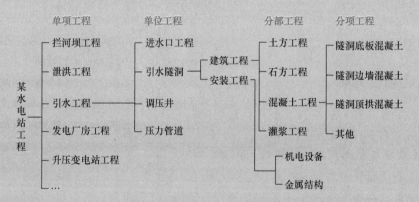

图1-5　某水电站工程项目结构分解图

［解析］

1）这是一个十分典型的水电工程项目分解结构图。为了满足工程管理的需要，在实际工程中，有时需要将分项工程做进一步的分解。

2）为了方便管理，通常需对项目分解结构进行编码，建立工程项目统一的编码体系。确定编码规则和方法，是项目规范化管理的基本要求，也是工程项目实行系统、信息化管理的客观要求。

水利水电施工工程质量验收中，将分部工程分解为单元工程，而不是分项工程。单元工程一般是依据设计结构、施工部署或质量考核要求，把建筑物分成若干层、块、段来确定的。它是若干工序完成后的综合体，是日常质量考核的基本单位。

案例1-4　某大楼工程项目结构分解

某大楼工程项目结构分解如图1-6所示。

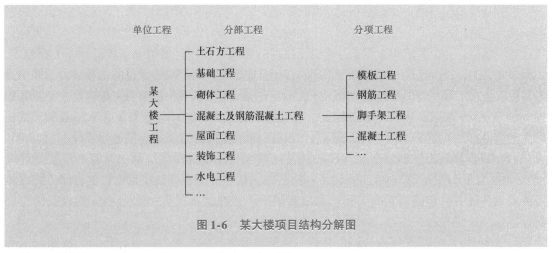

图1-6　某大楼项目结构分解图

2. 按完成工程项目结构的施工内容分解结构

在工程项目产品的基本结构——分项工程的基础上，将完成分项工程的施工工作内容或过程进行分解，可进一步形成项目的工作分解结构（Work Breakdown Structure，WBS）。如[案例1-3]中隧洞底板混凝土的工作内容，即工作分解结构为拌制混凝土、运混凝土和输送浇筑混凝土等工作（或活动，或工序）；灌浆工程可分为基础灌浆工程等分项工程，而基础灌浆工程的工作分解结构为钻孔、冲洗、压水试验、制浆、灌浆、封孔等工作。

工作分解结构的构建是工程定额编制或单价分析、工程质量检验或评定，以及施工班组作业进度计划编制的基础。

1.4.3　工程项目利益相关者

1. 谁是工程项目利益相关者

工程项目利益相关者（Project Stakeholders），即工程项目相关方，是指会影响工程项目决策、活动或结果的自然人、群体或组织。利益相关者可能主动参与项目，或他们的利益会因项目的实施或完成而受到积极或消极的影响。不同利益相关者在利益上一般不尽相同，因而会在项目决策或实施中引发矛盾或冲突。

2. 工程项目主要利益相关者

工程项目利益相关者包括工程项目投资人、工程建设单位/项目法人、工程/建筑施工承包企业、工程设备材料供应商、工程设计公司、工程监理公司、工程招标代理公司、银行、保险公司、担保公司，以及工程项目实施或完成后受影响的自然人、群体或组织和所涉政府部门等。工程项目主要利益相关者包括：

1）工程项目投资人（Investor），即向工程项目实施提供建设资金的主体，可能是政府、企业法人或自然人。在我国，对于重大工程项目，一般由政府投资或政府所属的国有企业投资。工程项目投资人关心项目能否成功，即工程项目建成后能否实现预期投资收益目标。一般工程项目投资人参与项目管理的主要任务是投资决策，即项目管理重点在项目立项阶段，采用的主要手段是项目分析、评估。但是，工程项目投资人要真正取得期望的投资收益，仍需要对项目的整个生命期进行全程监控、治理。

2）工程建设单位，或称项目法人，即工程项目建设的责任主体。对政府、企业投资项目，工程建设单位组建方式不尽相同。对政府投资工程项目，政府相关部门一般在项目立项过程中就应考虑工程建设单位组建方案，工程项目正式立项后，则随即组建或设立具有法人地位工程建设单位，并由其承担工程项目建设全过程的管理责任，包括组织工程设计、工程施工、工程设备采购，以及建设过程监督和管理。对于企业或其他组织投资建设的工程项目，其内设管理机构承担工程建设单位相应职责，一般不具有法人地位。在工程项目实施过程中，工程建设单位即为工程项目发包人（Employer），是工程合同的主体之一，履行发包人的权利、责任和义务。目前，工程建设单位一般还聘请工程监理公司对工程施工等合同进行管理。

3）工程/建筑施工承包企业（Contractor）和工程设备材料供应商。具有一定资质等级或相应能力的工程施工公司或工程设备制造公司，按照与工程建设单位签订的合同，完成相应的建设任务——建造施工或工程设备材料供应，并在这一过程中获得相应的收益，包括利润。

4）工程设计公司（Designer）。具有一定资质等级或相应能力的设计公司，按照与工程建设单位签订的工程设计合同，完成相应的工程设计任务，并在这一过程中获得相应的收益，包括利润。

5）工程监理公司。具有一定工程监理资质等级的工程监理公司，按照与工程建设单位签订的工程监理合同，完成相应工程施工或设备制造的监管任务，并在这一过程中获得相应的收益，包括利润。

6）工程项目施工受影响的人或组织。通常包括：①工程范围内的自然人或法人，如工业园区范围内有居民，由于园区的开发，这些居民的住所要搬迁，或园区范围内的土地要被征用；对于大型水利水电工程，修建大坝后形成水库，水库水位以下的住所、土地或企业将不能使用或生产，居民和企业均要搬迁，有时在水库周边还不能满足安置需要，部分居民要异地安置，即移民。②工程范围以外的居民、组织或企业。他们虽然不在工程范围内，但他们的正常生产、生活受到工程施工的影响，如噪声、交通、供水和供电等。

7）工程项目完成后的使用人。不同的工程项目，建成后的使用人差异较大。一些工程项目建成后用于生产产品，则使用人即为工程项目成果的运营商，如电厂；而另一些工程项目，其成果是为社会提供服务，则其使用人为公众，如高速公路。

8）政府部门。对一般工程项目，政府扮演对工程项目进行审批/备案、监管的角色。政府的计划管理部门、建设管理部门、环境管理部门等，分别对工程项目立项、工程建设质量、工程建设对环境的影响等方面进行审批或监管。对于政府投资的公益性项目、基础设施项目等，政府除承担上述审批或监管责任外，还要扮演投资方的角色，负责安排建设资金、组织建设单位/项目法人，以及组织工程项目实施过程监管和竣工验收等。

在上述工程项目主要利益相关者中，投资人是工程项目的总决策者，委托或直接组建工程建设单位。在工程项目实施过程中，工程建设单位是核心，其通过市场选择工程施工公司、工程设计公司和工程监理公司等参与项目。因此，工程建设单位经常也称为发包人；而工程施工公司、工程设计公司和工程监理公司等仅当被某工程建设单位选中，才能承担相应的建设任务。它们根据与工程建设单位签订工程合同的要求，完成相应的任务。例如，工程设计公司和工程施工公司分别承担工程设计和施工的任务；工程监理公司一般根据与工程建设签订的监理合同，负责对工程施工或设备建造过程进行监管。

■ 1.5 工程项目管理及其理论知识体系框架

1.5.1 工程项目管理

目前，人们对工程项目管理（Construction Project Management）的定义并不十分统一。

美国项目管理协会（PMI）认为，项目管理（Project Management）就是将知识、技能、工具与技术应用于项目的活动，以满足项目的需要。工程项目是项目中的一类，按 PMI 的定义，则可将工程项目管理定义为将知识、技能、工具与技术应用于工程项目的活动，以满足工程项目的需要。

我国《建设工程项目管理规范》（GB/T 50326—2017）从管理的基本内涵出发，将工程项目管理定义为运用系统的理论和方法，对建设工程项目进行的计划、组织、指挥、协调和控制等专业化活动。

显然，PMI 强调了知识、技能、工具与技术在项目活动中的应用，而《建设工程项目管理规范》强调的则是管理的职能。此外，PMI 在定义项目管理时已经明确，其所指项目管理是直接承担项目任务组织方的项目管理；而在《建设工程项目管理规范》中，是指承包人的工程项目管理？还是发包人的工程项目管理？并不明确。事实上，在市场经济条件下，工程项目的实施通常采用承发包方式，承包人和发包人均存在工程项目管理的问题，但在管理目标、管理逻辑，以及管理理论、技术和工具等的应用上均存在较大差异。承包人主要是通过对项目资源的合理调度、配置，以及对项目目标的控制，以实现企业现实的盈利目标和长远的战略目标；而发包人主要是通过对工程项目实施的合理组织、对工程项目的科学治理，包括对承包人的严格监管和合理激励，以实现预定的工程项目建设目标。

显然，不论是由 PMI 项目管理定义推导得到的工程项目管理定义，还是《建设工程项目管理规范》给出的工程项目管理定义，基本上均属于工程项目承包人项目管理；而工程项目发包人的项目管理与其存在一定的差异。

1.5.2 工程项目管理理论和知识的发展

1. 工程项目管理理论的产生

工程项目早已存在，如埃及的金字塔、柬埔寨的吴哥窟，以及我国古代修建的万里长城、京杭大运河、都江堰等。一般而论，有工程项目就有工程项目管理。在这种意义上，可以认为工程项目管理是一类古老的人类生产实践活动。然而，工程项目管理形成理论和知识体系，并真正成为一门学科，却是 20 世纪 50 年代以后的事。

在工程建设方面，20 世纪 50 年代前后，大型工程项目开始出现，国际承包事业极大发展，竞争非常激烈；在科学和军事等方面，复杂的科研、军事和航天项目大量涌现。这些使人们认识到，由于项目的一次性和约束条件的不确定性，要想取得成功，必须引进科学的管理方法，加强管理。于是，项目管理科学作为一种客观要求被提出。

从理论准备来看，第二次世界大战以后，科学管理理论和方法大量出现，逐渐形成了管理科学体系，并被广泛应用于生产和管理实践，如系统论、控制论、组织论、预测技术、网络计划技术、数理统计理论等均已发展成熟，并在生产管理实践中取得了很大成功，产生了巨大的效益。特别是20世纪50年代末产生的网络计划技术，应用于项目管理后取得了十分理想的效果，引起世界性的轰动。

生产实践的客观需要和管理科学理论体系的逐步形成，使人们顺理成章地将两者结合起来，并进一步系统化，使工程项目管理越来越具有科学性，终于作为一门学科迅速发展，跻身管理科学的殿堂。

从20世纪60年代开始，国际上对工程项目管理、项目管理的研究和应用普遍展开，两大国际性组织——国际项目管理协会（International Project Management Association，IPMA）和美国项目管理协会（PMI）的出现，以及其他一些国家的项目管理协会的相继建立，标志着项目管理得到了普遍发展。这些组织建立的同时也促进了项目管理的进一步发展。早期项目管理理论的研究和应用主要在军事工程和建设工程领域。

2. 工程项目管理的发展

在世界范围内，工程项目管理学科在实践中不断发展和提高，主要表现在：

1）工程项目发包方式方面，在传统的设计—招标—建造（Design - Bid - Build，DBB）方式基础上，根据业主的需求和不同建设环境，相继出现了设计—施工总包（Design - Build，DB）、工程总承包（Engineering，Procurement and Construction，EPC）和风险型施工管理（CM at Risk）等多种发包方式，使不同条件下的工程项目发包更加科学和合理。

2）工程项目投资（业主）方管理方式方面，在传统自主管理方式的基础上，出现了委托管理方式，如项目管理（Project Management，PM）、代理型CM（CM/Agency）等。

3）工程建设合同方面，建设合同条件研究和应用水平的不断提高、标准化合同条件的广泛应用，促进建设管理水平不断上升。例如，国际咨询工程师联合会（FIDIC）在20世纪70年代制定并颁布了《土木工程施工合同条件》等合同条件。这些合同条件在国际工程中被广泛使用，并在应用中不断完善，多次修订，使其更科学合理。世界许多国家也有自己的标准化建设合同，这有力地促进了工程项目管理水平的提高。

4）在工程项目管理技术应用方面，随着计算机技术及整个信息技术的高速发展，管理学科的技术在工程项目管理领域得到了较好应用。例如，20世纪50年代出现的网络计划技术，在手工条件下，其在大型工程上的应用较为困难，但借助计算机后，网络计划技术在大型工程项目上的应用变得相当简单。目前，利用计算机辅助工程项目管理已相当普遍，促使工程项目管理的效率大大提高，并促进了工程项目管理的标准化和规范化。

5）工程项目管理的职业化。工程项目管理人员（包括咨询工程师、工程师/监理工程师、造价工程师、建造师等）组成了一支以工程项目管理为职业的队伍，他们依靠自己的专业知识、技能和经验立足于社会、服务于社会。他们活跃在工程项目管理实践的第一线，不断促进工程项目管理学科的发展。

6）工程项目治理理论的提出。治理的概念应用于公司，称公司治理，是指公司所有者（股东）对经营者的一种监督与制衡机制，即通过一种制度安排，来合理地界定和配置所有者与经营者之间的权利与责任关系。公司治理的目标是保证股东利益的最大化，防止经营者与所有者利益的背离；后来，该理念被引进项目实施过程，是指项目委托方或项目成果需求方对项目实施/执行监管。进入21世纪后，项目治理被应用于工程项目，主要是指工程项目发包方对承包方进行监管的系列制度安排。工程项目治理理论的发展丰富和拓展了传统工程项目管理理论，在理论和实践上均具有重要意义。

3. 工程项目管理在我国的兴起

我国工程项目管理实践的历史非常早，并成功修建了一批举世闻名的工程，如万里长城等。然而，真正将工程项目管理上升到理论与科学的层次是近代的事。

20世纪60年代中期，我国科学家华罗庚、钱学森等就开始致力于推广和应用项目管理的理论和方法。例如，在20世纪60年代研制战略导弹武器系统时，就引进了计划评审技术（Program Evaluation and Review Technique，PERT）。华罗庚教授还深入工程建设第一线推广应用PERT。

我国工程项目管理理论研究和应用从20世纪80年代开始进入一个新阶段。随着改革开放和社会主义市场经济体制的确立，与社会主义市场经济相适应并逐步与国际惯例接轨的建设项目管理体制得到推行，工程项目管理的研究和教学活动才蓬勃兴起。

1983年，我国云南鲁布革水电站引水工程按照国际惯例进行国际招标，实行项目管理，取得了缩短工程建设工期、降低工程建设造价的显著效果。国家建设部等5部委对其进行了经验总结，形成了著名的鲁布革工程项目管理经验，并在全国推广应用。此后，招标承包制在我国普遍推行，把竞争机制引入工程项目建设，收到较好的效果。

在20世纪80年后期，为进一步和国际惯例接轨，完善招标承包制，加强承发包合同管理，我国继而普遍推行了工程建设监理制，使工程项目管理体制进一步完善。20世纪在建设领域先是提出了项目业主责任制，以适应社会主义市场经济体制，转换工程项目投资经营机制，提高投资效益。在这一基础上，又提出了建设项目法人责任制，对项目主体责任制做了进一步完善。

到20世纪末，在我国工程建设领域广泛推行的"三项制度"，努力与社会主义市场经济体制的发展要求相适应。这"三项制度"的主要内容为：

1）工程建设项目法人责任制。建设项目法人责任制要求项目法人对建设项目的策划、资金筹措、建设实施、生产经营、债务偿还和资产的增值保值，实行全过程负责。实行建设项目法人责任制后，在建设项目管理上要形成这样一种新型的建设管理模式：以项目法人为主体，项目法人向国家和投资各方负责；咨询、设计、监理、施工、物资供应等单位通过投标或接受委托，以合同为纽带，向项目法人提供服务或承包工程施工。

2）工程建设招标投标与合同管理制。招标投标制是在市场经济体制下，工程建设领域分配建设任务的、具有竞争性的交易方式。实行招标投标与合同管理制是发展社会主义市场经济的客观需要，它可促使建设市场各主体之间进行公平交易、平等竞争，以确保建设目标的实现。

3）工程建设监理制。工程建设监理制是实行工程招标投标与合同制后，工程项目责任主体（项目法人）管理建设合同的一种组织方式。它主要是由项目法人选择一家具有工程监理能力和相应资质的企业协助其对工程合同进行管理。实行工程建设监理制，可促进建设工程项目管理的社会化和专业化，并有利于解决工程合同履行过程中产生的矛盾和争端。

进入21世纪，我国工程项目管理制度的改革和发展没有停止，工程招标制度的完善、PPP（Public Private Partnership）模式的应用、工程设计施工总承包模式的推广和工程建设监理等咨询业改革试点均在推进，相应的理论研究也在不断深入。

1.5.3 工程项目管理的主要过程体系和知识体系框架

1. 工程项目管理的主要过程体系

（1）工程项目管理总体框架 在市场经济环境下，由重大工程项目建设程序，可得到工程项目建设管理总体框架，如图 1-7 所示。

在图 1-7 中：

1）投资人。对重大工程项目，一般为政府或国有公司投资；企业为扩大生产也经常投资建设工程项目；房地产开发企业则是专门投资建设工程的组织/企业。

2）项目法人，也称建设单位。对重大工程项目，政府总是要组建项目法人并授权，由项目法人对工程项目实施进行管理；对一般公司企业投资工程项目，项目法人管理职能常由投资人下设机构承担，此时投资人即为项目法人。

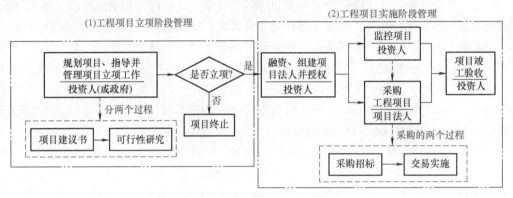

图 1-7　工程项目管理总体框架图

3）采购工程项目，内容包括采购工程设计服务、工程施工建造、工程监理服务、工程材料或设备供应；采购方式可以是上述单项内容，也可以是上述内容的整合，如设计施工一体化采购；采购过程和管理分为采购招标和交易实施（采购合同履行）。

4）项目竣工验收，是指投资人检查项目法人组织实施的工程项目是否实现了项目立项或初步设计时确定的项目目标。内容包括对照项目目标的验收及后评价。

（2）投资人的工程项目管理过程　对重大工程，投资人的工程项目管理过程如图 1-8 所示。

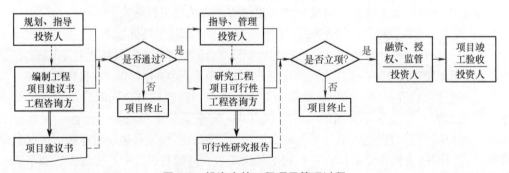

图 1-8　投资人的工程项目管理过程

在图 1-8 中：

1）投资人的工程项目管理分两个阶段：项目立项管理和项目实施管理。项目立项管理主要包括主持项目建议书、项目可行性研究编制、项目决策和报批/备案，这些工作技术要求较高，常委托工程咨询方提供支持；项目实施管理相当复杂，并需要较多的、专门的、使用持续时间较长的管理资源，因而对大多重大工程项目，投资人采用组建专门机构——项目法人的办法，对项目的实施进行管理，而其仅负责融资、授权、监管，并最终组织工程项目竣工验收。

2）项目建设书，是指工程项目提出的建议文件，是对拟建项目提出的框架性总体的设想。编制项目建议书是工程项目立项的第一阶段的工作。对重大工程项目，项目建议书通过审批后，才进入项目的可行性研究。

3）可行性研究报告，是指对项目在技术和经济，以及社会和环境影响等方面是否可行，所进行的科学分析和论证后的成果报告。对重大工程项目，开展项目可行性研究的前提是项目建议书已经通过审批。

（3）采购招标投标管理过程　采购招标投标管理过程如图1-9所示。

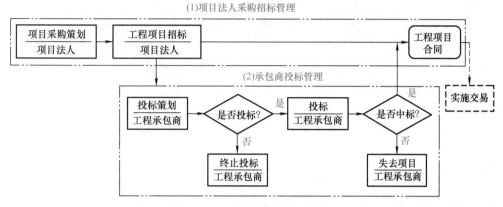

图1-9　采购招标投标管理过程

在图1-9中：

1）项目采购策划。对重大工程项目，采购策划分二个层次：首先是项目分块建造策划；其次是项目发包方式策划，即设计施工分开采购还是一体化采购策划；第三是标段划分策划，如设计施工分开采购时，施工分成几个标段采购。

2）工程承包商。其主要包括建设工程的施工、设计和监理等企业，它们分别向项目法人提供工程产品、工程材料和设备、工程咨询服务等。

3）工程项目合同。工程采购中，项目法人与标段中标承包商签订的项目合同，可能是设计、施工、监理、供应等各类合同。对大型工程，合同数量较多，这取决于采购方式的选择。

（4）交易实施管理过程　交易实施管理过程，即项目合同履行管理过程，如图1-10所示。

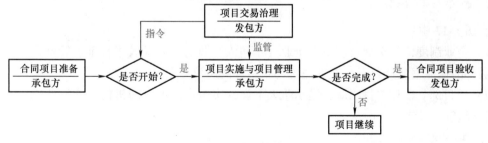

图1-10　交易实施管理过程

在图1-10中：

1）项目交易实施，即项目交易合同的履行。按惯例，将合同双方分别称发包人和承包人，前者即为项目法人，后者为项目中标者，即与项目法人签订合同的承包方（承包企业）。

2）发包方，包括项目发包人/项目法人及其下设机构或授权的其他机构，即代表发包人利益的这一方的机构或人员。

3）承包方，包括承包人/企业及其下设的项目部，即代表承包人利益这一方的机构或人员。

（5）发包方的项目交易治理过程　对每一个项目合同，发包方的项目交易治理过程如图1-11所示。

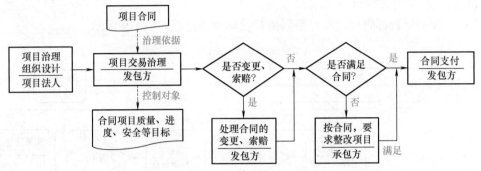

图1-11　发包方的项目交易治理过程

在图1-11中：

1）合同项目，即一个项目标段所包括的子项目之和，或合同范围内的子项目之和。

2）项目交易治理，是指项目发包方依据项目合同对承包方的监督和管理。

（6）承包方的项目管理过程　承包方的项目管理过程如图1-12所示。

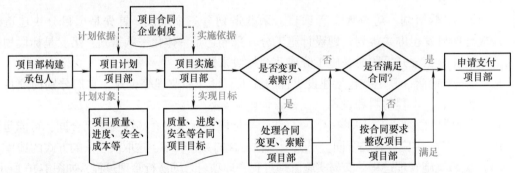

图1-12　承包方的项目管理过程

在图1-12中：

1）企业制度，是指项目部所在企业（承包人）具有的相关技术标准、管理规章，以及企业总部的任务书或授权书（企业总部与项目部的协议）等。

2）项目部，也称项目团队，是承包人下设的实施合同项目的机构。项目部的负责人称为项目经理。

2. 工程项目管理的知识体系框架

由工程项目管理主要过程可知，对重大工程项目，从立项到实施和验收，工程项目管理过程可分为："2个阶段"，即项目立项阶段和项目实施阶段；"3个主体"，即项目投资方、项目法人/发包方和项目承包方/咨询方，对一般企业或组织投资项目投资人和项目法人合一；"4个管理知识模块"，即项目立项管理知识、项目交易管理知识、项目治理知识和项目管理知识。

工程项目管理知识体系的构建总是为管理主体服务的，因此，有必要按工程项目管理的"3个主体"分别介绍它们的管理知识体系。表1-1～表1-3分别为"3个主体"管理的知识体系框架。

表1-1 工程投资方项目立项管理知识体系框架

序号	知识领域	所涉项目相关管理过程	所涉部门或人员
1	项目整体管理	确定项目立项任务，制订项目立项计划，监控立项工作，做出立项决策，监控项目实施，管理项目收尾	工程投资方高管
2	工程项目建设书编制	分析国家或地方规划，分析发展需求，提出工程任务和方案，评价经济和社会效益	工程咨询方
3	项目可行性研究	预测需求，分析工程方案，制定工程实施方案，评价经济社会影响，提出项目决策建议	工程咨询方
4	项目初步设计和融资管理	审批初步设计，规划融资管理，制订融资计划，控制投资	工程投资方高管
5	项目相关方治理	识别相关方，规划相关方管理，管理相关方参与，控制相关方参与	工程投资方高管

表1-2 工程发包方项目实施管理知识体系框架

序号	知识领域	所涉项目相关管理过程	所涉部门或人员
1	项目整合管理	确认项目管理任务，制定项目管理规划，制作WBS和时间控制节点，制订项目采购计划，指导并监督履行合同，管理项目收尾	工程发包方高管
2	项目招标管理	制订招标计划，管理招标文件编制，控制招标过程，决标并签订合同	工程发包方职能机构
3	项目合同管理	规划合同管理，管理工程计量，管理工程计价，控制项目变更与索赔，控制合同支付	工程发包方职能机构
4	项目进度监控	审批项目进度，控制规划进度，监控项目进度	工程发包方职能机构
5	项目投资监控	审批项目资金计划，规划投资控制，监控项目投资	工程发包方职能机构
6	项目质量监控	审批项目质量计划，规划质量控制，监控项目质量	工程发包方职能机构
7	项目安全与环境监控	审批安全与环境计划，规划安全与环境控制，监控安全与环境	工程发包方职能机构
8	项目风险管理	规划风险管理，识别风险，实施定性风险分析，实施定量风险分析，规划风险应对，控制风险	工程发包方职能机构
9	项目沟通管理	规划沟通管理，制订项目沟通计划，控制项目沟通	工程发包方职能机构
10	项目相关方治理	识别相关方，规划相关方管理，管理相关方参与，控制相关方参与	工程发包方职能机构

表1-3 工程承包方项目管理知识体系框架

序号	知识领域	所涉项目相关管理过程	所涉部门或人员
1	项目投标管理	投标决策分析，规划投标管理，参与资质审查，参与踏勘现场，编制投标文件，投标报价，投标，谈判和签订合同	工程承包方经营部
2	项目整合管理	制定项目任务书，制订项目计划，指导项目实施，监管项目实施，结束项目	项目经理

（续）

序号	知识领域	所涉项目相关管理过程	所涉部门或人员
3	项目合同管理	分析项目合同，规划合同管理，管理工程计量，管理计价，管理变更与索赔，管理合同款项申请，控制合同	项目部职能机构
4	项目进度管理	规划进度管理，定义活动，排列活动顺序，估算活动资源，估算活动，持续时间，制订进度计划，控制进度	项目部职能机构
5	项目成本管理	规划成本管理，估算成本，制定预算，控制成本	项目部职能机构
6	项目质量管理	规划质量管理，实施质量保证，控制质量	项目部职能机构
7	项目人力资源管理	规划人力资源管理，组建项目团队，建设项目团队，管理项目团队	项目部职能机构
8	项目风险管理	规划风险管理，识别风险，实施定性风险分析，实施定量风险分析，规划风险应对，控制风险	项目部职能机构
9	项目采购管理	规划采购管理，实施采购管理，控制采购管理，结束采购管理	项目部职能机构
10	项目沟通管理	规划沟通管理，制订项目沟通计划，控制项目沟通	项目部职能机构
11	项目安全与环境管理	规划安全与环境管理，实施安全与环境保证，控制安全与环境	项目部职能机构
12	项目相关方治理	识别相关方，规划相关方管理，管理相关方参与，控制相关方参与	项目部职能机构

在表 1-2 和表 1-3 中，发包方和承包方所涉管理知识领域似乎相同，但因它们的管理目标、管理逻辑、管理环境和管理所掌握信息上的差异，在管理中所用技术、工具或方法可能不尽相同。

思考题和习题

1. 工程与项目的内涵有什么异同？工程项目的内涵是什么？

2. 与制造企业的生产过程相比，工程项目有什么特殊性？这些特殊性会带来什么结果？

3. 工程项目的系统性和工程项目的分解是矛盾的吗？为什么既要强调工程项目的系统性，又要介绍工程项目的分解问题？

4. 工程项目主要利益相关者有哪些？它们之间存在什么样的利益关系？它们是通过什么方式联系在一起的？试用图表达。

5. 工程项目管理与项目治理的内涵是什么？工程项目管理与项目治理的差异主要有哪些？

6. 工程项目管理的主要过程和知识体系框架主要包括哪些？

第 2 章

工程项目立项与决策

本章知识要点与学习要求

序　号	知识要点	学习要求
1	工程项目立项的内涵	掌握
2	政府投资与企业投资工程项目立项过程的异同	熟悉
3	工程项目需求分析的内涵	掌握
4	工程项目目标策划和方案策划的主要内容	熟悉
5	工程项目目标策划的成果及其主要内容和深度要求	了解
6	工程项目可行性研究的内涵、编制依据和主要内容	掌握
7	项目可行性研究成果形式和深度要求	熟悉

工程项目立项过程是工程项目的孕育过程。工程项目立项决策即决定工程项目是否实施。工程项目立项决策的科学合理性关系到其建设及建成交付使用后能否满足经济社会发展需要，决定着能否最大限度地发挥工程的投资效益。

■ 2.1　工程项目立项

2.1.1　什么是工程项目立项

工程项目立项是指项目投资方对项目目标和方案，经财务、经济、环境等多方面论证，认为可行，然后报政府相关部门审批、核准或备案，并经批复同意的过程。

重大工程项目需要投入大量建设资金，建成后对经济社会发展也会产生较大影响，一般由政府投资。因此，重大工程项目的立项通常要列入国家中长期发展计划，政府相关部门对其立项要进行审批，即实行审批制。审批内容包括项目建议书、可行性研究报告（包括项目评估报告）、初步设计。情况特殊、影响重大的项目，还需要审批开工报告。

不使用政府投资的企业投资工程项目，虽不实行审批制，但是针对项目不同情况实行核准制或备案制。其中，政府仅对重大项目和限制类项目从维护社会公共利益的角度出发进行核准，其他项目无论规模大小，均实行备案制。项目的市场前景、经济效益、资金来源和产品技术方案等均由企业自主决策、自担风险，并依法办理环境保护、土地使用、资源利用、安全生产、城市规划等许可手续和减免税确认手续。对企业使用政府补助、转贷、贴息投资建设的项目，政府只审批资金申请报告。

每隔一定时间，国务院投资主管部门会同有关部门研究提出《政府核准的投资项目目录》。企业投资建设实行核准制的项目，仅需向政府提交项目申请报告，不再经过批准项目建议书、可行性研究报告和开工报告的程序。政府对企业提交的项目申请报告，主要从维护经济安全、合理开发利用资源、保护生态环境、优化重大布局、保障公共利益、防止出现垄断等方面进行核准。对外商投资项目，政府部门还要从市场准入、资本项目管理等方面进行核准。对《政府核准的投资项目目录》以外的企业投资项目，实行备案制。

案例 2-1 **政府核准的投资项目目录**（2016 年本，节选）

　　1. 农业水利

　　农业：涉及开荒的项目由省级政府核准。

　　水利工程：涉及跨界河流、跨省（区、市）水资源配置调整的重大水利项目由国务院投资主管部门核准，其中库容 10 亿 m^3 及以上或者涉及移民 1 万人及以上的水库项目由国务院核准。其余项目由地方政府核准。

　　2. 能源

　　水电站：在跨界河流、跨省（区、市）河流上建设的单站总装机容量 50 万 kW 及以上项目由国务院投资主管部门核准，其中单站总装机容量 300 万 kW 及以上或者涉及移民 1 万人及以上的项目由国务院核准。其余项目由地方政府核准。

　　抽水蓄能电站：由省级政府按照国家制定的相关规划核准。

　　火电站（含自备电站）：由省级政府核准，其中燃煤燃气火电项目应在国家依据总量控制制定的建设规划内核准。

　　热电站（含自备电站）：由地方政府核准，其中抽凝式燃煤热电项目由省级政府在国家依据总量控制制定的建设规划内核准。

　　风电站：由地方政府在国家依据总量控制制定的建设规划及年度开发指导规模内核准。

　　核电站：由国务院核准。

　　电网工程：涉及跨境、跨省（区、市）输电的 ±500kV 及以上直流项目，涉及跨境、跨省（区、市）输电的 500kV、750kV、1000kV 交流项目，由国务院投资主管部门核准，其中 ±800kV 及以上直流项目和 1000kV 交流项目报国务院备案；不涉及跨境、跨省（区、市）输电的 ±500kV 及以上直流项目和 500kV、750kV、100kV 交流项目由省级政府按照国家制定的相关规划核准，其余项目由地方政府按照国家制定的相关规划核准。

　　煤矿：国家规划矿区内新增年生产能力 120 万 t 及以上煤炭开发项目由国务院行业管理部门核准，其中新增年生产能力 500 万 t 及以上的项目由国务院投资主管部门核准并报国务院备案；国家规划矿区内的其余煤炭开发项目和一般煤炭开发项目由省级政府核准。国家规定禁止建设或列入淘汰退出范围的项目，不得核准。

　　煤制燃料：年产超过 20 亿 m^3 的煤制天然气项目、年产超过 100 万 t 的煤制油项目，由国务院投资主管部门核准。

　　液化石油气接收、存储设施（不含油气田、炼油厂的配套项目）：由地方政府核准。

　　进口液化天然气接收、储运设施：新建（含异地扩建）项目由国务院行业管理部门核准，其中新建接收储运能力 300 万 t 及以上的项目由国务院投资主管部门核准并报国务院备案。其余项目由省级政府核准。

输油管网（不含油田集输管网）：跨境、跨省（区、市）干线管网项目由国务院投资主管部门核准，其中跨境项目报国务院备案。其余项目由地方政府核准。

输气管网（不含油气田集输管网）：跨境、跨省（区、市）干线管网项目由国务院投资主管部门核准，其中跨境项目报国务院备案。其余项目由地方政府核准。

炼油：新建炼油及扩建一次炼油项目由省级政府按照国家批准的相关规划核准。未列入国家批准的相关规划的新建炼油及扩建一次炼油项目，禁止建设。

变性燃料乙醇：由省级政府核准。

3. 交通运输

新建（含增建）铁路：列入国家批准的相关规划中的项目，中国铁路总公司为主出资的由其自行决定并报国务院投资主管部门备案，其他企业投资的由省级政府核准；地方城际铁路项目由省级政府按照国家批准的相关规划核准，并报国务院投资主管部门备案；其余项目由省级政府核准。

公路：国家高速公路网和普通国道网项目由省级政府按照国家批准的相关规划核准，地方高速公路项目由省级政府核准，其余项目由地方政府核准。

独立公（铁）路桥梁、隧道：跨境项目由国务院投资主管部门核准并报国务院备案。国家批准的相关规划中的项目，中国铁路总公司为主出资的由其自行决定并报国务院投资主管部门备案，其他企业投资的由省级政府核准；其余独立铁路桥梁、隧道及跨10万t级及以上航道海域、跨大江大河（现状或规划为一级及以上通航段）的独立公路桥梁、隧道项目，由省级政府核准，其中跨长江干线航道的项目应符合国家批准的相关规划。其余项目由地方政府核准。

煤炭、矿石、油气专用泊位：由省级政府按国家批准的相关规划核准。

集装箱专用码头：由省级政府按国家批准的相关规划核准。

内河航运：跨省（区、市）高等级航道的千吨级及以上航电枢纽项目由省级政府按国家批准的相关规划核准，其余项目由地方政府核准。

民航：新建运输机场项目由国务院、中央军委核准，新建通用机场项目、扩建军民合用机场（增建跑道除外）项目由省级政府核准。

2.1.2 工程项目立项过程

工程项目立项过程如图2-1所示。

图2-1表明，政府投资工程项目与企业投资工程项目的立项过程存在较大的差异。这主要体现在：政府投资工程项目使用的是公共财政资金，有必要加强管控；而企业投资工程项目是企业的市场行为，应给予企业自主权，但前提条件是符合国家产业政策，并在环境保护、土地使用、资源利用、安全生产、城市规划等方面也要符合国家法律法规。

（1）政府投资项目立项

1）适宜编制工程规划的领域，政府相关部门应当编制工程专项规划。按照规定权限和程序批准的工程专项规划，是工程项目决策的重要依据。

2）国家和地方发展和改革委员会同有关部门建立项目储备库，作为项目决策和年度计划安排的重要依据。

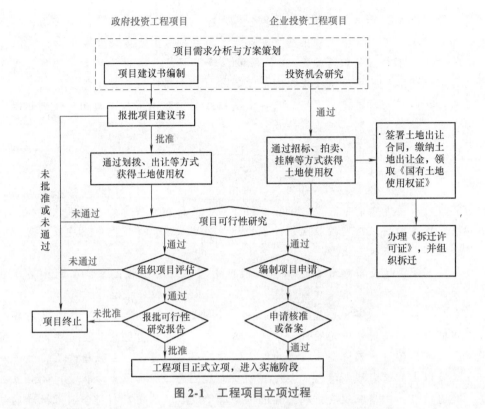

图 2-1　工程项目立项过程

3）工程项目发起单位组织编制项目建议书，获批准后开展后续工作。

4）工程项目发起单位组织编制项目可行性研究报告，获批准后开展后续工作，包括项目初步设计、开工准备等事项。

5）对情况特殊、影响重大的项目，工程项目发起单位需要组织编制开工报告，并上报审批。

国家或地方发展和改革委员会审批政府投资项目时，一般应当委托具备相应资质的工程咨询机构对项目建议书、可行性研究报告进行评估。特别重大的项目实行专家评议制度。

（2）企业投资核准制项目立项　对企业投资建设但需要核准的工程项目，即属于《政府核准的投资项目目录》之内的项目，企业应当按照有关要求编制项目核准申请报告，取得依法应当附具的有关文件后，按照规定报送项目核准机关；项目核准机关对项目核准申请报告进行审查，如有必要，可委托工程咨询机构进行评估，然后做出是否予以核准的决定；企业获项目同意立项的核准文件后，方可办理土地使用、环境保护、资源利用、城市规划、安全生产、设备进口和减免税确认等手续，也才能组织设计和施工。

企业提交的项目核准申请报告，应当主要从维护经济安全、合理开发利用资源、保护生态环境、优化重大布局、保障公共利益、防止出现垄断等方面依法进行审查；项目的市场前景、经济效益、资金来源、产品技术方案等均由企业自主决策、自担风险，项目核准机关不得干预企业的投资自主权。

项目核准制也实行属地管理原则。中央企业投资项目和跨省级企业投资项目向国家发展和改革委员会申报核准；省级核准机关办理省属企业投资项目的核准工作，并会同有关省级行业主管部门对全省所有企业投资项目的核准材料进行整理、归纳和分析，按要求向国家发展和改革委员会上报；省级以下核准机关负责办理当地企业投资项目的核准工作，并会同相关同级行业主管部门将核准项目情况向上级核准机关汇总上报，抄送上级行业主管部门。

（3）企业投资备案制项目立项　对企业投资建设但不需要核准的工程项目，即属于《政府核准的投资项目目录》之外的项目，企业需编制项目备案申请报告；企业按要求向备案机关提交项目备案报告；项目备案机关应正式受理在规定时间内做出受理或不予受理的决定；企业获准予备案的批文后，方可办理土地使用、环境保护、资源利用、城市规划、安全生产、设备进口和减免税确认等手续，也才能组织工程设计和施工。

项目备案制也实行属地管理原则，具体与项目核准制类似。

■ 2.2　工程项目需求分析与项目策划

2.2.1　工程项目需求分析

1. 什么是工程项目需求分析

工程项目需求分析（Requirement Analysis）是指经济社会或企业对项目功能或完成任务能力的要求分析。对大中型工程项目，这一工作一般由政府或企业委托工程咨询机构完成。政府投资工程项目的需求分析必须面向行业或区域经济社会发展，而企业投资工程项目的需求分析则从企业发展战略出发。这两类工程项目需求分析在内容上不尽相同。

2. 政府投资工程项目需求分析

根据国民经济的发展、国家和地方中长期规划、综合规划或专项规划，对全国或区域经济和社会发展特定领域，如交通设施、电力、水资源等领域的供应和需求现状进行分析，并预测未来中长期发展中对这些领域的需求变化；进而分析满足这些需求变化的途径和措施，通常包括新建、改建或扩建工程项目，以改善供应条件或提升供应能力，满足经济社会发展需要。

3. 企业投资工程项目需求分析

根据国家产业政策、生产力布局、国内外市场以及所在地的内外部条件，企业一般首先分析未来的发展战略，是扩大现有生产规模，还是开辟新的经营范围，或两者同步发展；其次分析实现企业发展战略有途径和措施，通常包括新建、改建或扩建工程项目，以实现企业的发展战略。

2.2.2　工程项目前期策划

策划（Planning），即筹划、谋划或计划。不论是政府还是企业投资工程项目，一般都在项目需求分析的基础上，对项目进行目标策划和方案策划。

1. 工程项目目标策划

工程项目目标策划（Goal Planning）的主要任务包括基本确定工程任务、工程规模、项目投资估算等。工程项目目标策划要充分考虑下列几方面因素：

1）项目需求。对政府投资工程项目即为经济社会发展对项目的需求，对企业投资项目即为扩大生产能力，由这种需求决定工程项目的功能、能力和规模。

2）项目需求的变化。经济社会的需求或市场的需求总是变化的，因此，确定项目的目标——项目功能、能力和规模时，有必要考虑需求的变化。过高评估需求，可能会增大工程规模，并引起工程投资浪费；过低评估需求，建成的工程难以满足未来经济社会发展需求或难以实现企业发展目标。为满足这种需求的变化，现实中经常采用整体规划、分期实施的工程建设策略。

3）工程建设条件。工程建设条件包括自然、社会、技术等多个方面，不论是政府还是企业投资工程项目，均必须充分考虑这些工程建设条件。有必要在这些条件的约束下，确定工程项目建设目标，以谋求工程项目投资的最佳效果。

2. 工程项目方案策划

项目方案策划（Project Plan）是指对项目方案的谋划或计划。一般在项目目标策划的基础上进行方案策划。重大工程项目方案策划的主要内容包括：

1）基本选定工程规模、工程标准和工程总体布局。

2）初步选定主要建筑物形式。

3）初步确定主体工程的主要施工方法和施工总布置及总工期。

4）初步提出主要环境问题及保护目标。

5）初步确定工程建设征地、拆迁或移民安置规划。

6）初步提出项目投资估算和资金筹措方案。

2.2.3 工程项目方案策划成果

对政府和企业投资工程项目，项目方案策划成果通常分别称为项目建议书和投资机会研究报告。

1. 工程项目建议书

（1）什么是工程项目建议书　工程项目建议书（Request for Proposal，RFP）也称工程项目立项申请书，是项目发起单位就新建、扩建工程事项向政府项目投资管理部门申报的书面申请文件。它是项目发起单位在项目策划的基础上，根据国民经济的发展、国家和地方中长期规划、经济社会发展需求、产业政策、生产力布局、国内外市场、所在地的内外部条件，提出的某一具体项目的建议文件，是对拟建项目提出的框架性的总体设想。

（2）项目建议书编制的深度要求

1）关于投资建设必要性和依据：

① 阐明拟建项目的提出背景、拟建地点，提出或出具与项目有关的长远规划或行业、地区规划资料，说明项目建设的必要性。

② 对改扩建项目，要说明现有企业的情况。

③ 对引进技术和设备的项目，还要说明国内外技术的差距与概况，进口的理由，以及技术概况、工艺流程和生产条件概要等。

2）关于产品方案、拟建项目规模和建设地点的初步设想：

① 产品的市场预测，包括国内外同类产品的生产能力、销售情况分析和预测、产品销售方向和销售价格的初步分析等。

② 说明（初步确定）产品的年产值、一次建成规模和分期建设的设想（改扩建项目还需说明原有生产情况及条件），以及对拟建项目规模经济合理性的评价。

③ 产品方案设想，包括主要产品和副产品的规模、质量标准等。

④ 建设地点论证，分析项目拟建地点的自然条件和社会条件，论证建设地点是否符合

地区布局的要求。

3）关于资源、交通运输以及其他建设条件和协作关系的初步分析：

① 拟利用的资源供应的可行性和可靠性。

② 主要协作条件的情况、项目拟建地点的水电及其他公用设施、地方材料的供应情况分析。

③ 对技术引进和设备进口项目，应说明主要原材料、电力、燃料、交通运输、协作配套等方面的要求，以及所具备的条件和资源落实情况。

4）关于主要工艺技术方案的设想：

① 主要生产技术和工艺，如拟引进国外技术，应说明引进的国别以及国内技术与之相比存在的差距，技术来源、技术鉴定及转让等情况。

② 主要专用设备来源，如拟采用国外设备，应说明引进理由以及拟引进设备的国外厂商的概况。

5）关于投资估算和资金筹措的设想：投资估算根据掌握数据的情况，可进行详细估算，也可以按单位生产能力或类似企业的情况进行估算。投资估算中应包括建设期利息、投资方向调节税和考虑一定时期内的涨价影响因素（即涨价预备金），流动资金可参考同类企业条件及利率，说明偿还方式，测算偿还能力。对技术引进和设备进口项目，应估算项目的外汇总用汇额以及其用途，外汇的资金来源与偿还方式，以及国内费用的估算和来源。

6）关于项目建设进度的安排：

① 建设前期工作的安排，应包括涉外项目的询价、考察、谈判、设计等。

② 项目建设需要的时间和生产经营时间。

7）关于经济效益和社会效益的初步估算（尽可能有初步的财务分析和国民经济分析的内容）：

① 计算项目全部投资的内部收益率、贷款偿还期等指标以及其他必要的指标，进行盈利能力、偿还能力初步分析。

② 项目社会效益和社会影响的初步分析。

8）有关的初步结论和建议：对技术引进和设备进口的项目建议书，还应有邀请外国厂商来华进行技术交流的计划、出国考察计划以及可行性分析工作的计划（如聘请外国专家指导或委托咨询的计划）等附件。

（3）项目建议书的内容 对不同类型的政府投资项目，项目建议书的具体内容不尽相同。水利水电工程项目建议书的主要内容和深度要求见［案例2-2］；城市基础设施项目建议书的框架见［案例2-3］。

 **案例2-2 水利水电工程项目建议书的主要内容和深度要求**

SL 617—2013《水利水电工程项目建议书编制规程》规定，水利水电工程项目建议书的主要内容应包括：

1）论述项目建设的必要性，基本确定工程的任务，对综合利用工程应明确各项任务的主次顺序。

2）基本确定工程场址的主要水文参数和成果。

3）初步查明工程的主要地质条件和工程地质问题，对天然建筑材料进行初查。

4）基本选定工程规模、工程等别及标准和工程总体布局。

5）基本选定工程场址（坝、闸、厂、站址和线路等），初步选定工程总体布置方案，基本选定基本坝型，初步选定其他主要建筑物形式。

6）初步选定机电及金属结构的主要设备形式与布置。

7）基本选定对外交通运输方案，初步选定施工导流方式和料场，初步确定主体工程主要施工方法和施工总布置及总工期。

8）基本确定工程淹（浸）没处理、征（占）地的范围，初步查明主要淹没实物指标，初步确定移民安置规划，估算建设征地补偿费。

9）分析工程建设对主要环境保护目标的影响，提出主要环境问题、环境保护的对策和措施，初估环境保护专项投资。

10）初步界定水土流失防治责任范围，初拟水土保持措施，初估工程投资。

11）分析建设项目能源消耗种类和数量，提出能耗指标，初拟节能措施并对节能效果进行初步分析。

12）基本确定工程项目的类别，初拟工程管理方案，初步确定管理区范围。

13）提出主要工程量和主要设备数量，编制工程投资估算。

14）提出资金筹措方案和融资能力，分析工程效益、费用，评价项目的经济合理性和财务可行性。

案例2-3 城市基础设施项目建议书的框架

一、总论

（一）项目名称

（二）承办单位概况

（三）拟建地点

（四）建设规模

（五）建设年限

（六）概算投资

（七）效益分析

二、市场预测

（一）供应现状（本系统现有设施规模、能力及问题）。

（二）供应预测（本系统在建的和规划建设的设施规模、能力）。

（三）需求预测（根据当前城市社会经济发展对系统设施需求的情况，预测城市社会经济发展对系统设施的需求量）。

三、建设规模

（一）建设规模与方案比选。

（二）推荐建设规模及理由。

四、项目选址

（一）场址现状（地点与地理位置、土地可能性类别及占地面积等）。

（二）场址建设条件（地质、气候、交通、公用设施、政策、资源、法律法规、征地拆迁工作、施工等）。

五、技术方案、设备方案和工程方案

（一）技术方案

1. 技术方案选择。

2. 主要工艺流程图、主要技术经济指标表。

（二）设备方案

（三）工程方案

1. 建、构筑物的建筑特征、结构方案（附总平面图、规划图）。

2. 建筑安装工程量及"三材"用量估算。

3. 主要建、构筑物工程一览表。

六、投资估算及资金筹措

（一）投资估算

1. 建设投资估算（总述总投资，分述建筑工程费、设备购置安装费等）。

2. 流动资金估算。

3. 投资估算表（总资金估算表、单项工程投资估算表）。

（二）资金筹措

1. 自筹资金。

2. 其他来源。

七、效益分析

（一）经济效益

1. 基础数据与参数选取。

2. 成本费用估算（编制总成本费用表和分项成本估算表）。

3. 财务分析。

（二）社会效益

1. 项目对社会的影响分析。

2. 项目与所在地互适性分析（不同利益群体对项目的态度及参与程度；各级组织对项目的态度及支持程度）。

3. 社会风险分析。

4. 社会评价结论。

八、结论

2. 投资机会研究报告

项目投资机会研究是企业在拟投资建设项目初步调查分析的基础上，将项目的设想概括为拟投资项目的初步方案的过程。投资机会研究报告的内容一般包括：初步选定项目的背景和依据、市场与政策分析及预测、企业发展战略和内外部条件的分析，并提出投资总体结构以及其他具体实施建议。投资机会研究报告是进一步深入研究的前提和基础。

■ 2.3　工程项目可行性研究与项目评估

2.3.1　工程项目可行性研究

1. 什么是工程项目可行性研究

工程项目可行性研究（Feasibility Study of Construction Project）是指在项目建议书或预可行性

研究的基础上，通过与项目有关的资料、数据的调查分析，对拟建工程项目的必要性，以及对经济和社会发展、生态环境影响等方面进行全面的、系统的、综合的技术经济分析论证工作。

不论是政府投资项目还是企业投资项目，一般均由项目发起单位或企业组织项目可行性研究，它是整个项目投资决策中的不可缺失的重要工作。

工程项目需求分析与方案策划仅对拟建项目进行了初步分析，并提出了政府投资工程项目的项目建议书或企业投资工程项目的项目机会研究报告。这不足以支持工程项目投资决策，工程项目立项还需对拟建工程项目的必要性、建设规模、建设标准、经济和社会效益，以及对环境的影响等方面进行深入研究，并将其概括为工程项目可行性研究。

2. 工程项目可行性研究的作用和依据

（1）工程项目可行性研究的作用　工程项目可行性研究最终形成的可行性研究报告是项目投资决策、项目审批的重要依据。工程项目可行性研究报告及其批复文件在项目立项后的主要作用有：

1）它是建设项目投资决策和编制设计任务书的依据。

2）它是向当地政府投资主管部门、规划部门和环境保护主管部门申请有关建设许可文件的依据。

3）它是建设单位或项目法人筹集资金的重要依据。

4）它是工程项目进行设计、施工和设备采购的重要依据。

5）它是建设单位或项目法人与各参与建设各方签订各种协议和合同的依据。

6）它是项目考核和后评估的重要依据。

（2）工程项目可行性研究的依据　对一个拟建工程项目进行可行性研究，必须在国家有关的政策、法规、规划的指导下完成，同时还要有相应的各种技术资料支撑。其主要依据包括：

1）国家有关的发展计划、规划文件，包括对行业政策中的鼓励、特许、限制、禁止等有关规定。

2）项目主管部门对项目建设要求请示的批复。

3）项目建议书及其审批文件。

4）拟建地区的环境现状资料。

5）试验、试制报告。

6）项目投资方或项目法人与有关方面达成的协议，如投资、原料供应、建设用地、动力等方面的初步协议。

7）国家或地方颁布的有关法规。

8）国家或地方颁布的与项目建设有关的标准、规范、定额等。

9）市场调查报告。

10）主要工艺和设备的技术资料。

11）自然、社会、经济等方面的有关资料。

12）与项目可行性研究委托方签订的合同。

3. 工程项目可行性研究的主要内容

不同类型工程项目可行性研究的对象存在较大差异，但其经济效果、社会影响和环境影响的分析或评价的要求、内容基本相同，并且是各类工程项目可行性研究的主要内容。

（1）经济效果评价　经济效果评价是指资金占用、成本支出与有用生产成果之间的比

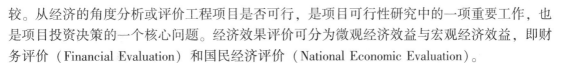

较。从经济的角度分析或评价工程项目是否可行，是项目可行性研究中的一项重要工作，也是项目投资决策的一个核心问题。经济效果评价可分为微观经济效益与宏观经济效益，即财务评价（Financial Evaluation）和国民经济评价（National Economic Evaluation）。

1）财务评价。财务评价是指在国家现行财税制度和市场价格体系下，分析预测项目的财务效益与费用，编制财务报表，计算财务评价指标，考察拟建项目的盈利能力、偿债能力，进而判断项目的财务可行性。

2）国民经济评价。国民经济评价是指按照资源合理配置的原则，从国家整体角度考察和确定项目的效益和费用，用影子价格、影子汇率和社会折现率等国民经济评价参数，分析计算项目对国民经济带来的净贡献，以评价项目经济上的合理性。

财务评价与国民经济评价的共同点主要表现为：

1）评价目的相同。财务评价和国民经济评价都是寻求以最小的投入获得最大的产出。

2）评价基础相同。财务评价和国民经济评价都是在完成了产品需求预测、工程技术方案、资金筹措等可行性研究的基础上进行的，都使用基本的经济评价理论，即费用与效益比较的理论方法。

财务评价与国民经济评价的不同点主要表现为：

1）评价角度和基本出发点不同。财务评价是站在项目层次上，从项目的经营者、投资者、未来债权人的角度，分析项目和各方的收支和盈利状况及偿还借款能力，以确定投资项目的财务可行性。国民经济评价则是从国家或区域的层次上，从全社会的角度考察项目需要国家付出的代价和对国家的贡献，以确定投资项目的经济合理性。

2）费用、效益的划分不同。财务评价是根据项目直接发生的实际收支确定项目的效益和费用，凡是项目的货币支出都视为费用，税金、利息等也均计为费用。国民经济评价则着眼于项目所耗费的全社会有用资源来考察项目的费用，而根据项目对社会提供的有用产品（包括服务）来考察项目的效益。税金、国内借款利息和财政补贴等一般并不发生资源的实际增加和耗用，多是国民经济内部的"转移支付"，因此不列为项目的费用和效益。此外，国民经济评价还要考虑间接费用与间接效益。

3）采用的价格不同。财务评价要确定投资项目在财务上的现实可行性，因而对投入物和产出物均采用财务价格，即现行的市场价格（预测值）。国民经济评价则采用反映货物的真实经济价值，反映机会成本、供求关系以及资源稀缺程度的影子价格。

4）主要参数不同。财务评价采用的汇率一般选用当时的官方汇率，折现率是因行业而异的基准收益率或最低可接受收益率。国民经济评价则采用国家统一测定和颁布的影子汇率和社会折现率。

财务评价与国民经济评价结果的应用。财务评价和国民经济评价不尽相同，当这两种评价结论不一致时，如何进行项目投资决策呢？总体而言，应以国民经济评价结论为主要依据进行项目投资决策。具体做法是：财务评价和国民经济评价均可行的项目，应予通过；财务评价和国民经济评价均不可行的项目，应予否定；财务评价不可行、国民经济评价可行的项目，应予通过，但国家和主管部门应采取相应的优惠政策，如减免税、给予补贴等，使项目在财务上也具有生存能力；财务评价可行、国民经济评价不可行的项目，应予否定，或者重新考虑项目方案。

（2）社会影响评价（Social Impact Assessment） 社会影响评价是指对项目可能产生的

正或负两个方面的影响范围、程度等进行分析预测，并针对负面影响提出措施建议。

社会科学家提出的"以人为中心"的发展理念，认为发展的目的不是发展物质，而是发展人类。在这一理念的促进下，人们开始尝试从社会学的角度分析工程项目对实现国家或地方各项社会发展目标所做的贡献和影响，以及项目与当地社会环境的相互影响。世界银行（World Bank）在 1984 年就提出将社会评价作为世界银行开展投资项目可行性研究的重要组成部分。目前，社会评价已被世界各国在工程项目可行性研究中广泛应用，特别是那些项目所在地居民受益较大的社会公益性项目、对人民群众生活影响较大的基础设施项目或容易引起社会矛盾和风险的项目，如交通、水利、采矿和石化等。这些项目一般容易引发大规模征地拆迁和移民安置，或项目建成后运行中存在较大污染等。

近年来，为防止重大工程项目引起的社会矛盾激化、加剧，国家发展和改革委员会制定了《国家发展改革委重大固定资产投资项目社会稳定风险评估暂行办法》（发改投资〔2012〕2492 号）。该暂行办法指出，"社会稳定风险分析应当作为项目可行性研究报告、项目申请报告的重要内容并设独立篇章"。同时，在国家发展和改革委员会办公厅《关于印发重大固定资产投资项目社会稳定风险分析篇章和评估报告编制大纲（试行）的通知》（发改办投资〔2013〕428 号）中，规定了社会稳定风险分析报告的主要内容。

案例 2-4　重大固定资产投资项目社会稳定风险分析的主要内容

1. 编制依据

编制依据主要包括：

1）相关法律、法规、规章、规范性文件以及其他政策性文件。

2）项目单位的委托合同。

3）项目单位提供的拟建项目基本情况和风险分析所需的必要资料。

4）国家出台的区域经济社会发展规划、国务院及有关部门批准的相关规划。

5）其他依据。

2. 风险调查

社会稳定风险调查重点围绕拟建项目建设实施的合法性、合理性、可行性和可控性等方面开展。调查范围应覆盖所涉及地区的利益相关者，充分听取、全面收集群众和各利益相关者的意见，包括合理和不合理、现实和潜在的诉求等。

重点阐述以下部分或全部方面：调查的内容和范围、方式和方法；拟建项目的合法性；拟建项目的自然和社会环境状况；利益相关者的意见和诉求、公众参与情况；基层组织态度、媒体舆论导向，以及公开报道过的同类项目风险情况。

3. 风险识别

在风险调查的基础上，针对利益相关者不理解、不认同、不满意、不支持的方面，或在日后可能引发不稳定事件的情形，全面、全程查找并分析可能引发社会稳定风险的各类风险因素。

重点阐述：在政策规划和审批程序、土地房屋征收方案、技术和经济方案、生态环境影响、项目建设管理、当地经济社会影响、质量安全和社会治安、媒体舆论导向等方面重点分析查找各类风险因素。

4. 风险估计

根据各类风险因素的成因、影响表现、风险分布、影响程度和发生可能性，找出主要风险因素。采用定性与定量相结合的风险分析方法，估计主要风险因素的风险程度；分析主要风险因素之间是否相互影响。

重点阐述：按照风险可能发生的项目阶段（决策、准备、实施、运行），结合当地经济社会与拟建项目的相互适应性，从初步识别的各类风险因素中筛选、归纳出主要风险因素，对每一个主要风险因素进行分析、估计。

5. 风险防范和化解措施

根据风险识别和风险估计的结果，研究并提出风险防范化解措施。

重点阐述：针对主要风险因素研究提出各项综合和各项的风险防范、化解措施，提出落实各项措施的责任主体和协助单位、防范责任、具体工作内容、风险控制节点、实施时间和要求的建议。

6. 风险等级

分析各项风险防范、化解措施落实的可行性和有效性，预测落实措施后每一个主要风险因素可能引发风险的变化趋势，包括发生概率、影响程度、风险程度等，综合判断拟建项目落实风险防范、化解措施后的风险等级。

重点阐述：预测各主要风险因素变化趋势及结果，综合判断落实措施后风险等级。

7. 风险分析结论

阐述拟建项目社会稳定风险分析的主要结论，包括：

1) 拟建项目主要的风险因素。

2) 主要的风险防范、化解措施。

3) 拟建项目的风险等级。

4) 落实风险防范、化解措施的有关建议。

（3）环境影响评价（Environmental Impact Assessment） 环境影响评价是指对工程项目实施或建成后可能产生的环境影响进行分析、预测和评估，并提出预防或者减轻不良环境影响的对策和措施的活动。

环境是指影响人类生存和发展的各种天然的和经过人工改造的自然因素的总和，包括大气、水、海洋、土地、矿藏、森林、草原、野生生物、自然遗迹、人文遗迹、自然保护区、风景名胜区、城市和乡村等。环境有自然环境和社会环境之分。自然环境是社会环境的基础，社会环境又是自然环境的发展。

工程项目是"人造自然"，其势必具有两面性：一方面，工程项目改造了自然，以满足经济社会发展的需要，即产生正面作用；另一方面，由于工程项目的存在，改变了自然，可能给另一方面或另一部分，即项目的环境带来负面影响。因此，有必要对这种负面影响进行评估，为投资决策提供支持。

项目环境影响评价分类：

1) 按照评价对象分为项目环境影响评价、规划环境影响评价、战略环境影响评价。

2) 按照环境要素分为大气环境影响评价、水环境影响评价、噪声环境影响评价、固体废物环境影响评价等。

3）按照评价时间分为环境质量现状评价、环境影响预测评价、环境影响后评价。

项目环境影响评价程序。项目投资方一般委托专业化的咨询机构开展环境影响评价工作。咨询机构常将工作分三个阶段：第一阶段，前期准备、初步调研和制定工作方案；第二阶段，分析论证和预测评价；第三阶段，环境影响评价文件编制。具体流程如图2-2所示。

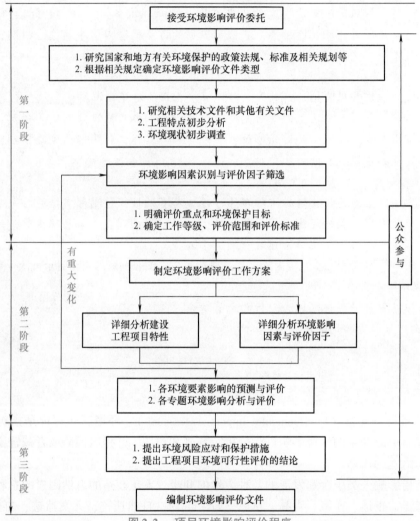

图 2-2　项目环境影响评价程序

项目环境影响评价文件：我国《环境影响评价法》规定：可能造成重大环境影响的项目，应当编制环境影响报告书，对产生的环境影响进行全面评价；可能造成轻度环境影响的，应当编制环境影响报告表，对产生的环境影响进行分析或者专项评价；对环境影响很小、不需要进行环境影响评价的，应当填报环境影响登记表。

其中，工程（建设）项目的环境影响报告书应包括以下内容：

1）建设项目概况。

2）建设项目周围环境现状。

3）建设项目对环境可能造成影响的分析、预测和评估。

4）建设项目环境保护措施及其技术、经济论证。

5）建设项目对环境影响的经济损益分析。

6）对建设项目实施环境监测的建议。

7）环境影响评价的结论。

2.3.2 工程项目可行性研究的深度要求

从项目报批的视角，工程项目可行性研究的深度要求最终呈现在政府投资项目的可行性研究报告或企业投资项目的申请报告中。

1. 政府投资工程项目可行性研究报告的要求

对政府投资工程项目，其可行性研究的成果为可行性研究报告。不同行业或不同类型的工程项目，对工程项目可行性研究报告内容和深度的要求不尽相同。［案例2-5］和［案例2-6］分别是水利水电工程项目和公路工程项目可行性研究的主要内容和深度要求。

案例 2-5 水利水电工程可行性研究报告的主要内容和深度要求

SL 618—2013《水利水电工程可行性研究报告编制规程》规定，水利水电工程可行性研究报告的主要内容和深度应符合下列要求：

1）论证工程建设的必要性，确定工程的任务及综合利用工程各项任务的主次顺序。

2）确定主要水文参数和成果。

3）查明影响方案比选的主要工程地质条件，基本查明主要建筑物的工程地质条件，评价存在的主要工程地质问题，对天然建筑材料进行详查。

4）确定主要工程规模和工程总体布局。

5）选定工程建设场址（坝址、闸址、厂址、站址和线路）等。

6）确定工程等级及设计标准，选定基本坝型，基本选定工程总体布置及其他主要建筑物的形式。

7）基本选定机电和金属结构及其他主要机电设备的形式和布置。

8）初步确定消防设计方案和主要设施。

9）选定对外交通运输方案、料场、施工导流方式及导流建筑物的布置，基本选定主体工程主要施工方法和施工总布置，提出控制性工期和分期实施意见，基本确定施工总工期。

10）确定工程建设征地的范围，查明淹没实物，基本确定移民安置规划，估算移民征地补偿投资。

11）对主要环境要素进行环境影响预测评价，确定环境保护对策措施，估算环境保护投资。

12）对主体工程设计进行水土保持评价，确定水土流失防治责任范围，水土保持措施水土保持监测方案，估算水土保持投资。

13）初步确定劳动安全与工业卫生的设计方案，基本确定主要措施。

14）明确工程的能源消耗种类和数量、能源消耗指标、设计原则，基本确定节能措施。

15）确定管理单位的类别及性质、机构设置方案、管理范围和保护范围等。

16）编制投资估算。

17）分析工程效益费用和贷款能力，提出资金筹措方案，分析主要经济评价指标，评价工程的经济合理性和财务可行性。

水利水电工程可行性研究报告一般包括以下附件：

1）项目建议书批复文件及与工程有关的其他重要文件。

2）相关专题论证、审查会议纪要和意见。

3）水文分析报告。

4）工程地质勘察报告。

5）工程规模论证专题报告。

6）工程建设征地补偿与移民安置规划报告。

7）环境影响报告书（表）。

8）水土保持方案报告书。

9）贷款能力测算专题报告。

10）其他重大关键技术专题报告。

案例 2-6　公路建设项目可行性研究报告的主要内容

《公路建设项目可行性研究报告编制办法》（交规划发〔2010〕178号）规定，公路建设项目可行性研究报告的主要内容应包括项目影响区域经济社会及交通运输的现状与发展、交通量预测、建设的必要性、技术标准、建设条件、建设方案及规模、投资估算及资金筹措、经济评价、实施安排、土地利用评价、工程环境影响分析、节能评价、社会评价等。对特殊复杂的重大项目，还应进行风险分析。《公路建设项目可行性研究报告》的具体内容要求包括：

1　概述

1.1　项目背景

1.2　编制依据

1.3　研究过程

1.4　建设的必要性

1.5　主要结论

1.6　问题及建议

2　经济社会和交通运输的发展现状及规划

2.1　研究区域概况

2.2　项目影响区域经济社会现状及发展

2.3　项目影响区域交通运输现状及发展

3　交通量分析及预测

3.1　公路交通调查与分析

3.2　相关运输方式的调查与分析

3.3　预测思路与方法

3.4　交通量预测

4　技术标准

根据拟建项目在区域网络中的功能与定位、交通量预测结果，综合考虑地形条件、投资规模、环境影响及与拟建项目连接的其他工程项目等影响因素，在通行能力及服务水平分析的基础上，按照 JTG B01—2014《公路工程技术标准》相关规定，论证项目拟采用的技术等级、设计时速、车道数及路基宽度、荷载标准、抗震设防标准、隧道建筑界限、交通工程及沿线设施等具体指标。对跨越有通航要求河流上的桥梁，应明确通航等级标准等指标。

5　建设方案

　　5.1　建设条件

　　5.2　建设项目起终点论证

　　5.3　备选方案拟定

　　5.4　方案比选

　　5.5　推荐方案概况

6　投资估算及资金筹措

　　6.1　投资估算

　　6.2　资金筹措

7　经济评价

　　7.1　评价依据和方法

　　7.2　评价方案设定

　　7.3　经济费用效益分析

　　7.4　财务分析

　　7.5　评价结论

8　实施方案

分析工程施工的条件和特点，研究制约工程进度、质量和造价的关键环节，提出工期安排等实施方案。对改扩建项目，应该包括施工期交通组织方案。

9　土地利用评估

　　9.1　区域土地利用、类型及人均占有量

　　9.2　推荐方案占用土地、主要拆迁建筑物的种类和数量

　　9.3　对当地土地利用规划的影响

　　9.4　与《公路建设项目用地指标》的相符性

　　9.5　集约节约使用土地措施

10　工程环境影响分析

　　10.1　沿线环境特征

　　10.2　推荐方案对工程环境的影响

　　10.3　减缓工程环境影响的对策

11　节能评价

　　11.1　建设期耗能分析

　　11.2　运营期节能

　　11.3　对当地能源供应的影响

　　11.4　主要节能措施

　　11.5　节能评价

12　社会评价

12.1　社会影响分析

　　12.2　互适性分析

　　12.3　社会风险分析

　　12.4　社会评价结论

　13　风险分析

　　13.1　项目主要风险因素识别

　　13.2　风险程度分析

　　13.3　防范和降低风险措施

　14　问题及建议

　存在的主要问题与建议。

　　2. 企业投资项目申请报告的要求

　　对企业投资项目，不论是核准或备案项目，均需向政府相关部门提交项目申请报告。为指导企业做好项目申请报告的编写工作，规范项目核准机关核准行为，2017年国家发展改革委发布了《项目申请报告通用文本》，对项目申请报告编写内容及深度提出了基本要求，见［案例2-7］。

案例2-7 **项目申请报告通用文本**

第1章　项目单位及拟建项目情况

　1. 项目单位情况

　　包括项目单位的主营业务、营业期限、资产负债、企业投资人（或者股东）构成、主要投资项目、现有生产能力、项目单位近几年的信用情况等内容。

　2. 拟建项目情况

　　包括拟建项目的建设背景、建设地点、主要建设内容、建设（开发）规模与产品方案、工程技术方案、主要设备选型、配套公用辅助工程、投资规模和资金筹措方案等。拟建项目与国民经济和社会发展总体规划、主体功能区规划、专项规划、区域规划等相关规划衔接和协调情况，拟建项目的产业政策、技术标准和行业准入分析。拟建项目取得规划选址、土地利用等前置性要件的情况。

第2章　资源开发及综合利用分析

　1. 资源开发方案

　　资源开发类项目，包括对金属矿、煤矿、石油天然气矿、建材矿以及水（力）、森林等资源的开发，应分析拟开发资源的可开发量、自然品质、赋存条件、开发价值等，评价是否符合资源综合利用的要求。

　2. 资源利用方案

　　包括项目需要占用的重要资源品种、数量及来源情况；多金属、多用途化学元素共生矿、伴生矿、尾矿以及油气混合矿等的资源综合利用方案；通过对单位生产能力主要资源消耗量指标的对比分析，评价资源利用效率的先进程度；分析评价项目建设是否会对地表（下）水等其他资源造成的不利影响。

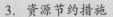

3．资源节约措施

阐述项目方案中作为原材料的各类金属矿、非金属矿及能源和水资源节约以及项目废弃物综合利用等的主要措施方案。对拟建项目的资源能源消耗指标进行分析，阐述在提高资源能源利用效率、降低资源能源消耗、实现资源能源再利用与再循环等方面的主要措施，论证是否符合能耗准入标准及资源节约和有效利用的相关要求。

第3章　生态环境影响分析

1．生态和环境现状

包括项目场址的自然生态系统状况、资源承载力、环境条件、现有污染物情况和环境容量状况等，明确项目建设是否涉及生态保护红线以及与相关规划环评结论的相符性。

2．生态环境影响分析

包括生态破坏、特种威胁、排放污染物类型、排放量情况分析，水土流失预测，对生态环境的影响因素和影响程度，对流域和区域生态系统及环境的综合影响。

3．生态环境保护措施

按照有关生态环境保护修复、水土保持的政策法规要求，对可能造成的生态环境损害提出治理措施，对治理方案的可行性、治理效果进行分析论证。根据项目情况，提出污染防治措施方案并进行可行性分析论证。

4．特殊环境影响

分析拟建项目对历史文化遗产、自然遗产、自然保护区、森林公园、重要湿地、风景名胜和自然景观等可能造成的不利影响，并提出保护措施。

第4章　经济影响分析

1．社会经济费用效益或费用效果分析

从资源综合利用和生态环境影响等角度，评价拟建项目的经济合理性。

2．行业影响分析

阐述行业现状的基本情况以及企业在行业中所处地位，分析拟建项目对所在行业及关联产业发展的影响，尤其对产能过剩行业注重宏观总量分析影响，避免资源浪费和加剧生态环境恶化，并对是否可能导致垄断、是否符合重大生产力布局等进行论证。

3．区域经济影响分析

对于区域经济可能产生重大影响的项目，应从区域经济发展、产业空间布局、当地财政收支、社会收入分配、市场竞争结构、对当地产业的支撑作用和贡献等角度进行分析论证。

4．宏观经济影响分析

投资规模巨大、对国民经济有重大影响的项目，应进行宏观经济影响分析。涉及国家经济安全的项目，应分析拟建项目对经济安全的影响，提出维护经济安全的措施。

第5章　社会影响分析

1．社会影响效果分析

阐述拟建项目的建设及运营活动对项目所在地可能产生的社会影响和社会效益。其中要对就业效果进行重点分析。

2. 社会适应性分析

分析拟建项目能否为当地的社会环境、人文条件所接纳，评价该项目与当地社会环境的相互适应性，提出改进方案。

3. 社会稳定风险分析

重点针对拟建项目直接关系人民群众切实利益且涉及面广、容易引发的社会稳定问题，在风险调查、风险识别、风险估计、提出风险防范和化解措施、判断风险等级的基础上，从合法性、合理性、可行性和可控性等方面进行分析。

4. 其他社会风险及对策分析

针对项目建设所涉及的其他社会因素进行社会风险分析，提出协调项目与当地社会关系、规避社会风险、促进项目顺利实施的措施方案。

2.3.3 项目评估

工程项目可行性研究是一般工程项目立项过程要做的工作，并由建设单位或发起单位组织。但对政府投资工程项目，特别对重大工程项目，在可行性研究的基础上，还要进行由政府主管部门组织的、从国家或全局视角出发的项目评估。

政府投资（重大）工程项目评估由政府投资主管部门认定机构完成，并组织专家对其进行审查。

政府投资工程项目评估的内容大部分在可行性研究报告中已经涉及，包括国民经济评估、社会影响评估和环境影响评估等，但对不同类型项目，根据其对经济社会发展影响的不同，政府组织项目评估时，评估的重点也有所不同。例如，有些侧重对经济社会发展影响的评估，有些则将重点放在对环境的评估上。

思考题和习题

1. 工程项目立项的内涵是什么？政府对企业投资项目实行核准制的目的是什么？

2. 政府投资与企业投资工程项目立项过程的主要差异是什么？为什么？

3. 项目需求分析的任务是什么？政府投资与企业投资项目需求分析的主要差异是什么？

4. 工程项目可行性研究及其作用、依据和内容是什么？

5. 政府投资与企业投资工程项目的可行性研究内容存在的差异是什么？

6. 项目环境影响评价一般委托专业机构完成，其评价的程序是怎样的？

7. 对重大工程项目，政府部门一般在项目可行性研究的基础上组织对项目进行评估，为什么？项目评估有何特点？

第 3 章

工程项目融资

本章知识要点与学习要求

序　　号	知 识 要 点	学 习 要 求
1	工程项目融资的概念	掌握
2	工程项目融资和公司融资的区别	掌握
3	工程项目融资的一般流程	熟悉
4	BOT 项目融资模式	掌握
5	PPP 项目融资模式	熟悉
6	BOT、PFI 和 PPP 的联系与区别	了解
7	工程项目融资的风险分析	了解
8	工程项目融资的风险分担	了解

工程项目发起人或投资人计划建设工程而资金不足时，需要进行资金筹措，即工程项目融资。如何用最低的成本获取建设资金？或如何科学合理地解决工程建设过程中资金短缺的问题？这是工程项目前期工作需要研究的重要问题之一。

■ 3.1　工程项目融资及其基本框架

3.1.1　工程项目融资及其功能

1. 什么是工程项目融资

工程项目融资，简称项目融资，在世界上虽然已有 40 多年的实践，但作为学术用语，迄今为止还没有一个公认的定义。纵观现已出版的中外文献，对项目融资定义的表述主要有以下三种：

（1）彼得·K. 内维特（Peter K. Nevitt）所著的《项目融资》（第 6 版）一书中的定义：项目融资就是在向一个经济实体提供贷款时，贷款方考察该经济实体的现金流和收益，将其视为偿还债务的资金来源，并将该经济实体的资产视为这笔贷款的担保物，若对这两点感到满意，则贷款方同意贷款。

（2）美国财会标准手册中的定义：项目融资是指对需要大规模资金的项目而采取的金融活动。借款人原则上将项目本身拥有的资金及其收益作为还款资金来源，并且将其项目资产作为抵押条件来处理。

（3）我国原国家计委与外汇管理局共同发布的《境外进行项目融资管理暂行办法》（计外资〔1997〕612号）中的定义：项目融资是指以境内建设项目的名义在境外筹措外汇资金，并仅以项目自身预期收入和资产对外承担债务偿还责任的融资方式。

上述三种定义虽然表述不同，但并无实质性差别，均主要包含以下两项最基本的内容：

1）项目融资是以项目为主体安排的融资，项目的导向决定了项目融资最基本的方法。

2）项目融资中的贷款偿还来源仅限于融资项目本身。

此外，可将项目融资的各种定义分为广义和狭义两类。从广义上讲，凡是为了建设一个新工程项目、收购一个现有工程项目或者对已有工程项目进行债务重组所进行的融资，均可称工程项目融资；而狭义的工程项目融资则专指具有无追索或有限追索形式的融资。本书将工程项目融资定义为：以项目未来收益和资产为融资基础，由项目参与各方分担风险的具有无追索权或有限追索权的特定融资方式。

2. 工程项目融资的功能

工程项目融资与传统融资方式相比较，突出了下述三大功能：

1）筹资功能强，能更有效地解决大型工程项目的资金问题。凡是大型工程项目，就投资而言，少则几亿元，多则上百亿元资金。一般投资者仅凭自己的筹资能力，几乎很难筹集到工程项目的全部资金。同时，由于大型工程项目需要巨额投资，其伴随的投资风险也很大，这两点原因就决定了采用传统的融资方式是行不通的，而采用项目融资方式则可有效地解决这个问题。因为项目融资通常是无追索或有限追索形式的贷款，项目融资能力大大超过投资者自身的筹资能力，并将投资风险分摊到与项目有关的各方，从而解决了大型工程项目的资金问题。

2）融资方式灵活多样，能减轻政府的财政负担。无论是发达国家还是发展中国家，政府能出资建设的项目都是有限的，并且仅凭政府投资很难满足经济发展的需要。这主要是因为一国政府财政预算支出的规模和政府举债的数量受到综合国力的制约。在经济发展过程中，各相关产业的发展要求基础设施、能源、交通等大型工程项目先行。而项目融资则是解决繁重的项目建设任务与项目资金供给之间矛盾的一个有效途径。

3）实现项目风险分散和风险隔离，能够提高项目成功的可能性。项目融资的多方参与结构决定了项目可以在发起人、贷款人以及其他项目参与方之间分散项目风险，通过各方签订的项目融资协议，能够明确项目风险责任的分担。对于项目发起人而言，利用项目融资的债务屏蔽功能，实现资产负债表外融资，将贷款人的债务追索权限于项目公司，降低自身的财务风险。而贷款人也可以根据项目的预期收益和风险水平，要求发起人提供项目融资担保，在项目无法达到合理现金流量时，能够避免贷款风险。同时，由于各方都承担风险，必然在融资过程中追求相应的回报，以促进项目的成功。

3. 工程项目融资与公司融资的区别

工程项目融资与传统公司融资有很大的区别。公司融资是指依赖一家现有企业的资产负债及总体信用状况（通常企业涉及多种业务及资产），为企业（包括项目）筹措资金，属于完全追索权融资，主要包括发行公司股票、公司债券以及获得银行贷款等形式。而工程项目融资通常是无追索或有限追索形式的筹资方式。其基本特征表现在融资主体不同、融资基础不同、追索程度不同、风险分担程度不同、债务比例不同、会计处理不同以及融资成本不同等多个方面。

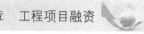

3.1.2　工程项目融资的参与者

工程项目融资的参与者一般包括项目发起人、项目业主、项目经理和项目承包商等。以工程项目融资方式筹集资金的项目，通常是工程量较大、资金需求多、涉及面广的项目。同时，这类项目有完善的合同体系和担保体系来分担项目的风险，因此，工程项目融资的参与者众多。常见的工程项目融资的参与者主要有以下14类：

1）项目发起人。项目发起人，是指项目的倡导者和投资者。项目发起人可以是一家公司或者是政府机构，也可以是由多方组成的集团，如由承包商、供应商、项目产品的购买方或项目产品的使用方以及政府部门等多方构成的联合体。

2）项目公司/项目法人。项目公司/项目法人是为了项目建设和运营的需要，由项目发起人组建的独立经营的法律实体。项目发起人是项目公司的股东，仅以投入到项目公司中的股份为限对项目进行控制，并承担有限的偿债责任。项目公司为建设和运营项目，需要进行大量的融资，并以项目本身的资产和未来的现金流作为偿还债务的保证。

3）借款人。借款人是指为项目直接筹集资金者。一般情况下，项目公司扮演借款人的角色。但借款人也可以不是项目公司。借款人与项目公司的关系受项目实施和融资结构等诸多因素，如税收制度、外汇制度、担保制度和法律诉讼等的影响。

4）贷款银行。项目融资的参与者中，必不可少的是提供贷款的银行。由于项目融资需求的资金量很大，一家银行很难独立承担贷款业务；另外，基于对风险的考虑，任何一家银行都不愿意为一个大项目承担全部的贷款。因此通常情况下是由几家银行组成一个银团，共同为项目提供贷款。

5）财务顾问。项目公司在金融市场上筹集资金，往往聘请金融公司、投资银行等为其策划和操作，这些金融机构就是项目公司的财务顾问。财务顾问必须熟知国际、国内金融市场的操作规则，并且了解项目所在地的情况，依据当地的政治、法律和市场环境等对项目融资结构提出参考意见。

6）咨询专家。采用项目融资方式筹集资金的项目通常工程量大并且技术复杂，因而在项目的设计和施工中存在大量的技术问题，需要各方面的专家提供咨询意见。项目发起人、贷款银行和财务顾问等均要聘请咨询专家，帮助进行可行性研究，对项目进行管理、监督和验收。

7）律师。项目融资涉及众多参与者，融资关系复杂，通常在项目一开始，就需要相应的律师介入。其职责主要包括对项目合同有效性等法律问题，以及合理避税等税务问题提供建议，并起草各类合同文件，检查项目融资结构与措施是否符合东道国的有关规定，以规避法律风险。

8）保险公司。项目融资的巨大资金数额以及未来难以预料的许多风险，使得保险公司成为项目融资中必不可少的参与者。保险公司收取保费，并为项目分担风险。

9）国际金融机构（针对国际工程）。国际金融机构和区域性金融机构经常参与发展中国家的项目融资。国际金融机构的参与对项目融资有很多好处：

① 可降低融资成本，世界银行通常为发展中国家的项目提供长期低息的优惠贷款。

② 可使其他项目参与各方减少对项目所在国政治风险的担忧。

③ 世界银行的贷款通常不要求担保。但是，在国际金融机构提供优惠贷款的同时，也有很多其他附加条件，有些条件非常苛刻，不容忽视。

10）所在国政府（针对国际工程）。项目所在国政府有时在项目融资中可以起到关键的作用。政府可以作为担保方为融资提供帮助，还可以作为公共产品的购买者为项目提供特许权。另外，政府可通过制定相关的税收政策、外汇政策等为项目融资提供优惠待遇。

11）项目承建商。项目承建商负责项目的设计和建设，其技术水平、财务能力和经营业绩在很大程度上会影响贷款银行对项目建设风险的判断。承建商可以通过项目公司签订固定价格的"一揽子"承包合同，从而成为项目融资的重要信用保证者。

12）项目使用方。项目使用方就是项目产品的购买者或者项目提供服务的使用者。如果使用方通过签订项目产品长期购买或者服务使用合同，就可以保证项目的市场和现金流量，为项目融资提供重要的信用支持，成为项目融资的重要参与者之一。一般情况下，项目使用方可以由项目发起人本身、对项目产品有需求的第三方或者政府有关机构承担。

13）项目供应商。项目供应商主要包括项目所需设备供应商和原材料供应商。项目设备供应商通常通过延期付款或者低息优惠出口信贷安排，构成项目资金的一个重要来源，为项目融资提供信用保证；项目所需原材料供应商以长期的优惠价格为项目提供原材料，以减少项目建设和运营期间的原材料供应风险，为项目融资提供便利条件，因而也成为项目融资的重要参与者之一。

14）项目担保方。为了保证项目公司按照合同约定来偿还债务，项目担保方以自己的信用或资产向贷款银行做出项目公司按约还款的保证。在有效担保期内，债权无法实现时，贷款银行就可以要求担保方履行担保义务。项目融资的担保方可以是项目发起人、项目所在国政府，也可以是资信等级较高的商业担保公司。

3.1.3　工程项目融资的运作程序

从工程项目的提出到采用工程项目融资的方式为工程项目筹集资金，一直到最后完成工程项目融资，大致分为五个阶段，即工程项目的提出与构思、工程项目决策分析、工程项目融资决策分析、工程项目融资谈判和合同签署、工程项目融资的实施。工程项目融资的阶段和步骤如图3-1所示。

（1）工程项目的提出与构思阶段　之所以把工程项目的提出与构思作为工程项目融资的第一个阶段，是因为工程项目的构思是对所要实现的目标进行的一系列想象和描绘，是对未来投资项目的目标、功能、范围以及项目设计的各主要因素和大体轮廓的设想和初步界定，其中必然涉及项目经费的估算以及如何筹措。在这个阶段的方案选择中还会考虑资金筹措的影响因素，以及工程项目融资的运作和步骤。为了使读者对整个工程项目融资过程有比较完整的了解，本书把该阶段作为工程项目融资的第一个阶段。

（2）工程项目决策分析阶段　对于任何一个项目，在决策者做决策之前，都需要经过相当周密的投资决策分析，包括项目的可行性研究、宏观经济形势的判断、工业部门的发展以及项目在工业部门中的竞争性分析等标准内容。项目通过了可行性研究，并不意味着能够满足融资的要求，所以还要求进行项目的可融资性分析。一旦做出投资决策，接下来一项重要的工作就是确定项目的投资结构。项目投资结构与将要选择的融资结构和资金来源有着密切的关系。同时，在很多情况下，工程项目投资决策也是与项目能否融资以及如何融资紧密相连的。投资结构的选择将影响到项目融资的结构和资金来源选择，反过来，项目融资结构的设计在多数情况下也会对投资结构的安排做出调整。

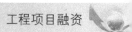

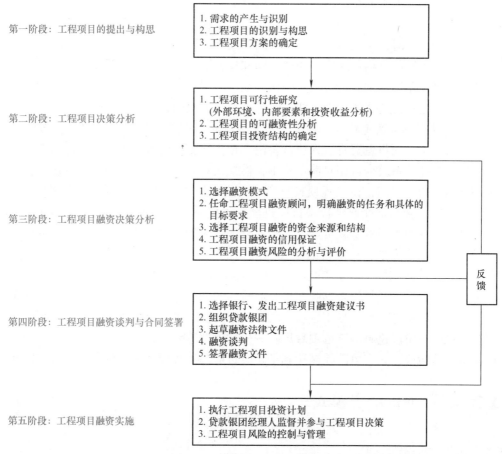

第一阶段：工程项目的提出与构思
1. 需求的产生与识别
2. 工程项目的识别与构思
3. 工程项目方案的确定

第二阶段：工程项目决策分析
1. 工程项目可行性研究
   (外部环境、内部要素和投资收益分析)
2. 工程项目的可融资性分析
3. 工程项目投资结构的确定

第三阶段：工程项目融资决策分析
1. 选择融资模式
2. 任命工程项目融资顾问，明确融资的任务和具体的目标要求
3. 选择工程项目融资的资金来源和结构
4. 工程项目融资的信用保证
5. 工程项目融资风险的分析与评价

反馈

第四阶段：工程项目融资谈判与合同签署
1. 选择银行、发出工程项目融资建议书
2. 组织贷款银团
3. 起草融资法律文件
4. 融资谈判
5. 签署融资文件

第五阶段：工程项目融资实施
1. 执行工程项目投资计划
2. 贷款银团经理人监督并参与工程项目决策
3. 工程项目风险的控制与管理

图 3-1 工程项目融资的阶段和步骤

（3）工程项目融资决策分析阶段 在这个阶段，项目投资者将决定采用何种融资模式为项目开发筹集资金。是否采用项目融资，取决于投资者对债务责任分担的要求、贷款资金数量的要求、时间的要求、融资费用的要求，以及诸如债务会计处理等方面要求的综合评价。如果采用项目融资作为筹资手段，投资者就需要选择和任命融资顾问，开始研究和设计项目的融资结构。有时项目投资者自己也无法明确判断采取何种融资模式为好，在这种情况下，投资者可以聘请融资顾问对项目的融资能力以及可能的融资方案做出分析和比较，在获得一定的信息反馈后，再做出项目的融资方案决策。

确定工程项目融资的资金来源和结构，以及对工程项目风险的分析和评估，是工程项目融资决策阶段的重要内容。确定工程项目融资的资金来源和结构主要是决定权益资本与债务的比例，及其相应的融资渠道和融资成本。工程项目风险评估首先要对影响到工程项目经济性的风险因素进行识别，采用合理的风险定量分析方法，评价识别出来的风险，并确定出关键风险；然后针对每种风险的特点，制定风险应对措施，以及在风险管理过程中采用的动态控制和反馈机制。此外，还要依据风险分担的原则和惯例，将这些风险的管理责任分配给工程项目的利益相关者，确保风险发生后的损失有具体的承担人和管理者。

（4）工程项目融资谈判与合同签署阶段 在初步确定了工程项目融资的方案之后，工程项目融资顾问将有选择地向商业银行或其他一些金融机构发出参加工程项目融资的建议书，组织贷款银团，着手起草工程项目融资的有关文件。这一阶段会经过多次的反复，在与银行的谈判中，不仅会对有关的法律文件做出修改，在很多情况下还会涉及融资结构或资金来源的调整问题，有时甚至会对项目的投资结构及相应的法律文件做出修改，以满足贷款银团的要求。在这一阶段，融资顾问、法律顾问和税务顾问的作用十分重要。强有力的融资顾问和法律顾问可以帮助加强项目投资者的谈判地位，保护投资者的利益，并在谈判陷入僵局时，及时、灵活地找出适当的变通办法，绕过难点，解决问题。

（5）工程项目融资实施阶段　在正式签署工程项目融资的法律文件之后，融资的组织安排工作就结束了，项目融资将进入执行阶段。在传统的融资方式中，一旦进入贷款的执行阶段，借贷双方的关系就变得相对简单明了，借款人只要求按照贷款协议的规定提款和偿还贷款的利息和本金。然而，在工程项目融资中，贷款银团通过其经理人（一般由工程项目融资顾问担任）将会经常性地监督项目的进展，根据融资文件的规定，参与部分项目的决策程序，管理和控制项目的贷款资金投入和部分现金流量。除此之外，银团经理人也会参与一部分项目生产经营决策，在项目的重大决策问题上（如新增资本支出、减产、停产和资产处理）有一定的发言权。由于工程项目融资的债务偿还与其项目的金融环境和市场环境密切相关，所以帮助项目投资者加强对项目风险的控制和管理，也成为银团经理人在项目正常运营阶段的一项重要工作。在工程项目融资执行阶段，另一项重要的工作就是控制项目的各种风险。在第三阶段进行的工程项目风险分析和评估着重理论分析，因而这一阶段是风险控制的具体实施阶段，只有风险控制达到了预定目标，工程项目融资的各种目标才能实现。

■ 3.2　工程项目融资模式

3.2.1　BOT 项目融资模式

1. 什么是 BOT 项目融资

BOT（Build Operate Transfer），即建造—运营—移交，是相对简单或经典的特许经营项目融资模式，但不同机构对其也有着不同的定义，例如：

联合国工业发展组织（UNIDO）：私人方在一定时期内对基础设施进行融资、建设、维护和运营，期满后将基础设施所有权移交给政府。

世界银行：政府给某些公司新项目建设的特许权，私营合伙人或国际财团愿意自己融资、建设某基础设施，并在一定时期内经营该设施，然后将该设施移交给政府部门或其他公共机构。

亚洲开发银行：项目公司计划、筹资和建设基础设施项目，经所在国政府特许在一定时期经营项目，特许期到期时，项目资产所有权移交给国家。

总的来说，BOT 是指政府（主要是省市级以上）通过特许权协议，授权企业，包括外企、（不同地区的）国企和私企进行项目（主要是基础设施和自然资源开发）的融资、设计、建造、运营和维护，在规定的特许期（通常为 30 年左右）内向该项目使用者收取费用，由此回收项目的投资、经营和维护等成本，并获得合理的回报，特许期满后无偿移交给政府。

自 1984 年土耳其总理厄扎尔（Ozal）首次将 BOT 应用于土耳其公共基础设施领域后，

其引起了世界各国，尤其是发展中国家的广泛关注和应用。在我国，BOT 也是政府通过与外商或私营部门签订特许权协议吸引外资或民间资本、加快基础设施建设的一种手段。

2．BOT 经典的衍生形式

作为最常用的项目融资模式，BOT 经典的衍生形式有两种：

1）BOOT（Build Own Operate Transfer），即建造—拥有—运营—移交。它与基本 BOT 的主要不同之处在于，项目公司既有经营权又有所有权，政府允许项目公司在一定范围和一定时期内等一定条件下将政府资产为了融资而抵押给银行，以获得更优惠的贷款条件，从而使项目的产品或服务的价格降低，但特许期一般比基本 BOT 稍长。

2）BOO（Build Own Operate），即建造—拥有—运营。它与 BOT 和 BOOT 的主要不同之处在于，项目公司不必将项目移交给政府（即为永久私有化），目的主要是鼓励项目公司从项目全生命期的角度合理建设和经营设施，提高项目产品或服务的质量，追求全生命周期总成本降低和效率提高，使项目产品或服务价格更低。

除 BOOT 和 BOO 之外，在各国应用 BOT 的过程中，还创新了很多衍生形式，包括：

1）BT（Build Transfer），即建造—移交。

2）BOOST（Build Own Operate Subsidy Transfer），即建造—拥有—运营—补贴—移交。

3）ROT（Rehabilitate Operate Transfer），即修复—运营—移交。

4）BLT（Build LeaseTransfer），即建造—租赁—移交。

5）ROMT（Rhabilitate Operate Maintain Transfer），即修复—运营—维护—移交。

6）ROO（Rehabilitate Own Operate），即修复—拥有—运营。

7）TOT（Transfer Operate Transfer），即移交—运营—移交。

8）SOT（Supply Operate Transfer），即供应—运营—移交。

9）DBOT（Design Build Operate Transfer），即设计—建造—运营—移交。

10）DOT（Develop Operate Transfer），即开发—运营—移交。

11）OT（Operate Transfer），即运营—移交。

12）OMT（Operate Manage Transfer），即运营—管理—移交。

13）DBFO（Design Build Finance Operate），即设计—建造—融资—运营。

14）DCMF（Design Construct Manage Finance），即设计—施工—管理—融资，等。

3．BOT 项目融资结构

BOT 项目的参与人主要包括政府、项目承办人（即被授予特许权的私营部门）、投资者、贷款人、保险和担保人、总承包商（承担项目设计、建造）及运营开发商（承担项目建成后的运营和管理）等。此外，项目的用户也因投资、贷款或保证而成为 BOT 项目的参与者。各参与人之间的权利义务关系依各种合同、协议而确立。例如，政府与项目承办人之间订立特许经营协议，各债权人与项目公司之间签订贷款协议等。

BOT 项目的全过程涉及项目发起与确立、项目资金的筹措、项目设计、建造、运营管理等诸多方面和环节。BOT 结构总的原则是使项目众多参与方的分工责任与风险分担明确合理。在具体操作中，BOT 项目融资结构由以下几部分组成：

1）由项目经营公司、工程公司、设备供应公司以及其他投资者共同组建一个项目公司，从项目所在国政府获得特许经营协议作为项目建设开发和安排融资的基础。特许经营协议通常包括三个方面的内容：

① 批准项目公司建设开发和经营项目，并给予使用土地、获得原材料等方面的便利条件。

② 政府按照固定价格购买项目产品，或者政府担保项目可以获得最低收入。

③ 在特许经营协议终止时，政府可以根据协议商定的价格购买或无偿收回整个项目，而项目公司应保证政府所获得的是一个正常运转并保养良好的项目。为了保证项目公司获得特许经营协议后有能力按计划开发项目，政府有时会要求项目公司或投资财团提供一定的担保。

2）项目公司以特许经营协议作为基础安排融资。外国政府机构的出口信贷是发展中国家 BOT 模式中贷款部分的重要组成部分。例如，有些出口信贷机构会直接为本国的成套设备出口安排融资。为了减少贷款的风险，融资安排中一般要求项目公司将特许经营协议的权益转让给贷款银行作为抵押，并且设计专门的机构控制项目的现金流量。在有些情况下，贷款银行也会要求项目所在国政府提供一定的从属性贷款和贷款担保作为融资的附加条件。

3）在项目的建设阶段，工程承包方以承包合同形式建造项目。采用这种类型的工程承包合同可以起到类似完工担保的作用，有利于安排融资。

4）项目进入运营阶段之后，经营公司根据经营协议负责项目公司投资建造的公用设施的运营、保养和维修，支付项目贷款本息并使投资财团获得投资利润；并保证在 BOT 模式结束时，将一个运转良好的项目移交给项目所在国政府或其他所属机构。

以 BOT 方式组织项目实施的结构类型根据具体项目的特征、项目所在国的情况以及项目的承包商情况等方面的差异而存在诸多差别，但是也可以总结出一个典型的 BOT 项目融资结构，如图 3-2 所示。

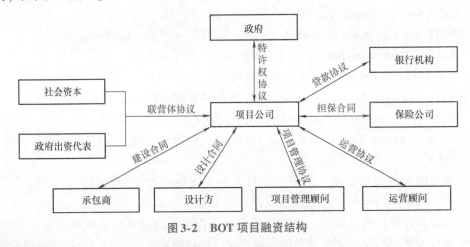

图 3-2　BOT 项目融资结构

案例 3-1　广西来宾电厂 B 厂 BOT 项目融资

1997 年 9 月，广西壮族自治区政府与法国电力联合体（法国电力国际公司通用电气阿尔斯通）正式签署特许权协议。项目装机规模为 72 万 kW，电厂的主要设备是两台 36 万 kW 的燃煤发电机组，特许期 18 年（含建设期）。广西电力公司每年购买 35 亿 kW·h 的最低输出电量，并输入广西电网。

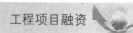

协议签订后，中标人法国电力联合体先后完成了项目初步设计、建设合同、运营维护合同、保险协议、融资协议的签署。同时，对外贸易经济合作部批准了项目的章程，完成项目公司注册成立工作。法国电力联合体完成融资以后，广西壮族自治区政府于1997年9月与法国电力国际公司通用电气阿尔斯通成立的项目公司正式签署了特许权协议，来宾电厂B厂开工建设，特许期为18年，其中建设期为2年9个月，运营期15年3个月。发电所需燃煤由广西建设燃料有限责任公司负责向项目公司供应，主要来自贵州省盘江矿区。特许期满，电厂无偿移交给广西壮族自治区政府，并承担后12个月内的质量保证义务。

项目总投资6.16亿美元，其中股本资金1.54亿美元，占总投资的25%；债务资金4.62亿美元占总投资的75%。股本资金由法国电力国际公司出资60%，通用电气阿尔斯通公司出资40%组成。债务资金通过有限追索的贷款方式筹措，具体由法国东方汇理银行、英国汇丰银行及英国巴克莱银行组成的银团联合承销，贷款中约3.12亿美元由法国出口信贷机构——法国对外贸易保险公司提供出口信贷保险。中国各级政府、金融机构和非银行金融机构不为该项目融资提供任何形式的担保。

广西来宾电厂B厂BOT项目融资结构如图3-3所示。

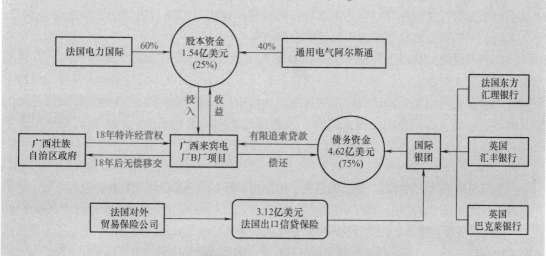

图3-3 广西来宾电厂B厂BOT项目融资结构

[问题] 广西来宾电厂B厂BOT项目融资结构有什么特点？

[解析] 广西来宾电厂B厂是我国首个采用BOT模式的基础设施项目，解决了广西壮族自治区经济发展的瓶颈问题；由于资金短缺导致电力供应基础设施落后，电力供应不足。该BOT项目于2015年9月3日特许期满，顺利移交广西壮族自治区政府。

3.2.2 ABS项目融资模式

1. 什么是ABS项目融资

ABS（Asset Backed Securitization），即资产证券化模式，是指将缺乏流动性但能产生可预见的、稳定的现金流量的资产归集起来，通过一定的安排，对资产中的风险与收益要素进行分离与重组，进而转换为在金融市场上可以出售和流通的证券的过程。ABS是20世纪80

年代首先在美国兴起的一种新型的资产变现方式，根据资产类型的不同，主要有信贷资产证券化（以信贷资产为基础资产的证券化）和不动产证券化（以不动产如基础设施、房地产等为基础资产的证券化）两种。

ABS 模式的主要思路是通过收益资产证券化来为项目融资，即以项目所拥有的资产为基础，以项目资产可以带来的预期收益为保证，通过在资本市场发行债券来募集资金的一种证券化融资方式。具体做法是项目发起人将项目资产出售给特设机构（Special Purpose Vehicle，SPV），SPV 凭借项目未来可预见的稳定现金流，并通过寻求担保等措施控制风险，在国际资本市场上发行具投资价值的高级债券，一次性地为项目进行融资，还本付息主要依靠项目的未来收益。

另外一个思路是与项目有关的信贷资产证券化，即项目的贷款银行将项目贷款资产作为基础资产或是与其他具有共同特征、流动性较差但可能产生可预见稳定现金流的贷款资产组成基础资产，通过信用提高等手段使其变为具投资价值的高级债券，通过在国际市场发行债券来进行融资，降低银行的不良贷款率，从而提高银行为项目提供贷款的积极性，间接地为项目融资服务。具体做法是进行项目开发或建设的项目公司（原始权益人）向 SPV 转让项目下的资产及未来收益，SPV 基于项目资产的支持在资本市场发行债券募集资金，用于项目建设，但项目的开发管理等权利仍由项目公司行使，建成后的项目收益用于清偿债务本息。待还本付息完毕，原始权益人取得项目的全部权属。

ABS 项目融资具有以下特征：资产债券的购买者或持有人在债券到期时获得的本息来自项目资产带来的现金流；资产债券的信誉来自证券化资产本身，而与发起人及特设机构本身的资信没有关系，如果保证资产即项目资产违约拒付，资产债券的清偿也仅限被证券化的资产的数额，而金融资产的发起人或购买人无超过此限的清偿义务；ABS 模式是利用资本市场对项目相关资产的收益与风险进行分离与重组的过程。

2. ABS 项目融资运作

尽管目前被证券化的项目资产已有多种，但运用得最多的还是以抵押贷款、应收款等金融资产为对象的信贷资产证券化。ABS 项目融资已应用于基础设施项目等大型工程融资中，如水电、住房、道路、桥梁、铁路项目，其共同特点是收入安全、持续、稳定。另外，一些出于某些考虑不宜采用 BOT 的重要铁路干线、大规模的电厂等重大的基础设施项目，也可以采用 ABS。

总的来说，一种可证券化的理想资产一般应具有以下特征：能在未来产生可预测的稳定的现金流；持续一定时期的低违约率、低损失率的历史记录；本息的偿还分摊于整个资产的存活期间；金融资产的债务人有广泛的地域和人口统计分布；原所有者已持有该资产一段时间，有良好的信用记录；金融资产的抵押物有较高的变现价值；金融资产具有标准化、高质量的合同条款。

ABS 项目融资的运作过程如下，图 3-4 则表示 ABS 项目融资的组织结构。

1）组建特设机构 SPV。SPV 一般是在国际上获得权威资信评级机构给予较高资信评定等级（AAA 或 AA 级）的投资银行、信托投资或信用担保公司等与证券投资相关的金融机构组成，一般设在免税国家或地区，以降低融资成本。

2）证券化资产的"真实销售"（True Sale）。发起人即原始权益人根据买卖合同将证券化资产通过资产出售型、信托型或担保型资产让渡方式让渡给 SPV 以发行证券。如果是信贷资产证券化，则原始权益人一般为银行；如果是不动产证券化，则原始权益人一般为进行建设运营的项目公司。

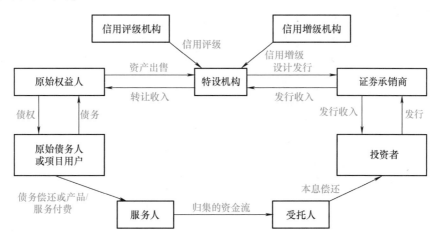

图 3-4　ABS 项目融资的组织结构

3）信用增级（Credit Enhancement）。具体包括内部信用增级和外部信用增级两种。其中，内部信用增级包括直接追索、资产储备超额、建立优次级结构、超额利差；外部信用增级是由第三方（通常为专门的信用担保公司）签发信用证。

4）资产证券的信用评级。SPV 委托信用评级机构对即将发行的债券进行正式的信用评级。

5）承销证券。承销商可以采用代销、包销方式，包销可进一步分为全额包销方式和余额包销方式。

6）收费或本息划转。项目产品/服务使用者或原始债务人通过代理（服务人）支付产品/服务使用费或贷款利息和本金，再通过受托人转给投资者。

案例3-2　汇富榆靖高速公路车辆通行费收益权资产支持专项计划

时间：2015 年 12 月设立。

原始权益人：陕西省交通建设集团公司。

基础资产：榆靖高速公路（即包头至茂名高速公路"G65 高速"榆林至靖边路段）自 2015 年 7 月 1 日 0 时起至 2023 年 6 月 30 日 24 时期间的车辆通行收费收益权。上述特定期间基础资产产生的车辆通行费收入全部列入专项计划资产，而与此相关的运营成本、人员费用及相关税、费等全部支出仍由原始权益人负担，不纳入专项计划范围。

项目规模及构成：总规模为 21.3 亿元，专项计划存续期限为 8 年，其中优先级资产支持证券（包括优先级 01~08）规模为 20.1 亿元，均为 AAA 级的评级，预期收益率根据 1~8 年的期限不同，分别为 4.25%、4.35%、4.5%、5.25%、5.55%、5.55%、5.55%、5.55%；次级资产支持证券规模为 1.2 亿元，由原始权益人认购。

信用增级：采用优先级/次级分层结构、原始权益人承诺差额不足的方式增信。

专项计划涉及的主体定义：

1）原始权益人/陕西交通集团：系指陕西省交通建设集团公司。

2）计划管理人/管理人：系指根据《标准条款》担任计划管理人的西南证券股份有限公司，或根据《标准条款》任命的作为计划管理人的继任机构。

3）西南证券/销售机构：系指西南证券股份有限公司。

4）监管银行：系指根据《监管协议》担任监管银行的中国民生银行股份有限公司西安分行，或根据该协议任命的作为监管银行的继任机构。

5）托管人：系指根据《托管协议》担任托管人的中国民生银行股份有限公司西安分行，或根据该协议任命的作为托管人的继任机构。

6）差额支付承诺人：系指履行差额支付承诺的陕西省交通建设集团公司。

7）资产服务机构：系指陕西省交通建设集团公司（为避免疑问，本专项计划存续期间，凡陕西省交通建设集团公司作为资产服务机构的，均指陕西省交通建设集团公司和陕西省交通建设集团公司榆靖分公司）。

8）登记机构/中证登深圳分公司：系指中国证券登记结算有限公司深圳分公司。

9）法律顾问/大成律师：系指北京大成（上海）律师事务所。

10）评级机构/东方金诚：系指东方金诚国际信用评估有限公司。

11）审计机构/天健事务所：系指天健会计师事务所（特殊普通合伙）陕西分所。

12）评估机构/中联评估：系指中联资产评估集团有限公司。

13）认购人/投资者：系指签署《认购协议》并以其合法拥有的人民币资金购买资产支持证券，并按照其取得的资产支持证券享有专项计划收益、承担专项计划风险的合格投资者。

14）资产支持证券持有人：系指以合法方式持有资产支持证券的投资者，包括优先级资产支持证券持有人和次级资产支持证券持有人。在专项计划成立时，系指成功参与专项计划取得资产支持证券的投资者；在专项计划存续期间，系指在深圳证券交易所合法受让优先级资产支持证券的投资者，也称为资产支持证券持有人。

15）优先级资产支持证券持有人：系指合法取得优先级资产支持证券的投资者，包括优先级01至优先级08共8档优先级资产支持证券投资者。

16）次级资产支持证券持有人：系指合法取得次级资产支持证券的投资者。

17）有控制权的资产支持证券持有人：在优先级资产支持证券本金和收益偿付完毕之前，系指优先级资产支持证券持有人；在优先级资产支持证券本金和收益偿付完毕之后，系指次级资产支持证券持有人。

汇富榆靖高速公路项目的组织机构如图3-5所示。

[问题] 高速公路项目采用ABS融资模式与BOT模式相比有哪些优势？

[解析] 1）计划管理人（西南证券股份有限公司）根据《资产买卖协议》及资产管理合同的约定，将专项计划募集资金用于向原始权益人（陕西省交通建设集团公司）购买基础资产，即榆靖高速公路自2015年7月1日至2023年6月30日的车辆通行收费收益权。

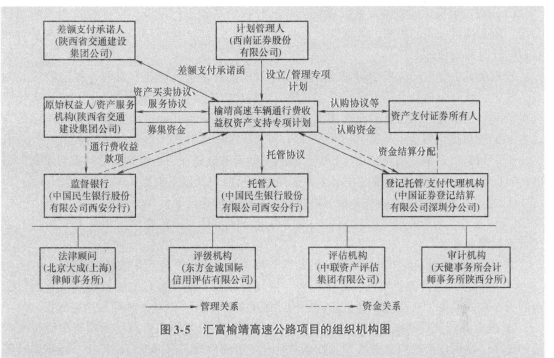

图 3-5　汇富榆靖高速公路项目的组织机构图

2）高速公路进入运营期后，投资者可根据车流量收取车辆通行费用或者通过财政补贴获得专营权收入；现金流相对稳定、可预期，是资产证券化基础资产的理想标的。

3.2.3　PPP 项目融资模式

1. 什么是 PPP 项目融资

PPP（Public Private Partnership），即政府和私营部门/社会资本合作，是指政府为增强公共产品和服务供给能力、提高供给效率，通过特许经营、购买服务和股权合作等方式，与社会资本建立利益共享、风险分担的长期合作关系。由于不同国家和地区的经济形态不完全一样，PPP 发展的程度不同，因而对 PPP 有着不同的定义，对 PPP 的分类也未能达成一致。

我国财政部（2014）对 PPP 融资模式的定义为：政府部门和社会资本在基础设施及公共服务领域建立的一种长期合作关系。在该模式中，由社会资本承担设计、建设、运营、维护基础设施的大部分工作，并通过"使用者付费"及必要的"政府付费"获得合理投资回报；政府部门负责基础设施及公共服务价格和质量监管，以保证公共利益最大化。

我国早在 20 世纪 80 年代就开始积极探索政府和社会资本在基础设施建设和公共服务领域方面合作的可能性。

PPP 模式在转变经济增长方式、化解地方政府债务危机、解决地方政府融资等方面有着独特的优势。因此，近年来国务院及相关部门陆续出台了一系列政策性文件，大力推广 PPP 模式，并鼓励地方政府积极应用 PPP 模式。

2. PPP 项目融资结构

PPP 项目融资主要可以分为两大类：股权融资和债权融资。

（1）股权融资　股权融资是以项目公司的股权为基础进行融资，财务投资人入股项目公司，成为项目公司的股东。其融资收益的主要实现方式为项目公司运营期间的股权分红和股权转让时的增值。

股权融资主要包括政府引导基金、社会化股权投资基金、信托、资管、保险股权计划等。其中，政府引导基金是由政府设立并按照市场化方式运作的政策性基金；PPP社会化股权投资基金主要是由社会资本充当主力募集、投资PPP项目，通过成立股权投资基金的方式为PPP项目提供资金支持。

一个PPP项目中，项目公司（SPV）所缴纳的资本金是项目后续融资的前提与基础。在PPP项目中，SPV的股东组成往往是多种多样的，可能包括以下类型：

① 建设商，它们借助对PPP项目的投资来获取工程建设项目。

② 设备商，对于一些需要运用重大专用型设备的项目，设备商作为SPV股东可以为自己带来后续业务。

③ 运营商，它们致力于通过SPV的运营管理连接上下游产业产生收益以获取回报。

④ 融资方，包括商业银行、保险机构、信托公司及其他非银行金融机构等，它们以股东的身份进入是为了获取与自身负债特征相匹配的资产配置，以获得预期的投资回报。

⑤ 地方政府及其授权代表，在部分PPP项目中，政府方的入股可以为项目融资带来增信的效果，也可以给政府方提供在实际运营管理中事前监督、内部监督的抓手。根据财政部的合同指南，为了提高PPP项目的运作效率，政府方在项目公司中的持股比例不得高于50%。

SPV的股东需要通过专门的政府采购程序获得PPP项目的投资人资格。在一个项目中有上述多种股东的，往往是这些股东先通过组建投标联合体的方式参与PPP项目的政府采购。在投标之前，这些股东之间应该有明确且周全的协议，以约定彼此之间的权利义务关系，理顺利益格局。不同类型的股东各自的利益诉求和投资偏好不同，可能存在利益冲突。一般而言，承包商偏向于发起固定资产投资较大的项目，并希望持有较大股权，即绝对控制权，以确保项目总承包权力的获得；金融机构偏向于参与投融资压力大且项目本身预期具有稳定收益、盈利能力较强的项目，如电力、港口等项目，持股形式多以参股为主；运营商偏向于参与具有设备提供需求和设备系统运营维护难度的项目，如机场、电力等项目，持股形式可以为绝对控股或参股；专业技术及运营商偏向于参与总投资规模较小、以技术输出和服务输出为主、盈利能力较强的项目，如垃圾处理、污水处理等项目，通常是绝对控股该类公司，获取最大化的控制权收益。政府或政府平台参与PPP项目，其主要目的是撬动项目，为项目私人方提供信心支持，通常只是参股项目公司；但若是市场化程度高的政府平台，以社会资本的身份参与PPP项目，则可能会控股该项目。在成立SPV时，按照财政部的合同指南及其他法规性文件，SPV的股东之间需要签订股东协议。股东协议主要包括以下条款：前提条件、项目公司的设立和融资、项目公司的经营范围、股东权利、履行PPP项目合同的股东承诺、股东的商业计划、股权转让、股东会、董事会、监事会组成及其职权范围、股息分配、违约、终止及终止后的处理机制、不可抗力、适用法律和争议解决机制，以及成本分担、决策和投票机制、限制竞争性条款等。

除了通过项目公司设立前的政府采购获得股东资格之外，在实践当中，大量的PPP项目公司还经历过股权转让的过程，因此SPV中也存在继受股东。继受股东资格的取得需要

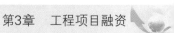

符合相关法律法规及原项目合同的规定，这些股东投资时往往项目不确定性最大的阶段已经过去，投资前景相对明朗，因此投资收益可能比原始股东有所下降。

（2）债权融资　债权融资是一种传统的融资方式，分为直接融资和间接融资。直接融资是指项目公司以自身的资产与预期现金流为基础，向社会公众发行债券，按照券面约定的时间和利率还本付息的项目融资方式。间接融资的主要对象是以银行为代表的金融机构，它们以项目公司的资产为基础，向项目公司提供贷款，项目公司在合同约定的时间还本付息。

PPP 项目由于其行业属性，一般具有投资规模大的特征，需要进行债权融资。债权融资主要包括银行贷款、债券、融资租赁等，比较常用的两种债权融资类型是间接融资的银行贷款和项目公司直接融资的发行债券。

银行贷款是 PPP 项目中最为常见的债权融资工具，也是我国的金融生态圈中最传统的融资工具之一，主要包括政策性银行，如国家开发银行和中国农业发展银行发放的政策性贷款及商业银行发放的商业贷款。政策性贷款利率较低，期限也长，与 PPP 项目自身的收益特点契合度很高，但是申请和使用有一定的限制。商业贷款可以有多种形式，按照期限可分为短期贷款、中期贷款和长期贷款。SPV 选择贷款形式主要考虑贷款的期限、利率和发放条件。目前我国的商业贷款中，短期流动资金贷款不超过 3 年，中长期贷款的期限是 3~5 年，长期贷款的期限尽管在 5 年以上，但是与动辄 20~30 年的 PPP 项目合作期也难以匹配。PPP 项目具有比较强的公益属性，因此盈利能力不是很强，商业银行往往要基于社会资本方的主体信用并结合项目技术可行性、财务可行性、还款来源可靠性、净资产与负债率、配套设施、市场需求等多重因素来考虑贷款的发放。

SPV 还可以通过债券这样的直接融资工具为 PPP 项目筹集资金。例如，在项目建设期，可以通过发行企业债券、项目收益债券、公司债券、中期票据等进行融资；在项目运行期，可以通过发行资产证券化产品等进行再融资。

由于发行债券具有筹资规模大、利率低的优势，国际上大量 PPP 项目公司均通过这一方式来进行直接融资。

PPP 项目融资结构如图 3-6 所示。

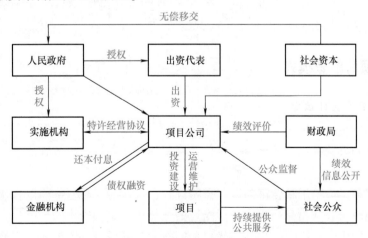

图 3-6　PPP 项目融资结构图

案例 3-3 *广州市第四资源热力电厂垃圾焚烧发电项目收益债券发行*

2014 年 11 月，广州市第四资源热力电厂垃圾焚烧发电项目收益债券（简称 14 穗热电债）发行，该债券是发改委审核发行的首只公开募集项目收益债券。项目发行总额 8 亿元，期限 10 年。该债券的交易结构如图 3-7 所示。

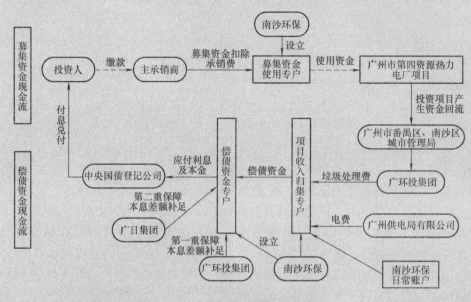

图 3-7　14 穗热电债的交易结构

[问题] 广州市第四资源热力电厂垃圾焚烧发电项目收益债券的交易结构有什么特点？

[解析] 2014 年 11 月，广州市第四资源热力电厂垃圾焚烧发电项目的收益债券发行采用簿记建档、集中配售的方式，通过承销团成员设置的发行网点向机构投资者公开发行和通过上海证券交易所发行相结合的方式发行；并且经联合资信评估有限公司综合评定，本期债券的信用级别为 AA 级。

3.2.4　PFI 项目融资模式

1. 什么是 PFI 项目融资

PFI（Private Finance Initiative），即私人主动融资，是指政府采取的促进私营部门有机会参与基础设施和公共物品的生产或提供公共服务的公共项目产出方式。该方式是政府与私营部门合作，由私营部门承担部分政府公共物品的生产或提供公共服务，政府购买私营部门提供的产品或服务，或给予私营部门以收费特许权，或政府与私营部门以合伙方式共同运营等方式，来实现政府公共物品产出中资源配置的最优化效率和产出的最大化。

PFI 起源于英国，是 BOT 之后又一优化和创新的公共项目融资模式，主要用于解决政府基础设施建设资金不足的问题。究其实质，既是一种项目融资模式，又是一种经济发展模式。在公共项目开发领域推行，既可以有效地解决公共项目的融资问题，又可以加速民间资本特别是闲置民间资本流动和周转，进而促进民营经济以及国民经济的发展。

2．PFI 的经典模式

在英国的实践中，PFI 项目有以下三种经典模式：

（1）在经济上自立的项目（Financially Free-standing Projects） 对以这种方式实施的PFI 项目，私营部门在提供服务时，政府不向其提供财政支持，但是在政府的政策支持下，私营部门通过项目的服务向最终使用者收费，来收回成本和获取利润。典型的形式有 BOO/BOT 等，相关案例如由私人设计、建设、偿还债务和运营的收费桥梁，其中公共部门不承担项目建设的费用和项目运营的费用，但是私营部门可以在政府的特许下，通过适当地调整对桥梁使用者的收费来补偿成本的增加。在这种模式下，公共部门对项目的作用是有限的，也许仅仅是承担项目最初的计划或按照法定程序帮助项目公司开展前期工作和按照法律进行管理。

（2）向公共部门出售服务的项目（Services Sold to the Public Sector） 这种项目与上述形式的不同点在于，私营部门提供项目服务所产生的成本，完全或主要是通过私人部门服务提供者向公共部门收费来补偿的。这样的项目主要包括私人融资兴建的监狱、医院和英国北部的铁路等。

（3）合资经营（Joint Ventures） 这种形式的项目中，公共部门和私营部门共同出资、分担成本和共享收益。但是，为了使项目成为一个真正的 PFI 项目，项目的控制权必须由私营部门来掌握，公共部门只是一个合伙人的角色。在英国，合资形式的 PFI 项目主要有英法隧道连接铁路（the Channel Tunnel Rail Link）、克罗伊登电车连线（Croydon Tram Link）以及一些英国城市的重建计划等项目。

在具体的运作模式上经常与 PFI 方式相联系的运作方式有 DBFO（Design，Build，Finance and Operate）、DCMF（Design，Construct，Manage and Finance）、BOO（Build，Own and Operate）和 BOOT（Build，Own，Operate and Transfer）。

3．PFI 模式组织运作方式

（1）项目发起 PFI 项目的发起人通常是政府部门，由政府部门根据发展规划和社会需求确定若干个满足这种需求项目的初步方案，并对这些方案的内容、成本、维护和运营费用、预计效益、资金支持等进行评估，以确定该项目能否应用 PFI 模式。

（2）组织结构与组织运行模式 PFI 项目通常由三部分主体构成：公共授权当局，即负责实施政府采购的公共部门委托人；SPV 是项目组织运行的核心，承担着直接对项目进行经营和管理的角色；第三方资助，即股东、贷款银行以及债券持有者等。

PFI 模式下，政府与 SPV 签订长期服务合同来建立契约关系，政府与 SPV 保持相互独立，通常私营部门承担项目建设的全部资本成本，并由政府逐期按服务的"有效性"予以偿还。英国财政部为此成立了专门的项目审查小组，负责 PFI 项目审批、监督以及该种政府支付。

4．PFI 项目融资结构

PFI 项目融资结构如图 3-8 所示。

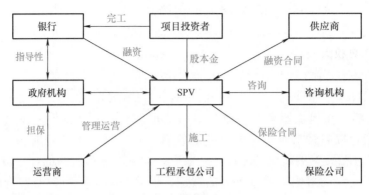

图 3-8　PFI 模式的融资结构

案例 3-4 PFI 在 Derant Valley 医院项目上的应用

Derant Valley 医院项目是英国 PFI 医院发展的标志性项目，其位于英格兰东南部北肯特（North Kent）的达特福德（Dartford）和格雷夫森德（Gravesend）地区，目的是提供原先由 3 个旧医院提供的医疗服务。新医院提供多种住院和非住院医疗服务。该项目的融资安排如下：

1. 初始融资安排

该项目总投资 1.15 亿英镑，融资完成时本项目采用的融资工具是贷款和资本金，此后则有债/券转换和资本金出售作为再融资的一部分。

特殊目的公司（即项目公司）最初借贷了项目所需总资金的绝大部分，其中无追索贷款和资本金的比例约为 88∶12（即 1.01 亿英镑的长期贷款和 0.14 亿英镑的资本金）。

Derant Valley 医院项目的资金主要通过银行长期贷款的方式获得（其中部分在运营阶段被债券所替换），且对项目股东无追索，仅以项目公司的资产作担保。随后放贷方认识到项目公司不能还本付息的风险，于是要求项目公司股东以资本金的形式投入部分承担风险的资金作为一种激励措施。发行了 0.14 亿英镑的资本金作为配股，是项目公司股东的出借款。资本金投资比无追索贷款承担更高的风险，因为只有当项目公司所有的负债都还清之后，股东才能获得回报。

为该基金会提供咨询的首席银行是劳埃德 TSB（Lloyds TSB）银行，融资顾问是毕马威会计师事务所，法律顾问为 Nabarro Nathanson 律师事务所。贷款来自德意志摩根建富（Deutsche Morgan Grenfell）、UBK Rabobank 和 11 家其他银行。该项目的融资完成时间为 1997 年 7 月 30 日，项目建设于 1997 年 9 月开始，于 2000 年 9 月 11 日投入运营，3 年建设期符合计划。

2. 再融资

2001 年，Derant Valley 医院项目公司负债 1.01 亿英镑，通过将 800 万英镑的高级债务转换为债券进行了再融资。这样减少了还债负担，从而使项目公司能更好地管理债务和改善现金流。固定息票债券只需在 10 年期内每年付息两次，而不必在该期间偿还本金。

2003 年 11 月，项目公司将 Derant Valley 医院 PPP 特许权中的 410 万英镑的资本金出售给英国巴克莱基础设施基金公司。除了项目公司获得资本金收益 520 万英镑外，该项出售在 2003 年 3 月的 PPP 特许权再融资时沉淀为 0.112 亿英镑的现金利润。因此，主办人通过出售权益和再融资共获得 0.164 亿英镑的进项，是项目最初投资额 0.041 亿英镑的 4 倍。根据英国财政部的指南，再融资的收益应该与该基金会分享，后者获得约 1000 万英镑，主要为减少给项目公司年度支付额的形式。

[问题] Derant Valley 医院采用的 PFI 融资方式有什么特点？

[解析] Derant Valley 医院的项目融资、建造和运营由私营部门负责，而医疗服务则由公共部门负责。在运营和维护合同期届满时，项目设施将移交给公共部门，后者有权决定自己管理该资产，或通过竞争性招标发包一定期限的设施管理合同。

■ 3.3　工程项目融资风险与担保

3.3.1　工程项目融资风险

为了安排工程项目融资，在工程项目技术财务可行性研究的基础上，还必须对工程项目进行风险分析，对有关的风险因素做出评价。工程项目融资风险管理的基础环节是风险识别，然后针对识别出来的风险，运用定量方法对风险评估，最后制定相应的风险应对措施。

1. 什么是工程项目融资风险

一般认为风险是活动或事件发生的一种潜在可能性，并且其会产生负面的、不良的后果。在工程项目风险管理中，总存在两个基本问题：一是谁要承担某一风险；二是风险的客体是什么，即是工程项目经济风险，还是工程项目质量风险等，但总可以用货币来度量。显然，工程项目融资风险是指工程项目法人或贷款方面临的经济损失的可能性。

本书主要讨论工程项目法人在工程项目融资过程中面临经济损失的可能性。在风险研究中，一般将这种负面事件发生的可能性和负面事件发生后产生结果的多少分开讨论。

工程项目融资风险分析通常分为风险识别、风险估计和风险评价三个阶段。

2. 工程项目融资的风险识别

在工程项目融资中，对风险的划分已经形成了一套较为完整的体系，然而，对于如何认识具体风险因素对项目融资的影响，仍然缺乏统一的标准，大量的工作仍处于定性分析而不是定量分析阶段。银行在进行这种分析时，很大程度上受到该银行过去的经验，特别是对该项目行业部门经验的限制，同时，在很大程度上也受到当时、当地金融市场的影响。

由于这些不确定性因素，不熟悉工程项目融资的投资者很难预测银行会如何分析工程项目风险，以及很难估计银行可能提出的种种对融资条件的限制与要求。为了解决这一问题，更好地认识和判断工程项目在融资谈判中的地位，从工程项目的发展阶段、工程项目风险的表现形式、工程项目投入的资源组成以及工程项目风险的可控制性四个不同的角度，对工程项目风险的识别做出全面的说明。这当中必然存在着一部分内容的重叠，有些风险只发生在项目的某个特定阶段，而其他一些风险则可能贯穿整个项目。

1）按照工程项目风险的阶段性划分。根据工程项目发展的时间顺序，其风险可以划分为三个阶段，即工程项目建设开发阶段风险、工程项目试生产阶段风险和工程项目生产经营阶段风险。每个阶段的工程项目风险都有不同的特点。

2）按照工程项目风险的表现形式划分。按照工程项目风险在各个阶段的表现形式，可以将风险划分为十种基本类型：信用风险、完工风险、生产风险、市场风险、金融风险、政治风险、法律风险、不可抗力风险、环境保护风险及国家风险。

3）按照工程项目的投入要素划分。工程项目在开发和经营的过程中需要投入的要素可以划分为五大类：人员、时间、资金、技术和其他要素，因此，从工程项目投入要素的角度，可以对上述工程项目风险做出另一种形式的划分。

4）按照工程项目风险的可控性划分。从工程项目投资者是否能够直接控制工程项目风险的角度，又可以将其划分为两类：不可控风险和可控风险。前者是指与市场客观环境有关、超出工程项目自身的风险；后者是指可由工程项目实体自行控制和管理的风险。然而，这两种风险的划分并不绝对。有些时候不可控风险也可以通过一定的手段予以削减，而还有一些时候可控风险却无法避免。

3. 工程项目融资的风险估计

工程项目融资的风险估计（Risk Measurement）是指对工程项目融资过程中风险发生可能性的大小、可能出现的后果、可能发生的时间和影响范围的大小等指标的估计。

上述工程项目融资的风险估计经常需要大量数据支持。在缺乏数据的条件下，采用个体对风险发生概率等进行判断，主观性可能较强。为避免个体行为的偏差，使估计结果更符合客观实际，常充分利用专家的集体智慧，由专家来确定风险发生概率等指标，即专家打分法。

专家打分法是请若干专家分别对风险发生等概率做出估计，然后由工程项目管理者对结果加以综合。由于每位专家的学识、经历和经验不一，对事物的认识会有差异，而工程项目管理者对每位专家的信赖程度也不同，因此常为每位专家的意见赋予不同的权重 α_i，并且要求 $\alpha_1 + \alpha_2 + \alpha_3 + \cdots + \alpha_m = 1$（设有 m 位专家参加估计），然后计算出加权平均结果，作为对风险因素或风险事件发生概率等的估计值。

4. 工程项目融资的风险分担

风险管理的核心是制定应对风险的策略。常见的风险应对策略有回避、转移、分担、减低、承担风险以及它们的组合等。每个策略或策略组合各有特点，在这里主要介绍工程项目融资的风险分担。

(1) 风险分担的目的

1）减少风险发生概率，降低风险发生后造成的损失和风险管理成本。

2）有利于项目各方责权利的合理分担，有利于参与者在工程项目全寿命期内注意理性和谨慎的行为。

3）使各项目参与者达到互惠互利、共赢的目标。

(2) 风险分担的基本原则　风险分担的基本原则包括公平与归责原则、风险与收益对等原则、有效控制与低成本原则、承接风险上限原则以及风险动态控制原则等。

(3) 风险分担的实现　通过对风险的分析、评估，确定风险类别及危害，进而确定合作主体，以便风险发生时共同抵御。风险分担主要是通过合同结构和合同条款定义。风险发生时，合同双方按照合同约定分别履行各自义务，共同承担风险，从而实现既发风险的分担。

3.3.2 工程项目融资担保

工程项目融资担保是指借款方或第三方以自己的信用或资产向境内外贷款人做出的还款保证，具体分为信用担保和物权担保。工程项目担保作为工程项目融资结构中的一个重要组成部分，是项目风险分担和管理的主要手段之一，是将风险分担的结果落实到书面上的行为。

工程项目融资中的担保和一般商业贷款的担保有着明显的不同，不能混为一谈。工程项目融资的贷款方关注的重点是项目的成功与否，而不是项目的现有资产价值，因此，他们要求担保能够确保工程项目按期、按质完工，正常经营，获取足够的现金流来收回贷款。而一般商业贷款人要求担保人应有足够的资产弥补借款人不能按期还款时可能带来的损失。

1. 工程项目融资担保的形式

（1）信用担保 工程项目融资中的信用担保属第三方担保，是当事人之间的一种合同关系，其主要作用是由担保人为某一项目参与方向贷款人提供担保，当该项目参与方无法履行合同义务时，由担保人负责代其履行义务或承担赔偿责任。在信用担保中，担保人的信用至关重要，往往是贷款人决定是否给予贷款所要考虑的关键因素。在工程项目融资中，担保人通常是法人，包括借款人以外的其他公司、商业银行、政府、官方信贷机构等。

1）完工担保。完工担保是一种有限责任的直接担保形式。完工担保所针对的工程项目完工风险包括：由于工程或技术上的原因造成的工程项目拖期或成本超支；由于外部纠纷或其他外部因素造成的工程项目拖期或成本超支；由于上述任何原因造成的工程项目停建以致最终放弃。由于在工程项目的建设期和试产期，贷款银行所承受的风险最大，工程项目能否按期建成投产并按照其设计指标进行生产经营是以工程项目现金流量为融资基础的工程项目融资的核心，因此，工程项目完工担保就成为项目融资结构中的一个最主要的担保条件。

大多数工程项目完工担保属于仅仅在时间上有所限制的担保形式，即在一定的时间范围内（通常在项目的建设期和试生产或试运行期间），项目完工担保人对贷款银行承担全面追索的经济责任。在这一期间，项目完工担保人需要尽一切努力促使项目达到"商业完工"的标准并支付所有的成本超支费用。所谓"商业完工"（Commercial Completion），是指在融资文件中具体规定项目产品的产量和质量、原材料、能源消耗定额以及其他一些技术经济指标作为完工指标，并且将项目达到这些指标的时间下限也作为一项指标，只有项目在规定的时间范围内满足这些指标，才会被贷款银行接受为正式完工。

由于完工担保的直接财务责任在项目达到"商业完工"标准后立即终止，工程项目融资结构也从"全面追索"转变为"有限追索"性质，贷款银行此后只能单纯（或绝大部分）依赖于项目的经营，或者依赖于项目的经营加上"无货亦付款"等类型的有限信用保证支持，来满足债务偿还的要求，所以，项目"商业完工"的标准及检验是相当具体和严格的。其中包括对生产成本的要求、对原材料消耗水平的要求、对生产效率的要求以及对产品质量和产品产出量的要求。无论哪项指标不符合在融资文件中所规定的指标要求，都会被认为是没有达到项目完工担保的条件，项目完工担保的责任也就不能解除，除非贷款银行同意重新制定或放弃部分"商业完工"标准。

2）"无论提货与否均需付款"协议和"提货与付款"协议。"无论提货与否均需付款"协议和"提货与付款"协议是两类既有共性又有区别，并且是国际项目融资所特有的项目担保形式。"无论提货与否均需付款"协议和"提货与付款"协议是工程项目融资结构中项目产品（或服务）长期市场销售合约的统称，这类合约形式几乎在所有类型的项目融资中都得到广泛应用，从各种各样的工业项目，如煤矿、有色金属矿、各种金属冶炼厂、造纸、纸浆项目，一直到公用设施和基础设施项目，如海运码头、石油运输管道、铁路集散中心、火力发电厂等，因而其在某种意义上已经成为项目融资结构中不可缺少的一个组成部分。同时，这类合约形式在一些项目融资结构中也被用于处理项目公司与其主要原材料、能源供应商之间的关系。"无论提货与否均需付款"协议和"提货与付款"协议在法律上体现的是项目买方与卖方之间的商业合同关系，尽管实质上是由项目买方对项目融资提供的一种担保，但是这类协议仍被视作为商业合约，因而是一种间接担保形式。

3）资金缺额担保。资金缺额担保有时也称为现金流量缺额担保，是一种在担保金额上有所限制的直接担保，主要作为一种支持已进入正常生产阶段的工程项目融资结构的有限担保。从贷款银行的角度，设计这种担保的基本目的有两个：第一个目的是保证项目具有正常运行所必需的最低现金流量，即至少具有支付和偿付到期债务的能力；第二个目的是在项目投资者出现违约的情况下，或者在项目重组及出售项目资产时，保护贷款银行的利益，保证债务回收。

4）安慰信。安慰信一般是由项目主办方或政府写给贷款人，对其发放给项目公司的贷款表示支持的信。它对贷款人表示的支持一般体现在以下三个方面：

①经营支持。"担保人"声明在其权利范围内将"尽一切努力保证按照有关政策支持项目公司的正常经营"。

②不剥夺资产。东道国政府保证不会没收项目资产或将项目国有化。

③提供资金。担保人同意向项目公司提供一切必要手段使其履行经济责任。例如，母公司愿意在其子公司遇到财务困难时提供帮助等。

（2）物权担保　工程项目融资的物权担保是指项目公司或第三方以自身资产为履行贷款债务提供担保。工程项目融资物权担保按担保标的物的性质可分为不动产物权担保和动产物权担保；按担保方式可分为固定和浮动设押。

1）不动产物权担保。不动产是指土地、建筑物等难以移动的财产。在工程项目融资中，项目公司一般以项目资产作为不动产担保，但其不动产仅限于项目公司的不动产范围内，而不包括或仅包括很少部分项目发起方的不动产。在一般情况下，如果借款方违约或者项目失败，贷款方往往接管项目公司，或者重新经营，或者拍卖项目资产，以弥补其贷款损失。但这种弥补对于大额的贷款来说往往是微不足道的，因为项目的失败往往导致项目资产，特别是不动产本身价值的下降，难以弥补最初的贷款额。

2）动产物权担保。这是指借款方（一般为项目公司）以自己或第三方的动产作为履约的保证。动产可以分为有形和无形动产两种，前者如船舶、设备、商品等；后者如合同、特许权、股份和其他证券等。由于处理动产物权担保在技术上比不动产物权担保方便，故在工程项目融资中使用较多。工程项目融资中的许多信用担保最后都作为无形动产担保而成为对贷款方的一种可靠担保，因此，信用担保与无形动产担保往往具有同样作用。例如，无货亦付款合同本身是一种信用担保，但当该合同作为无形资产担保掌握在贷款方手中时，贷款方就享受了该合同中的权利。这时，合同又成为无形动产担保。

3）浮动设押。浮动设押又称为浮动担保（Floating Charge）、浮动债务负担，是指债务人（主要是公司）与债权人（通常为银行）达成协议，债务人以其现存及将来获得的全部财务作为债的担保，当债务人不履行债务时，债权人就债务人不履行债务时拥有的全部财产的变卖价款优先受偿的法律制度。由于这种担保方式不以特定的动产或不动产为担保标的，只有在特定事件发生时才能最后确定受偿资产，所以被形象地称为"浮动设押"。在浮动担保中，借款人（即担保人）对浮动担保物享有占有、使用和处分权。浮动担保无须转移担保物的占有，在借款人违约或破产之前，借款人有权在其正常的业务活动中自由使用和处分担保物。借款人对担保物的处分无须征得贷款人的同意，经借款人处分后的担保物自动退出担保物范围；反之，借款人在设定浮动担保后取得的一切财产（或某一类财产）也自动进入担保范围。

（3）其他担保方式　在工程项目融资贷款和担保协议中，有一些条款运用得相当普遍，它规定了有关借款方资信方面的内容。实际上它是借款方以自己的资信向贷款方做出的履约保证。由于这种自身的担保在许多情况下涉及第三方，因此深受贷款方重视。

2. 担保文件

工程项目融资使用的文件多而复杂，可分为三类：基本文件、融资文件和专家报告。从广义上讲，几乎每个具体文件都是对贷款方的担保；从狭义上看，与担保关系较为直接的工程项目融资文件有基本文件和融资文件。

（1）基本文件　具体包括：

① 政府的项目特许经营协议和其他许可证。

② 承建商和分包商的担保及预付款保函。

③ 项目投保合同。

④ 原材料供应协议。

⑤ 能源供应协议。

⑥ 产品购买协议。

⑦ 项目经营协议。

（2）融资文件

1）贷款协议，包括消极保证、担保的执行。

2）担保文件和抵押文件，包括：

① 对土地、房屋等不动产抵押的享有权。

② 对动产、债务以及在建生产线抵押的享有权。

③ 对项目基本文件给予的权利的享有权。

④ 对项目保险的享有权。

⑤ 对销售合同、照付不议合同、产量或分次支付协议以及营业收入的享有权。

⑥ 用代管账户来控制现金流量（必要时提留项目的现金流量）。

⑦ 长期供货合同的转让，包括"或供或付"合同和能源、原材料的供应合同。

⑧ 项目管理、技术支持和咨询合同的转让。

⑨ 项目公司股票的质押，包括对股息设押。

⑩ 各种设押和为抵押生产的有关担保的通知、同意、承认、背书、存档及登记。

（3）支持性文件，支持性文件包括：

① 项目发起方的直接支持，如偿还担保、完工担保、营运资金担保协议、超支协议和安慰信。

② 项目发起方的间接支持，如无货亦付款合同、产量合同、无条件的运输合同、供应保证协议。

③ 东道国政府的支持，如经营许可、项目批准、特许权利、不收归国有的保证和外汇可证。

思考题和习题

1. 何谓工程项目融资？工程项目融资与一般公司融资的主要区别是什么？

2. 在我国的市政公用事业发展中采用工程项目融资有什么好处？

3. 试说明 BOT、PFI 和 PPP 三个概念的区别和联系。

4. ABS 和 BOT 工程项目融资模式有什么区别？

5. 按照工程项目风险的表现形式，工程项目风险有哪些种类？

6. 什么是工程项目融资担保？它与一般商业贷款的担保有什么区别？

第4章

工程项目组织框架

本章知识要点与学习要求

序　号	知识要点	学习要求
1	工程项目组织方式的发展	了解
2	工程项目组织方式的特点	熟悉
3	工程项目组织的基本结构	熟悉
4	建筑企业资质管理	熟悉
5	建筑企业诚信管理	熟悉
6	建设单位的内涵，政府与企业项目的建设单位的设立	熟悉
7	建设单位项目管理组织结构的基本形式	掌握
8	建设单位项目管理组织结构选择应考虑的因素	熟悉
9	建筑企业项目管理组织结构形式	熟悉

在工程项目管理中，"组织"这一概念的使用频率较高，内涵也十分丰富。一方面，组织常被作为动词使用，是指组织项目的实施，即项目投资主体如何组织项目的实施；另一方面，组织也常以名词的形式出现，是指项目参与主体，包括建设单位、建筑企业的组织结构形式。实践表明，工程项目中的组织，不论是作为动词还是名词出现，其科学合理性均对工程项目管理绩效有重要影响。因此，本章先概要介绍项目实施组织方式的发展、项目组织的基本结构以及项目主要参与主体的管理组织结构，一并介绍项目组织问题的详细内容将与工程项目管理的其他内容。

■ 4.1　工程项目组织方式的发展

工程项目立项后，由谁来组织实施，即由谁来承担工程项目实施任务（工程设计、施工等），以及由谁来对项目实施进行监管？经国内外近200年的工程实践，目前已经形成了较为成熟的工程项目组织方式的框架。

4.1.1　工程项目组织方式的变迁

工程项目组织方式，即如何组织建设队伍和其他相关资源来实施工程项目。古代采用的组织方式和现代采用的组织方式无法相比。

1. 古代工程项目实施组织

在古代，并没有"工程项目"这一概念。人类通过劳动改造世界，创造文明，创造物质财富和精神财富。而古代最基础、最主要的创造活动是造物，即"人工自然"，也就是工程项目。古人是如何造物的，或古人造物过程如何，目前缺乏详细的考证或记录。但可以猜想，人类在造物过程中，总是先谋划或计划，然后才组织实施，否则令现代人都叹为观止的埃及金字塔、我国的长城和柬埔寨的吴哥窟等古代的工程项目是如何建造的呢？事实上，我国的长城前后修筑了2000多年，柬埔寨的吴哥窟建造了约35年，这些工程建设持续了几代甚至几十代人，肯定有明确的建设目标、建设计划和建设实施步骤等，只是没有留下系统的记录，更没有总结归纳出理论或方法。

2. 近代工程项目实施组织

近代，约200年前，随着技术的发展、社会经济水平的提升，人们提出了设计和施工的概念。设计是造物活动进行预先的计划，包括造物活动的技术计划和过程计划等；施工是指按设计要求建造或建筑，包括按设计要求造房屋、修路、架桥等。

20世纪50—60年代，在经济学、管理学和系统科学理论的指导下，工程设计的研究发展迅速，使工程设计理论得到极大发展，所形成的工程设计原理在工程实践中广泛应用，并成为工程建设过程中不可缺少的重要环节。

3. 现代工程项目实施组织

在现代，工程设计是根据建设工程的需求，对建设工程所需的技术、经济、资源、环境等条件进行综合分析、论证，编制建设工程设计文件的活动。工程设计是人们运用科技知识和方法，有目标地创造工程产品构思和计划的过程，几乎涉及人类活动的各个领域。

在国内外，工程设计和施工已被认为是工程项目实施的两个重要阶段，基本顺序是先设计后施工。

在我国，经政府投资管理部门批准（或核准，或备案）的工程项目，意味着项目规模、主要功能等方面已经确定，可进入实施阶段，即可进行工程设计和工程施工。

（1）工程设计（Project Design）　工程设计是指根据建设工程项目可行性研究报告和批准文件的要求，对项目所需的技术、经济、资源、环境等条件进行综合分析、论证，编制建设工程设计文件的活动。工程设计一般又分初步设计、招标设计和施工图设计；对重大工程或特别新颖的工程项目，在工程初步设计与招标设计之间还会安排技术设计。

1）初步设计。它是根据可行性研究报告和相关批文的要求，所做的工程具体的实施方案。目的是论证在指定的地点、时间和投资控制数额内，拟建项目在技术上的可行性和经济上的合理性，并通过对工程项目做出的基本技术经济规定，编制工程项目概算。

2）技术设计。它是对重大项目和新型特殊项目，为进一步解决某些具体技术问题或确定某些技术方案而增加的设计阶段。它是对初步设计阶段中无法解决而又需要进一步解决的问题而进行的设计，如特殊工艺流程方面的试验、研究及确定，大型建筑物、构筑物某些关键部位的结构形式、工程措施等的试验、研究和确定，新型设备的试验、制作和确定等。对一般的工程项目，较少设置专门的技术设计阶段。

3）招标设计。它是为满足施工招标而进行的设计。它将初步设计进一步具体化，详细制订总体布置和各建筑物的轮廓尺寸、标高、材料类型、工艺要求和技术要求等。其设计深度要求为：可以根据招标设计图较准确地计算出各种建筑材料，如水泥、砂石料、木材、钢材等的规格、品种和数量，混凝土浇筑、土石方填筑的工程量，各类工程机械、电气和永久设备安装的工程量等。

4）施工图设计，也称施工详图设计。它要完整地表现建筑物外形、内部空间分割、结构体系、构造状况以及建筑群的布局和周围环境的配合，具有详细的构造尺寸。设计完的施工图经过审核，提供给工程施工方。

（2）工程施工（Project Construction） 工程施工是指根据建设工程项目设计文件的要求，对组织工程项目的建造活动，以形成工程项目的成果，即工程实体。该实体应具有工程设计确定生产能力或功能。工程施工分主体结构工程施工和专业工程施工。其中，主体结构是基于地基基础之上，接受、承担和传递建设工程所有上部荷载，维持上部结构整体性、稳定性和安全性的有机联系的系统体系。它与地基基础共同构成建设工程完整的结构系统，是建设工程安全使用的基础，是建设工程结构安全、稳定、可靠的载体和重要组成部分。而专业工程在不同工程领域的定义不尽相同，通常是指需要用专业知识、专门工艺或专门工具来完成的工程。

4.1.2 工程项目组织方式的发展阶段：从自建与强迫劳役、专业化到市场化

工程项目建设及管理方式随技术、经济和社会发展而发展，工程项目组织方式也不例外，大致经历了三个发展阶段。

1. 自建与强迫劳役的组织方式

在奴隶社会和封建社会前期，存在自建自住和统治者强迫劳动人民参与工程建设两种工程项目组织方式。

在古代，技术、经济与社会生活水平低下，建筑材料主要是土、石或天然树木等；一般劳动人民使用的普通建筑，如穴居、半穴居建筑，从地面到窝棚等，均具有规模小、简陋而单一的特点，仅具有挡风避雨功能。因此，在工程建设组织方面，通常是自建自住，或以换工方式共建自住。

不过，在古代也建造了一些巨型建筑，如埃及的金字塔和卢克索神庙、意大利罗马的万神庙和罗马斗兽场以及我国的长城和京杭大运河等。国内外这些著名建筑工程的建设实施是如何组织的？目前尚无详细资料加以佐证，但根据当时的社会制度（如在奴隶社会，奴隶没有人身自由，是奴隶主的劳动工具），以及经济和技术发展水平等方面可以推测，这些大型工程项目的组织方式是统治者或奴隶主强迫劳动者为他们服务。我国传说中的孟姜女哭长城，就是以秦朝修筑长城为背景，从中也可见一斑。因此，在那个时代，多是统治者或奴隶主采用强迫手段，组织劳动人民建造一些大型工程。

2. 专业化的组织方式

工程项目专业化的组织方式是指工程建设任务主要由一支专业的工匠队伍来承担。其中，工匠队伍的出现十分重要。以下两方面因素促成了工匠队伍的产生：

1）社会经济的发展。社会制度从奴隶社会走向封建社会的同时，奴隶的无偿劳动开始转变为有偿雇佣劳动；与此同时，人们对美好生活的向往迫切要求改善居住条件。随着经济的发展，商品交易集市、商店开始出现；在其他方面，如祠堂、教堂、寺庙等公共建筑也在不断发展。这些均为工匠队伍的出现创造了重要条件。

2）技术的进步。劳动工具（包括建筑工具）由青铜器时代跨越到铁器时代，并进一步

发展到钢制工具，工具的品种也大大丰富，促进了工程建设能力的提升和建设效率的提高。与此同时，工程建筑材料也得到极大发展，木质材料开始在建筑领域广泛应用。木质结构具有轻盈、变化多、易于扩大空间等特点，但建筑过程技术性较强。

建筑工程领域出现了工匠队伍，成为工程项目组织方式进入专业化时代的起点。此后，工程建设的主要骨干即为专业的建筑工匠。建筑工匠又按建筑工种，进一步分木工/匠、泥瓦工/匠和石工/匠等。建筑专业分工有力地促进了专业发展，并促进了工程项目实施效率和水平的提高。

3. 专业化和市场化相结合的组织方式

工匠队伍的出现虽促进了工程项目的专业化，但仍主要由人工完成，即建筑业纯粹处于手工业阶段。18世纪中叶英格兰中部地区的工业革命（The Industrial Revolution），促进了建筑工程的发展，并在19世纪初出现了较多的突破，包括：

1）城市的形成，城市中出现火车站、剧院、大型商场以及多层住宅等，对传统建筑有了较多的突破。

2）建筑材料与结构的发展，如铁骨架结构的应用、平板玻璃的应用、水泥的批量生产和应用等，均促进了建筑工程技术的进步和发展。

3）工程项目市场化、民用建筑商品化。工程项目专业化开启了工程项目实施交易的大门，在工业化、经济市场化的带动下，工程项目全面向市场化方向发展，通过整体或分别交易，组织工程建设过程所需的材料、设备和建造（包括劳务和技术）资源，并进一步发展到民用建筑的商品化。

工程项目实施的市场化，优化了建筑领域的资源配置，反过来促进了工程项目实施效率的提高和工程项目品质的提升。

在工程项目专业化和市场化的发展过程中，人们逐步形成了工程项目实施要经过设计和施工两个过程的认识，并沿用至今。

■ 4.2 工程项目组织的基本结构与建设企业

4.2.1 工程项目组织的特点

现代工程项目组织的不断发展变迁，受经济社会制度和工程技术的双重影响。

1. 经济社会制度对工程项目组织起决定性作用

近代，随着技术的进步，工程项目专业化分工在国际上普遍推行，如将工程设计与工程施工分开，由专业的队伍/企业去完成，但工程项目组织的市场化并没有在国际上全面推广。以我国为例，在20世纪80年代前，我国实行计划经济体制，因此，在建国后的前30年中，工程项目组织采用的是计划经济体制下的组织方式：工程投资由政府投资计划管理部门统一负责；工程项目立项后，工程设计、工程施工任务由政府建设主管部门统一分配。工程设计和工程施工队伍由政府统一管理。总之，工程项目立项、工程建设资源配置由政府统一组织。而在20世纪80年代后，我国实行社会主义市场经济体制，在工程建设领域广泛推行工程承发包、招标投标和合同管理等具有市场化特色的管理制度，并出现了国际上广泛采用的DBB、DB/EPC等工程项目组织方式。

2. 工程技术对工程项目组织的发展影响深刻

近代，工程项目组织方式受工程技术进步的影响十分明显。以美国为例，1789—1933年，美国90%的基础设施采用设计—施工—运行三位一体的方式运作，这种建设体制的效率高、交易成本低，但由于工程技术水平，加上对设计与施工人员缺乏有效的监管，工程质量难以得到保证。在1875年前的一段时间里，"豆腐渣"大坝、桥梁坍塌等恶性事故屡屡发生，平均每年有25座桥梁坍塌。针对这种情况，美国政府从1893年开始，在联邦政府的公共项目中采用设计与施工分离（DBB）的发包方式，并在1926年的建筑法中作为强制执行的内容。进入20世纪90年代后，由于工程技术的进步和监管的加强，集设计与施工于一体的DB方式又重新受到重视。1995年开始的以后10多年中，采用DB方式建设的工程项目以每年6%的速度递增，据1999年对400家最大承包商的统计，有62%的企业在承担DB项目的建设任务。

在现代，随着工程施工设备、建筑材料以及信息技术的发展，"装配式建筑""数字建造"等新技术广泛应用，推动了工程项目组织方式的变革，促进了专业化的"装配式建筑"构件生产企业的发展；以建造模型（Building Information Modeling，BIM）为代表的"数字建造"技术不断发展和应用，专业化BIM平台建设和维护企业也必将得到发展。

随着工程技术、信息技术以及经济社会制度不断发展，工程项目组织方式必然会有新的发展。其中，以"装配式建筑"为代表的综合技术的发展，正在冲击传统工程设计、施工组织方式和工程建设市场；以BIM为代表的信息技术的发展，客观上要求改造工程项目组织方式和重构工程监管体系；国家治理体系和治理机制的发展，也对工程项目组织方式产生着影响。这些均在不同程度上推动着工程项目组织方式的创新和发展。

4.2.2 工程项目组织的基本结构

在市场经济环境下，现代工程项目组织不仅具有专业分工的特点，而且工程建设单位是采用市场竞争方式选择工程市场主体，形成如图4-1所示的工程项目组织基本结构。

图4-1中，直接参与工程项目活动的主体/组织有建设单位、施工项目部、设计/咨询项目部等。其中，设计/咨询项目部有时可进一步分为工程设计项目部、工程咨询（如工程监理）项目部。

（1）建设单位/项目法人 建设单位/项目法人的主要任务是工程项目的组织、协调和监管。建

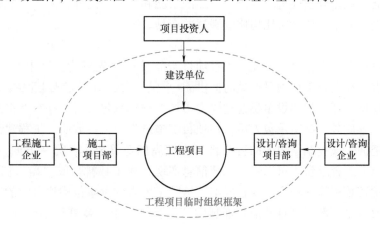

图4-1 工程项目组织的基本结构

设单位是由项目投资人组建或直接委托咨询企业而形成的工程项目管理的责权主体，主要包括工程项目建设过程的发包管理、工程项目实施合同管理以及工程项目完工/竣工验收管理。有些项目投资人将工程项目建设期和运行期的管理责任和权力全部交给建设单位，此时，建

设单位可称项目法人或项目业主。

（2）施工项目部　施工项目部的主要任务是工程项目施工。施工项目部由被建设单位选定承担工程施工任务的施工企业组建，按与建设单位签订的施工合同的约定开展施工活动，最终向建设单位提交规定的工程产品。

（3）设计/咨询项目部　设计/咨询项目部的主要任务是工程项目设计/咨询。设计/咨询项目部由被建设单位选定承担工程设计/咨询任务的设计/咨询企业组建，按与工程建设单位签订的设计/咨询合同的约定开展施工活动，并提交相应工程设计/咨询服务。工程设计/咨询（或工程咨询）是工程设计、工程咨询、工程监理、工程招标代理等的统称，与工程施工不同之处在于，其提供的是工程实施过程中技术管理服务或知识产品，而不是工程产品；在资源消耗上，主要是人力资源。

上述施工项目部、设计/咨询项目部均是工程市场主体建筑施工企业、设计/咨询企业的代理或派出机构，为实际实施工程项目的基本组织；而建筑施工企业、设计/咨询企业又统称为建筑企业。

4.2.3　建筑企业及其资质和诚信管理

1．建筑企业概述

建筑企业是指主业从事工程项目建设活动的企业。在我国，建筑企业主要包括工程设计企业、工程施工企业和工程监理企业等。建筑企业的共同特点是以工程项目为导向，以参与工程项目活动为生存和发展的基础，为投资方量身定做工程项目，提供工程产品或工程设计和工程咨询服务。这是建筑企业与制造业企业的最大差异。因此，建筑企业也常称为项目型企业。

2．建筑企业资质和诚信管理的必要性

工程建设单位获得工程项目产品与获得一般商品的方式有所不同。获得一般商品的前提是商品批量生产，采购时可以在一定程度上观察到产品的功能、性能和质量等，甚至还可以通过试用等途径进一步体验产品的功能和性能。此外，采购一般商品还可以货比三家，在同类产品中选择性价比均比较满意的产品。

然而，工程项目产品则不同。一方面，工程项目是定制产品，具有不重复、一次性生产过程等特点；另一方面，工程项目产品具有"先订货，后生产""边生产，边交易"的特点。在选择工程项目产品的提供者/承包方时，对其完成工程项目的能力、经验和质量难以把握，即工程建设单位通过建设市场上选择承包人时，存在严重的信息不对称性。

此外，确定承包人后，在项目实施过程中，一方面，工程建设单位对承包人的行为难以把握，或控制承包人的行为将付出较高的监管成本；另一方面，工程合同具有不完备的特点。工程承包人可以通过隐蔽信息实现"偷工减料"或"敲竹杠"，即建设单位面临着较大的道德风险或较高的监管成本。这除了要求建设单位构建科学的管理机制外，客观上也要求政府主管部门制订诚信管理制度，并及时公布"良好行为记录"的建筑企业名单和"不良行为记录"的建筑企业名单，这样除了能为建设单位选择潜在承包人提供参考外，还能充分发挥其在净化建设交易市场环境方面的作用。

3．建筑企业资质管理

长期以来，我国对工程施工企业、工程设计企业、工程监理企业等实行资质管理，仅符合相应资质标准者，才有机会参与相应工程项目的市场竞争。

（1）工程施工企业（即建筑业企业）资质管理 2015年1月，我国住房和城乡建设部颁发了《建筑业企业资质管理规定》。该规定将建筑业企业资质分为施工总承包资质、专业承包资质、施工劳务资质三个序列。对这三个资质序列，按照工程性质、技术特点分别划分为若干资质类别（一般按行业分）；各资质类别又根据其施工经历、施工企业经理及主要管理人员资历、施工企业的技术力量和职工素质、施工装备和设备状况、财务能力及施工经验和能力等规定的条件，划分为若干等级。不同行业对不同施工资质等级施工企业的工程承包范围也有严格的规定。

案例4-1 **建筑工程施工总承包企业资质等级标准（2014版）**

建筑工程施工总承包企业资质等级分为特级、一级、二级、三级。其中，一级资质标准为：

1. 企业资产：净资产1亿元以上。

2. 企业主要人员

1）建筑工程、机电工程专业一级注册建造师合计不少于12人，其中建筑工程专业一级注册建造师不少于9人。

2）技术负责人具有10年以上从事工程施工技术管理工作经历，且具有结构专业高级职称；建筑工程相关专业中级以上职称人员不少于30人，且结构、给水排水、暖通、电气等专业齐全。

3）持有岗位证书的施工现场管理人员不少于50人，且施工员、质量员、安全员、机械员、造价员、劳务员等人员齐全。

4）经考核或培训合格的中级工以上技术工人不少于150人。

3. 企业工程业绩：近5年承担过下列4类中的2类工程的施工总承包或主体工程承包，工程质量合格。

1）地上25层以上的民用建筑工程1项或地上18~24层的民用建筑工程2项。

2）高度100m以上的构筑物工程1项或高度80~100m（不含）的构筑物工程2项。

3）建筑面积12万m²以上的建筑工程1项或建筑面积10万m²以上的建筑工程2项。

4）钢筋混凝土结构单跨30m以上（或钢结构单跨36m以上）的建筑工程1项或钢筋混凝土结构单跨27~30m（不含）（或钢结构单跨30－36m（不含））的建筑工程2项。

4. 承包工程范围：一级资质建筑工程施工总承包企业可承担单项合同额3000万元以上的下列建筑工程的施工。

1）高度200m以下的工业、民用建筑工程。

2）高度240m以下的构筑物工程。

案例4-2 **水利水电工程施工总承包企业资质等级标准（2014版）**

水利水电工程施工总承包企业资质等级分为特级、一级、二级、三级。其中，一级资质标准为：

1. 企业资产：净资产1亿元以上。

2. 企业主要人员

1）水利水电工程专业一级注册建造师不少于 15 人。

2）技术负责人具有 10 年以上从事工程施工技术管理工作经历，且具有水利水电工程相关专业高级职称；水利水电工程相关专业中级以上职称人员不少于 60 人。

3）持有岗位证书的施工现场管理人员不少于 50 人，且施工员、质量员、安全员、材料员、资料员等人员齐全。

4）经考核或培训合格的中级工以上技术工人不少于 70 人。

3. 企业工程业绩：近 10 年承担过下列 7 类中的 3 类工程的施工总承包或主体工程承包，其中 1～2 类至少 1 类，3～5 类至少 1 类，工程质量合格。

1）库容 5000 万 m^3 以上且坝高 15m 以上或库容 1000 万 m^3 以上且坝高 50m 以上的水库、水电站大坝 2 座。

2）过闸流量 ≥500m^3/s 的水闸 4 座（不包括橡胶坝等）。

3）总装机容量 100MW 以上水电站 2 座。

4）总装机容量 5MW（或流量 ≥25m^3/s）以上泵站 2 座。

5）洞径 ≥6m（或断面积相等的其他形式）且长度 ≥500m 的水工隧洞 4 个。

6）年完成水工混凝土浇筑 50 万 m^3 以上或坝体土石方填筑 120 万 m^3 以上或灌浆 12 万 m 以上或防渗墙 8 万 m^2 以上。

7）单项合同额 1 亿元以上的水利水电工程。

4. 承包工程范围：一级水利水电工程施工总承包企业可承担各种类型水利水电工程的施工。

（2）工程设计企业资质管理　我国工程设计企业资质分为工程设计综合资质、工程设计行业资质、工程设计专业资质和工程设计专项资质四个序列。工程设计综合资质只设甲级；工程设计行业资质、工程设计专业资质、工程设计专项资质设甲级、乙级；根据工程性质和技术特点，个别行业、专业、专项资质可以设丙级，建筑工程专业资质可以设丁级。

取得工程设计综合资质的企业，可以承接各行业、各等级的建设工程设计业务；取得工程设计行业资质的企业，可以承接相应行业相应等级的工程设计业务及本行业范围内同级别的相应专业、专项（设计施工一体化资质除外）工程设计业务；取得工程设计专业资质的企业，可以承接本专业相应等级的专业工程设计业务及同级别的相应专项工程设计业务（设计施工一体化资质除外）；取得工程设计专项资质的企业，可以承接本专项相应等级的专项工程设计业务。

案例 4-3　工程设计行业资质标准（2007 年版）

工程设计行业资质设甲级、乙级和丙级。其中，甲级企业标准为：

1. 资历和信誉

1）具有独立企业法人资格。

2）社会信誉良好，注册资本不少于 600 万元人民币。

3）企业完成过的工程设计项目应满足所申请行业主要专业技术人员配备表中对工程设计类型业绩考核的要求，且要求考核业绩的每个设计类型的大型项目工程设计不少于 1 项或中型项目工程设计不少于 2 项，并已建成投产。

2. 技术条件

1）专业配备齐全、合理，主要专业技术人员数量不少于所申请行业资质标准中主要专业技术人员配备表规定的人数。

2）企业主要技术负责人或总工程师应当具有大学本科以上学历、10年以上设计经历，主持过所申请行业大型项目工程设计不少于2项，具备注册执业资格或高级专业技术职称。

3）在主要专业技术人员配备表规定的人员中，主导专业的非注册人员应当作为专业技术负责人主持过所申请行业中型以上项目不少于3项，其中大型项目不少于1项。

3. 技术装备及管理水平

1）有必要的技术装备及固定的工作场所。

2）企业管理组织结构、标准体系、质量体系、档案管理体系健全。

3）具有施工总承包特级资质的企业，可以取得相应行业的设计甲级资质。

甲级企业承担业务范围为：承担本行业建设工程项目主体工程及其配套工程的设计业务，其规模不受限制。

（3）工程监理企业资质管理 我国建设部2006年颁发了《工程监理企业资质管理规定》。该规定将工程监理企业资质分为综合资质、专业资质和事务所资质。其中，专业资质按照工程性质和技术特点划分为若干工程类别。综合资质、事务所资质不分级别。专业资质分为甲级、乙级；其中，房屋建筑、水利水电、公路和市政公用专业资质可设立丙级。

案例4-4 工程监理企业综合资质标准（2006年版）

1）具有独立法人资格且具有符合国家有关规定的资产。

2）企业技术负责人应为注册监理工程师，并具有15年以上工程建设工作的经历或者具有工程类高级职称。

3）具有5个以上工程类别的专业甲级工程监理资质。

4）注册监理工程师不少于60人，注册造价工程师不少于5人，一级注册建造师、一级注册建筑师、一级注册结构工程师或者其他勘察设计注册工程师合计不少于15人次。

5）企业具有完善的组织结构和质量管理体系，有健全的技术、档案等管理制度。

6）企业具有必要的工程试验检测设备。

7）申请工程监理资质之日前一年内没有《工程监理企业资质管理规定》（建设部令第158号）第十六条禁止的行为。

8）申请工程监理资质之日前一年内没有因本企业监理责任造成重大质量事故。

9）申请工程监理资质之日前一年内没有因本企业监理责任发生三级以上工程建设重大安全事故或者发生两起以上四级工程建设安全事故。

[解析] 根据《工程监理企业资质管理规定》，综合资质企业可以承担所有专业工程类别建设工程项目的工程监理业务。

案例 4-5　工程监理企业专业资质标准

1. 甲级

1）具有独立法人资格且具有符合国家有关规定的资产。

2）企业技术负责人应为注册监理工程师，并具有 15 年以上从事工程建设工作的经历或者具有工程类高级职称。

3）注册监理工程师、注册造价工程师、一级注册建造师、一级注册建筑师、一级注册结构工程师或者其他勘察设计注册工程师合计不少于 25 人次；其中，相应专业注册监理工程师人数，不得少于《专业资质注册监理工程师人数配备表》中要求配备的人数，注册造价工程师不少于 2 人。

4）企业近 2 年内独立监理过 3 个以上相应专业的二级工程项目，但是，具有甲级设计资质或一级及以上施工总承包资质的企业申请本专业工程类别甲级资质的除外。

5）企业具有完善的组织结构和质量管理体系，有健全的技术、档案等管理制度。

6）企业具有必要的工程试验检测设备。

7）申请工程监理资质之日前一年内没有《工程监理企业资质管理规定》第十六条禁止的行为。

8）申请工程监理资质之日前一年内没有因本企业监理责任造成重大质量事故。

9）申请工程监理资质之日前一年内没有因本企业监理责任发生三级以上工程建设重大安全事故或者发生两起以上四级工程建设安全事故。

2. 乙级

1）具有独立法人资格且具有符合国家有关规定的资产。

2）企业技术负责人应为注册监理工程师，并具有 10 年以上从事工程建设工作的经历。

3）注册监理工程师、注册造价工程师、一级注册建造师、一级注册建筑师、一级注册结构工程师或者其他勘察设计注册工程师合计不少于 15 人次。其中，相应专业注册监理工程师人数，不得少于《专业资质注册监理工程师人数配备表》中要求配备的人数，注册造价工程师不少于 1 人。

4）有较完善的组织结构和质量管理体系，有技术、档案等管理制度。

5）有必要的工程试验检测设备。

6）申请工程监理资质之日前一年内没有《工程监理企业资质管理规定》第十六条禁止的行为。

7）申请工程监理资质之日前一年内没有因本企业监理责任造成重大质量事故。

8）申请工程监理资质之日前一年内没有因本企业监理责任发生三级以上工程建设重大安全事故或者发生两起以上四级工程建设安全事故。

3. 丙级

1）具有独立法人资格且具有符合国家有关规定的资产。

2）企业技术负责人应为注册监理工程师，并具有 8 年以上从事工程建设工作的经历。

3）相应专业的注册监理工程师不少于《专业资质注册监理工程师人数配备表》中要求配备的人数。

4）有必要的质量管理体系和规章制度。

5）有必要的工程试验检测设备。

[解析] 根据《工程监理企业资质管理规定》，专业甲级资质企业可承担相应专业工程类别建设工程项目的工程监理业务；专业乙级资质企业可承担相应专业工程类别二级以下（含二级）建设工程项目的工程监理业务；专业丙级资质企业可承担相应专业工程类别三级建设工程项目的工程监理业务。详细标准见《工程监理企业资质管理规定》。

4. 建筑企业/工程咨询诚信管理

建筑企业/工程咨询诚信管理，也称信用管理，对规范建筑市场秩序、健全建筑市场诚信体系、加强对建筑市场各方主体的监管、营造诚实守信的市场环境均具有重要意义。其中，建筑市场各方主体是指工程建设项目的工程建设单位和参与工程建设活动的勘察、设计、施工、监理、招标代理、造价咨询、检测试验、施工图审查等的企业或单位以及相关从业人员。

我国建设领域以建筑市场各方主体诚信行为信息管理为切入点。诚信行为信息分为良好行为记录和不良行为记录。

（1）良好行为记录 良好行为记录是指建筑市场各方主体在工程建设过程中严格遵守有关工程建设的法律、法规、规章或强制性标准，行为规范，诚信经营，自觉维护建筑市场秩序，受到各级建设行政主管部门和相关专业部门的奖励和表彰，所形成的良好行为记录。

（2）不良行为记录 不良行为记录是指建筑市场各方主体在工程建设过程中违反有关工程建设的法律、法规、规章或强制性标准和执业行为规范，经县级以上建设行政主管部门或其委托的执法监督机构查实和行政处罚，所形成的不良行为记录。《全国建筑市场各方主体不良行为记录认定标准》由国家建设主管部门制定和颁布。

诚信行为记录实行公布制度。诚信行为记录由各省、自治区、直辖市建设行政主管部门在当地建筑市场诚信信息平台上统一公布。其中，不良行为记录信息的公布时间为行政处罚决定做出后7日内，公布期限一般为6个月至3年；良好行为记录信息公布期限一般为3年，法律、法规另有规定的从其规定。公布内容应与建筑市场监管信息系统中的企业、人员和项目管理数据库相结合，形成信用档案，内部长期保留。

各级建设行政主管部门，依据国家有关法律、法规和规章，按照诚信激励和失信惩戒的原则，逐步建立诚信奖惩机制，在行政许可、市场准入、招标投标、资质管理、工程担保与保险、表彰评优等工作中，充分利用已公布的建筑市场各方主体的诚信行为信息，依法对守信行为给予激励，对失信行为进行惩处。

4.3 建设单位和建筑企业的项目管理组织结构

在市场经济环境下，建设单位是指工程项目实施的发包方或工程产品的买方；建筑企业是指依法自主经营、自负盈亏、独立核算，从事建筑商品生产和经营，具有法人资格的经济实体。它们均存在项目管理组织的问题。

4.3.1 建设单位的项目管理组织结构

工程交易的发包方，在我国，在不同的语境下有多种称谓，包括投资方、业主方、项目法人、建设单位等。其本质是指工程项目实施过程中对项目建设承担责任、权利和义务的企业或单位，它们可能是工程物业的所有者，也可能是受投资人委托对项目实施过程的管理者，也可能仅是投资人，而不是工程物业的最终所有者。

1. 建设单位/项目法人的设立

建设单位即代表投资方负责工程项目实施的法人或组织。对政府投资项目与企业（或事业单位）投资项目，建设单位的设立或构建方式不尽相同。

（1）政府投资项目建设单位的设立　政府投资工程项目，即工程项目的建设资金来自政府财政或由其负责借贷。政府的主要任务是行政，而在工程建设市场化的条件下，工程项目实施的责任主体应是市场主体。因此，对政府投资项目，必须设立建设单位，由其负责行使政府投资项目管理主体的职责。此时，建设单位的基本构建方式有以下两种：

1）政府设立建设单位（或项目法人）。对新建政府投资项目，一般通过行政方式新组建项目法人，即建设单位，承担工程项目实施任务，并对政府负责；对扩建或改造工程项目，一般由原工程的经营或运行单位承担工程项目实施任务，并对政府负责。

2）政府采用市场方式选择建设单位。政府采用招标或竞争谈判方式，选择建设市场上的工程项目管理或咨询企业，代表政府对工程项目的实施进行管理，俗称"代建制"。一般借助合同，明确该管理或咨询企业在工程项目实施中的权利、责任和义务。

政府投资工程项目选择何种实施组织方式实施工程，受工程项目特点、建设市场环境等方面因素的影响。

（2）企业投资项目建设单位的设立　企业投资工程项目，即工程项目的建设资金来自企业或由其负责借贷。该类项目建设单位的设立方式有以下三种：

1）企业下设管理机构负责工程项目实施，即由企业下设机构行使建设单位职能。企业自身具有法人地位，可以参与市场活动，包括工程交易。因此，企业可下设工程项目管理机构对工程实施进行管理。许多企业或事业单位下设基建处/科，就采用这种建设单位设立方式。这种建设单位的设立方式一般适用于工程项目较多，工程建设是一种经常化的活动，并拥有较多工程项目管理人才的企业。

2）企业专门设立项目公司，即项目法人，负责工程项目实施。这种建设单位的设立方式一般适用于建设新厂或子公司。该建设单位在项目建成后就接着负责项目的运行或生产经营。

3）企业采用市场方式选择建设单位。这与政府投资项目的"代建制"类似。这种建设单位设立方式一般适用于工程项目是一种偶然活动，且缺乏工程项目管理人才的企事业单位。

2. 建设单位的项目管理组织结构

建设单位承担项目实施任务，而其通常采用市场交易方式，将实施任务交由专业化的建筑企业完成。但由于工程交易具有"先订货，后生产"和"边生产，边交易"的特点，因此，其虽不具体实施工程，但对实施过程的监督、管理工作量相当大，有必要构建组织，承担监督、管理任务。

（1）建设单位项目管理经典组织结构　根据管理组织理论和工程项目管理实践，人们总结出一些大中型工程项目建设单位管理的组织结构形式，包括下列经典组织结构：

1）线性式组织结构（Line Organization）。其本质是管理指令线性化，如图4-2所示。

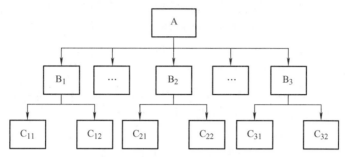

图4-2　线性式组织结构示意图

图4-2中，A为项目经理（负责人），B为第一级工作部门，C为第二级工作部门。每个工作部门、每个工作人员都只有一个上级。为了加快命令传递的过程，线性式组织结构要求组织的层次不要过多，否则会妨碍信息的有效沟通。因此，有必要尽可能地减少组织结构层次。

线性式组织结构具有结构简单、职责分明、指挥灵活、确保工作指令唯一性等优点；缺点是项目经理责任重大，往往要求是全能式的人物。同时，理论和实践均表明，在线性式组织结构中，一般不宜设副职或少设副职，这有利于线性系统有效地运行。它一般适用于简单的、规模较小的工程项目。

2）职能式组织结构（Functional Organization）。如图4-3所示，A为建设单位高级管理层（如正副总经理）；B为项目经理下属的职能管理部门，如财务部、工程合同部等；C为某子项目的管理部门，如大型水电站厂房工程管理部门、大坝工程管理部门等。

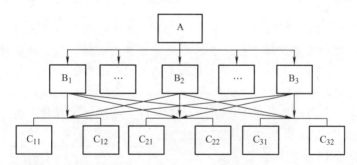

图4-3　职能式组织结构示意图

职能式组织结构的特点是强调管理职能的专业化，即将管理职能授权给不同的专门部门去管理，这有利于发挥专业人才的作用，这也是管理专业化分工的结果。然而，职能式组织结构存在着命令系统多元化，各职能部门的管理界限有时难以明确；发生矛盾时，管理协调工作量较大。它一般适用于工程规模较大且较为复杂的工程项目。

3）矩阵式组织结构（Matrix Organization）。如图4-4所示，A为建设单位总级管理层（如正副总经理）；B为按管理职能划分的部门，C为按子项工程（分类项目或任务）划分的项目管理部门或工作小组。

矩阵式组织结构的优点是：能够充分发挥组织中人力资源的作用，能够以尽可能少的人力实现多个多项任务（或多个子项目）的高效管理，反映了项目组织结构设计的弹性原则；其缺点是：对每一项纵向（职能管理部门）和横向（子项目管理）交汇的工作而言，指令来自纵向和横向两个管理部门，即有指令源两个，存在冲突的可能性。此时，有必要由最高管理者，即图4-4中的A进行协调或决策。为避免纵向和横向工作部门指令矛盾的影响，可以设计以纵向职能管理部门指令为主，或以横向子项目管理部门指令为主的制度，并建立良好的沟通机制，以提升管理效率。

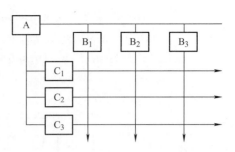

图4-4 矩阵式组织结构示意图

在职能部门和子项目管理部门之间，以职能部门管理为主导的矩阵组织结构，与职能式组织结构类似，被称为强矩阵组织结构；而以子项目管理部门为主导的矩阵组织结构被称为弱矩阵组织结构。矩阵式组织结构通常被用于建设单位对重大工程项目实施的管理。

（2）建设单位项目管理组织结构选择　在几种经典项目管理组织结构中，建设单位应该如何选择？通常需要考虑下列因素：

1）工程项目的经济属性和建设环境。

2）工程项目的规模、结构特点。

3）工程项目的交易组织方式。

4）建设单位的工程项目管理能力。

案例4-6 **南水北调东线江苏水源有限责任公司的管理组织结构**

南水北调东线工程是我国为改变华北地区水资源短缺状况而建设的大型调水工程。其中，江苏段南起江苏省江都市，北至苏鲁两省交界的南四湖，沿线分布400多千米，包括40个子项工程项目，主要为河道工程和泵站工程；工程概算总投资120多亿元。该段工程由江苏省政府负责设立了建设单位——南水北调东线江苏水源有限责任公司。该公司内设综合部、计划发展部等5个管理职能部门，并根据工程特点及建设进度安排，在工程现场下设刘老涧二站建设处、淮四河道建设处等16个建设现场管理处，如图4-5所示。在建设现场管理处的设置过程中，根据各子项目的特点，采用自主管理、"代建"（包括委托地方政府方式或借助市场方式）等多种方式。在项目管理机制方面，该公司采用矩阵式管理组织结构，即在公司职能管理部门与下属建设现场管理处之间，以职能管理部门为主导，对项目实施管理。

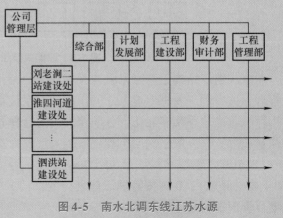

图4-5 南水北调东线江苏水源有限责任公司管理组织结构图

[解析]南水北调东线江苏段工程单体工程规模并不是特别大，但其特点是沿线分布，工程分散，施工战线拉得特别长。因此，建设管理单位针对子项目的分布和特点，设置了16个建设现场管理处，分别对建设现场进行监管，这是科学的，对提升管理效率并保证项目管理效果有积极影响。同时，在设置建设现场管理处时，根据各子项目的特点，采用不同的组织方式，而不是"一刀切"，这是值得肯定的。此外，采用强矩阵式组织结构也是可行的、合理的。工程虽分16个子系统（建设现场管理处），但工程项目整体是一个系统，16个子系统之间存在一定的联系，因而有必要强化统一管理来实现整个系统的目标。

案例4-7　黑龙江省三江治理工程建设管理局的组织结构

黑龙江省三江治理工程项目包括胖头泡蓄滞洪工程，以及松花江、嫩江等堤防工程，总投资约220多亿元，其中堤防工程总长2900多千米，建筑物600多座。工程特点是分布广，堤防工程呈线状。该工程建设单位为黑龙江省三江治理工程建设局，内设办公室、工程技术处、计划合同处、财务审计处、建设管理处、质量安全处等8个职能管理机构；采用自主管理方式，在哈尔滨市统一下设胖头泡建设处、松花江建设处、嫩江建设处等4个建设现场管理处，形成如图4-6所示的管理组织结构。

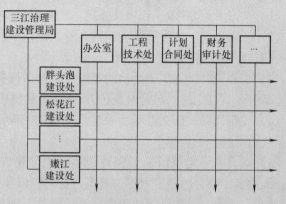

图4-6　黑龙江省三江工程建设管理局管理组织结构图

[解析]黑龙江省三江治理工程与南水北调东线江苏段工程相比，在空间结构上相似，均为线状分布的水利工程；但是，在建设现场管理处的构建或组织上差异较大。前者根据子项目的特点，采用多种方式组织工程建设现场管理处（机构），能较好地应对各子项目管理中的问题，获得良好的项目管理效果；而后者统一采用了自主管理的组织方式，且建设现场管理处的办公地点均设在哈尔滨市。这至少存在两方面缺点：一是采用建设单位自主管理方式，堤防工程中经常需要解决的征地拆迁等问题会存在较大困难；二是建设现场管理处不在建设现场，与部分子项目现场相隔700多千米，显然存在管理效率降低和管理成本增加的问题，并会导致整体项目管理绩效下降。

3. 建设单位项目管理的社会化

工程项目管理较为专业，而建设单位大多是临时组建的一次性的组织，这就会出现如何提升管理水平的问题。解决这一问题可行的方案有：①设置建设单位时，吸收更多的工程项目管理专业人才，以形成工程项目管理专业化的团队；②在设计、施工专业化基础上，培育专业化的工程项目管理咨询服务类企业，为建设单位工程项目管理提供支持、服务。工程实践表明，后者更有生命力。通过长期的工程实践，在国内外，工程建设领域已经形成了能提供工程咨询管理服务机构/企业。在国内，除工程设计企业外，这些工程咨询管理类机构/企业包括工程招标代理、工程监理和工程项目管理等企业。这些企业为建设单位提供工程招标、监理、项目管理等单项或多项服务。

在我国，工程项目管理的社会化、市场化已经推行了多年，工程招标代理、工程监理和工程项目管理等企业得到大力发展，对促进工程项目管理的专业化，进而提升工程项目实施水平产生了积极作用，但也发现了这种咨询管理服务过度细化带来的问题。目前，工程全过程咨询的改革正在探索。

4.3.2 建筑企业的项目管理组织结构

1. 建筑企业承包项目及其管理的特点

工程承包企业均属于专业化的建设企业，国家对它们实行资质管理，即只有满足一定标准/条件的企业才能从事工程施工或工程咨询活动。尽管工程设计、工程监理和工程施工类企业的专业分工很细、从事业务的差异较大，但它们也有一些共性的地方，在工程项目活动中也存在必然联系，主要表现为：

1）各方活动均围绕工程项目展开，工程项目是它们生存和发展的基础，是企业利润的源泉。

2）工程设计、施工等活动均具有一次性、单件性的特点，它们做的每个项目不可能完全类同，而是具有创新性的。

3）工程设计、施工等活动的范围，以及工程实施时间、工程功能和质量要求等目标均不是承包企业自定的，而是由发包方/建设单位提出，并通过合同方式加以规定的。

4）工程设计、施工等活动一般是先通过工程招标签订合同，然后再实施，并形成"边生产，边交易"的格局。

5）对具有一定规模的工程设计、施工等建筑企业，在同一时间，一般会实施多个项目，而这多个项目的建设内容、规模、特点，以及建设所进行的程度不尽相同。

6）工程设计、施工等建筑企业所承包的工程项目可能分布较广，一般可能远离企业所在地区。

根据上述表现，大部分建筑企业的承包工程项目管理具有下列特点：

1）以所承包的工程项目为单位进行管理。

2）设立工程项目部、任命项目经理或负责人，具体负责对承包项目进行管理。

3）负责建立以项目经理为核心的承包项目管理体系和考核机制。

4）应用项目群或项目组合的管理方法，对各承包项目的资源配置进行系统管理，以谋求企业最优化运行。

2. 建筑企业和工程咨询企业的项目管理组织结构

建筑企业和工程咨询企业在工程建设中所承担的任务差异较大，但它们均属项目型企业，管理组织结构较为类似。因此，本书主要介绍建筑企业项目管理的组织结构。

建筑企业通过市场获得工程项目建设任务，一般同时承担多个工程项目具体的设计或施工，当然，并不一定承担每个项目所有部分的设计或施工。因此，建筑企业与制造企业的生产组织结构存在较大差异。

建筑企业项目管理组织结构示意如图4-7所示。

图4-7中，综合管理处、财务处和市场经营处等为建筑企业的职能管理部门，协助企业管理层发挥各项管理职能；建筑企业承包项目的项目经理部（Construction Project Manage-

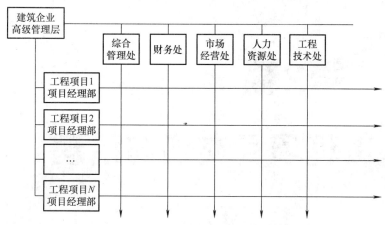

图4-7 建筑企业项目管理组织结构示意图

ment Team），常简称项目部，则是负责实施相应项目的机构。

在形式上，建筑企业的项目管理组织一般采用矩阵式组织结构，与建设单位的项目管理组织方式类似，但在内涵上则差异较大。建设单位的矩阵式组织结构本质上是建设单位监管权力的一种配置方式，子项目的管理机构负责相应子项目的监管工作，并服从建设单位直属职能部门的指导；对子项目重大事项的决策问题，在子项目管理机构提出方案的基础上，需要由直属职能部门组织审查，最终由建设单位高管批准。而建筑企业的矩阵式组织结构本质上是建筑企业资源配置的一种方式，资源包括资金、人力资源、建筑材料、机械设备等。对承包项目进行资源配置，不同建筑企业的配置方式也不尽相同，一些企业以企业总部配置为主，而另一些企业可能以项目部配置为主，给项目经理赋予较大的自主权。例如，一些建筑施工企业将主要建筑材料的采购权放在企业总部，即主要建筑材料由企业总部职能管理机构统一采购；也有一些建筑施工企业将主要建筑材料采购权下放给项目部，这一类项目部相对独立，自主经营权力较大，积极性较高，但企业总部对其监控相对困难。

思考题和习题

1. 工程项目组织的发展历程和发展方向如何？
2. 工程项目组织的特点有哪些？
3. 与制造业相比，建筑企业资质和诚信管理为什么更重要？
4. 建设单位的内涵是什么？政府与企业项目的建设单位通常是如何设立的？
5. 建设单位项目管理组织结构的基本形式有哪些？选择时需要考虑哪些因素？
6. 一般建筑企业的项目管理组织结构形式如何？为什么？

第2篇
工程项目交易与治理

在现代市场经济环境下，工程项目实施过程本质上是一次交易的过程。但工程交易与一般物品交易存在很大差异，主要表现在：工程交易具有"一次性、单件性"、"先订货，后生产"、"边生产，边交易"、交易合同不完备、交易市场为卖方市场等特点。因此，工程交易过程中，首先，买方/采购方/发包方（即建设单位）要做好工程交易规划，包括交易方式、治理或管理方式，以及承包人选择方式和交易合同类型的规划设计；其次，一般是建设单位通过建设市场、采用招标方式选择卖方/承包方，潜在承包方通过投标竞争获得工程建设任务，并与建设单位签订工程建设或咨询合同；最后，承包方按合同要求展开建设或咨询活动，建设单位实施对合同履行的监管，即项目交易治理。

本篇主要从工程交易的视角出发，介绍以建设单位为主导的工程交易规划、工程招标与合同、工程项目交易治理，以及潜在承包方的工程投标等相关内容。

本篇的主要基础理论为交易成本经济学、拍卖理论和项目治理理论，主要知识点可供建设单位、工程监理单位相关人员参考。

第 5 章

工程项目交易规划

本章知识要点与学习要求

序　号	知 识 要 点	学 习 要 求
1	工程项目交易的内涵与要素	掌握
2	工程项目交易方式的内涵、类型和特点	熟悉
3	合同（计价方式）的类型、内涵和特点	熟悉
4	建设单位管理方式的内涵、类型和特点	熟悉
5	工程交易模式的内涵	掌握
6	工程交易模式规划影响因素	熟悉
7	工程交易模式规划方法	了解

在市场经济环境下，工程项目实施一般是通过建设单位与建筑企业之间的交易实现的。建设单位通常如何组织工程项目交易？影响工程项目交易模式设计的因素有哪些？如何优化工程项目交易模式？这是本章将回答的主要问题。

■ 5.1　工程项目交易要素与交易模式

5.1.1　工程项目交易及其要素

1. 什么是工程项目交易

交易（Transactions）、市场（Market）及其相关概念在经济学发展中扮演着重要角色。提及交易，势必追溯到交换的概念。传统的交换概念起源于集市，侧重考察商品实体的运动形式，是一种转移与接收物品的过程；后来人们认识到，排他性的所有权是交换的前提，所有权的有偿转移是交换行为的实质内容。因而经济活动中的交易常指以货币为媒介的价值交换。

工程项目交易是指建设单位通过建设市场，以货币为媒介，获得工程项目、材料设备、子项目或咨询管理服务的过程。

工程项目交易的内容十分丰富。用工程项目交易的价值来衡量，可大到一座大楼、小到一台空调设备；用工程项目交易的客体来分类，则包括工程设计、工程施工、设备制造、工程咨询管理服务等。

2. 工程项目交易要素

现实世界中存在各种市场交易活动，影响其成功的因素存在较大差异，经济学家们对此的认识也不尽相同。但总体而言，市场交易要素可概括为以下六个方面：

（1）交易主体 交易主体是指人或者组织。在经济社会中，市场交易主体主要是法人/企业、自然人以及其他组织。交易在这些主体之间进行，包括自然人与自然人、自然人与法人、法人与法人等；交易还可以在一个企业法人内部进行，不过交易的内容有差异。在工程项目交易中，根据我国目前的法律，对工程项目的卖方，包括工程施工企业、设计企业、建设监理企业等，均有法人地位和资质的要求。

（2）交易客体 交易客体可以是物品、服务或权利等，交易活动几乎涵盖所有经济活动。交易客体的差异往往决定了交易的程序/过程、交易的复杂程度和交易的持续时间等。建设工程交易的客体包括工程项目实体（全部或部分）、工程设备、工程设计和工程咨询管理服务等。

（3）交易客体产权 主体之间的产权界定是进行交易的前提；对于物品交易，实质为产权的自由过渡。产权是指主体对客体的权利，即主体与特定客体的关系。这种关系在现实生活中常表现为财产权等，主要包括对财产的所有权、占有权、使用权、支配权、收益权和处置权等。可以说，产权是主体对客体一系列权利的总称。

（4）交易的目的 交易是为了提高交易双方的效用水平。一个成功的交易会使双方都得到某一方面的改善或满足。实际上，双方在交易前也都预期自己的效用在交易完成之后会得到提高，否则交易不会发生。

（5）交易合同 在经济社会中，交易十分复杂，许多交易需要借助合同来界定交易对象、交易计价方式、交易主体愿意接受交易的条件等。其中，交易计量和交易价格的界定尤为重要。合同决定了交易过程中的秩序、结构、稳定性和可预测性，交易合同的安排成为交易得以成功的最重要的条件之一。

（6）交易管理 为保证交易合法和顺利完成，不论什么交易均存在管理的问题。对市场交易，这种管理至少包括两个层面，即政府的管理与交易主体自身的管理。对建设工程交易，由于交易时间长、交易过程技术性强、不确定因素多、交易合同不完备等方面原因，交易管理问题更加突出。对于建设工程发包方，经常需要委托专业人员对交易过程进行管理。

对建设单位主导的工程项目交易，在上述六个要素中，交易主体，即卖方或服务方，一般通过市场机制，即招标等方式选择（将在第6章详细介绍）；交易客体，即交易对象，可以是整个工程项目实体，也可以是其中一个子项，还可以是工程项目实施中的某项服务，可供选择的方案很多，不同方案的技术经济效果也不同。因此，这是工程交易规划要确定的内容；交易客体产权不必过多讨论，一般工程项目交易中客体的产权要向建设单位转移；交易的目的也很清楚，即建设单位是为了实现工程项目的目标，卖方则是通过交易获得经济收益和利润；交易合同，在工程项目交易活动中，目前有各类标准合同文本可供参考，但合同中的核心内容，如计价方式等，还是需要根据工程项目、建设市场等的特点确定；交易管理，工程项目交易与一般物品交易相比，其特点是"边生产，边交易""先订货，后生产"，因而，交易管理特别重要，而研究表明，不同工程项目应采用不同管理方式，涉及管理成本和管理水平的问题，因此，建设单位的交易管理方式也是工程项目交易规划中需要解决的问题。

5.1.2　工程项目交易模式

1.　什么是工程项目交易模式

工程项目交易，简称工程交易。在管理视角下，模式通常是指在理论研究和实践基础上提炼出的管理程序、管理制度和管理方法论体系。工程交易理论研究和实践表明，工程交易要素中，交易方式（交易客体的组织方式）、交易管理方式（建设单位选择的交易管理组织方式），以及交易主体选择方式（包括交易机制）、交易合同类型（合同的计价方式），均对工程交易成败和交易绩效的影响很大，并出现了一些经典的方式或类型。因此，常将工程交易方式、交易管理方式、交易主体选择方式和交易合同类型的组合体系称为工程交易模式。

2.　工程项目交易方式

工程项目交易总是以建设单位为主导，并由其选择建设企业为其组织生产或咨询管理企业提供设计或咨询服务，因而工程项目交易方式常也称工程发包方式。约在19世纪中叶，西方经济发达国家开始采用交易方式实施工程项目。目前，工程交易方式已经基本成熟并被普遍应用，并且形成了工程设计与施工相分离和工程设计与施工相融合（一体化）两类经典的工程交易方式。

（1）工程设计与施工相分离交易方式

1）什么是工程设计与施工相分离交易方式？它通常是指建设单位将工程项目或其子项目的设计与施工分开，分别交由设计企业和施工企业去完成的交易方式。工程项目或其子项目的实施一般要经过设计、施工两个阶段，并且是依次进行的。显然，这种交易方式一般要经过设计—招标—施工（DBB）。因此，工程设计与施工相分离交易方式也称DBB方式。

DBB方式是目前国际上最为通用、最为经典的建设工程交易组织或发包方式之一。世界银行、亚洲开发银行贷款项目和采用国际咨询工程师联合会（Fédération Internationale Des Ingénieurs Conseils，法文缩写FIDIC）《土木工程施工合同条件》的项目均采用这种发包方式。

2）DBB方式的组织结构如图5-1所示。

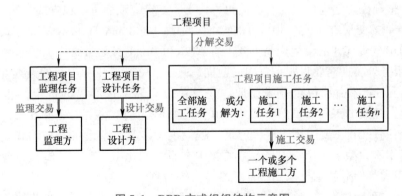

图5-1　DBB方式组织结构示意图

不同国家的DBB方式存在一些差异，例如，在英国采用DBB时，一般是雇主（发包人）与建筑师/工程师（Architect/Engineer，A/E）签订专业服务合同，委托其进行前期的各项有关工作（如项目可行性研究等），待工程项目评估立项后再进行设计。在设计阶段，A/E 除了完成设计工作外，还要准备施工招标文件，在设计工作全部完成后，协助雇主通过竞争性招标，将工程施工任务发包给报价最低的施工企业。在项目施工过程中，A/E 通常担任监管角色，并且是雇主与施工方沟通的纽带。在这种情况下，工程实施中的交易仅分为施工交易和设计交易；当存在分包时，还存在分包交易。

在我国，采用 DBB 时，一般是建设单位分别与工程设计企业和工程监理企业签订专业服务合同。工程设计企业负责工程设计，对建设单位负责；工程监理企业负责对施工过程管理，主要职责是对施工方进行监管，并对建设单位负责。显然，我国采用的 DBB 与英国等国家采用的 DBB 的主要差异在工程设计方和工程监理方的委托上。英国等国家在采用 DBB 时，工程设计企业除承担工程设计任务外，还兼顾对工程施工过程的监管；而我国目前应用 DBB 时，工程设计企业仅负责工程设计，工程施工过程的监管主要由工程监理方负责。

根据建设单位/雇主是否将工程划分成不同标段进行招标，DBB 又可分为施工总承包和分项发包两类发包方式。施工总承包是在工程设计完成后，将工程项目的全部施工任务发包给一个施工（承包）企业，由其组织实施，允许其将部分专业工程进行分包；分项发包是在工程设计完成后，将工程项目划分为多个标段分别招标，选择施工承包企业完成相应标段的施工任务。在这种情况下，工程实施中的交易可分为施工交易、设计交易和监理交易以及分包交易。

3）DBB 方式的特点。项目组织实施按设计—招标—建造的自然顺序方式进行，即一个阶段结束后另一个阶段才能开始。其主要优点为：有利于选择专业化的设计方、施工方分别完成工程设计和施工任务；其主要缺点为：设计与施工的分离，难以实现设计与施工的整合和优化，工程建设周期一般相对较长。

（2）工程设计与施工相融合（一体化）交易方式

1）什么是工程设计与施工相融合交易方式？它通常是指建设单位将工程项目或其子项目的设计与施工作为一个整体进行交易，并将这个整体交由具有设计和施工能力的一个企业（或设计或/和施工企业的一个联合体）去完成的交易方式。这种交易将设计施工（Design Build，DB）整合在一起进行交易，因而也称为 DB 方式或工程总承包方式。

与 DB 类似的交易方式还有 EPC、DB/T（Design Build and Turnkey）等方式。从本质上讲，EPC 和 DB/T 是 DB 的衍生交易方式。在 EPC 和 DB/T 交易方式中，承包企业除了提供设计和施工服务外，还需要将服务范围向前向后拓展，一般从工程项目的策划开始，一直到项目的试运行，全部由承包企业来完成，建设单位只需提供必需的资金，然后"转动钥匙"，即可运行建成的工程。虽然 EPC 和 DB/T 均可视为 DB 的衍生交易方式，但它们的适用范围有所不同。DB 主要适用于房屋建筑工程，很少涉及复杂设备的采购和安装；EPC 和 DB/T 一般适用于大型工业投资项目，主要集中在石油、化工、冶金、电力行业，工程项目具有投资规模大、专业技术要求高、管理难度大等特点。在这些工程项目中，设备和材料占总投资比例大、采购周期长，很多设备需要单独定制，甚至需要设计并制造全新的设备。如果等到设计工作全部完成后才开始设备采购和工程施工，那么整个工期就会拖得很长，对于建设单位来说，这是非常不利的。而采用 EPC 和 DB/T 交易方式，在设计的同时进行设备材料的采购，而且设计和施工实现了深度交叉，从而有效地缩短了建设工期。

2）DB 方式的组织结构如图 5-2 所示。

采用 DB 方式时，一般建设单位/雇主首先聘请工程咨询公司/工程师，明确拟建项目的功能要求或设计大纲，然后通过招标的方式选择 DB 总承包企业，并签订相应的工程总承包合同。DB 总承包企业对整个建设工程负责。DB 总承包企业可以选择一家咨询设计公司进行设计，然后采用竞争性招标方式选择施工分包方，也可以利用自己的设计和施工力量完成部分或全部工程。

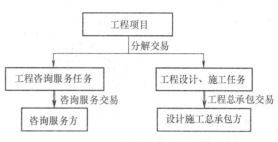

图 5-2 DB 方式组织结构示意图

3）DB 方式的特点。其主要特点是建立了"单一责任制"：DB 总承包企业为建设单位/雇主提供"一站式"服务，建设单位也只面对一个 DB 总承包企业（或一个由多个企业组成的联合体）。在我国现行制度下，工程设计分初步设计和详细设计（包括技术设计/招标设计、施工图设计）。因此，DB 方式可细分为包含初步设计的 DB 方式和初步设计完成后的 DB 方式，即初步设计开始的 DB 和详细设计才开始的 DB。

长期以来，我国工程建设领域设计和施工分开发展，工程交易以 DBB 方式为主。从 2003 年开始，我国积极推动应用 DB/EPC 方式，目前，在石化工程、核电工程等建设领域，DB/EPC 方式已经得到广泛应用，但在水利工程、房屋建筑工程等领域应用尚未普及。

案例 5-1　美国工程项目交易方式的变迁

美国基础设施的建设工程项目交易方式变迁大体上可分为以下三个阶段：

第一阶段：约从美国独立起到第二次世界大战结束。由于政府财力不足，向欧洲贷款也很困难，所以私人投资在美国基础设施建设中发挥了相当大的作用。通过特许经营方式进行的私人融资与政府财政拨款的直接融资并存，形成了双轨制。据统计，1789—1933 年经济大萧条爆发之前这段时间，90% 的基础设施是以设计—施工—运行三位一体的方式进行的，其中 60% 的项目依靠私人融资。横贯美洲大陆的铁路和电报的特许经营是私人融资的著名案例。这种体制的效率高、交易成本低，但是，设计与施工人员之间缺乏有效的监督和约束，再加上承包商自身设计力量不足，工程质量难以得到保证。在 1875 年前的一段时间里，"豆腐渣"大坝、桥梁坍塌等恶性事故屡屡发生，平均每年有 25 座桥梁坍塌。针对这种情况，美国政府从 1893 年开始在联邦政府的公共项目中实行设计与施工分离 DBB 方式，并在 1926 年的建筑法中作为强制执行的内容。

第二阶段：从第二次世界大战结束到 20 世纪 90 年代初。在这一时期，美国财力充足，政府有能力对公共项目直接投资。由于政府在法律和政策上的鼓励和支持，独立的专业设计人员自身实力有了很大提高。因此，这个阶段的工程建设以政府直接投资以及设计与施工的分离为主要特点，DBB 成为基础设施工程项目的主要交易方式。这种方式对保证公共项目的质量起到了良好的作用；但这种管理体制又逐渐派生出庞大的官僚机构，使得交易成本在增加。

第三阶段：进入 20 世纪 90 年代以后，由于技术的发展和企业结构的变化，集设计与施工于一体的 DB 方式又重新受到重视。从 1995 年开始，以 DB 方式实施的项目每年以 6% 的速度递增，到 1999 年，据 400 家大型工程建筑企业的调查表明，62% 的企业承包的工程采用了 DB 方式。

（资料来源：沙凯逊，宋涛，赵锦锴，等．从美日两国的历史经验看建设交易制度创新［J］．建筑经济，2003（3）：10 - 12.）

[问题] 美国的工程项目交易方式由 20 世纪初流行的 DB 方式，转变为 DBB 方式，20 世纪 90 年后期又回到了 DB 方式流行的时代，这说明了什么？

[解析] 在近一百年时间里，美国的工程项目交易方式经历了从 DB 方式到 DBB 方式，再由 DBB 方式发展到 DB 方式，应用逐步扩大的变化。这个变化过程不是简单的重复或循环，而是一个螺旋式上升的发展过程，现代 DB 方式的建设水平不能与 100 年前的建设水平同日而语。显然，这一发展受工程项目、工程技术、经济社会等方面因素的积极推动。

3. 建设单位工程项目交易管理方式

在现代市场经济环境下，工程项目实施过程即为工程项目交易过程，即建设单位将工程项目的实施任务交给建筑企业完成，而其主要工作是项目的实施监督和管理（或称项目治理）。在第 4 章工程项目组织框架中，简要提及了工程咨询、工程监理等概念。而事实上，建设单位管理组织较为复杂。建设单位如何组织队伍对工程承包人进行监管？这涉及工程项目的复杂程度，建设市场能提供什么样的监管队伍，以及建设单位对工程项目交易的监管能力和意愿等多方面。

建设单位管理组织通常是一个临时组织机构，对大中型工程项目，若完全按工程项目实施监管的要求配备监管人员，则人数会较多，一般招聘难以满足要求，而且也不经济合理。因此，专业化的工程项目咨询管理服务业就产生了。目前，国内外建设单位（或发包人）工程项目交易管理组织方式主要有以下几种：

1）建设单位自主管理方式，即建设单位依靠自身拥有的管理力量，对工程交易活动进行管理。例如，房地产开发公司有相对连续稳定的工程项目，因而其完全可以构建一支工程项目交易管理团队，对工程项目交易进行管理。

2）"监理制"管理方式，即建设单位在建设市场上选择工程监理公司，由工程监理公司代表建设单位对工程交易过程（主要是工程施工）进行监管。这种管理方式本质上是建设单位在自身管理力量的基础上，委托工程监理企业辅助工程项目交易管理，但工程监理方的监管并不能代替建设单位的管理。这是 20 世纪 90 年代以来我国广泛采用的一种建设单位管理方式。

3）"工程项目全过程咨询"或"工程项目咨询一体化"管理方式，即建设单位将工程项目中咨询管理类的需求进行整合，交由一家咨询管理类企业完成。这种管理方式可以克服"监理制"等咨询管理服务"碎片化"，进而影响咨询管理服务效果的问题。这也是近几年我国工程建设领域咨询管理服务改革的一个方向。

4）"代建制"管理方式，即工程项目投资方并不明确设立建设单位，而是在建设市场上选择一家具有工程项目管理能力的专业化企业，承担建设单位的大部分职责，对工程项目实施进行管理。

建设单位究竟选择何种交易管理方式，应根据工程项目特点、建设市场环境、建设单位（或项目投资方式）的管理能力等进行选择。

4. 工程交易主体的选择方式

对于建设单位，工程交易主体的选择方式，即工程承包人（潜在承包建筑企业）的选择方式，包括以下几种：

1）市场竞争方式，通常为招标方式，即借用市场竞争这一手段选择工程承包人。其中又包括公开招标、邀请招标和协商议标（或竞争性谈判）等方式。

2）直接委托方式，即建设单位根据其掌握的建设市场信息，直接确定工程承包人。这种方式不常用，仅用于项目客体投资规模较小或工程实施有保密要求的场合。

在选择工程承包人的众多方式中，竞争程度不一，交易成本也不等。从公开招标、邀请招标、协商议标到直接委托这几种工程承包方的选择方式中，潜在承包人之间的竞争程度依次下降，交易成本也依次下降；但由于竞争程度的依次下降，工程交易合同价一般会依次上升。

我国相关政策法规明确，一般工程要通过公开招标选择承包人；邀请招标适用于较为特殊的工程项目，并要履行相关审批程序；而协商议标和直接委托方式一般不允许采用，除非工程十分特殊，如规模很小、有保密要求等。这主要在于控制工程造价和遏制工程腐败。

在公开招标方式中，还存在不同的招标（评标）机制。这将在第6章中详细介绍。

5. 工程交易合同的类型（计价方式）

按工程交易合同的计价方式，交易合同可分为基于价格和基于成本的两类五种合同。

（1）基于价格的合同及其特点　基于价格的合同又可分为总价合同和单价合同两种：

1）总价合同（Lump Sum Contract）。它的衍生形式有调价总价合同、固定总价合同和管理费总价合同等。其中用得最多的是固定总价合同，即一笔"包死"的合同。这种合同要求交易内涵清晰，相关设计图完整，项目工作范围及交易计量依据确切，否则风险较大。在国际工程承包中，这种合同应用较多，如在一些"交钥匙工程"的工业项目上，经常采用这种固定总价合同。往往工程发包方在招标时只提供工程项目的初步设计文件，就要求承包人以固定总价的方式承包。由于初步设计无法提供比较精确的工程范围和工程量清单，承包人必须承担工程量和价格的风险。在这种情况下，承包人的报价一般会比较高。例如，FIDIC的"银皮书"就采用了固定总价合同。这种合同的优点是工程发包方在实施过程中的管理量小，风险也小；但当出现工程变更时，对工程总价和工期是否进行调整，以及如何调整，双方可能会产生矛盾和纠纷。

2）单价合同（Unit Price Contract）。这一般是指交易单价规定，合同中的交易量为参考交易量，结算时按实际发生的量计算的合同。但在一些合同中，如FIDIC施工合同条件和我国水利水电工程施工合同条件等，通常规定承包人所报的单价不是固定不变的，在一定条件下，可根据物价指数的变化进行调整，这种合同称为可调单价合同。总体而言，单价合同要求设计图比较完整，对交易双方而言，风险分配比较合理。

（2）基于成本的合同及其特点　基于成本的合同可进一步分为以下三种：

1）成本补偿合同（Cost Plus Fee Contract），或称实际成本加固定费用合同。这是一类实报实销外加固定费用（酬金）的合同。其衍生形式有实际成本加百分率合同和实际成本加奖金合同。前者的基本特点是以工程实际成本加上实际成本的百分数作为付给工程承包人的酬金。后者以工程实际成本加上一笔奖金来确定工程承包人应得的酬金，当实际成本低于目标成本时，奖金适当增加；当实际成本高于目标成本时，奖金适当减少。

2）目标成本合同（Target Cost Contract，TCC），或称目标价格激励合同。这类合同由双方商定一个目标价格，若最后结果超过这一目标价格，超过部分由交易双方按一定比例共同分担；若最后结果低于这一目标价，则剩余部分由交易双方按一定比例共同分享。这种合同的结构形式如图5-3所示，其要素包括最高成本、目标成本、最低利润、最高利润或确定分成比例（或负担比例）。其中，最高成本可以根据合同范围内工程概算值确定；目标成本可根据工程概算，再考虑建设市场竞争情况确定，如在合同范围内工程概算价的90%～95%内选择一个值；目标利润可参考计划利润，如

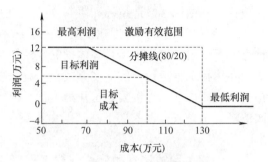

图5-3 目标成本合同的结构形式

5%～10%，并适当考虑市场情况确定；最低利润从理论上应是在建筑企业承担了合同中规定承担的大部分风险，且其工作努力程度一般条件下的利润；最高利润应是在建筑企业基本没有承担合同中规定应承担的风险，且其工作努力条件下的利润。这五个要素应针对具体工程测算，分摊线上下两部分的分摊比例可相同，也可不同。

3）限定最高价合同（Guaranteed Maximum Price，GMP），或称限定最高价激励合同。这类合同由交易双方商定一个最高价格，或称封顶价格，工程承包人保证不超过这一价格。若超过此价格，超过部分由工程承包人负担；若低于此价格，剩余部分按某一比例由承发包双方共享。这种合同中发包方不存在风险，而对建筑企业的约束力较强。这种合同的结构形式如图5-4所示，其要素包括封顶价格、目标成本、最低利润、最高利润或确定分成比例（或负担比例）。其中，限定最高价，即封顶价格，可根据合同范围内工程概算确定，如取工程概算价的95%；目标成本、目标利润、最低利润和最高利润，与目标激励合同的设计方法类似。

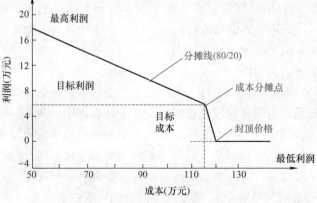

图5-4 限定最高价合同的结构形式

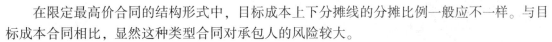

在限定最高价合同的结构形式中，目标成本上下分摊线的分摊比例一般应不一样。与目标成本合同相比，显然这种类型合同对承包人的风险较大。

基于成本合同的价格在工程实施之前往往是无法确定的，必须等到工程实施完成后，由实际的工程成本来决定，发包人要承担工程成本的风险，而工程承包人要承担的风险比基于价格的合同相比要小得多；同时，为保证工程承包人经济合理地使用各种资源和有效地组织施工，发包人要投入较多的力量对承包人进行管理和监督。

发包人应根据工程交易客体等方面因素，对上述合同类型进行选择或设计。

■ 5.2　工程项目交易模式选择的影响因素

工程项目交易模式为工程项目交易方式、交易管理方式以及选择承包人的方式和合同类型的有机组合，因而选择工程项目交易模式并非易事，而是一个复杂的综合决策过程。因此，首先有必要讨论影响工程项目交易模式规划的影响因素。理论研究和实践表明，这些影响因素主要包括交易主体、交易客体和交易环境三方面。

5.2.1　工程项目交易主体的影响

1. 建设单位（或项目投资方）的影响

关于选择或设计什么样的建设工程交易模式，建设单位（或项目投资方）起主导的、决定性的作用。下列几方面对建设单位规划或设计建设工程交易模式有不同程度的影响。

1）建设单位的工程项目管理能力。工程项目管理基本知识领域包括了项目管理和土木工程技术两个方面。显然，建设工程项目管理是一项专业性较强的管理工作，并不是所有工程项目投资方或建设单位都具有这种管理能力。事实上，对大多数项目投资方来说，组织工程项目可能只是一次性的任务，很可能缺乏工程项目管理的专门人才；对政府投资的工程项目，工程项目管理更是问题。在这种背景下，项目管理公司、代建企业/组织等工程项目咨询管理企业应运而生。国内外的实践表明，公益性建设工程项目、投资方偶然组织实施的建设工程，以及投资方或建设单位虽有一定的建设管理能力，但当工程项目较为复杂或工程建设规模很大，凭借自身能力难以完成建设任务，或管理成本很高时，项目投资方或建设单位总是采用委托管理的方式，委托有能力的专业化公司对建设工程的实施进行管理。一般仅当自身长期从事建设工程开发，拥有一支稳定的建设队伍，如房地产开发公司、大江大河的流域开发公司、政府中具有长期建设任务的专业部门等，才组织专门的队伍对建设工程实施进行管理。显然，投资方或建设单位对建设工程项目的管理能力对工程项目交易管理方式的选择或设计起决定性作用。此外，其对工程交易中的发包方式也有一定影响。例如，当建设单位工程管理能力较强时，可以选择DBB发包方式，其他条件适当的话也可以采用分项发包方式；反之，当建设单位工程管理能力较弱时，可以采用工程项目总包，或施工总包的方式，因为不论是工程项目总包还是施工总包，都可以减少建设单位的管理工作量。

2）投资方或建设单位对工程项目目标的要求。工程项目目标包括工期、质量和投资目标等。投资方或建设单位对工程项目一般有明确的目标。例如，广东某核电站工程项目，工程开工后，投资方考虑到核电站工程的平稳、经济运行，决定投资建设抽水蓄能电站与此相配套。在这一背景下，该抽水蓄能电站工程的工期就十分紧张，建设单位在工程发包方式等方面采取了一系列措施。不仅如此，建设单位对建设工期的要求还促成了 CM 模式的创立。20 世纪60 年代后期，美国的许多工程投资方对工程项目的工期要求很高。针对这一情况，美国建筑基金会委托美国纽约州立大学汤姆森（Charles B. Thomson）等人对工程交易方式开展研究，并于 1968 年提出了 CM 模式。CM 承包人在业主的充分授权下进行项目管理、组织协调。在项目的初步设计完成后，使施工图设计与施工搭接进行，从而能有效地缩短建设工期。CM 承包人作为投资方委托的一个承包人，改变了传统承发包模式使设计和施工相互分离的弊病，在一定程度上有利于设计优化，使设计和施工早期结合，减少了施工期的设计变更。

3）投资方或建设单位的管理偏好，包括对工程发包方式、工程风险的偏好。工程项目交易模式选择或设计由投资方或建设单位确定，这就决定了投资方或建设单位的偏好、管理文化对工程交易管理方式的选择产生重要的影响。其中，建设单位负责人的偏好又对工程交易管理方式的选择产生关键作用。管理偏好、企业文化是在多年的管理实践中逐步形成的，因此，工程项目交易模式优化既要充分尊重管理传统，也不能排除工程交易模式的创新。

2. 潜在工程承包企业的影响

建设单位为获得工程产品，首先要从建设市场上获得满足要求的建设工程承包方，即建设工程交易中的卖方。一般而言，不同的发包方式对承包方的要求不同，即对承包方的资质和能力要求不同。当建设市场发育较充分、有足够多不同类型的工程承包人可供选择时，对工程项目交易或发包方式的选择限制性就较小；反之，则对工程交易方式的选择有较大限制。例如，建设市场上具有工程项目总承包能力的总承包人很少或供应不足时，采用 EPC 或 DB 方式也许不太现实。原因有两方面：一是在市场经济条件下，总承包人很少时，应用并不普遍，说明工程总承包条件还不成熟；二是总承包人很少时，参与工程投标竞争的对手就少，理论上可以证明，此时工程的承包合同价较高。因此，规划设计工程项目交易方式时，有必要考虑建设市场相应承包主体数量的多少，即建设市场承包主体的状态对工程项目交易方式的选择或设计有影响。

5.2.2 工程项目交易客体的影响

建设工程交易客体，通常是指被交易的工程项目成果，即建筑工程产品/实体，或建设工程设计，或管理服务。其中最主要的是建筑产品/实体，建设工程设计或管理服务均是服务于工程产品/实体的形成。工程项目客体对交易模式的影响可做以下几方面的分析：

1. 工程项目复杂程度的影响

对项目投资方或建设单位而言，工程项目的复杂程度包括工程技术难度、工程的不确定性、工程产品特征值的可观测性等方面。当工程较为复杂时，工程设计与施工联系紧密，实施过程中设计方和施工方的协调管理工作会明显增加，采用设计施工一体化（DB）方式对工程整体优化、提高可建造性具有明显优势，但对工程承包方的能力、经验以及信用等方面会提出较高的要求。因此，目前国际大型复杂的工程经常采用 DB 或 EPC 发包方式，选择工程经验丰富和实力强的承包人，相应地，投资方管理也经常采用委托/代理管理方式，即委托专业化的项目管理公司进行管理；反之，对较为简单的工程，投资方经常采用 DBB 发包方式，选择专业化的承包人，同时多采用自主管理的方式，有时还聘请工程师/监理工程师提供管理服务。

2. 工程项目规模的影响

工程规模经常可用工程投资规模、工程结构尺寸等指标去衡量，可分为大型工程、中型工程和小型工程。大型建设工程对承包人的能力、经验提出较高的要求，对投资方的管理能力和经验也是一项挑战。因此，许多大型建设工程经常采用分块总承包方式，即 M-DB 或 M-EPC 发包方式，将整个工程项目分成相对独立的几个子项目，然后各子项目工程的实施采用 DB 或 EPC 发包方式。例如，具有 4 项世界第一的苏通长江大桥工程，不论是工程投资还是结构尺寸，都属于特大型工程。投资方根据工程结构特点，将工程在空间上合理切块，对部分相对独立的子项分别采用 EPC 发包方式，取得明显的技术经济效果。此外，对于一些大型工程，若采用 DB 或 EPC 或 GC 发包方式，由于这些发包方式对承包人的施工能力、资金垫付能力要求高，可能会影响到投标竞争。在这种情况下，投资方或建设单位有时就选择 DBB（分项发包）方式，以达到提高竞争性、降低工程造价的目的。

3. 工程项目实施过程中子项目依赖程度的影响

不论是大型工程还是小型工程，其子项目工程在实施过程中的依赖程度对发包方式影响很大，如水利水电枢纽工程，因为工程十分集中，子项目之间在施工中依赖性强。若将其采用 DBB（分项发包）方式，则在施工过程中不同承包人之间的干扰会十分明显，最终结果是协调管理工作量显著增加，交易成本大幅上升。因此，对这一类工程的施工是采用分项目发包还是施工总包，或如何分标均，值得研究。但对一些较为分散的工程，如南水北调工程，以及轨道交通工程、高速公路工程等均是沿线分布，采用 DBB（分项发包）方式时，实施过程中承包人的相互干扰就会很少。采用 DBB（施工总包）、DB 或 EPC 时，一般不存在承包人之间施工期间的相互干扰。因此，当工程相对集中、子项目之间施工联系紧密时，经常采用 DBB（施工总包）、DB 或 EPC；当工程相对分散或子项目之间施工联系不多时，可选择 DBB（分项发包）。

5.2.3　交易环境的影响分析

任何交易总是在一定环境下完成的，这种交易环境包括经济社会环境和自然环境。建设工程交易具有历时长、与实施过程相交织等特点，对交易环境非常敏感。因此，交易环境对交易模式的选择或设计会产生较大的影响。

1. 征地拆迁/移民的影响

征地拆迁，一些工程还包括移民，是工程中经常碰到的问题，也是一个难题，经常会影响建设单位管理方式或发包方式的选择。例如，南水北调东线（江苏段）工程，沿线分布，建设单位根据工程特点，将其分成若干子项目工程，并针对不同子项目采用不同管理方式。其中，对征地拆迁难度较小的子项目工程，采用"项目管理"（PM）管理方式，即通过招标方式委托有能力的咨询单位提供 PM 服务；而对征地拆迁难度较大的子项目工程，则采用委托管理方式，即委托工程所在地政府组建项目现场管理机构对项目进行管理。

2. 工程实施现场条件的影响

工程实施现场条件包括施工场地占用、施工道路占用和施工临时设施布置等条件。由于工程交易与工程实施相交织，且同步进行，因而工程实施现场条件对交易模式的设计影响较大。例如，南水北调东线工程江苏境内的河道工程，其沿线分布，投资规模不大却延绵数公里，甚至数十公里。这些标段的施工难度并不大，但在施工过程中，所涉及的交通道路占用、废弃土料堆放、施工临时用地的征用等方面遇到较多干扰。对此，建设单位不得不委托地方政府组建项目现场管理机构，对项目实施进行管理。在发包方式选择上，也采用 DBB（分项发包）方式，为工程所在地的承包人提供更多的竞争机会。

3. 国家和工程所在地的政策法规的影响

工程交易是一类较为特殊的交易，经常关系到公共利益和公共安全。因此，国家和工程所在地政府均有政策法规对工程交易进行限制或规范交易双方的行为。

国家和工程所在地的政策法规不论是工程发包方式还是投资方管理方式，均产生不同程度的影响。例如，1997 年颁布的《建筑法》第三十条规定，国家推行建筑工程监理制度，国务院还规定实行强制监理的建筑工程的范围。与此同时，水利、电力、交通、铁道等国务院相关部门对建设监理均做出了相应的规定。20 世纪 90 年代后期，所有建设工程基本上都实行"监理制"，建设监理企业也迅速发展。国务院 2000 年颁发的《建设工程质量管理条例》和 2004 年颁发的《建设工程安全生产管理条例》，均对建设监理单位在工程建设中应承担的责任和义务做出了规定。由此可见，如果在投资方或建设单位管理方式中不考虑工程监理，目前是行不通的，尤其是政府投资工程项目。事实上，在国际上，委托建设监理仅为工程投资方或建设单位可以选择的一种管理方式。在 FIDIC 的土木工程施工合同条件中，对工程师/监理工程师的职责和权力做了明确规定。这表明，国际工程的土木工程施工中，工程师/监理工程师已被广泛应用。在 FIDIC 的 DB 和交钥匙合同条件中，并没有用到工程师/监理工程师，而是应用了争端裁决委员会（DAB）；在美国、英国等西方发达国家，其本土的合同条件中也没有一定要应用工程师/监理工程师的规定，也没有普遍使用工程师/监理工程师的管理方式的迹象。

此外，我国《建筑法》第二十九条规定，施工总承包的，建筑工程主体结构的施工必须由总承包人自行完成。我国《合同法》第二百七十二条规定，建设工程主体结构的施工必须由承包人自行完成。显然，在《建筑法》和《合同法》中，对工程总承包、施工总包有较多限制，这可能是工程总承包难以推行的原因之一。

4. 建设市场发育程度的影响

在建设工程交易中，投资方或建设单位根据工程特点、交易方式等方面在建设市场上选择工程承包人，而建设市场能提供什么样的承包人与建设市场的发育程度有关。例如，我国建设市场开放仅有 40 多年的历史，而且在计划经济体制和传统的工程设计与施工专业分工的影响下，建设市场发育尚不健全。专业化设计或施工队伍庞大，水平也较高，但设计施工综合型、能扮演 DB 或 EPC 承包人队伍稀缺，即使有水平也十分有限。因此，目前要采用DB 或 EPC 发包方式，有必要分析潜在的 DB 或 EPC 承包人是否足够多。同样，在投资方或建设单位选择管理方式时，若选择 PM 类管理方式，就有必要分析潜在的能承担 PM 服务咨询管理类企业的市场。因为近 30 年，我国一直在致力于全面推行"监理制"，即"建设单位＋监理"的项目管理方式。在这种方式中，建设单位起主导作用，工程监理仅扮演着辅助管理的角色，这种"一刀切"、强制性的体制伤害了"监理制"的健康发展。近年来，在我国已开始推行"代建制"/PM 方式、"工程全过程咨询"方式。这将形成多种工程咨询方式并存，即咨询服务市场提供服务的方式多样化的格局。这当然需要不断改革和完善相关管理制度，以适应工程建设发展需要。

■ 5.3 工程项目交易模式的选择程序和选择方法

5.3.1 工程项目交易模式的选择程序

工程项目交易模式由工程交易方式（发包方式）、建设单位管理方式，以及工程承包人选择方式（选择机制）、合同类型（计价方式）组合而成。其中，工程交易方式和建设单位管理方式一般有必要以项目为基础设计；而工程承包人选择方式和合同计价方式一般是以工程标段（或合同范围）为基础设计的。这四种方式目前均具有经典的方式。因此，工程项目交易模式选择程序/过程可归结为：

1）寻求交易模式可行方案集。对工程交易方式与建设单位管理方式，以及工程承包人选择方式与合同类型分项目层面和标段（交易）层面分别进行组合，删除不相容的方案，形成项目层面和标段层面的可行组合方案集。

2）寻求项目层面工程交易方式和建设单位管理方式组合的优化方案。在工程项目层面，选择优化的工程交易方式和建设单位管理方式，即对可行工程交易方式和建设单位管理方式的组合方案集进行优化，寻求优化方案。

3）寻求标段（交易）层面优化交易方案。在工程项目层面优化的工程交易方式和建设单位管理方式的组合方案基础上，针对项目划分的项目块或项目标段（工程招标的基本单位）层面，选择优化的工程承包人选择方式（包括选择机制）和合同类型（计价方式）的组合方案。

5.3.2 工程项目交易模式可行组合方案集

1. 什么是工程项目交易模式可行组合方案集

工程项目交易模式是指经典交易方式、建设单位管理方式，以及选择承包人方式和合同类型（计价方式）的组合，并不适合所有工程项目及其具体标段，即针对某一具体工程项目及其标段，并不是各种方式的组合均适合。因此，有必要将明显不适合（相容）的组合方案（即模式）取消，并将基本适合的方案的集合称为工程项目交易模式可行集。

当存在 m 种可行交易方式、n 种可行建设单位管理方式时，它们的组合方案为 $S = mn$ 种，尽管 m、n 均可行，但它们的组合不一定可行，即一些组合方案是不相容的方案。因此，可行组合方案集为 S 减去不相容的组合方案。对标段层面的选择承包人方式和合同类型（计价方式）的可行组合方案集，也用同样方法取得。

2. 工程交易方式和建设单位管理方式的相容性分析

工程交易方式和建设单位管理方式的选择同在项目层面，且它们之间联系密切，存在一定的依赖性，即工程交易方式和建设单位管理方式存在相容性问题。例如，在国际工程中，工程发包方式采用EPC，建设单位/雇主管理方式选择"雇主 + 工程师（监理）"，此时将两者组合在一起实际存在不相容的问题。因为，选择EPC发包方式的一个原因是雇主希望通过EPC企业强大的技术力量和工程建设的协调能力，以解决工程实施过程中内部的技术和管理问题；而选择"雇主 + 工程师"的目标之一也是希望利用工程师（咨询企业）的管理协调能力，解决工程实施过程中设计施工所遇到的技术和管理问题。显然，两者能利用的优势出现了重复，这是不必要的。这是《设计—建造与交钥匙工程合同条件》（1995 版）和《设计采购施工（EPC）/交钥匙工程合同条件》（2017 版）不设工程师（监理）角色的主要原因。

因此，有必要建立表 5-1，对"交易方式 × 建设单位管理方式"，即对方案$_{11}$ ~ 方案$_{nm}$，共 nm 个方案进行相容性分析，筛除不相容的组合，最后得到工程交易模式与建设单位管理方式组合的各种可行方案。

表 5-1　工程交易方式与建设单位管理方式组合表

建设单位管理方式 ＼ 交易/发包方式	管理方式$_1$	管理方式$_2$	管理方式$_3$	…	管理方式$_m$
发包方式$_1$	方案$_{11}$	方案$_{12}$	方案$_{13}$	…	方案$_{1m}$
发包方式$_2$	方案$_{21}$	方案$_{22}$	方案$_{23}$	…	方案$_{2m}$
发包方式$_3$	方案$_{31}$	方案$_{32}$	方案$_{33}$	…	方案$_{3m}$
⋮	⋮	⋮	⋮	⋮	⋮
发包方式$_n$	方案$_{n1}$	方案$_{n2}$	方案$_{n3}$	…	方案$_{nm}$

3．工程承包方选择方式与交易合同类型（计价方式）的相容性分析

在项目层面上工程交易方式与建设单位管理方式可行组合方案确定的基础上，分析标段层面上工程承包方选择方式（招标机制）与合同类型（计价方式）可行组合方案。其中，工程承包方选择方式（招标机制）与合同类型（计价方式）相对独立，不存在不相容的问题，但工程交易方式与合同类型（计价方式）具有不相容性。当工程交易采用工程总承包（DB/EPC）方式时，通常采用总价合同，而不采用单价合同，即工程总承包与单价合同是不相容的。

4．工程项目交易模式可行组合方案集构建

将工程交易方式和建设单位管理方式组合后的可行方案，与工程承包方选择方式（招标机制）与合同类型（计价方式）组合后的可行方案进行组合，即可得工程项目交易模式可行组合方案集。工程项目交易模式的优化方案将从中选择。

5.3.3　工程项目交易模式的选择方法

1）在项目层面上，优选工程交易方式和建设单位管理方式的组合方案。根据工程交易主体、客体以及政策法规和建设市场发育程度等具体影响因素，采用综合评价方法，在可行方案中选择优化方案。

2）在标段层面上，优选工程承包方选择方式（招标机制）与合同类型（计价方式）组合方案。以优选的工程交易方式和建设单位管理方式组合方案为基础，确定工程承包方选择方式（招标机制）与合同类型（计价方式）可行组合方案；采用与优选工程交易方式和建设单位管理方式组合方案类似的方法，优选工程承包方选择方式（招标机制）与合同类型（计价方式）优化组合方案。不过，具体指标体系和相应权重体系不尽相同。

案例 5-2　某石化建设项目工程交易模式的优化方案

　　某石化建设工程项目包括煤气化装置、空分装置、主控室、净化装置（2100，2700）、净化装置（2300，2500）、煤筒仓和道路7个子项目。在项目实施阶段，分为初步设计、详细设计和施工三个过程。工程项目建设单位将煤气化装置、空分装置、主控室作为一个单元，采用EPC方式，并由中石化宁波工程公司总承包。将净化装置（2100，2700）、净化装置（2300，2500）、煤筒仓和道路4个子项目作为另一个单元，采用DBB方式，由实华工程设计有限公司承担设计任务；而工程4个子项目的施工，又采用分项发包方式，分别由中石化三建筑公司、中石化五建筑公司、安徽省一建筑公司和安徽石化建筑公司承担。整个工程项目交易/发包方式如图5-5所示。

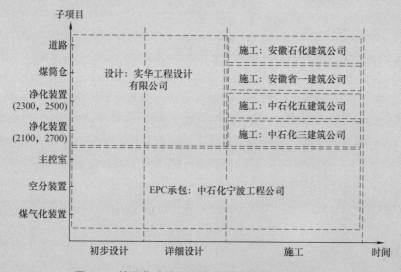

图5-5　某石化建设工程交易模式优化方案示意图

　　[问题] 本案例中，既包括DBB方式，又存在DB/EPC方式，为什么？

　　[解析] 该项目的煤气化装置、空分装置、主控室三个子项目联系相对密切，且工程技术相对复杂，包括土建以及设备采购和安装，一般工程设计或施工企业难以承担。因此，建设单位将它们作为一个单元进行发包，并采用工程设计、采购和施工总承包（EPC）交易方式，以减轻项目实施过程中的协调、管理压力；将整个建设任务交由一家建筑企业完成，这对保证工程质量和工期也有促进作用。而对净化装置、煤筒仓和道路等几个子项目，以土建工程为主，从技术层面看，属一般土木工程，一般工程设计或施工企业均能承担。因此，建设单位采用DBB方式，以增强竞争性，促进工程造价的降低。对重大工程项目，一般均可根据相对独立的部分工程，选择DBB或DB方式。

思考题和习题

1. 工程交易主要要素有哪些？这些要素之间存在怎样的联系？
2. 什么是工程项目交易方式？不同类型的工程项目交易方式各有什么特点？

3. 什么是工程项目合同类型（工程计价方式）？不同类型的工程合同各有什么特点？对不同类型的工程合同，工程量和市场风险是如何分配的？

4. 什么是建设单位管理方式？不同类型的管理方式各有什么特点？

5. 什么是工程项目交易模式？工程项目交易模式规划设计的影响因素有哪些？

6. 工程项目交易模式的选择程序与选择方法如何？

第6章

工程项目招标与合同

本章知识要点与学习要求

序　号	知识要点	学习要求
1	工程项目招标及其分类、方式与程序	掌握
2	工程项目招标文件组成及编制原则的要求	熟悉
3	工程项目招标标底与控制价	掌握
4	编制工程项目招标标底与控制价的原则、依据和方法	了解
5	工程施工投标人审查分类，以及审查内容和方法	了解
6	工程施工招标的开标、评标和决标	掌握
7	工程施工招标的评标方法及其特点	熟悉
8	工程勘察设计、监理招标的主要特点	熟悉
9	工程施工合同文件组成及其解释优先次序	熟悉
10	工程施工合同双方的义务，以及施工合同的一般规定	了解

通过工程项目交易规划，对建设单位而言，通常确定了工程交易方式（或确定了工程项目分期分批交易/采购的内容或对象）。但与谁进行交易？交易价格又是多少？这些问题一般需要在工程招标后才能给出答案。

■ 6.1　工程项目招标

6.1.1　招标及其分类

工程项目招标，也称工程项目交易招标或工程项目采购招标，是现代工程项目交易（或工程项目实施）中不可或缺的重要环节之一。

1. 什么是工程项目招标

工程项目招标（Tendering, Call for Bidding）是指建设单位或工程招标人（Tenderee）以实施工程项目为目的，或为完成工程建设任务为目的，通过法定程序和方式吸引设计建设企业（包括工程施工、工程咨询服务，以及设备制造等企业）参与竞争，并确定由优胜者承担工程建设任务的活动。响应工程招标并参与招标竞争的活动称为工程投标（Bidding），参与招标竞争的企业/主体为工程投标人（Bidder）。

工程招标的最后成果是确定承担招标项目相关建设任务的中标企业，并与之签订交易合同。

2. 工程项目招标分类

建设单位一般在工程交易规划的基础上，以工程交易方案确定的每项交易内容组织招标。工程交易方案可能包括工程施工、工程咨询（设计、监理等）服务、设备制造、工程材料采购以及设计施工一体化/工程总承包等。因此，相应地存在工程施工招标、工程咨询招标、工程材料采购招标和工程总承包招标等。

此外，根据工程招标选择参建企业的范围，一般可将工程招标分为国际招标和国内招标。国际招标即为面向国际选择建筑企业。利用国际金融机构资金的工程项目一般要求实行国际招标。

6.1.2 招标方式与程序

1. 工程项目招标方式

工程项目招标方式，也称购买方式，是指招标或采购活动的组织方式。不同招标方式的主要区别在于招标信息发布形式和范围的差异。由此不同，参与招标竞争企业的范围也就存在差异。

《中华人民共和国招标投标法》中将工程招标方式分为公开招标和邀请招标两种方式，而且一般要求进行公开招标；《中华人民共和国政府采购法》中将政府采购方式分为公开招标、邀请招标、竞争性谈判、单一来源采购、询价五种。

1）公开招标（Open Tendering/Public Invitation），也称无限竞争性招标（Unlimited Competitive Tendering），是指招标人以招标公告的方式邀请不特定的法人或者其他组织投标的招标方式。它由招标人按照法定程序，在公开出版物上发布或者以其他公开方式发布招标公告，所有符合条件的企业都可以平等参加投标竞争，招标人从中择优选择中标者。

2）邀请招标（Selective Tendering/Invited Bidding），也称有限竞争性招标（Limited Competitive Tendering），是指招标人以投标邀请书的方式邀请特定的法人或者其他组织投标，只有接到投标邀请书的法人或者其他组织才能参加投标的一种招标方式，其他潜在投标人则被排斥在投标竞争之外。邀请招标必须向 3 个以上的潜在投标人发出邀请。

3）竞争性谈判（Competitive Negotiation），也称协商议标，是指招标人或者招标代理机构直接邀请 3 家以上潜在承包人就招标事宜进行谈判，并确定中标人的招标方式。其特点有：①可以缩短招标过程的时间，并减少招标过程的程序；②透明度低、竞争性差。竞争性谈判这种招标方式一般在工程勘察、设计和施工招标中不被采用，而在我国《政府采购法》中被列为政府采购的方式。因此，在政府与社会资本合作项目上，即 PPP 项目上，常用竞争性谈判方式选择社会资本方。

4）单一来源采购方式，是指只能从唯一供应商处采购。一般而言，这种方式的采用是出于紧急采购的时效性，或者只能从唯一供应商或承包商处取得货物、工程或服务的客观性。由于单一来源采购，只同唯一供应商、承包商或服务提供者签订合同，所以就竞争态势而言，采购方处于不利的地位，有可能增加采购成本；而且，在谈判过程中容易滋生索贿受贿现象。所以，对这种采购方法，国内外均规定了严格的适用条件。

5）询价采购方式，是指向 3 个以上供应商发出报价邀约，对供应商报价进行比较以确定合格供应商的一种采购方式。它适用于合同价值较低且价格弹性不大的标准化货物或服务的采购。对这种方式，国内外也均规定了严格的适用条件。

2．招标程序

工程招标是以招标人或招标人委托的招标代理机构（Tendering Agency）为主体进行的活动。我国工程项目实施招标的一般程序如图6-1所示。

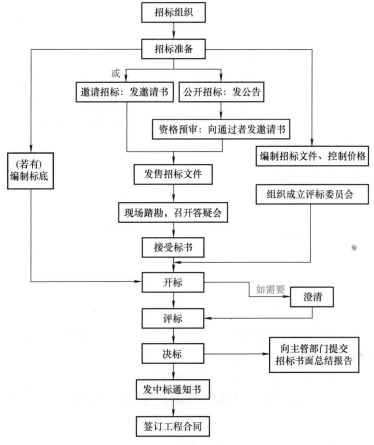

图6-1　工程项目招标程序

（1）招标组织（Tender Organizing）　对大型工程，建设单位一般要构建招标领导小组和工程招标管理机构。领导小组对招标过程的重大问题进行决策；招标管理机构负责工程招标实施。

（2）招标准备（Tender Preparation）　招标人进行招标，首先必须做好招标准备，内容包括落实招标条件、建立招标机构和确定招标计划三个方面。招标条件是指招标前必须具备的基本条件。例如，招标项目按照国家有关规定需要履行项目审批手续的，应当先履行审批手续，取得批准；招标人应当有进行招标项目的响应资金或者资金来源已经落实等。施工招标计划一般包括确定招标范围、招标方式和招标工作进程等。

（3）公开招标、邀请招标、资格预审、发售招标文件　公开招标，一般要求招标人在报刊上或其他场合发布工程招标公告。经批准的邀请招标，一般向特定的3家及以上潜在承包人发送投标邀请书。在招标公告（或邀请书）中一般要说明工程建设项目概况、工程分标情况、投标人资格要求等。对公开招标，招标人经过对送交资格预审文件的所有承包商进行认真的审核之后，通知那些招标人认为有能力承包本工程的承包商前来购买招标文件。

（4）接受标书（Bid Accepting）　接受标书即招标人接受投标人递交的投标书的过程。通过资格预审的承包商购买招标文件后，一般先仔细研究招标文件，进行投标决策分析，若决定投标，则派员赴现场考察，参加建设单位召开的标前会议，仔细研究招标文件，制定施工组织设计，做工程估价，编制投标文件等，并按照招标文件规定的日期和地点把投标书送达招标人。

（5）开标（Bid Opening）　开标是指在招标投标活动中，由招标人主持，邀请所有投标人和政府行政监督部门或公证机构人员参加，在预先约定的时间和地点当众开启投标文件的过程。工程施工开标时，一般要宣布各投标人的报价。

（6）评标（Bid Evaluation）　评标是指招标人组织评标委员会，由该委员会按照招标文件规定的标准和方法，对各投标人的投标文件进行评价、比较和分析，从中选出中标候选人的过程。评标的最后结果是评标报告，其中包括推荐具有排序的3个中标候选人。

（7）决标（Bid Determination）　决标是指在评标委员会推荐的中标候选人的基础上，由招标人最终确定中标人的过程。评标委员会一般推荐3个中标候选人，并有明确排序，招标人一般确定排名第一者中标，并与其签订工程合同。

■ 6.2　工程施工招标

6.2.1　工程施工招标及其条件

1.　什么是工程施工招标

工程施工（Construction）是指根据工程项目设计文件的要求，对建设工程进行新建、扩建、改建的活动。

工程施工招标是指工程招标人以获得工程项目实体为目的，或以分配工程施工任务为目的，通过法定的程序和方式吸引施工企业参与竞争，进而从中选择条件优者来完成工程建设任务的活动。

2.　工程施工招标的条件

依法必须招标的工程建设项目，应当具备下列条件才能进行施工招标：

1）招标人已经依法成立。

2）初步设计及概算应当履行审批手续的，已经批准。

3）有相应资金或资金来源已经落实。

4）有招标所需的设计图及技术资料。

在具备施工招标条件的基础上，针对施工招标对象或某施工标段编制招标文件，是招标工作的首要环节。

6.2.2　工程施工招标文件

1.　什么是工程施工招标文件

工程施工招标文件（Construction Bidding Document）是指招标人向投标人发出，并告知工程施工项目特点、需求，以及工程施工招标投标活动规则和工程施工合同条件等信息的要约邀请文件。工程施工招标文件是工程施工招标投标活动的主要依据，对招标投标活动各方均具有法律约束力。在工程施工招标活动的最后，工程施工招标文件经整合便是工程施工合同。

2．工程施工招标文件的组成

工程施工招标文件一般包括下列内容：

1）招标公告或投标邀请书。

2）投标人须知。

3）合同主要条款。

4）投标文件格式。

5）采用工程量清单招标的，应当提供工程量清单。

6）技术要求。

7）设计图。

8）评标标准和方法。

9）投标辅助材料。

招标人应当在招标文件中规定实质性要求和条件，并用醒目的形式标明。

3．工程施工招标文件编制原则和要求

（1）工程施工招标文件编制原则　编制招标文件应做到系统、完整、准确、明了，使投标人一目了然。编制工程施工招标文件的依据和原则是：

1）应遵守国家的有关法律和法规，如《中华人民共和国合同法》《中华人民共和国招标投标法》等多种法律法规。对国际组织贷款的项目，还必须按该组织的各种规定和审批程序来编制招标文件。若招标文件的规定不符合国家的法律、法规，则有可能导致招标文件作废，有时发包人还要赔偿损失。

2）应注意公正地处理发包人和承包人（或供货方）的利益，即要使承包方获得合理的利润。若不恰当地将过多的风险转移给承包人一方，势必迫使承包人加大风险费，提高投标报价，最终还是增加发包人支出。

3）招标文件应正确、详尽地反映建设项目的客观情况，以使投标人的投标能建立在可靠的基础上，从而尽可能减少履约过程中可能发生的争议。

4）招标文件包括许多内容，从投标人须知、合同条件到规范、图样、工程量清单等，这些内容应力求统一，尽量减少和避免各种文件之间的矛盾。招标文件的矛盾会为承包人创造许多索赔的机会，甚至会影响整个工程施工或造成较大的经济损失。

（2）施工招标文件编制要求　工程施工招标文件应符合下列要求：

1）招标文件规定的各项技术标准应符合国家强制性标准。招标文件中规定的各项技术标准均不得要求或标明某一特定的专利、商标、名称、设计、原产地或生产供应者，不得含有倾向或者排斥潜在投标人的其他内容。如果必须引用某一生产供应者的技术标准才能准确或清楚地说明拟招标项目的技术标准时，则应当在参照后面加上"或相当于"的字样。

2）招标人可以要求投标人在提交符合招标文件规定要求的投标文件外，提交备选投标方案，但应当在招标文件中做出说明，并提出相应的评审和比较办法。

3）施工招标项目需要划分标段、确定工期的，招标人应当合理划分标段、确定工期，并在招标文件中载明。对工程技术上紧密相连、不可分割的单位工程，不得分割标段。招标人不得以不合理的标段或工期限制或者排斥潜在投标人或者投标人。依法必须进行施工招标的项目的招标人不得利用划分标段规避招标。

4）招标文件应当明确规定所有评标因素，以及如何将这些因素量化或者根据这些因素进行评估。在评标过程中，不得改变招标文件中规定的评标标准、方法和中标条件。

5）招标文件应当规定一个适当的投标有效期，以保证招标人有足够的时间完成评标并与中标人签订合同。投标有效期从投标人提交投标文件截止之日起计算。

6.2.3 工程施工招标标底、控制价及其编制

1. 工程施工招标标底及其编制

（1）工程施工招标标底（Tender Base Price） 它是招标人测算的招标项目的预期价格。招标标底经常被用作衡量投标人工程报价的尺子，也是工程评标的主要依据之一。

《中华人民共和国招标投标法实施条例》规定，招标人可以自行决定是否编制标底；一个招标项目只能有一个标底；标底必须保密。招标人常委托咨询机构委托编制标底，受委托方不得参加受托编制标底项目的投标，也不得为该项目的投标人编制投标文件或者提供咨询。招标人设有最高投标限价的，应当在招标文件中明确最高投标限价或者最高投标限价的计算方法。招标人不得规定最低投标限价。

《招标投标法实施条例》还规定，招标项目设有标底的，招标人应当在开标时公布。标底只能作为评标的参考，不得以投标价是否接近标底作为中标条件，也不得以投标价超过标底上下浮动范围作为否决投标的条件。

（2）编制标底的依据

1）建设工程工程量清单计价规范。

2）国家或省级、行业建设主管部门颁发的计价定额和计价办法。

3）建设工程设计文件及相关资料。

4）招标文件中的工程量清单及有关要求。

5）与建设项目相关的标准、规范、技术资料。

6）工程造价管理机构发布的工程造价信息；工程造价信息没有发布的参照市场价。

7）其他相关资料，主要是指施工现场情况、工程特点及常规施工方案等。

编制标底一般应考虑下列原则：

1）标底要体现工程建设的政策和有关规定。标底虽然可浮动，但必须以国家的宏观控制要求为指导。

2）计算标底时的项目划分必须与招标文件规定的项目和范围相一致，单价编制方法要与招标文件中确定的承包方式相一致。

3）所选择的基础单价（人工、材料、施工机械）要与实际情况相符合，以按实际价格计算为原则。

4）一个招标项目只能有一个标底，不能针对不同的投标人而编制不同的标底。

5）标底应由施工成本、管理费、利润、税金等组成，一般应控制在批准的概算或预算或投资包干的范围内。

（3）编制标底的方法 编制标底常用的方法有实物量法和综合单价法两种。采用何种方法编制标底，常由招标方根据工程具体情况、招标范围、合同条件等因素而定。

1）实物量法。将招标项目各计价项目的工程量乘以定额中相应项目的人工、材料和机械台班的消耗量，汇总得出该招标项目所需的全部人工、材料和机械台班数量；然后，再分别乘以当时、当地的人工、材料和机械台班（时）单价，求和后得到人工、材料和机械台班的总费用；再加上企业管理费、利润、规费和税金；最后汇总得到招标项目估价，经调整后得到招标标底。实物量法的缺陷是招标项目各计价项目的单价不能呈现，难以用以分析投标报价的合理性，也难以支持施工过程按完成工程量进行月支付的支付方式，因此在国内较少采用。

2）单价法。首先确定招标范围内各计价项目的工程单价，然后将各计价项目的工程量乘以对应的工程单价，汇总相加后再加上工程单价未包含的其他费用（如措施费等），得到招标项目估价，经调整后得到招标标底。单价法又分为工料单价法、综合单价法和全费用单价法。

2. 工程施工招标控制价及其编制

（1）工程施工招标控制价　工程施工招标控制价（Tender Sum Limit）是招标人根据国家或省级、行业建设主管部门颁发的有关计价依据和办法，以及拟定的招标文件和招标工程量清单，结合工程具体情况编制的招标工程的最高投标限价。国有资金投资的工程建设项目应实行工程量清单招标，并应编制招标控制价。

招标控制价的内涵决定了招标控制价不同于标底，可不保密。为体现招标的公平、公正，防止招标人有意抬高或压低工程造价，招标人应在招标文件中如实公布招标控制价，不得对所编制的招标控制价进行上浮或下调。招标人在招标文件中公布招标控制价时，应公布招标控制价各组成部分的详细内容，不得只公布招标控制价总价。同时，招标人应将招标控制价报工程所在地的工程造价管理机构备查。招标控制价超过批准的概算时，招标人应将其报原概算审批部门审核。投标人的投标报价高于招标控制价的，对其投标应予拒绝。

我国对国有资金投资项目实行投资概算审批制度，因而国有资金投资工程项目，招标控制价原则上不能超过批准的投资概算。

招标控制价与招标标底的主要差异为：前者是投标报价的上限标准，若投标报价超过该值时，将被视为废标（Rejection of Bids）处理；后者是衡量或评价投标报价的合理性尺子，通常认为接近标底的报价更为合理。

（2）编制招标控制价的注意事项　编制招标控制价与编制标底价的依据类似，并应注意以下事项：

1）使用的计价标准、计价政策应是国家或省级、行业建设主管部门颁布的计价定额和相关政策规定。

2）采用的材料价格应是工程造价管理机构通过工程造价信息发布的材料单价，工程造价信息未发布材料单价的材料，其材料价格应通过市场调查确定。

3）国家或省级、行业建设主管部门对工程造价计价中费用或费用标准有规定的，应按规定执行。

4）要适当下调社会生产力水平，并考虑工程实施中的风险因素，包括工程变化和市场波动的风险。因而，工程招标控制价一般比标底要高，但比相对应的工程概算要低。

6.2.4 工程施工投标人资格审查

响应工程施工招标文件、参与工程施工投标活动的建设施工企业称工程施工投标人。招标人应根据招标项目的特点和要求，对施工投标人的投标资格进行审查；投标人资格审查分资格预审和资格后审两类；投标人资格审查的问题包括合理选择资格审查机制，以及确定审查内容和审查方法。

1. 工程项目投标人资格审查的内容

投标人资格审查的内容，各国各地不尽相同，资格预审和资格后审也存在差异，但概括起来基本有以下几个方面：

（1）投标人一般性资料审核

1）投标人的名称、注册地址（包括总部、地区办事处、当地办事处）和传真、电话号码等，对国际招标工程，还有投标人国别。

2）投标人的法人地位、法人代表姓名等。

3）投标人公司注册年份、注册资本、企业资质等级等情况。

4）若与其他公司联合投标，还需审核合作者的上述情况。

（2）财务情况审核

1）近3年（有的要求5年）来公司经营财务情况。对近3年经审计的资产负债表、公司损益表，特别是对总资产、流动资产、总负债和流动负债情况进行审核。

2）与投标人有较多金融往来的银行名称、地址和书面证明资信的函件，同时还要求写明可能取得信贷资金的银行名称。

3）在建工程的合同金额及已完成和尚未完成部分的百分比。

（3）施工经验记录审核

1）列表说明近几年（如5年）内完成各类工程的名称、性质、规模、合同价格、质量、施工起讫日期、发包人名称和国别。

2）与本招标工程项目类似工程的施工经验，这些工程可以单独列出，以引起审核者重视。

（4）施工机具设备情况审核

1）公司拥有的各类施工机具设备的名称、数量、规格、型号、使用年限及存放地点。

2）用于本项目的各类施工机具设备的名称、数量和规格，以及本工程所用的特殊或大型机械设备情况，属公司自有还是租赁等情况。

（5）人员组成和劳务能力审核

1）公司总部主要领导和主要技术负责人、经济负责人的姓名、年龄、职称、简历、经验以及组织机构的设置和分工框图等。

2）参加本项目施工人员的组织机构及其主要行政、技术负责人和管理部门框图。

3）参加本项目施工的主要技术工人、熟练工人、半熟练工人的技术等级、数量以及是否需要雇用当地劳务等情况。

4）总部与本项目管理人员的关系和授权。

（6）工程分包和转包计划审核

1）拟分包或转包部分清单。

2）拟分包、转包单位的名称、地址、资质等级，有无分包合同。

3）哪些专业性很强的工程需要发包人另行招标，总包与分包的关系等。

4）分包是否服从总包的统一指挥和结算，应在资格预审中说明自己的态度。

（7）必要的证明或其他文件审核

1）安全生产许可证。企业是否具备由政府相关部门颁发的、有效的安全生产许可证。

2）审计师签字、银行证明、公证机关公证，国际工程还应有大使馆签证等。

3）承包商誓言等。

2. 工程项目投标人资格审查方法与注意事项

（1）资格审查方法 对投标人实行资格预审时，一般采取综合评价方法，主要过程为：

1）首先淘汰报送资料极不完整的投标申请人。因为资料不全，难以在机会均等的条件下进行评分。

2）根据招标项目的特点，将资格预审所要考虑的各种因素进行分类，并确定各项内容在评定中所占的比例，即确定权重系数。每一大项下还可进一步划分若干小项，对各资格预审申请人分别打分，进而得出综合评分。

3）淘汰总分低于预定及格线的投标申请人。

4）对及格线以上的投标人进行分项审查。为了能将施工任务交给可靠的承包人完成，不仅要看其综合能力评分，还要审查其各分项得分是否满足最低要求。

评审结果要报请发包人批准，如果是使用国际金融组织贷款的工程项目，还需报请该组织批准。经资格预审后，招标人应当向资格预审合格的投标申请人发出资格预审合格通知书，告知获取招标文件的时间、地点和方法，并同时向资格预审不合格的投标申请人告知资格预审结果。

当采用资格后审时，也可参考上述综合评价机制。

（2）资格审查的注意事项

1）在审查时，不仅要审阅其文字材料，还应有选择地做一些考察和调查工作。因为有的申请人得标心切，在填报资格预审文件时，不仅只填那些工程质量好、造价低、工期短的工程，甚至还会出现言过其实的现象。

2）投标人的商业信誉很重要，但这方面的信息往往不容易得到。应通过各种渠道了解投标申请人有无严重违约或毁约的记录，在合同履行过程中是否有过多无理索赔和扯皮的现象。

3）对拟承担本项目的主要负责人和设备情况应特别注意。有的投标人将施工设备按其拥有总量填报，可能包含应报废的设备或施工机具，一旦中标却不能完全兑现。另外，还要注意分析投标人正在履行的合同与招标项目在管理人员、技术人员和施工设备方面是否发生冲突，以及是否还有足够的财务能力再承接本项目。

4）联合体申请投标时，必须审查其合作声明和各合作者的资格。

5）应重视各投标人过去的施工经历是否与招标项目的规模、专业要求相适应，施工机具、工程技术及管理人员的数量、水平能否满足本项目的要求，以及具有专长的专项施工经验是否比其他投标人占有优势。

6.2.5 工程施工招标的开标、评标和决标

1. 工程施工招标开标及其程序

（1）工程施工招标开标的概念 工程施工招标开标（Opening of Bids）是指在规定的日

期、时间、地点当众宣布所有投标人送来的投标文件中的投标人名称和报价等的活动。

开标后使全体投标人了解各家报价和自己的报价在其中的顺序。招标方当场逐一宣读投标书，但不解答任何问题。开标时间、地点通常在招标文件中确定；开标由招标人或其委托的招标代理主持，邀请评标委员会委员、投标人代表、公证部门代表的有关方面代表参加。招标人要事先以有效的方式通知投标人参加开标；投标人代表应按时、按地参加开标。采用公开招标方式时，必须经过开标这一环节，采用竞争性谈判招标方式时，由招标方与投标方分别协商，可无须开标这一环节，但仍需邀请有关方部门参与定标会。

开标时宣布的仅针对有效投标书。投标文件有下列情形之一的，招标人应当拒收：

1）逾期送达。但如果迟到日期不长，延误并非由于投标人的过失（如邮政等原因），招标人也可以考虑接受该迟到的投标书，这在国际工程中比较多见。

2）未按招标文件要求密封。

（2）开标的一般要求

1）如果招标文件中规定投标人可提出某种供选择的替代投标方案，这种方案的报价也在开标时宣读。

2）对某些大型工程的招标，有时分两个阶段开标，即投标文件同时递交，但分两包包装，一包为技术标，另一包为商务标。技术标的开标，实质上是对技术方案的审查，只有在技术标通过之后才开商务标，技术标通不过的则将商务标原封不动退回。

3）设有标底的招标项目，应当众公布标底。

4）开标后任何投标人都不允许更改其投标内容和报价，也不允许再增加优惠条件，但在发包人方需要时可以做一般性说明和疑点澄清。

5）开标后，招标人进入评标阶段。

（3）施工开标程序

1）宣布开标纪律。

2）公布在投标截止时间前递交投标文件的投标人名称，并点名确认投标人是否派人到场。

3）宣布开标人、唱标人、记录人、监标人等有关人员姓名。

4）按照投标人须知前附表的规定检查投标文件的密封情况。

5）按照投标人须知前附表的规定确定并宣布投标文件开标顺序。

6）设有标底的，公布标底。

7）按照宣布的开标顺序当众开标，公布投标人名称、标段名称、投标保证金的递交情况、投标报价、质量目标、工期及其他内容，并记录在案。

8）投标人代表、招标人代表、监标人、记录人等有关人员在开标记录上签字确认。

9）开标结束。

2. 工程施工招标评标

（1）工程施工招标评标的概念　工程施工招标评标（Bid Evaluation）是指评标委员会依据招标文件的规定和要求，对投标人递交的投标文件进行审查、评审和比较，以最终确定中标人的活动。有下列情形之一的，评标委员会应当否决投标人的投标：

1）投标文件未经投标单位盖章和单位负责人签字。

2）投标联合体没有提交共同投标协议，或共同投标协议不合格。

3）投标人不符合国家或者招标文件规定的资格条件。

4）同一投标人提交两个以上不同的投标文件或者投标报价，但招标文件要求提交备选投标的除外。

5）投标报价低于成本或者高于招标文件设定的最高投标限价。

6）投标文件没有对招标文件的实质性要求和条件做出响应。

7）投标人有串通投标、弄虚作假、行贿等违法行为。

（2）施工招标评标的原则、组织与纪律

1）评标原则。评标工作要求讲究严肃性、科学性和公平合理性，任何单位和个人不得非法干预或者影响评标过程和结果；对投标文件评价、比较和分析，要客观公正，不以主观好恶为标准；评标人员要遵守评标纪律，严守保密原则，以维护招标投标双方的合法权益。工程施工评标活动总体应遵循公平、公正、科学和择优的原则。具体原则包括：标价合理，工期适当，施工方案科学合理，施工技术先进；工程质量、工期、安全保证措施切实可行；中标方有良好的社会信誉和工程业绩。

2）工程施工评标组织。《招标投标法》明确规定，评标委员会由招标人负责组建，评标委员会成员名单一般应于开标前确定。国家计委等七部委于2001年联合发布的《评标委员会和评标方法暂行规定》明确规定，依法必须进行工程招标的工程，其评标委员会由招标人或其代表和有关技术、经济等方面的专家组成，成员人数为5人以上单数，其中技术、经济等方面的专家不得少于成员总数的2/3。

评标委员会的专家成员，应当由招标人从建设行政主管部门，或其他有关政府部门确的专家库，或工程招标代理机构专家库的相关专业的专家名单中确定。一般招标项目采取随机抽取的方式，特殊招标项目可以由招标人直接确定。评标委员会成员名单在中标结果确定前应当保密。

评标专家一般应符合的条件：①从事相关专业领域工作满8年，并具有高级技术职称或者同等专业水平；②熟悉有关招标投标法律法规，并具有与招标项目相关的实践经验；③能够认真、公正、诚实、廉洁地履行职责。

不得担任评标委员会成员的情形：①投标人或者投标人主要负责人的近亲属；②项目主管部门或者行政监督部门的人员；③与投标人有其他社会关系或者经济利益关系，可能影响对投标公正评审的；④曾因在招标、评标以及其他与招标投标有关活动中有违法行为而受过行政处罚或刑事处罚的。

3）施工评标纪律要求，见表6-1。

表6-1 施工评标纪律要求表

参 与 主 体	纪 律 要 求
建设单位及相关人员	招标人不得泄露招标投标活动中应当保密的情况和资料，不得与投标人串通损害国家利益、社会公共利益或者他人合法权益。属招标人与投标人串通投标的情形有：招标人在开标前开启投标文件，并将投标情况告知其他投标人，或者协助投标人撤换投标文件，更改报价；招标人向投标人泄露标底；招标人与投标人商定，投标时压低或抬高标价，中标后再给投标人或招标人额外补偿；招标人预先内定中标人；其他串通投标行为
投标企业及相关人员	投标人不得相互串通投标或者与招标人串通投标，不得向招标人或者评标委员会成员行贿谋取中标，不得以他人名义投标或者以其他方式弄虚作假骗取中标；投标人不得以任何方式干扰、影响评标工作

（续）

参与主体	纪律要求
评标委员会成员	评标委员会成员不得收受他人的财物或者其他好处，不得向他人透露对投标文件的评审和比较、中标候选人的推荐情况以及评标有关的其他情况。在评标活动中，评标委员会成员不得擅离职守，影响评标程序正常进行，不得使用评标办法中没有规定的评审因素和标准进行评标
其他参与方相关人员	与评标活动有关的工作人员不得收受他人的财物或者其他好处，不得向他人透露对投标文件的评审和比较、中标候选人的推荐情况以及评标有关的其他情况。在评标活动中，与评标活动有关的工作人员不得擅离职守，影响评标程序正常进行

（3）评标办法 工程评标一般有经评审的最低投标价法和综合评估法两种办法。

1）经评审的最低投标价法，即评标委员会对满足招标文件实质要求的投标文件，根据规定的量化因素及量化标准进行价格折算，按照经评审的投标价由低到高的顺序推荐中标候选人，或根据招标人授权直接确定中标人，但投标报价低于其成本的除外。经评审的投标价相等时，评审前的投标报价低者优先中标；评审前的投标报价也相等时，由招标人自行确定中标人。

2）综合评估法，也称打分法，是指评标委员会按招标文件确定的评审因素、因素权重、评分标准等，对各招标文件的各评审因素赋分，以投标书综合分的高低为基础确定中标人的方法。综合评估法能较为系统、全面地评价了投标人履行工程合同的能力、水平。但评审较为复杂，一般被大型或复杂工程采用。

3. 工程施工招标决标与签订合同

（1）工程施工招标决标的概念 决标（Award of Contract）也称定标，即最后确定中标人或最后决定将合同授予某个投标人的活动。招标人根据评标委员会提出的书面评标报告和推荐的中标候选人确定中标人，也可以授权评标委员会直接确定中标人。

确定中标人后，招标人应在投标有效期内以书面形式向中标人发出中标通知书（Notice of Contract Award to The Winning Bidder），同时将中标结果通知未中标的投标人。中标通知应经政府招投标管理机构核准和公示，无问题后方可发出。中标通知书对招标人和中标人均具有法律效率。

使用国有资金投资或者国家融资的项目，招标人应当确定排名第一的中标候选人为中标人。排名第一的中标候选人放弃中标、因不可抗力提出不能履行合同，或者招标文件应当提交履约保证金而在规定时间的规定的期限内未能提交的，招标人可以确定排名第二的中标候选人为中标人。排名第二的中标候选人因与前者同样的原因不能签订合同的，招标人可以确定排名第三的中标候选人为中标人。依次确定其他中标候选人与招标人预期差距较大，或者对招标人明显不利的，招标人可以重新招标。

（2）签订合同 中标人收到中标通知书后，自中标通知书发出之日起30天内，应与招标人，以招标文件和中标人的投标文件为依据，订立书面合同。

中标人无正当理由拒签合同的，招标人取消其中标资格，其投标保证金不予退还；给招标人造成的损失超过投标保证金数额的，中标人还应当对超过部分予以赔偿。发出中标通知书后，招标人无正当理由拒签合同的，招标人向中标人退还投标保证金；给中标人造成损失的，还应当赔偿损失。

通常招标人在签订合同前要与中标人进行合同谈判，但合同谈判必须以招投标文件为基础，对投标价格、投标方案等实质性的内容不能进行谈判。在谈判中，各方提出的修改补充意见在经双方同意后，可确立作为合同协议书的补遗，并成为合同文件的组成部分。

双方在合同协议书上签字，同时承包人应提交履约保证，才算正式决定了中标人，并表明招标工作方告一段落。招标人应及时退还所有投标人的投标保证金或保证函。

■ 6.3　工程项目其他类招标

除工程施工招标外，工程招标主要还有工程勘察设计招标、工程材料和设备招标、工程监理招标等。

6.3.1　工程勘察设计招标

1. 工程勘察设计及其招标

（1）工程勘察设计　它是工程勘察与工程设计的统称。在工程建设中，可将它们作为一项任务由一家具有相应资质的企业完成，也可分为两部分由两家具有相应资质的企业去完成。

工程勘察（Investigation and Survey）是对工程建设地点的地形、地质和水文等状况进行测绘、勘探测试，并提供工程建设所需基础资料的活动。工程勘察阶段通常分为初步勘察和详细勘察。

工程设计（Design）则是根据建设工程的要求，对建设工程所需的技术、经济、资源、环境等条件进行综合分析、论证，编制工程设计文件的活动。工程设计一般划分为初步设计和详细设计；详细设计有时又进一步细分为施工招标设计和施工图设计。

（2）工程勘察设计招标　它是工程勘察招标与工程设计招标的统称。工程勘察设计招标是指招标客体为工程勘察或/和工程设计，选择工程勘察或/和设计人的招投标行为。

2. 工程勘察设计招标的主要特点

工程勘察设计招标与施工招标相比，有许多相同之处，但也有其自身独特之处。招标人通过勘察设计招标，选定中标人，由其将建设单位对建设项目的设想转变为可实施的蓝图；而工程施工招标选定的承包人则根据设计的具体要求，去完成规定的施工任务。因此，工程勘察设计招标文件对投标人提出的要求通常不是很具体，只是简要介绍招标项目的实施条件、应达到的技术经济指标、总投资限额和进度要求等。投标人根据相应的规定和要求分别报出招标项目的勘察/设计构思方案、实施计划和工程概算；招标人通过开标、评标等程序确定中标人，然后由中标人根据预定方案去实现。

工程勘察设计招标与施工招标相比的主要特点可归纳为：

1）招标文件的内容不同。工程勘察设计招标文件中仅提出勘察/设计依据、招标项目应达到的技术经济指标、项目限定的工作范围、项目所在地的基本资料、要求完成的时间等内容，没有具体的工作量指标。

2）对投标报价编制的要求不同。投标人的投标报价不是按具体的工程量清单填报单价后算出总价，而是首先提出勘察/设计构思、初步方案，阐述该方案的优点和实施计划，然后在此基础上编制投标报价。

3）开标方式不同。开标时不是由招标人按各投标书的报价高低去排定标价次序，而是由各投标人自己说明其勘察纲要或设计方案的基本构思、意图以及其他实质性内容，并不排定标价顺序。

4）评标原则不同。评标时更多关注勘察纲要或设计方案的先进性、合理性，所达到的技术经济指标，对工程项目投资效益的影响，而不过分追求投标人报价高低。

6.3.2　工程项目材料和设备采购招标

1. 工程项目材料和设备采购招标及其分类

（1）工程项目材料和设备采购招标　采购，即选择购买。工程材料和设备采购（Equipment Purchase）是指选择购买的对象是工程材料、设备。工程材料和设备采购招标与投标是指采购招标对象为工程材料和设备选择相应生产或供应商的招标与投标。

（2）工程材料和设备采购招标分类　可分为两类：一是工程材料和通用工程设备的采购；二是大型工程设备的采购。前者一般为现货交易，与施工招标存在较大差异；后者为期货交易，即"先订货、后生产（制造）"，与施工招标十分类似。

2. 工程项目材料和设备采购招标的特点

与工程施工招标相比，工程材料和设备采购招标在程序和招标方式等方面类似，但在下列几方面存在较大差异：

1）工程材料和设备采购招标是选择产品，而施工招标是选择产品的生产方，即工程承包方，产品还有待生产。因此，工程施工招标不仅要选好工程产品价格，更重要的是选好生产工程产品的队伍；而工程材料和设备采购招标就是针对现有的产品，或在一定生产工艺和流程下正在生产的产品。因此，工程材料和设备采购招标的过程可相对简单。

2）工程项目实施以工程施工为主体，一般而言，工程材料和设备招标的时间、分标，以及招标工程材料和设备的供应时间和强度要与工程施工进度安排相适应。

3）工程材料和设备采购招标的分标要更多地考虑供应市场因素。工程施工招标的分标更多的是考虑项目自身的因素，包括工程项目特点、监管能力等方面，而较少考虑建设市场因素；而对工程材料和设备，应更多地考虑供应市场因素，要通过合理分标，在保证材料或设备品质的基础上，扩大生产厂商或供应方的选择范围，以加剧生产厂商或供应方之间的竞争。

4）我国对工程产品实行的是对生产方，即建筑企业资质管理制度，但对工程材料和设备实行的是产品国家或地方标准管理制度。因而对工程材料和设备的成品交易，保证质量的措施是产品进场验收（抽样检验）；但对订货的产品，有必要在进场验收的同时，增加生产过程监管的环节。这些有必要在招标文件中予以明确。

5）与工程施工相比，工程材料和设备评标方法和考虑的因素存在差异。对现货交易，在工程材料和设备的品种、规格、质量标准满足要求的条件下，主要因素是产品的价格。

6.3.3　工程监理招标

1. 工程监理及其招标

（1）工程监理（Construction Supervision）　它是指具有相应资质的工程监理人受建设单位委托，依据国家有关工程建设的法律法规，经建设主管部门批准的工程项目建设文件、建设工程监理合同及其他建设工程合同，对工程建设实施的专业化监督管理。现有工程实践中，工程监理主要为施工监理，即在施工阶段对建设工程的质量、进度、造价进行控制，对合同及其他信息进行管理，对工程建设相关方的关系进行协调，并履行建设工程安全生产管理法定职责的服务活动。

（2）工程监理招标　它是指招标客体为工程监理企业，即选择工程监理企业，并确定监理服务费用的这类招标。

2. 工程监理招标与工程施工招标的差异

与工程施工招标相比，工程监理招标的招标方式、招标程序等十分类似，但在下列几方面存在较大差异：

1）工程施工招标形式上选择的是施工企业，其本质上是购买工程产品，而工程监理招标形式上选择的是监理企业，本质上是购买监理服务。显然，两者差异较大，如产品质量容易度量，而服务质量的度量相对困难。

2）工程监理招标的分标以工程施工合同为基本单元，即工程监理招标范围总是以施工合同的工程为基础。如一个工程监理招标的工程范围可以是一个施工合同范围的工程，也可以是多个施工合同范围的工程。

3）与工程施工招标相比，工程监理招标在评标方面差异较大。在工程施工评标中，投标价十分重要，特别是简单工程，采用经评审的最低投标价法时就更加重要。然而，在工程监理评标中，投标价相对次要，重要的是工程监理的服务能力、经验和诚信等方面。这主要在于工程监理费用相对较低，而工程监理服务能力和服务质量等方面对工程实施过程目标的实现影响很大。因此，工程监理招标一般采用综合评价法，而不采用经评审的最低投标价法。

6.4　工程项目合同

工程项目交易属期货交易。因此，工程项目招标的最终成果之一是与中标方签订合同，然后才正式进入工程交易阶段。

6.4.1　工程项目合同及其分类

1. 什么是工程项目合同

合同（Contract）是一种协议，是平等主体的自然人、法人、其他组织之间设立、变更、终止民事权利义务关系的协议。工程项目合同则是客体为工程项目的一类合同。依法订立的合同，对当事人具有法律约束力。当事人应当按照约定履行自己的义务，不得擅自变更或者解除合同。如果不履行或不按约定履行合同义务，就应当承担违约责任。

当事人订立合同，一般采取要约、承诺方式。要约（Offer）是一方当事人以缔结合同为目的的向对方表达意愿的行为。提出要约的一方称为要约人，对方称为受要约人。要约人在提出要约时，除了表示订立合同的愿望外，还必须明确提出合同的主要条款，以使对方考虑是否接受要约。显然，工程招标文件是要约邀请，招标人为受要约人，而投标人为要约人。承诺（Acceptance）是受要约人按照要约规定的方式，对要约的内容表示同意的行为。一项有效的承诺必须同时满足：承诺必须在要约的有效期内做出；承诺要由受要约人或其授权的代理人做出；承诺必须与要约的内容一致；承诺的传递方式要符合要约提出的要求。

当事人订立合同，有书面形式、口头形式和其他形式。法律、行政法规规定采用书面形式的，应当采用书面形式；当事人约定采用书面形式的，应当采用书面形式。其中，合同法规定，建设工程合同必须采用书面形式。

2. 工程项目合同的分类

工程项目本身的复杂性决定了其交易合同的多样性，其类型可按不同标准加以划分。

1）按工程项目合同的标的性质分类，可分为：工程勘察和/或设计合同、工程咨询服务合同、工程监理合同、工程材料供应合同、工程设备加工生产合同、工程（项目）施工合同、劳务合同。

2）按工程项目合同所包括的工作范围和承包关系分类，通常分为工程（总）承包合同和工程分包合同两类。工程总承包合同（DB/EPC Contract），是指建设单位与建筑企业之间就某一工程项目设计施工总承包而签订的合同。工程分包合同（Sub-contract），是指工程总承包人将工程项目的某部分或某子项工程分包给某一分包人去完成所签订的合同。分包合同的当事人是总承包人和分包人。

3）按计价方式分类，可将合同分为总价合同、单价合同、成本加酬金合同等多种形式，详见第 5 章相关内容。

6.4.2 工程施工合同

1. 工程施工合同文件及其优先次序和解释

（1）工程施工合同文件　工程施工合同文件的最终形式通常有以下两种：

1）将招标文件、投标文件、澄清补遗、合同协议备忘录以及双方同意进入合同文件的参考资料汇总在一起，去掉重复的部分便形成工程施工合同文件，即综合标书。这样形成的合同文件其好处是内容不易遗漏、编制的工作量相对比较小，但篇幅较长，而且使用起来很不方便。因为常常是后面的部分修正了前面的部分，整个标书对同一个问题的叙述几个地方可能均不一致，要费很大的力气弄清以何者为准。

2）重新编制过的合同文件，即根据招标文件的框架，将投标文件、澄清补遗和合同协议备忘录等内容一起重新整理编辑，形成一个完整的合同文件。这样使用起来很方便，但整理工作量大。因为对合同文件某一问题的修改往往涉及从条款、规范到图样一系列的修改，为了保持合同文件的一致性，必须进行仔细反复核对的工作。

（2）工程施工合同文件的优先次序　施工合同文件包括的内容十分丰富，各部分有的是重复的，有的则是后者对前者的修改，因此，在合同条款中必须规定合同组成文件使用的优先次序（Priority Order），即组成合同的所有文件被认为是彼此能相互解释的，但是如果有意思不明确和不一致的地方，那么各部分文件在解释上应有优先次序，并在合同条款中事先做出规定。优先次序的确定，第一是根据时间的先后，通常是后者优先；第二是文件本身的重要程度。通常合同文件解释的优先次序为：

1）合同协议书。

2）中标通知书。

3）投标函及投标函附录。

4）专用合同条件。

5）通用合同条件。

6）技术标准和要求。

7）设计图。

8）已标价的工程量清单。

9）其他合同文件（经合同当事人双方确认构成合同的其他文件）。

（3）工程施工合同文件解释 对合同文件的解释，除应遵循上述合同的优先次序外，还应遵循对工程施工合同文件进行解释的一些公认原则，包括：

1）诚实信用原则（in Good Faith），即诚信原则。它要求合同双方当事人在签订合同和履行合同中都应是诚实可靠、恪守信用的。

2）反义居先原则（Contra Preferential）。它是指当合同中有模棱两可、含糊不清之处，因而对合同有不同解释时，则按不利于合同文件起草方或提供方的意图进行解释，也就是以与起草方相反的解释居于优先地位。

3）确凿证据优先原则（Prima Facie）。若在合同文件中出现几处对同一规定有不同解释或含糊不清时，则除了合同的优先次序外，以确凿证据做的解释为准，即要求：具体规定优先于原则规定；直接规定优先于间接规定；细节规定优先于笼统规定。据此，原则形成了一些公认的惯例：细部结构图样优先于总装图样；图样上的尺寸优先于其他方式的尺寸；数值的文字表达优先于阿拉伯数字表达；单价表达优先于总价表达；定量说明优先于其他方式的说明；规范优先于图样等。

2. 工程施工合同相关各方及其关系

施工合同当事双方为发包人和承包人。若有必要，发包人委托监理人参与施工合同管理。

1）发包人是指具有工程发包主体资格和支付工程价款能力的当事人以及取得该当事人资格的合法继承人。工程发包人一般通过招标方式，择优选择工程监理人和工程施工承包人，并与中标工程监理人和施工承包人分别签订工程监理合同和工程施工合同。用工程合同形式规定工程合同双方的权利、义务、风险、责任和行为准则。

2）承包人是指被发包人接受的具有工程施工承包主体资格的当事人，以及取得该当事人资格的合法继承人。承包人应按照工程施工合同规定，进行工程项目的施工、完建以及修补工程的任何缺陷，并获得合理的利润。承包人应接受监理工程师的监督和管理，严格执行监理工程师的指令，并只从监理工程师处获得指令。

承包人在每个施工项目上设立由项目经理负责的施工项目部；施工项目部根据施工业务需要，下设专业管理机构或人员对工程施工进行管理。

3）监理人是指受聘于发包人，承担工程监理业务和监理责任的法人以及合法继承人。一般而言，工程发包人与监理人签订工程监理合同，向工程监理人授权，委托监理人对施工承包合同进行管理，控制工程的进度、质量和投资等，并向监理人支付报酬。监理人的具体监理责任、义务和权利由工程监理合同确定。

监理人在每个监理项目上设有由总监理工程师负责的监理项目部；监理项目部根据监理业务需要或监理合同的规定，配备若干监理人员。监理项目部人员常统称为监理工程师。

4）发包人、承包人和监理人三者的关系，如图6-2所示。

图6-2中，发包人分别与承包人、监理人签订工程施工合同和监理合同，并在施工现场

设置管理机构对工程建设进行管理；承包人下设施工项目部，由项目经理按施工承包合同要求组织工程施工；监理人下设监理项目部，由总监理工程师组织开展监理活动。

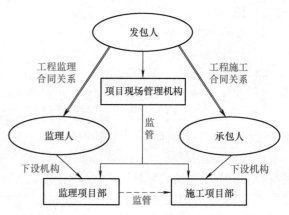

图 6-2　发包人、承包人和监理人三者的关系图

监理人不是工程施工合同的当事人，在施工合同的履行管理中不是"独立的第三方"，而是代表发包人对工程施工质量等进行监控的一方，但又不同于发包人的雇员，即不是一切行为均遵照发包人的指示，而是在授权范围内独立工作，以保障工程按期、按质、按量完成，实现发包人的最大利益为管理目标，依据合同条款的约定，公平合理地处理合同履行过程中的有关管理事项。

3. 工程施工合同相关各方的义务或职权

（1）工程发包人的一般义务　在施工合同履行中，工程发包人的一般义务包括：

1）遵守法律。发包人在履行合同过程中应遵守法律，并保证承包人免于承担因发包人违反法律而引起的任何责任。

2）发出开工通知。发包人应委托监理人按施工合同的约定向承包人发出开工通知。

3）提供施工场地。发包人应按专用合同条款约定向承包人提供施工场地，以及施工场地内的有关资料。对房屋建筑或市政工程，提供如地下管线和地下设施等资料，并保证资料的真实、准确、完整。

4）协助承包人办理证件和批件。发包人应协助承包人办理法律规定的有关施工证件和批件。

5）组织工程设计交底。发包人应根据合同进度计划，组织设计单位向承包人进行工程设计交底。

6）支付合同价款。发包人应按合同约定向承包人及时支付合同价款。

7）组织竣工验收。发包人应按合同约定及时组织竣工验收。

8）其他义务。发包人应履行合同约定的其他义务。

（2）监理人的一般职责和权力　在施工合同履行中，监理人的一般职责和权力包括：

1）监理人受发包人委托，享有施工合同约定的权力。监理人在行使某项权力前需要经发包人事先批准。若通用合同条款中没有指明，应在专用合同条款中明确。

2）监理人发出的任何指示应视为已得到发包人的批准，但监理人无权免除或变更施工合同约定的发包人和承包人的权利、义务和责任。

3）施工合同约定应由承包人承担的义务和责任，不因监理人对承包人提交文件的审查或批准，对工程、材料和设备的检查和检验，以及为实施监理做出的指示等职务行为而减轻或解除。

（3）承包人的一般义务　在施工合同履行中，工程承包人的一般义务包括：

1）遵守法律。承包人在履行合同过程中应遵守法律，并保证发包人免于承担因承包人违反法律而引起的任何责任。

2）依法纳税。承包人应按有关法律规定纳税，应缴纳的税金包括在合同价格内。

3）完成各项承包工作。承包人应按合同约定以及监理工程师根据合同规定做出的指示，实施、完成全部工程，并修补工程中的任何缺陷。除专用合同条款另有约定外，承包人应提供为完成合同工作所需的劳务、材料、施工设备、工程设备和其他物品，并按合同约定负责临时设施的设计、建造、运行、维护、管理和拆除。

4）对施工作业和施工方法的完备性负责。承包人应按合同约定的工作内容和施工进度要求，编制施工组织设计和施工措施计划，并对所有施工作业和施工方法的完备性和安全可靠性负责。

5）保证工程施工和人员的安全。承包人应按合同约定采取施工安全措施，确保工程及其人员、材料、设备和设施的安全，防止因工程施工造成的人身伤害和财产损失。

6）负责施工场地及其周边环境与生态的保护工作。承包人应按照合同约定负责施工场地及其周边环境与生态的保护工作。

7）避免施工对公众与他人的利益造成损害。承包人在进行合同约定的各项工作时，不得侵害发包人与他人使用公用道路、水源、市政管网等公共设施的权利，避免对邻近的公共设施产生干扰。承包人占用或使用他人的施工场地，影响他人作业或生活的，应承担相应责任。

8）为他人提供方便。承包人应按监理工程师的指示，为他人在施工场地或附近实施与工程有关的其他各项工作提供可能的条件。除合同另有约定外，提供有关条件的内容和可能发生的费用，由监理工程师依合同商定或确定。

9）工程的维护和照管。工程接收证书颁发前，承包人应负责照管和维护工程。工程接收证书颁发时尚有部分工程未竣工的，承包人还应负责该未竣工工程的照管和维护工作，直至竣工后移交给发包人为止。

10）其他义务。承包人应履行合同约定的其他义务。

4. 工程施工合同的一般规定

（1）工程施工合同的转让与分包

1）施工合同转让（Assignment）。这是指中标的建筑企业将工程的承包权转让给另一建筑企业的行为。转让的实质是合同主体的变更，是权利和义务的转让，而不是合同内容的变化。施工承包合同一经转让，原承包人与建设单位就无合同关系，而改变为新承包人与建设单位的合同关系。一般来说，原承包人是建设单位经过资格审查、招标投标和评标后选中，并在相互信任的基础上经过谈判，签订合同的。因此，合同转让在理论上是不认同的，在法律上也是被禁止的。

2）施工合同分包。这是指中标建筑企业将承包合同中的部分工程分包给另一建筑企业完成的行为。分包与转让不同，它的实质是为了弥补承包人某些专业方面的局限或力量上的不足，借助第三方的力量来完成合同。施工合同的分包有两种类型，即一般分包与指定分包。

一般分包是指由承包人提出分包子项目，选择分包人，并与其签订分包合同。一般规定：承包人不得将其承包的工程肢解后分包出去，也不得将主体工程分包出去；未经建设单位同意，承包人不得将工程的任何部分分包出去；承包人应对其分包出去的工程以及分包商的任何工作和行为负全部责任，分包人应就其完成的工作成果向建设单位承担连带责任；分包人不得将其分包的工程再分包出去。

指定分包是指分包工程项目和分包人均由建设单位确定，但仍由承包人与其签订分包合同，此类分包人称为指定分包人。指定分包有两种情况：一种是建设单位根据工程需要，在招标文件中写明分包工程项目以及指定分包人的情况。若承包人在投标时接受了此项指定分包，则该项指定分包即视为与一般分包相同，其管理也与一般分包的管理相同；另一种是在工程实施过程中，建设单位为了更有效地保证某项工作的质量或进度，需要指定分包人来完成此项工作的情况。此种指定分包应征得承包人的同意，并由建设单位协调承包人与分包人签订分包合同。建设单位还应保证补偿承包人由于指定分包而增加的一切额外费用，并向承包人支付一定数额的分包管理费。承包人应按分包合同规定负责分包工作的管理和协调。指定分包人应接受承包人的统一安排和监督管理。

（2）工程的开工、延长和暂停

1）工程开工（Commencement of Works）。在投标书附件中规定了从中标函颁发之后的一段时间里，监理工程师应向承包人发出开工通知。而承包人收到此开工通知的日期或开工通知中列明的开工日期作为开工日期，承包人应尽快开工。竣工日期是从开工日期起算的。若由于建设单位的原因，如征地、拆迁未落实，导致承包人工期延误或增加开支，则建设单位应对工期和费用给予补偿。

2）工期延长（Extension of Time）。承包人有权得到工期延长的情形包括额外的或附加的工作、不利的自然条件（Adverse Physical Conditions，APC）、建设单位造成的任何延误、不属于承包人的过失或违约引起的延误，以及其他合同条件提到的原因。承包人得到工期延长的同时能否得到费用补偿，要视具体情况而定。

3）工程暂停（Suspension of Works）。这是指施工过程中出现了危及工程安全或一方违约使另一方受到严重损失的情况下，受害方采取的一种紧急措施。其目的是保护受害方的利益。引起工程暂停的原因可能是承包人也可能是建设单位。引起工程暂停的损失由责任方承担。

（3）工程变更（Project Change，Project Variation）　这是指在工程施工合同执行过程中，建设单位或监理工程师（若有）根据工程需要，下达变更指令（Change Order，Variation Order），对合同文件的内容或原设计文件进行修改，或对经监理工程师批准的施工方案进行改变。

1）工程变更原因。主要包括施工条件的变化、设计的变化、出现了合同范围之外的工程、施工方法和施工计划的变化，以及承包人违约等方面。

2）工程变更程序。先后有工程变更的提出建议（建设单位、设计方、监理方和承包人均可提出）、建设单位或监理组织工程变更建议审查、工程变更设计与批准，工程变更价格调整的估计以及工程变更的实施等。

3）工程变更的价格调整。出现工程变更，一般会引起工程价格的调整。这种价格调整一般的原则有：若合同中有相同项目，则用该项目已有的单价；若如果没有适用于该变更工程的单价，则可用类似项目的单价并加以修正；若既无相同项目也无类似项目，则应由合同相关方进行协商，确定新的单价或价格；若协商不成，监理工程师（若有）有权独立决定他认为合适的价格，并相应地通知承包人，或作为合同争端问题解决。

（4）工程计量（Project Quantities）　工程量是予以支付的依据之一。予以支付的工程量必须满足：在内容上，必须是工程量清单上所列的，包括监理工程师批准的项目；在质量上，必须是经过检验的、质量合格的项目的工程量；在数量上，必须是按合同规定的原则和方法所确定的工程量。若合同中没有特殊规定，工程量一般均应按测量净值计算。仅经监理工程师批准或认定的工程量，才能作为支付的工程量。

（5）工程支付（Project Payment）　施工合同支付或结算涉及的款项有：

1）工程进度款（Project Progress Payment）。它是指对工程量清单中所列的项目，按实际完成的、满足支付条件的、并经监理工程师确认的工程量，乘以合同中规定的单价，得到向承包人支付的款项。工程进度款常按月支付，因此也称为月进度款。

2）暂定金（Provisional Sums）。它包含在合同总价中，并在工程量清单中用该名称标明。暂定金可用于工程的任何部分施工的一笔费用，也可用于采购货物、设备或服务，或用于指定分包，或供处理不可预见事件。按监理工程师的指令，暂定金可全部或部分被使用，也可能不需要动用。

3）计日工（Daywork），又称点工。它是指监理工程师认为工程有必要做某些变动，且按计日工作制适宜于承包人开展工作，于是以天为基础进行计量支付的一种结算制度。

4）工程变更、工程索赔、价格调整。

5）预付款（Advance Payment）。在施工合同中，预付款分为动员预付款和材料预付款。动员预付款是指承包人中标后，建设单位向其提供一笔无息贷款，用于调迁施工队伍、施工机械以及临时工程的建设等。材料预付款也是建设单位向承包人提供的无息贷款，不过其主要用于支持承包人采购材料和工程设备。预付款在工程进度款中将由建设单位逐步扣回。

6）保留金（Retention Many）。为了施工过程中和完工后的保修期里，工程的一些缺陷能得到及时修补，承包人违约的损失能得到及时补偿，一般在合同中规定，建设单位有权在工程月进度款中按其百分比扣留一笔款项，这就是保留金。合同中一般也规定，保留金累计扣留值达到合同价的 2.5% ~5% 时，即停止扣留；在监理工程师签发合同工程移交证书后的 14 天内，建设单位应退还 50% 的保留金，在工程保修期满后的 14 天内，建设单位应将剩余的所有保留金退给承包人。

7）奖励与赔偿（Incentive-Free and Claim）。施工中，如因承包人的原因而使建设单位得到额外的效益，或致使建设单位发生额外的支付或损失时，建设单位应对承包人进行奖励或向承包人要求赔偿。

8）完/竣工支付（Completion Payment）和最终支付（Final Payment）。在监理工程师签发合同工程移交证书后的 28 天内，承包人就应向建设单位提交完工支付申请，并附有详细的计算资料和证明文件；承包人在收到监理工程师签发的保修责任终止证书后的 28 天内，应向监理工程师提交一份最终支付申请表，并附有证明文件。

（6）质量检查（Quality Inspect）　对所有材料、永久工程的设备和施工工艺，均应符合合同要求及监理工程师的指示。承包人应随时按照监理工程师的要求，在工地现场以及为工程加工制造设备的所有场所，为其检查提供方便。监理工程师应将质量检查的计划在 24 小时前通知承包人。当监理工程师或其授权代表经检查认为质量不合格时，承包人应及时补救，直到下次检查验收合格为止。对隐蔽工程，在监理工程师检查验收前不得覆盖。

（7）承包人的违约（Default of Contractor）　这是指承包人在实施合同过程中由于破产等原因而不能执行合同，或有意无视监理工程师的指示或无能力去执行合同。承包人的下列几种行为均认为是违约：

1）已不再承认合同。

2）无正当理由而不按时开工，或当工程进度太慢时，收到监理工程师的指令后又不积极赶工。

3）在检查验收材料、设备和工艺不合格时，拒不采取措施纠正缺陷或拒绝用合格的材料和设备替代原来不合格的材料和设备。

4）无视监理工程师事先的书面警告，公然无视履行合同中所规定的义务。

5）无视合同中有关分包必须经过批准及承包人要为其分包承担责任的规定。

承包人违约，建设单位可自行或雇用其他承包人完成此工程，并有使用原承包人的设备、材料和临时工程的权利。监理工程师应对其已经做完的工作、材料、设备、临时工程的价值进行估价，并清算各种已支付的费用。

（8）建设单位的违约（Default of Employer）　这一般是由于建设单位的支付能力问题，包括下面几种情况：

1）在合同规定的应付款期限内，未按监理工程师的支付证书向承包人支付款项。

2）干扰、阻挠或拒绝批准监理工程师上报的支付证书。

3）建设单位停业清理或宣告破产。

4）由于不可预见原因或经济混乱，建设单位通知承包人，已不可能继续履行合同。

若出现上述建设单位违约，承包人有权通知监理工程师：在发出通知的某期限（如14天）内终止承包合同，并不再受合同约束，从现场撤出所有属施工设备。此时，建设单位还应按合同条款向承包人支付款项，并赔偿由于建设单位违约而引起的承包人的各种损失。

（9）争端解决（Settlement of Disputes）　合同在执行过程中经常会发生各种争端，有些争端可以按合同条款，双方友好协商解决，但总会存在一些合同中没有详细规定，或虽有规定但双方理解不一的争端。争端解决的方式有多种，如谈判、调解，以及仲裁或诉讼等。一般均是通过监理工程师去调解，当争议双方不愿谈判或调解，或者经过谈判和调解仍不能解决争端时，可以选择仲裁机构进行仲裁（Arbitration）或法院进行诉讼（Litigation）审判的方式进行解决。这一般在合同中也有约定。

（10）施工索赔（Claims）　索赔一般是指在合同实施过程中，当事人一方不履行或未正确履行其义务，而使另一方受到损失，受损失的一方向违约方提出的赔偿要求。在施工承包中，施工索赔是指承包人由于非自身原因发生了合同规定之外的额外工作或损失，而向建设单位所要求费用和工期补偿。换言之，凡超出原合同规定的行为给承包人带来的损失，无论是时间上的还是经济上的，只要承包人认为不能从原合同规定中获得支付的额外开支，但应得到经济和时间补偿的，均有权向建设单位提出索赔。广义上的索赔概念不仅是承包人向建设单位提出，而且还包括建设单位向承包人提出，后者也常称为反索赔。索赔和反索赔往往并存。

（11）工程移交（Project Taking over）　工程移交分为全部工程移交和局部工程移交两种。

1）当承包人认为其所承包的全部工程实质上已完工，可向监理工程师申请完/竣工验收。通过竣工验收，他可向监理工程师申请颁发移交证书（Taking-Over Certificate）。若监理工程师对工程验收满意，则他应签发一份移交证书。该移交证书经建设单位确认后，就意味着承包人将工程移交给了建设单位，此后该工程即由建设单位负责管理。

2）区段或局部工程移交。这种移交常见于三种情况：①合同中规定，某区段或部位有单独的完工要求和竣工日期；②已局部完工，监理工程师认为合格且为建设单位所占用，并成为永久工程的一部分；③在竣工前，建设单位已选择占用，这种占用在合同中无规定或属于临时性措施。对于上述情况之一，承包人均有权利向监理工程师申请签发区段或局部工程的移交证书。随着这类移交证书的签发，相应的区段或局部工程则移交给建设单位。

（12）保修期（Maintenance Period） 又称缺陷责任期（Defects Liability Period）。它是指移交证书上确认的工程完工日期后的一段时间，通常为1年。若一个工程有几个竣工日期，则整个工程的保修期应以最后一部分工程的保修期的期满而结束。在保修期内，承包人应尽快完成竣工验收阶段所遗留的扫尾工作，并负责对各种工程缺陷的修补。若引起工程缺陷的责任在承包人，则其修补费用由承包人自负；若引起工程缺陷的责任不在承包人，则维修费用由建设单位支付。

思考题和习题

1. 工程项目招标及其分类、方式与程序如何？

2. 工程项目招标文件组成以及编制基本要求有哪些？

3. 工程项目招标标底与控制价的概念是什么？标底与控制价有什么异同？各有什么用途？一般这两个参数同时使用吗？为什么？

4. 什么是工程施工招标的开标、评标和决标？工程施工招标的评标方法有哪些？各有什么特点？这些方法能同时使用吗？为什么？

5. 与工程施工招标相比，工程勘察设计、工程监理招标的主要特点是什么？在评标上有什么差异？为什么？

6. 工程施工合同文件的组成有哪些？解释的优先次序如何？其中存在何种规律？

7. 工程施工合同双方的义务和其他一般规定有哪些？

第 7 章

工程项目投标

本章知识要点与学习要求

序　号	知 识 要 点	学 习 要 求
1	工程投标概念	掌握
2	工程投标组织与程序	熟悉
3	工程投标决策及其影响因素	熟悉
4	工程投标文件内容及其编制	熟悉
5	工程投标报价概念	掌握
6	工程投标报价编制准备与编制方法	了解
7	工程投标报价技巧	了解

工程项目交易活动始于招标与投标这一过程。工程招标主导方是建设单位，而工程投标的主体是建筑企业。工程项目投标人是潜在的工程项目交易主体，中标者即为工程实体的卖方或工程咨询管理服务的提供方。一般工程建筑企业均十分重视工程投标工作，因为只有通过积极参与投标活动，其才能得到生存与发展。

■ 7.1　工程投标组织与程序

7.1.1　工程投标组织

1. 什么是工程投标

工程投标（Bidding）是指经特定审查而获得投标资格的工程建筑企业，按照工程招标文件要求，编制工程投标书，在规定的时间内向招标人递交投标书，争取中标的行为。

响应工程招标文件，参与工程投标活动的建筑企业称工程投标人。

2. 工程投标组织方式

工程投标一般是单个建筑企业的行为，但当招标人允许联合投标时，意味着两个以上建筑企业可联合投标。这两种情况的组织方式是不同的。

（1）单个建筑企业的工程投标组织　当某个建筑企业决定要参加某工程项目的投标之后，应立即组织一个高效精干的投标班子。对参加投标班子的人员要认真选择，一般应具备下列条件：

1）具有一定的专业知识。要求每个参加投标的人员既精通工程技术又精通经营管理可能过于苛刻，但一般要求参加投标的人员精通其中一项，而在其他方面也应有一定水平。例如，精通工程技术，而在经济、管理、法律等方面也有一定水平；或精通经营管理，而在工程技术方面也有一定水平。将这两类人员组成工作班子，才可能处理好在投标中可能出现的各种问题。

2）具有丰富的实践经验。不仅需要熟悉施工和估价的工程师，还需要懂设计或具有丰富设计经验的设计工程师。因为从设计或施工角度对招标文件的设计图提出改进方案，以节省投资和加快工程进度，往往是投标人中标的重要条件。

3）具有经济合同的法律知识和工作经验。这类人员应了解我国乃至国际上的有关法律和国际惯例，并对开展招标投标业务所应遵循的各项规章制度有充分了解。

4）掌握一套科学的研究方法和手段。例如，科学的调查、统计、分析、预测的方法。

5）其他能力。最好有熟悉物资采购的人员参加投标班子；对国际工程一般还需要工程翻译，在投标人员中最好有一些通晓招标国语言的工程师。

以上要求的基本素质往往难以集中到某个人身上，因而要求将各种人员合理组合，并在工作中紧密合作、取长补短，充分发挥投标班子的群体作用。

（2）多个建筑企业联合的工程投标组织　在招标人允许联合投标的条件下，一些建筑企业为了在激烈的投标竞争中取胜，往往相互联合组成一个临时性的或长期性的联合承包组织，以发挥各自的优势，增强竞争实力，争取中标。联合承包组织有多形式，如：

1）合资公司（Joint Enterprise）。正式组织一个新的法人单位，进行注册并进行长远的经营活动。

2）联合集团（Consortium）。各建筑企业单独具有法人资格，但联合集团不一定以集体名义注册为一家公司，它们可以联合投标并承包一项或多项工程。

3）联营体（Joint Venture）。为了特定的项目组成的非永久性团体，对某项目进行投标、承包和实施。该项工程承包任务结束，清理完合营期间的财务账目，或者该项工程联合投标失败后，这项联营也就终结。联营体是一种松散型的联合组织，在国际工程中应用较多，在我国的应用障碍较多。

我国较多应用联合集团这种形式，各建筑企业在其分工负责的范围内具有相对独立性，分担建设任务的成分多一些，其主要有下列优点：

1）增强融资能力。大型建设工程项目需要承包企业有巨额的履约保证金和周转资金，资金不足者无法承担这类项目。采用联合集团承包后，可增强融资能力，减轻每家公司的资金压力。

2）分散风险。大型工程，特别是国际工程，风险因素很多，如经济方面、技术方面和管理方面的风险等。这些风险若由一家承包商承担，对其是十分不利的，而由多家承包商承担则可减少各自的压力。

3）弥补技术力量的不足。大型工程项目需要很多专门的技术，而技术力量薄弱和经验少的企业是不能承担的。采用联合集团或联营体的方式联合承包，则可使各家承包商之间的技术专长取长补短，形成更强大的实力。

4）提高报价的可靠性。几家承包商联合投标时，报价可采用分头制定、互相查对、合伙制定、共同检查的方法确定，一般来说更可靠些。

多家建筑企业联合工程投标要注意两点：一是投标人须知中是否明确接受联合投标，即招标人是否接受联合投标；二是联合投标时，联合体成员，即多家建筑企业一定要签订联合投标协议，并作为投标文件的组成部分。

案例7-1 珠海淇澳大桥联合投标

广东珠海淇澳大桥工程，全长173km，桥面宽33m；通航净高在通航水位以上18m，通航孔跨度320m，主孔平均水深7~10m，招标文件规定工期为730天。主孔采用跨径320m的公路斜拉桥，但主跨与边跨的配合、主梁断面形式、材料组合、结构及塔型、索面布置、引桥桥型、孔径配合、基础形式等均可由参加竞标方自行优化选用，并允许联合体投标。这给投标方的投标方案带来了较大的选择余地。

针对工程的特点及招标文件的要求，原交通部下属第二公路工程局、第二航务工程局，以及原铁道部大桥工程局勘测设计院组成联合集团参加淇澳大桥的投标。投标前，联合集团三方签订了联合投标协议，确定第二航务工程局为联合集团的牵头方，并根据风险共担、利益共享的原则，明确了在投标中及中标后各方的任务以及责权利。

该联合集团中，大桥的陆上部分工程施工由第二公路工程局承担，该单位对这类工程项目具有传统优势；大桥的水上部分工程施工由第二航务工程局承担，该单位对这类工程项目也具有传统优势；大桥的设计任务由原铁道部大桥工程局勘测设计院承担，其完成过不少类似工程。因此，该联合体集中了大桥工程陆上、水上施工，以及设计3家大型企业的优势，在该工程投标过程中具有明显的中标优势，最终一举夺标。

[问题] 建筑企业什么情况下考虑组织联合集团投标？

[解析] 建筑企业组织联合投标的先决条件是招标文件中明确接受联合集团投标。其次，建筑企业要根据工程特点进行分析，一般而言，如果本企业完全有能力承担招标项目，就不轻易组织联合集团投标。这主要在于联合集团投标中标的可能性要大些，但项目实施过程中的协调成本较高。近几年，我国积极推行工程总承包，而我国建筑企业长期以来走的是专业化发展之路，即设计企业单纯从事工程设计，施工企业专心工程施工，在这种背景下，工程总承包项目由单一的设计或施工企业都干不了。因此，对工程总承包招标项目，大多投标人为联合集团，即由设计和施工企业联合投标。这其中谁是联合集团的牵头方，因工程或由联合企业协商确定。

7.1.2 工程投标程序

工程投标与工程招标过程相对应，其一般程序如图7-1所示。

（1）招标工程分析与投标决策 建设市场上几乎每天都有施工项目在招标，任何一个建筑企业均不可能，也不应当见标就投。一般要经过招标工程分析和投标决策（Bidding Decision），才最终决定是否参与工程投标。这是建筑企业控制投标风险、提高中标率，并获得较好经济效果的重要措施。投标决策的内容较为丰富，将在7.2节详细介绍。

（2）申报资格预审书 资格预审（Prequalification）能否通过，是决定投标人能否中标的第一关。投标人申报资格预审时，应注意以下问题：

1）准备一份任何投标均可用的资格预审文件。承包商要在平时就将一般资格预审的有关资料准备齐全，最好全部存放在计算机内，针对某一招标项目填写资格预审调查表时，再将有关资料调出来，并加以补充完善。

2）针对工程特点，填好资格预审表。在填写预审表时，要加强分析，针对工程特点，填好重点内容，特别要反映出本企业的施工经验、施工水平和施工组织能力，这些往往是业主考虑的重点。

3）加强信息收集，及早动手做好资格预审申请的准备。这样可以及早发现问题，并加以解决。当针对某一招标项目，发现本企业的某些缺陷，如资金、技术或施工设备有问题时，则应及早考虑寻找合作伙伴，弥补某些不足，或组成联合体参加资格预审。

4）做好递交资格预审文件后的跟踪工作，以便发现问题，及时解决。若是国外工程，可通过当地分公司或代理人做好这一工作。

通过工程项目招标人资格审查的建筑企业，才能进入真正的竞争角逐。

（3）参与踏勘工程现场和投标预备会
投标前工程现场的踏勘、调查是工程施工投标人必须经过的投标程序。在工程现场踏勘、调研之前，应仔细地研究招标文件，特别是文件中的工作范围、专用条款以及设计图和说明，然后拟定出调研提纲，确定重点要解决的问题，做到事先有准备。一般招标人均会组织投标人进行一次工地现场踏勘。投标人现场踏勘应从下列几方面进行调查了解：

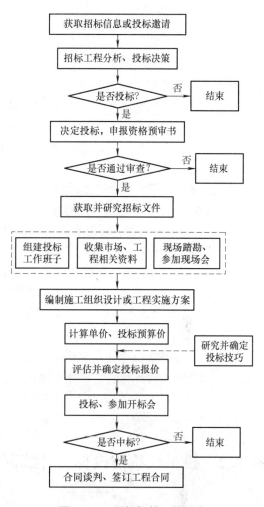

图7-1 工程投标的一般程序

1）工程的性质以及与其他工程之间的关系。

2）投标人拟投标段工程与其他承包商或分包商之间的关系。

3）施工现场地形、地貌、地质、气象、水文、交通、电力和水源供应以及有无障碍物等。

4）工地附近有无住宿条件、料场开采条件、设备维修条件和其他加工条件等。

5）工地附近的生活供应和治安情况等。

（4）分析招标文件、校核工程量、编制施工组织设计

1）分析招标文件。招标文件是投标的主要依据，因此应该仔细分析研究。研究招标文件，其重点应放在研究投标人须知、专用条款、设计图、工程范围以及工程量表上，对技术规范和设计图，最好组织专人研究，弄清楚招标项目在技术上有哪些特殊要求。

2）校核工程量。对招标文件中的工程量清单，投标人一定要进行校核，这不仅影响到投标报价，若中标还影响到投标人的经济利益。例如，当投标人大体上确定工程总报价后，对某些子项目施工中可能会增加工程量的，可适当提高单价；而对某些子项目工程量估计会减少

的，可以适当降低单价。在工程量核对中，若发现有重大出入，如漏项或算错，必要时应找业主核对，要求业主给以书面形式说明。对于总价合同，校核工程量的工作显得尤为重要。

3）编制施工组织设计（Construction Planning）。投标过程中的施工组织设计比较粗略，但必须有一全面规划，不同的施工方案和施工组织，对工程报价影响很大。

（5）分析计算投标报价 投标报价计算工作内容一般包括核对清单中的工程量、基础单价分析、综合单价计算、各清单费用计算（工程项目清单、措施项目清单、其他项目清单、税金项目清单）以及汇总各清单费用，最后确定报价。这部分内容在7.3节详细介绍。

（6）准备备忘录提要 招标文件中通常明确规定，不允许投标人对招标文件的各项要求进行随意取舍、修改或提出保留。但在投标过程中，投标人对招标文件反复深入地研究后，经常会发现许多问题，这些问题大致可分为以下三类：

1）对投标人有利的，可以在投标时加以利用或在以后可以提出索赔要求的问题。对这类问题，投标人一般在投标时是不提的。

2）明显对投标人不利的问题，如总价合同中子项工程漏项或工程量少计。对这类问题，投标人应及时向业主提出质询，要求更正。

3）投标人通过修改招标文件的某些条件或是希望补充某规定，以使自己在合同实施过程中能处于主动地位的问题。

上述问题在准备投标文件时应单独写成一份备忘录提要，但这份提要不能附在投标文件中提交，只能由投标人保存。对第三类问题，一般留待合同谈判时一个个提出来，并将谈判结果写入合同协议书的备忘录中。通常而言，投标人在投标过程中，除第二类问题外，一般是少提问题，多收集信息，以争取中标。

7.2 投标决策与投标文件编制

7.2.1 投标决策

1. 什么是投标决策

投标决策（Bidding Decision）是指投标人获取招标相关信息，拟去投标，并通过资格审查，或直接获得投标邀请书后，做出是否去参与投标的选择。广义投标决策的概念还包括投标人投标报价的选择。

2. 投标决策的准备工作

若去某一新地区或国外投标，投标的准备工作一般应分为两个阶段：第一阶段是有意识地到该地区或该国去对投标市场作调查研究，而并不是针对某一个标；第二阶段则是在看到招标公告或接到招标邀请之后的具体准备工作。在本地投标，一般来说做第二阶段具体的准备工作即可。

投标决策准备工作的内容包括下列几方面资料的收集和调查研究：

1）建筑市场情况，包括建设工程项目及投资情况、建筑材料价格（特别是当地砂石料等地方建筑材料的货源和价格、当地机电设备的采购条件和价格）、当地劳务的技术水平及雇佣价格、当地的运输条件及价格等。

2）招标项目的特点、要求、结构形式、技术复杂程度、施工特点、工期等。

3）招标人及其咨询单位的资信、资金来源、协作情况、对招标是否有倾向性（即想让哪个承包商承包）等。

4）各投标竞争对手的基本情况。如技术、装备、管理水平、中标迫切程度、投标报价动向、与招标单位之间的人际关系等。

5）国家和工程所在地区对工程招标承包的有关规定、法律条款、税率等。

对于国外工程，还应对国际政治经济形势进行分析，如工程项目所在国的政治形势是否稳定，有无发生暴动、战争或政变的可能，以及工程项目所在国与我国的经贸往来、与我国政府的关系等。

3. 投标决策的影响因素

1）投标人方面因素，即主观条件因素。它是指有无完成此项目的实力以及对投标人目前和今后的影响，主要包括投标人的能力和特点、投标人拥有的施工设备、投标人有无从事类似工程的经验和有无垫付资金的来源，以及投标项目对投标人今后业务发展的影响。

2）工程方面因素，主要包括工程特点（包括工程性质、规模和复杂程度）、工程建设条件（包括气象、水文、地质，以及社会对工程建设的支持状态等）、施工条件（如道路交通、供水和供电情况）、工程材料供应条件和工程施工工期要求。

3）工程招标主体方面因素，主要包括：招标人的信誉（特别是项目资金的来源和工程款项的支付能力）、招标人是否要求承包商带资承包或延期支付。对于国外工程，还要考虑招标人所在国的政治、经济形势，货币币值稳定性，施工机械设备和人员进入该国有无困难，该国法律对外商的限制程度等。

4. 投标决策的分析方法

决策理论中有多种方法支持投标决策，这里介绍比较常用也是最简单的加权评分法。使用加权评分法时，投标人必须事先列出评价内容，制定出各评价内容的权数和评价系数，见表7-1。

表7-1 利用加权评分法进行决策投标项目的示例

评价内容	权数 p_i	评价系数 k_i	评价分数 S_i
1. 招标项目的可行性和资金来源可靠性	15	1	15
2. 招标人的要求及合同条款，本企业能否做到	10	0.8	8
3. 本企业的管理水平及队伍素质	10	0.7	7
4. 本企业机械及设备能力的适应性	5	1	5
5. 本企业流动资金及周转期的适应性	5	0.4	2
6. 本企业的在建工程对招标项目的影响	5	0.9	4.5
7. 本企业的信誉	5	1	5
8. 该投标项目可能盈亏及风险程度	20	0.5	10
9. 该投标项目能否带来新的合同	5	0.5	2.5
10. 战胜竞争对手的可能性	20	0.6	12
合计	100		$S = 71$

具体步骤如下：

1）列出评价内容。评价内容应根据投标人和招标项目的具体情况列出若干条，表7-1

中是一般均要列出的评价内容。

2）确定各种评价内容的权数。为了衡量各评价内容对招标决策的影响程度，把各评价内容分成若干等级，并将其数量化（如分成4级，用20，15，10，5表示），称其为权数，用 p_i 表示。如表7-1中第8项"该投标项目可能盈亏及风险程度"对投标人至关重要，因此，取 $p_8 = 20$。为便于评价结果的可比性，规定各评价内容权数之和为100，即 $\sum p_i = 100$。

3）确定各种评价内容的评价系数。表7-1中的各项评价内容处于最满意状态时，评价系数用1表示；达不到这种状态时，用0.9，0.8，0.7，…表示，并记为 k_i。

4）计算评价总分。各项评价内容的评价权数 p_i 乘以它的评价系数 k_i，然后累加，即得总分 S，即有

$$S = \sum p_i k_i \tag{7-1}$$

评价总分 S 具有两个作用：一是对某一个招标项目投标机会做出评价，投标人可以根据过去的经验，确定一个评价总分的最小值 S_{min}，若某招标项目计算出的评价总分 S 大于该最小值 S_{min}，即 $S > S_{min}$，则可以参加投标竞争，否则不能参加投标竞争。还要注意权数大的评价内容的满意程度，有时权数大的评价内容如果不满意，也不宜投标。二是可用 S 来比较若干个同时可以考虑投标的项目，看哪个项目 S 值最大，则可考虑优先投哪个标。

7.2.2 投标文件编制

编制投标文件，也称填写投标书。显然，投标文件编写应完全按照招标文件的要求进行，不带任何附加条件，有附加条件的投标文件一般视作废标处理。工程投标文件的内容包括：

1）投标函及投标附录。投标函一般要明确投标总报价、工期、施工质量等级等相关承诺；投标附录包括项目经理姓名、价格调整的差额计算等方面。

2）法定代表人身份证明、授权委托书。法定代表人身份证明一般包括单位名称、地址、经营年限，以及法定代表人姓名和身份证号码等信息；授权委托书一般明确参与投标活动代理人的相关信息。

3）联合体协议书（若联合投标）。一般要明确联合体成员单位、牵头单位名称，以及它们之间的职责分工。

4）投标保证金。可以采用汇票、支票、电汇以及银行等担保等方式。若采用汇票、支票、电汇方式，应附上相关票据复印件；若采用担保方式，要提供无条件支付担保书，并由担保人及其法定代表人盖章和签字，若是委托代理人签字，则要附上授权委托书。

5）已标价的工程量清单报价表。该表格式随合同类型而定，单价合同一般将各项单价开列在工程量清单上。有时招标人要求报单价分析表，则需按招标文件规定将主要的或全部的单价均附上单价分析表。

6）施工组织设计。投标人在编制施工组织设计时，应积极使用建筑信息模型（BIM）等现代技术，并与传统文字、图表等相结合，三维立体地表达施工组织、施工方法和采用的施工技术；结合工程特点提出切实可行的工程质量、安全生产、文明施工、工程进度、技术和组织措施，同时应对关键工序、复杂环节重点提出相应的技术措施，如冬期雨期施工技术、减少噪声、减轻环境污染、地下管线及其他地上地下设施的保护加固措施等。

7）项目管理机构表。一般包括管理组织机构图和相应人员的姓名、执业或职业资格证

明，以及主要技术和管理人员简历。

8）拟分包项目情况表。若将部分子项工程分包给其他承包人，则需将分包工程项目、主要内容、分包项目预计造价，以及分包人名称、资质等级和法定代表人等情况纳入该表。

9）资格审查资料。主要是投标人基本情况资料汇总、近 3 年的财务状况、近 5 年完成的类似项目情况等。

10）原件的复印件和其他材料。原件的复印件主要是投标人基本情况资料的复印件；如投标保函、承包商营业执照、企业资质等级证书、承包商投标全权代表的委托书及其姓名和地址、能确认投标人财产及经济状况的银行或金融机构的名称和地址等。

■7.3　投标报价及其技巧

参与投标竞争是建筑企业承接工程业务的主要来源，而若中标，投标报价又是合同价，与企业的盈利空间或风险密切相关。

7.3.1　投标报价及其重要性

1. 什么是工程投标报价

工程投标报价（Tender Offer，或 Bid Price）是指工程投标人决定投标，并根据工程招标文件和市场环境，分析计算工程子项单价和投标项目总价，与其他投标文件一起提交给招标人的过程。

工程投标报价必须有报价，但只能有一个报价。当发现招标文件存在优化空间时，计划优化工程后报价，但这还必须按原招标文件要求编制一个报价，并进行详细说明。

2. 工程投标报价的重要性

工程投标报价对工程投标人十分重要，主要表现在以下两方面：

1）投标报价关系到投标书是否有效。若招标文件设有控制价，则当投标报价高于控制价时，则将该投标文件视为废标，即无效投标书；若投标报价过低，如被评标委员会认定低于成本价时，则也将该投标文件视为废标。

2）投标报价关系到中标可能性和中标后的获利空间。若投标人报价较高，通常中标可能性降低，但若能中标，则会获得较丰厚的利润；反之，可提高中标可能性，但中标后获利空间较小，甚至会面临亏损的风险。

7.3.2　投标报价准备

针对一个特定的招标工程，影响投标人报价的因素有很多。因此，在投标报价之前，投标人需要详细研究招标文件、开展市场调查和工程现场调查、对拟分包的工程进行询价、编制工程方案等一系列准备工作。

1. 研究施工招标文件

招标人的招标文件一方面用于介绍招标项目情况，另一方面用于提出招标要求、招标规则等。因此，投标人必须研究招标文件，弄清招标项目情况、招标人的意图、招标范围、承包人的责任等与投标报价紧密相关的信息，以确保有效投标，并争取提出合理的报价。

（1）《投标人须知》分析　《投标人须知》是要求投标人了解的有关事项，包括招标工程及发包人概况、投标人必须遵守的规定和投标书所需提供的文件等。投标人获取招标文件后，就有必要对《投标人须知》中的下述内容进行重点分析：

1）资金来源。首先要弄清楚招标工程的资金来源，属政府拨款，还是招标人/发包人自有资金，或是银行贷款；其次要弄清楚各种资金来源的可靠性及比例，以评估招标人的付款风险。

2）投标担保。要注意招标人对投标担保形式、担保机构、担保数额和担保有效期的规定，以防止投标文件不符合这方面要求而被判为无效投标。

3）投标报价的要求。招标文件通常对投标报价中的各种价格和取费标准有不同的规定，如哪些价格用暂估价，哪些可以自报，哪些执行政府定价；工程所在地的规费有哪些，费率是多少；暂列金额是多少等。如果没有按照招标文件的报价要求报价，特别是规费项目及其费率，投标文件有可能被判为无效。

4）投标文件的编制和提交。投标人要特别注意对投标文件的组成内容、格式、份数、密封、签名盖章等方面的要求，以防投标文件被判为无效。

5）备选方案。要注意招标文件对多方案投标的规定，有些招标文件允许投标人提出不同于招标文件所给设计方案（即备选方案）的报价，但有些招标文件明确表示不接受其他方案。

6）评标办法及标准。投标的目标是要争取中标，这就要求投标人详细研究评标方法，采用综合评估法时，要关注各个评标因素的打分标准和权重。投标文件及投标报价必须符合评标方法及标准。

（2）合同条件分析　合同条件是招标文件的重要组成部分，内容相当丰富。投标人编制投标报价时，应着重分析以下几个方面：

1）承包人的任务、工作范围和责任。报价前首先应明确承包的范围界限和责任界限，现场管理和协调方面的责任，承包人为发包人和监理人提供现场工作与生活条件方面的责任等，并将承担这些任务和责任的费用计入报价。

2）合同计价方式。不同计价方式的合同，实质上对风险进行了不同的分配，这涉及工程量风险、价格风险由谁承担的问题，投标报价需予以考虑。

3）合同付款方式及时间。对投标人/承包人而言，什么时候能够获得多少工程款，关系到资金回笼时间。这与承包人奖金组织方案与融资成本相关。

4）工程变更和索赔的处理。合同对工程变更是如何界定的，实际工程量超出工程量清单中的估计工程量是否属于变更，单价如何调整；新增项目变更的工程量一般均按实际工程量结算，但单价如何确定；变更与索赔中的管理费、利润能否补偿等，这些问题都与报价相关。

5）工程工期。主要是看招标文件给定的合同工期是否宽裕，是否需要赶工期，这涉及人工、材料等资源的组织与安排，与工程成本相关。

6）发包人的责任与义务。主要关注两个方面：一是发包人为承包人提供的工作与生活条件，如办公用房、职工宿舍等；二是发包人负责采购供应的工程材料和设备。前者可以减少承包人的支出，降低承包人的成本；后者对报价的影响较为复杂，投标人除了要考虑对发包人供应的材料、设备的配合费用外，还要考虑价格风险的减少和隐含利润的损失。

（3）工程量清单分析　工程量清单分析主要包括工程量计算规则、工程量清单复核、工程量变更估计，以及暂列金额及计日工等问题的分析。

2. 市场询价与现场调查

投标人编制报价时，有必要掌握生产要素的市场情况、施工现场的条件，以及发包人和竞争对手的情况。

1）市场询价，主要包括材料、设备和劳务等的询价。

2）工程现场调查。工程现场条件不仅影响工程组织设计和实施方案，也影响工程成本。工程现场条件主要包括自然条件情况（如水文、气象自然灾害等）、交通运输和通信情况（运输方式，如公路、铁路、水运、空运等）和当地生产要素市场情况（如砂、石、砖、商品混凝土的价格和可供量，以及当地劳动力的数量、技术水平、雇佣价格）等的调查，以及建设条件、发包方和竞争对手等的调查。

3. 分包询价

（1）分包询价的分类 分包包括一般分包和指定分包两类。（总）承包人分包询价主要针对一般分包，而并不关心指定分包。

（2）分包询价的内容 对于一般分包，投标人应在制订施工方案时，在确定需要分包工程范围的基础上询价，主要内容包括：

1）分包人的施工方法、技术措施、验收标准及方式。

2）分包人的工期及进度计划。

3）由分包人提供的主要材料的质量、品质证明资料。

4）分包工程的报价及其有效期。

5）需要（总）承包人提供的工作条件和施工配合要求。

（3）分包询价分析 在询价的基础上，从以下几方面进行分包询价分析：

1）分包标函的完整性。分包标函是否包括分包询价要求回复的全部内容，回复的内容是否明确等。

2）分项报价的完整性。报价的项目是否完整，各子项单价的费用内容是否完整等。

3）分包报价的合理性。可与（总）承包人的原报价相比较，判定其合理性。

4）其他因素分析，如质量有无保证，主要材料的质量与品质是否符合要求，工期能否满足工程总体进度要求，有无特殊要求等。

案例7-2 某投标人对招标文件研究不足而遭受较大损失

某输水渠道工程施工标，长7.3km，投资约2.3亿元，施工内容包括土方开挖、防渗体填筑等子项工程。在招标文件中，招标人对防渗体土质有特别要求，并在设计图上明确标示出了6个取土料场位置，以及它们与输水渠道工程的相对位置、距离和每个料场的可取土地量，但在文字上没有专门说明。

某投标人在投标过程中，仅注意到了5个取土料场，对距离现场最远的第6个料场没有关注，并据此编制投标报价。后来该投标人中标了，在施工过程中发现5个取土料场的用料不够，要求招标人另提供料场，并提出工程变更要求。但发包人不承认该变更事项，从而导致该投标人经济上受到较大损失。

[**问题**] 该投标人提出的工程变更为什么不能成立？

[解析]问题的关键是投标人没有认真研究招标文件。招标文件包括设计文件，当然包括相关图样，图样上能明确的，不一定再用文字说明。显然，这是投标人投标过程中的失误。即使看设计图时漏了第6个料场，若投标文件做得仔细，在编制施工组织设计时也会发现仅靠较近工程的5个料场的用料是不能满足施工需要的，这样也会发现问题。按照较近的料场计算工程成本，自然报价会低，且容易中标。但工程实施中还是要从较远的地方运料，发生较高的成本。对这种情况，发包人是不会同意作为工程变更处理的，即不会给投标人调整工程单价或成本补偿，这是投标人应承担的风险。

7.3.3 投标报价编制

工程投标报价编制分为投标预算与投标报价两步。

1. 什么是投标预算与投标报价

1）投标预算是指在施工进度计划、主要施工方法、分包单位和资源安排确定之后，根据企业定额及询价结果，对完成招标项目所需费用的估计。

投标预算的编制是以合理补偿成本为原则，不考虑竞争因素，不涉及投标决策问题。其作用为：一是为投标报价提供一个基准；二是用于评价投标报价的风险度。

2）投标报价是指在投标预算的基础上，根据竞争对手的情况和本企业的经营目标，就投标项目向招标人提出的工程预期承包价格。

若中标，则投标报价为承包工程的合同价。

有些施工企业忽视投标预算的作用，不做预算分析而直接在报价单上填报工程单价，或仅凭经验估计投标报价总额。这样很容易在激烈竞争的环境中迷失方向，或者报错价而失去中标机会，或者因中标而陷入亏损的风险中。

2. 投标报价的影响因素

投标报价应当在投标预算的基础上进行。一个合理的投标报价应充分考虑以下因素：

1）招标工程的范围。工程的范围不仅包括工程实体的范围，还包括工作范围。因此，在理解招标工程的范围时，不仅要看工程量清单和施工图，还要看施工合同条款。

2）目标工期、目标质量要求。投标预算一般只反映招标工程在正常工期和合格质量标准（符合国家验收标准）条件下的费用。而现在许多招标工程要求的目标工期往往小于国家颁布的工期定额，发包人对质量的要求也往往高于国家验收标准，因此投标报价对这些因素的影响要有所反映。

3）建筑材料市场价格及其风险因素。材料费占工程造价的比重较大，对采用固定单价的合同，由承包人承担材料的涨价风险。此时，投标人特别要认真研究建筑材料的市场价格走势，并考虑价格风险因素。

4）现场施工条件和施工方案。现场施工条件会影响施工成本，投标报价时要考虑其中的有利因素和不利因素。同时，投标报价要反映工程量清单的措施费用项目。

5）招标文件的分析结果。对招标文件的分析结果，必须反映到投标报价中，特别是评标办法与标准、合同条款和工程量清单等方面。

6）竞争对手的情况。投标报价是一种竞争性决策，必须考虑竞争对手的情况，如有哪些竞争对手参加投标，以及竞争对手的实力、报价习惯和中标的迫切性等。

7）本企业的经营策略。本企业针对当前招标工程的经营策略是应当考虑的因素，而企业当前任务的饱满程度、人力及设备资源利用率等都会影响企业当前的经营策略。

3. 投标预算价编制

（1）工程投标预算的编制依据　它与工程概算和施工图预算相比，差异较大，主要包括：

1）招标文件确定的工程范围。

2）招标文件提供的工程量清单。

3）招标文件中合同条件的相关规定。

4）工程所在地人工、材料和施工机械使用的市场价。

5）投标人的企业定额或相关资料数据。

6）投标人的计划利润。

7）招标文件的计价要求，如暂估价、暂列金额等。

（2）工程投标预算的费用组成　它与工程概算和施工图预算相比，比较接近。单位建筑概算或施工图预算由人工费、材料费、施工机具使用费、企业管理费、利润、规费和税金组成；施工投标预算除这些费用外，还包括招标文件列入的暂估价、暂列金额等。

（3）工程投标预算的编制方法　它与施工图预算相比，编制方法完全相同。目前常用方法主要有两种：综合单价法和全费用单价法。编制工程投标预算，选择何种方法，这并不是投标人的权利，而取决于招标文件采用何种编制方法。例如，在《水利水电工程标准施工招标文件（2009）》中就提供了两种编制方法，当然，招标文件只可能选择一种。而招标人选择的，是其必须要响应的。

1）综合单价法。将工程量清单各计价项目的工程量乘以对应的综合单价后汇总相加，得到投标项目的分部分项工程费；然后计算措施费、其他项目费（招标文件要求的计价，如暂估价、暂列金额等）；最后计算规费和税金，合计后便为投标预算。

2）全费用单价法。全费用单价包含工程量清单各计价项目的人工费、材料费、施工机具使用费、企业管理费、利润、规费和税金等各项费用。因此，计价项目的工程量乘以对应的全费单价，即为该计价项目的预算。汇总各计价项目的预算，再加上措施费，以及其他项目费（招标文件要求的计价，如暂估价、暂列金额等），便得到投标预算。

4. 投标报价的确定

投标预算是按投标人完成招标项目所需成本和拟获得的利润来确定的，并没有考虑企业的经营需要和市场竞争状态；而投标报价一般要考虑企业的经营状态，如中标的迫切性、市场的竞争状态、竞争对手的数量以及有竞争能力对手的报价情况。因此，投标报价应是根据企业经营状态和市场竞争状态等方面，对投标预算适当调整而得到的一个投标项目价格的估计值。这个调整幅度一般不会很大，一般在5%以内。例如，如果企业当下迫切中标，则可适当调低投标预算作为投标报价，以争取中标，但也不能调到低于企业完成项目的成本价，反之，则可直接使用或适当提高投标预算，将其作为投标报价；当市场竞争激烈且有强劲的竞争对手时，有必要适当调低投标预算作为投标报价，以争取中标，但同样也不能低于成本价。

5. 填报工程量清单的注意事项

不同行业或不同招标人可能采用不同格式的工程量清单。《标准施工招标文件（2007）》采用综合单价法时的工程量清单格式，适用于一般房屋建筑工程；对水利水电工程，《水利水电工程标准施工招标文件（2009）》提供了采用综合单价法或全费用单价法两种计算工程估价相对应工程清单的格式，它们是存在差异的。填报工程量清单时，要仔细研究招标文件的工程量清单说明、投标报价说明；若有工程量清单报价表填写规定时，还要对其认真研究，必须严格按这些说明或规定填报工程量清单。

7.3.4 投标报价技巧

投标报价技巧是指在投标报价中采用什么手法使招标人可以接受，而中标后又能获更多利润。这在招标人视角下是不提倡的，但在市场经济环境下，竞争过程就是如此。投标报价技巧可分为开标前的技巧和开标后的技巧。

1. 开标前的技巧

（1）不平衡报价法（Unbalanced Bids） 不平衡报价法也称前重后轻法。它是指一个工程项目的投标报价在总价基本确定后，如何调整内部各子项目的报价，以期既不影响总报价，又在中标后可以获得较好的经济效益。下列几种情况可考虑采用不平衡报价法：

1）能够早日完工的项目，如基础工程、土方工程等，可以报较高的单价，以利于及早收回工程款，加速资金周转；而后期工程项目，如机电设备安装、装饰等，可适当降低单价。

2）经工程量核算，估计今后工程量会增加的项目，其单价可适当提高；而工程量可能减少的项目，其单价可适当降低。

3）设计图的内容不明确，估计修改后工程量要增加的项目，其单价可提高些；而工程内容不明确的，其单价不宜提高。

4）没有工程量只填报单价的项目，如疏浚工程中的淤泥开挖，其单价宜报高些，这并不影响到总价。

5）暂定项目或选择项目，若经分析肯定做，则单价不宜低；若不一定做，则单价不宜高。

不平衡报价法的应用一定要建立在对工程量清单表中工程量仔细核对分析的基础上；同时，提高或降低单价也应把握好度，一般可在10%左右，以免引起招标人反感，甚至导致废标。

（2）多方案报价法 对某些招标文件，若要求过于苛刻，则可采用多方案报价法应对，即按原招标文件报一个价；然后再提出，若对某些条件做修改，可降低报价，并报另一个较低的价。以此来吸引发包人。有时，投标人在研究招标文件时发现，原招标文件的设计和施工方案不尽合理，则投标人可提出更合理的新方案吸引发包人，并提出与该新方案相适应的报价，以供发包人比较。当然，一般这种新设计和施工方案的总报价要比原方案的报价低。应用多方案报价法时要注意的是，对原招标方案一定要报价，否则是废标。

（3）突然降价法 报价是一项保密的工作，但由于竞争激烈，竞争对手往往通过各种渠道或手段来刺探情况，因此在报价时可采用一些迷惑对方的技巧。如不打算参加投标，或准备报高价，表现出无利可图不干等情况，并有意泄露一些情报，以迷惑竞争对手，而到投标截止前几小时，突然前去投标，并压低报价，使对手措手不及。采用突然降价法时，一定要考虑好降价的幅度，在临近投标截止日期前，根据情报分析判断，做出正确决策。

（4）优惠条件法 这种方法是在投标中能给予招标人一些优惠条件，如贷款、垫资、提供材料、设备等，解决其某些困难。有时这是投标取胜的重要因素。

（5）先亏后盈法　有的投标人为了占领某一地区的建筑市场，或对一些大型工程中的第一期工程，不计利润，只求中标。这样在后续工程或第二期工程招标时，凭借经验、临时设施及创立的信誉等因素，比较容易拿到工程，并争取获利。

2. 开标后的技巧

开标后，各投标人的报价已公开，但招标人不一定选择最低报价者中标，而经常会考虑多种因素，然后确定中标者。投标人若能充分利用议标谈判的机会，就可提高中标概率。议标谈判，通常选 2~3 家条件较好的投标人进行。在议标谈判中的主要技巧有：

（1）降低投标价格　投标价不是中标的唯一因素，但是很重要的因素。在议标中，投标人适时提出降价要求是关键。注意只有摸清招标人的意图，在得到其希望降低标价的暗示后，才能提出降价要求。因为有些国家的招标法规中规定，已发出的投标书不得改动任何文字，否则投标无效。此外，降低价格要适当，不能损害投标人自己的利益。

（2）补充投标优惠条件　在议标谈判中，投标人还可考虑其他许多重要因素，如缩短工期、提高质量、降低支付条件、提出新技术和新工艺方案等条件。用这些优惠条件吸引招标人，并争取中标。

思考题和习题

1. 工程投标的内涵，以及工程投标组织形式和程序如何？

2. 什么是工程投标决策？工程投标决策的影响因素包括哪些？

3. 工程投标文件包括哪些？其与工程招标文件是什么关系？

4. 什么是工程投标报价？投标报价与招标的标底或控制价是什么关系？

5. 如何编制工程投标报价？编制投标报价有哪些技巧？

第8章

工程项目交易治理

本章知识要点与学习要求

序　号	知　识　要　点	学　习　要　求
1	工程项目治理及其治理体系、治理层面	掌握
2	政府投资工程项目法人治理的缘由及其特点	掌握
3	工程项目交易治理的缘由及其特点	掌握
4	工程项目交易治理结构与选择	熟悉
5	工程项目交易治理机制与设计	熟悉
6	工程项目交易监管的主要依据与工作任务	熟悉
7	工程项目交易监管主要工作方法	了解

工程项目实施责任主体是项目法人/建设单位，而建设单位又将项目实施的具体任务，通过招标方式，选择建筑企业去完成。显然，建设单位并不是一个工程项目的具体实施机构，而是工程项目的建设管理者。其除主导工程招标外，还需要对工程项目具体的实施承包主体——工程承包人进行监督、协调和控制，即工程项目交易治理。

■ 8.1　工程项目治理与工程项目交易治理

8.1.1　工程项目治理

1. 什么是工程项目治理

治理（Governance）一词较早应用于政治学领域，常用的一个词为国家治理，是指政府如何运用国家权力来管理国家；后来引入经济学，并应用到公司、企业，常用的一个概念为公司治理（Corporate Governance），是指公司董事会如何向职业经理人授权和监管。治理的概念引入工程建设领域的时间并不长，到目前对工程项目治理（Project Governance）还没有统一的定义，但学者们已经做了较多的探索。

1）特纳（Turner）认为，工程项目治理是在工程项目利益相关者之间设定一整套关系，并提供一种结构，通过这种结构，设定工程项目的目标，并确定实现该目标以及监督工程项目绩效的方法。

2）韦弗（Weaver）认为，工程项目治理是公司治理的子集，从公司治理的领域关注工程项目活动，包括工程项目组合的指导、工程项目发起人地位和工程项目管理的效率等。

3）英国项目管理协会（APM）认为，项目管理的治理是指与项目活动有关的公司治理。项目管理的有效治理要确保一个组织的项目投资组合与组织目标一致，有效地交付，并且具有可持续性。

4）温奇（Winch）在交易成本理论基础上，建立了建设工程项目全过程交易治理理论框架，把建设工程项目的治理结构分为垂直治理和水平治理。前者的研究对象是客户与第一层供应商之间的交易关系；后者的研究对象是供应链，也就是第一层供应商之后的一系列契约关系。

5）我国有学者提出，工程项目治理是一种制度框架，体现了工程项目参与各方和其他利益相关者之间责、权、利关系的制度安排。

总结学者对工程项目治理的研究，可将工程项目治理定义为，为实现工程项目目标，并调节工程项目利益相关者间责、权、利关系的制度安排。其内涵的重点体现在以下三个方面：

1）以工程项目目标为中心。工程项目治理应围绕其目标展开，项目目标不同，其治理结构等方面可能存在较大差异。

2）涉及工程利益相关者。工程项目的利益相关者既包括直接参与工程项目建设的各方（如投资人、建设单位、各类承包人、运行方等）、受工程项目直接影响的各方（如项目征地或拆迁户等），也包括间接相关方，如工程运行的客户、周边或类似工程的主体等。不同利益相关者在围绕工程项目实施或建成运行过程中有各种责、权、利的交织。

3）是一种责、权、利的制度安排。工程项目治理提供的是一种制度安排，包括发布政策法规及其实施监督等，用来调节交织的责、权、利关系，从而保证工程项目按目标顺利实现。

2. 工程项目治理体系

不同类型的工程项目，相关主体不同，因而工程项目治理层次、结构不尽相同。图8-1为一般政府重大工程项目治理体系。

图8-1中，主要包括政府、工程项目交易和建设企业三个层次的治理，若存在工程分包，还存在总分包间的交易治理。

对政府投资重大工程项目，治理体系具体包括：

（1）政府工程项目治理（即政府对一般工程项目的治理） 该治理体系包括工程项目立项治理、交易（或实施）治理。立项治理的主要方式是工程项目审批、核准或备案；实施/交易治理主要通过颁布政策法规，以及依据这些政策法规和批准的立项文件，对项目实施过程进行监督和管理，主要内容有工程质量监督和施工安全监督。

1）工程质量监督。它是指政府建设行政主管部门或其委托的工程质量监督机构，根据国家的法律、法规和工程建设强制性标准，对工程建设责任主体和有关机构履行质量责任的行为以及工程实体质量进行监督检查，以维护公众利益的行政执法行为。县级以上政府建设行政主管部门一般均设工程质量监督（总）站。

2）施工安全监督。它是指政府建设行政主管部门或其委托的工程安全监督机构，依据有关法律法规，对工程建设、勘察、设计、施工、监理等单位及人员履行法定安全生产责任

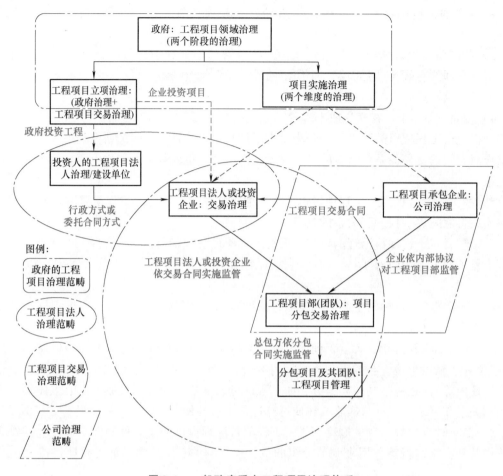

图 8-1　一般政府重大工程项目治理体系

和执行工程建设强制性标准等情况实施监督的行政执法活动。与工程质量监督类似，县级以上政府建设行政主管部门一般均设工程安全监督（总）站。

案例 8-1　江苏省建设工程质量监督总站职责

江苏省建设工程质量监督总站受江苏省住房和城乡建设厅委托，主要负责全省建设工程质量监督、检测工作的业务指导和管理。其主要职责包括：

1）研究制定全省建设工程质量监督、检测管理规定和办法，以及相关的中长期规划和年度工作要点，并指导实施。

2）负责全省建设工程质量监督、检测机构资格（资质）申请的受理、考核和管理。

3）负责全省建设工程质量监督人员和工程质量检测人员的培训、考试和管理。

4）负责全省建设工程质量监督、检测管理各项汇总和统计工作。

5）掌握全省建设工程质量监督、检测工作动态，适时组织交流开展质量监督和检测工作的经验，制定提高全省建设工程质量监督、检测工作水平的措施和要求。

6）组织实施全省建设工程质量监督巡查，参与全省工程质量检查。

7）参与省优工程项目评审和国优工程项目推荐工作。

8）负责全省工程质量投诉的处理工作，对建设工程项目质量问题组织专家进行鉴定。

9）组织并实施综合性较强或认为有必要承担的工程项目质量监督工作。

（2）政府投资工程项目的特殊治理（即项目法人层面的治理）　对政府投资工程项目，项目法人/建设单位是政府相关部门临时构建或委托设立的，客观上存在委托代理的关系。因此，政府一般要对其进行特别监管，如签订委托，明确目标和责任，进行审计，建立考核和激励机制。

（3）工程项目法人/建设单位与（总）承包企业间的工程项目交易治理　工程项目法人/建设单位将工程项目的具体任务通过招标方式交由建设企业完成，除了用交易合同明确双方在工程项目交易中的责任、权利和义务外，考虑到工程项目合同的不确定性和工程项目承包方存在机会主义的动因，还有必要在交易过程中实行监管。

（4）建设企业内部的工程项目治理　对建设企业而言，总是采用团队方式组织工程项目的实施，并用内部协议或合同明确公司/企业与工程项目团队的责任、权利和义务。与建设单位的交易治理类似，公司/企业有必要对工程项目团队实施工程项目的过程进行监管；所不同的是，建设单位与工程承包人仅以交易合同为纽带实施工程项目，而工程项目团队是公司/企业的一部分，还存在内部协议或合同关系。

（5）（总）承包人的分包人间的交易治理　这种治理条件或环境介于建设单位的交易治理与建设企业的项目治理之间。（总）承包企业与分包企业是两个不同的利益主体，从这个角度出发，其与建设单位的交易治理类似；但另一方面，（总）承包企业与分包企业常存在长期合作关系，在治理机制设计上，除利用分包合同外，还可充分利用信任、沟通、承诺和合作等机制，以降低分包交易过程的交易成本。

8.1.2　工程项目交易治理

1. 什么是工程项目交易治理

工程项目交易治理是指为保证工程项目交易公平合理进行，并调节工程项目交易双方间责、权、利关系的制度安排。工程项目交易治理分为政府和市场两个层面。政府层面的工程项目交易治理通过相关法律法规颁布，以及政府职能部门的监管去落实；市场层面的工程项目交易治理主要通过交易双方签订的交易合同，以及建设单位构建的监管机构去实施。

工程项目交易治理是工程项目治理中的重要一类，对实现工程项目目标关系重大。

2. 工程项目交易治理的缘由和特点

（1）重视工程项目交易治理的缘由　与一般货物交易相比，人们十分重视工程项目交易治理，这主要在于：工程项目交易是期货交易，"边生产，边交易"，且交易时间长，重大工程项目的交易可能历时几年；此外，工程项目交易合同具有不完全性，交易过程中面临多方面不确定因素的干扰。因此，有必要重视工程项目交易过程的治理。

（2）工程项目交易治理与一般企业研发等项目治理相比的特点

1）工程项目交易治理过程是交易双方博弈的过程。工程项目实施通过交易完成，而交易双方存在自身明确的交易目标和利益，因此，项目交易治理的过程总是博弈的过程。

2）工程项目交易治理的主要手段是交易合同。工程项目交易在两个利益主体间进行，建设单位的治理手段，除法律法规外，其他唯一的手段是交易合同。这就要求建设单位重视工程项目交易合同的订立和管理。

3）连接工程项目交易两个主体的唯一纽带是交易合同。建设单位与承包人以工程项目交易合同为纽带，临时构成一个工程项目实施组织，工程项目完成后，这一组织就解散。因此，传统公司治理的组织结构和治理机制在此不完全适用。

4）工程项目交易合同不确定性大，交易治理复杂，交易成本高。与企业的一般项目相比，工程项目及其建设条件（包括自然、经济、社会等方面）不确定性均较大，建设单位的交易治理过程复杂，并有较高的交易成本。

5）工程项目交易治理要求有专业的队伍。工程项目交易双方的矛盾冲突要求尽快解决，不然可能影响工程项目的实施进程。这就要求交易治理构建与工程项目实施相适应的专业的、相对独立的治理队伍。因此，国际工程项目中的"工程师"和DAB（Dispute Adjudication Board），以及我国施工项目中的监理工程师就应运而生了。

（3）工程项目交易治理与一般货物或商品交易相比的特点

1）工程项目交易治理难度大。一般货物或商品交易是现货交易，交易对象容易观察，甚至可直接测试，待交易双方认同后成交，因此交易治理简单，交易成本低；而工程项目"先订货，后生产"，并且"边生产，边交易"，因此，在交易过程不确定影响因素的影响下，交易结果是否令双方满意，具有风险性，并导致治理难度增加。

2）工程项目交易治理技术难度高。一般货物或商品交易是成品交易，不涉及它们的生产过程，对商品的功能、品质优劣易判别，因而交易治理简单；而对于工程项目交易治理，需要对生产过程进行监控，对技术要求高，因此，工程项目交易治理需要专业化队伍。

3）工程项目交易治理持续时间长。货物或商品等交易一般是"一手交钱，一手易货"，交易治理时间也相对较短；而工程项目需对工程项目实施过程治理，要经历一个漫长的过程，并产生较多交易成本。

4）政府对工程项目交易治理力度大。与一般货物或商品相比，工程项目交易对环境、社会安全影响大，因此政府对其治理力度较大。

（4）工程项目交易治理与项目管理相比的异同

1）项目管理与工程项目交易治理的目标相同。两者都是为了实现项目的时间、成本/投资和质量等目标。

2）项目管理与工程项目交易治理的主体和客体不同。项目管理的主体是项目的代理方，也就是项目的承包方；而工程项目交易治理的主体是建设单位或项目的雇主。项目管理的主要对象是资源，包括材料、设备和劳动力等；工程项目交易治理的对象是组织及其行为。

3）项目管理与工程项目治理实现目标的途径不同。项目管理实现目标的途径是对各项资源进行统筹规划，追求资源的最优化利用；工程项目治理则通过组织和制度的合理安排来实现目标。

4）项目管理与工程项目治理研究的基础理论不同。研究项目管理主要基于系统优化理论和工业生产理论等；而研究工程项目治理主要基于经济学的委托代理理论和交易成本理论等。

8.2 工程项目交易治理结构与机制

8.2.1 工程项目交易治理结构

（1）工程项目交易治理结构（Governance Structure）建立的动因 通过工程招标，签订项目交易合同后，如何保证承包人按项目交易合同要求实施项目，实现建设单位的项目目标？这其中不排除项目承包人获得工程项目的承包权后，做出违背交易合同、损害建设单位或投资人利益的决策，如偷工减料，不履行交易合同或不完全履行合同。工程项目交易治理结构正是要从组织层面上保证交易合同的全面履行，以实现工程项目的实施目标。

（2）工程项目交易治理结构设计 工程项目交易分政府层面的治理和市场层面治理两个层次，对政府投资项目，还存在"政府—市场"层面的特殊治理。

对政府层面的工程项目治理，一般政府下设职能管理部门的治理结构，由职能管理部门履行各类工程项目的监管职责；对"政府—市场"层面的特殊治理，一般采用"行政 + 职能管理部门"治理结构，即政府投资项目建设单位通常隶属政府部门或国有公司，并接受政府职能部门监管。

案例8-2 *江苏省水利重点工程项目法人层面的治理结构*

以江苏省政府为投资责任主体的水利重点工程项目，主管行政机构是江苏省水利厅，而省水利厅下设事业单位——江苏省水利工程建设局作为工程的项目法人/建设单位，对水利工程项目进行管理，主要职责包括：

1）参与省水利重点工程立项前的前期规划、论证工作，负责承担工程项目的初步设计、概算的核转和审批。

2）负责组织实施省水利重点工程，并对工程建设进行管理。

3）负责审批省水利重点工程施工图及预算。

4）负责省重点水利工程施工管理，参与工程竣工验收。

江苏省水利工程建设局接受省水利厅的领导和监督。

[问题] 江苏省基本每年均有重点水利工程开工建设，其如何监管？

[解析] 江苏省基本每年均有重点水利工程开工建设，而一般每个水利重点工程要建设若干年。因此，江苏省水利工程建设局每年同时管理多个工程项目的实施，包括多个工程项目的招标、监管等。一般该局针对每个项目设立专门机构，对项目的交易过程进行治理。这属于多工程项目治理的范畴。

案例8-3 *南水北调东线江苏段工程项目法人层面的治理结构*

南水北调中、东线工程（一期）由中央政府和省级政府共同投资，设有省级国有公司作为项目法人/建设单位对所辖范围工程的建设进行管理。项目法人治理结构如图8-2所示。图8-2中，南水北调中、东线工程主体工程建设单位均为国有性质公司。

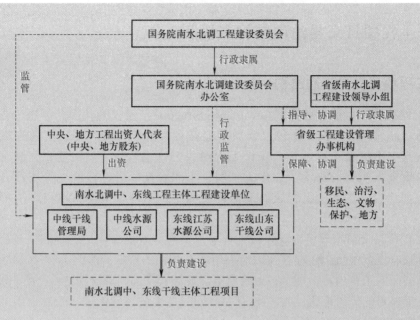

图8-2 南水北调工程中、东线工程项目法人层面的治理结构

[**问题**] 为什么南水北调工程中、东线工程项目法人层面的治理结构要比 [案例 8-2] 复杂很多?

[**解析**] 这主要由于南水北调工程中、东线工程是国家层面的战略性工程,跨流域、跨省级行政区划,工程除了输水系统这一主体工程外,还包括辅助工程项目,如移民拆迁、治污以及生态和文物保护等,工程项目涉及利益相关主体多,投资主体也多,包括中央和省级财政拨款、建设单位贷款等。南水北调工程中、东线工程建成后是可以有收益的,而 [案例 8-2] 中投资以省级政府投资为主,较为单一,项目利益相关主体也相对较少。

在新制度经济学中,将交易治理结构分成市场治理、双边治理和三边治理等。对工程项目交易治理,由于其交易的单件性和不确定性,一般而言,大多是采用三边治理结构,即由第三方来协调交易中可能出现的问题。项目法人/建设单位工程项目交易治理结构设计,一般与建设单位交易管理方式(见第 5 章)设计相结合。目前国内外工程项目交易市场层面治理结构有以下几种方式:

1)国际工程施工合同中的"工程师"方式。工程项目雇主/建设单位委托独立于交易双方的第三方——"工程师"对工程项目交易进行监管。这种方式以交易合同(子项目)为基本监管单元,一个"工程师"可监管一个合同子项目,也可监管多个合同子项目,这取决于雇主/建设单位的整体规划。这种方式在 20 世纪 80 年代开始在国际上广泛应用,我国自 20 世纪末开始实行的"监理制"基本与其相同。近十年来,这种方式受到挑战:一方面,"工程师"并不完全独立,其是受雇主/建设单位委托的,因此,在解决合同争端时难以保证公正、公平;另一方面,工程项目实施包括工程设计、施工等环节,项目交易治理与工程设计等分离,不利于提升项目实施效率。

2)国际工程总承包中的 DA/AB(Disput Avoidance/Adudication Board)方式。在国际工

程总承包项目（DB/EPC）中，一般不采用"工程师"治理结构，而是采用 DA/AB 方式。DA/AB 与"工程师"不同："工程师"是受雇主/建设单位委托，常驻工程现场，对工程实施进行监管的。而 DA/AB 一般是一个 3 人小组，由交易合同双方共同聘请（包括共同支付薪酬），是真正意义的"第三方"，他们也不常驻工程现场，而是一个季度或半年到工程现场一次，了解交易合同的履行情况，解决交易合同争端。事实上，这种方式是建立在交易合同双方一定"互信"基础上的，即这种方式为契约治理与关系治理的结合。目前，在国内这种交易治理结构应用较少。

3）"建筑师"方式。这种方式被英国等欧洲国家最早应用。雇主/建设单位不仅委托建筑师负责工程规划设计，还委托建筑师承担工程施工监管任务。这种方式的优势是工程设计和施工监管一体化，有利于协调工程设计与施工的关系，促进工程建设水平的提升。目前，这是我国工程建设管理领域的改革方向之一。

8.2.2 工程项目交易治理机制

（1）政府层面的工程项目交易治理机制　在政府层面的工程项目交易治理中，经常采用正式治理机制和非正式治理机制。

1）正式工程项目交易治理机制。由政府相关部门颁布系列政策法规，如我国的《招标投标法》《招标投标法实施条例》，以及国家发改委等七部委颁布《评标委员会和评标方法暂行规定》和住房和城乡建设部发布的《建筑工程五方责任主体项目负责人质量终身责任追究暂行办法》等，希望通过执行这些统一的规定，实现对项目交易的治理目标。

2）非正式工程项目交易治理机制。除政府部门颁布规律法规外，通过发布指南、标准文本（如《中华人民共和国标准施工招标文件（2007 年版）》）以及构建管理平台、建设行业信用平台等，引导工程项目交易主体标准化交易过程、合同，以促进交易行为的规范，并用较低的交易成本实现工程项目交易的治理目标。

（2）市场层面的工程项目交易治理机制　在经济学中，常将交易治理分为契约治理与关系治理。

1）契约治理（Contractual Governance）。这是指通过正式的契约/合同来治理交易。在工程项目交易中，契约治理涵盖了工程项目招标选择机制，以及项目交易合同履行至项目交付过程的风险分担机制、报酬机制和责任追究机制等。

2）关系治理（Relationship Governance）。这是指通过社会关系（Social Relations）与共享规范（Shared Norms）实现对组织间关系的治理。在工程项目交易中，关系是指在项目交易中影响双方行为的非正式、不成文的规范。这些规范可以降低交易中的阻滞，进而创造、维护和促进项目交易双方的和谐，包括信任、沟通、承诺与合作等。

（3）工程项目交易治理机制（Governance Mechanism）的设计　契约治理和关系治理机制差异较大，但在工程项目交易机制设计中，并不是对契约治理和关系治理的简单选择，而应是根据工程项目的特点，充分利用契约治理和关系治理各自的优势，将这两种机制进行整合，以降低交易成本，并促进工程项目交易效率的提升。理论研究和工程实践均表明，工程项目交易具有"先订货，后生产"的特点，因此，国内外工程项目交易中普遍使用合同，而且我国法律中还规定要采用书面形式的合同；在理论研究和工程实践的支持下，国内外先后形成工程设计、施工、采购和咨询等多种类型的合同。这表明，工程项目交易治理的基础是契约治理，而辅以关系治理。在这一理念的指导下，近几年下列两类交易治理机制受到重视，并广泛应用：

1）建设单位工程招标时重视承包人的信用。工程招标是项目交易的起点，目前许多建设单位十分重视工程投标人的信用。当工程投标人存在问题，如在建设行业信用平台上存在不良记录时，许多工程招标人会给予"一票否决"，即在投标人须知中列明，拒绝近几年有不良记录的企业投标；还有许多工程招标人将工程投标人的信用状态或水平列入工程评标体系，即信用评价高者优先中标，或在评标中加分，反之亦然。

2）工程项目激励性交易合同。近几年，这类交易合同受到工程项目管理者的重视。所谓激励性交易合同，是在工程项目交易合同条款中明确对项目承包人激励的一类交易合同。例如，在工程项目建设工期方面，交易合同条款中明确延误或提前的奖罚标准；在工程质量方面，交易合同条款中明确项目验收，可能是单位工程验收或完工验收，达到一定质量等级给予一定奖励，而发生工程质量事故或工程质量达不到规定要求时，不仅要返工或修补，而且要给予一定的惩罚。目前这种交易治理机制应用十分广泛，也收到了明显效果。

案例8-4　某输水工程项目"一对多"的竞赛激励

1．工程概况

某输水工程为从广东东莞东江取水，经深圳向香港供水的大型供水工程，沿线分布约50km，主要建筑物有供水泵站、渡槽、隧洞、混凝土箱涵（有压和无压）、人工明渠、混凝土倒虹吸管等。建设工期3年；工程采用分项直接发包方式（DBB），工程干线分14个标段，支线分8个标段。

2．对各承包人的考核标准

考虑到工程建设环境的不断变化和其他不确定性因素的存在，工程建设的进展并不完全取决于承包人的努力程度，还取决于外界环境或外部条件，即由承包人的努力和外部不确定性共同确定的。为了消除这些不确定性的影响，更加客观公正地评价承包人的努力成果，该输水工程发包人采用了以"相对业绩比较"为基础的优质工程竞赛。

首先，采用DBB中的分项发包模式，即有多个承包人同时履行合同。该输水工程以"相对业绩比较"为基础，在优质工程竞赛中按照一定的绩效评价标准对所有承包人的业绩进行打分排序，得分最高或排名在前者将为赢家，得到较高的奖金。

其次，为了防止承包人之间通过共谋，以赚取奖金，并私下重新分配的问题（这是相对业绩评价所引起的道德风险问题），该输水工程发包人还根据合同的要求，按建筑物的形式设立相应的最低质量标准样板段，并规定承包人若达不到要求，必须返工。

3．竞赛模型

考虑到工程建设周期长达3年，有必要将整个建设期按年、季或里程碑点分成若干个阶段，每个阶段为一个竞赛周期，每个周期进行评价、兑奖，做到及时激励，避免出现参与优质工程竞赛的承包人对赢取奖金的预期降低，以及竞赛对承包人的激励作用消失等问题。为此，该输水工程建立了梯度递进式的优质工程竞赛模型。

发包人与承包人之间的博弈关系，可以表述如下：

如果发包人制订优质工程竞赛策略时，规定竞赛评价指标、标准以及奖励条款的行为能被所有承包人观察到，并且承包人相信发包人能够信守竞赛规则，则承包人就会选择自己的行动，并在审视衡量自身的资源条件和其他承包人的实力后，确定自己的优质工程竞赛目标。同时，假设承包人参与每个阶段竞赛的积极性不会消失，即承包人实现每个阶段目标的概率与实现阶段目标后获取奖金的乘积大于承包人努力的成本，且所有承包人具有相当快的学习能力，能对前次博弈不同策略的结果做出正确的事后评估。那么，第一阶段博弈结束后，通过组织的总结或经验交流会，所有承包人在第二阶段所选取的行动是共同的，即排名在后的承包人会在博弈的第二阶段迅速吸收先进的组织管理技术和新工艺、新技术，并及时调整自己的资源配置，确定相应的行动目标，而博弈的优胜者也能够分析其他承包人的策略调整范围，进而调整自己的资源配置和努力程度。这样周而复始，承包人能不断提高努力水平，直到所有承包人的期望净收益等于零或小于零，竞赛激励效果消失。整个优质工程竞赛过程可以看作是一个承包人爬楼梯式的随机过程，具有"梯度递进"的特征。

该输水工程首先根据建设目标和建设工期，确定了按"三个月一小评、半年一中评、一年一大评"分阶段地进行优质工程竞赛的计划；其次，将每个阶段优质工程竞赛的成绩与最终评价结果相结合，设立了从施工标兵段到信得过标段，从信得过标段到准优秀单位，从准优秀单位到优秀单位梯度递进式的优质工程竞赛模式。通过总结表彰，以及设立不同的物质激励、精神激励措施，极大地激发了承包人干好工程的积极性和创造性。

■ 8.3 工程项目交易监管

工程项目交易治理是工程项目交易中的一种制度安排，这种制度安排集中在工程项目交易双方签订的合同之中，那么如何保证工程交易合同履行呢？在国内外工程项目交易治理中，特别是施工项目交易治理中，工程项目法人/建设单位（或雇主）一般是将工程项目具体治理任务或监管工作交由专门的监管机构去完成，如"工程师"、工程监理企业（监理工程师）或建筑师。

8.3.1 工程项目交易监管的主要依据与工作任务

1. 工程项目交易监管的主要依据

对工程施工项目，"工程师"或监理工程师开展治理活动的主要依据有：

1）政府层面有关工程项目交易治理的相关制度，包括相关法律、法规和规章，以及有关技术标准及强制性条文。

2）经批准的工程项目设计文件，包括工程设计图及其相关说明。

3）工程项目施工合同，包括工程招标文件、投标文件、通用合同条件、专用合同条件，以及被引用的规程、规范或技术标准等。

2. 工程项目交易监管主要工作任务

对工程施工项目，"工程师"或监理工程师进行治理活动的主要任务是保证工程合同得到全面、完整的履行，确保合同范围内的工程项目目标得以实现。具体包括：

1）工程项目进度控制。对项目法人/建设单位，工程项目的基本目标有进度、质量和投资，其中进度目标是龙头。工程项目交易治理中的进度控制是指建设单位或监理工程师在实现工程项目整体目标过程中，为使合同工程项目建设符合合同确定的进度目标，对承包人实施工程进度而开展的监督和控制活动。具体包括：开工时，审查承包人编制的工程进度是否符合实际，能否保证合同的进度目标实现；工程施工中，检查各施工子项目是否按计划开始或结束。此外，检查承包人应对进度风险的措施是否到位、可行。

2）工程项目质量控制。工程质量是工程项目的生命，是交易治理的重要对象，也是项目法人/建设单位与承包人项目交易过程中利益博弈的落脚点。此处的工程项目质量控制是指建设单位或监理工程师为使工程项目质量达到合同规定的要求，而对承包人施工的质量所进行的监督和控制活动。具体包括：审查承包人构建的质量保证体系是否规范、有效；审查进场材料、施工机具、施工组织设计等是否达到合同规定要求；检查施工工序质量、子项目工程质量是否符合相关标准要求，以及在隐蔽工程验收、合同工程验收过程中把好质量关。

3）工程项目资金或投资控制。项目法人/建设单位的项目投资控制与承包人争取扩大利润空间是一对难以调和的矛盾。此处的工程项目投资控制是指建设单位或监理工程师为使工程项目投资控制在计划范围内，而对工程项目交易中计量与支付等开展的监督和管理活动。具体包括：严格按合同规定，复核承包人提交的工程计量报告与支付申请；审查工程变更，控制工程索赔，并对工程月进度支付和合同工程完工结算严格把关。

4）工程项目安全与环境控制。工程项目施工安全与对环境的影响，与工程产品功能和质量并不直接相关，但对工程整体目标的实现和对社会的影响可能较大。此处的工程项目安全与环境控制是指建设单位或监理工程师为使工程项目施工安全和对环境的影响控制在计划范围内，而对工程承包方的施工活动进行的的监督和管理活动。具体包括：开工前，施工安全与环境控制计划的完整和可靠性审核；施工过程中，各项安全和环境控制措施落实情况的监测，以及发现问题时整改指令的下达等。

8.3.2 工程项目交易监管工作方法

工程项目交易监管的现场工作，目前建设单位一般委托监理工程师承担。其经常采用的方法包括：

1）现场记录。监理工程师一般要求认真、完整地记录每日各施工项目和部位的人员、设备和材料、气象等工程施工环境以及工程施工中出现的各种情况。

2）下达指令文件。监理工程师可采用通知单、指令、指示、签证单、证书等形式文件对施工全过程进行控制。一般工程施工合同也应约定，承包人有义务执行监理工程师下达的指令文件。

3）旁站监督，即施工现场监督。一般要求监理工程师在工程项目的重要部位和关键工序施工时，指派相关人员在现场实施连续的、全过程的检查与监督。

4）巡视检验。监理工程师对所管辖工程项目进行定期或不定期的检查、监督和管理，包括随机抽取一些成形的工程产品的样本进行检验。

5）跟踪检测。在工程承包人进行自行检测前，监理工程师对其试验人员、仪器设备、程序、方法进行审核；在承包人进行检测时，实施全过程监督，确认其程序、方法的有效性以及检验结果的可信性，并对该结果签名确认。

6）平行检测。监理工程师在工程承包人自行检测的同时，进行独立检测，以核验承包人的检测结果。

7）工程协调。监理工程师对参加工程建设各方的关系，以及工程施工过程中出现的问题和争议进行调解，并提出解决方案。

8.3.3　工程项目交易合同验收

工程项目交易的最后工作是合同范围内工程的验收，或称工程项目交易合同验收。它是工程项目交易治理最后的工作环节，也是极其重要的一个环节。做好合同工程项目验收工作，对工程项目目标的实现意义重大。

通过验收的合同工程项目由承包人移交给建设单位或雇主，并进入工程的保修期。工程项目交易合同验收程序如图8-3所示。

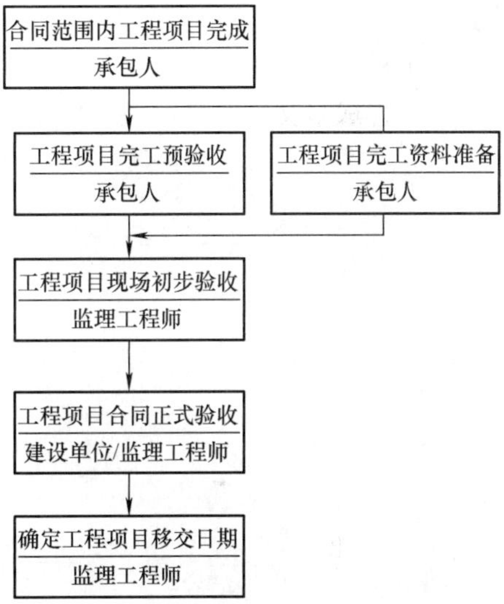

（1）合同工程完工预验收　在合同工程正式验收前，承包人一般应做好下列工作：

1）完成收尾工程。收尾工程具有零星、分散，但分布面广的特点，对有些零星分散工程如不及时完成，将会直接影响工程项目的完工验收。

2）完工验收资料准备。完工验收资料和文件是工程完工验收的重要依据，从施工开始就应完整地积累和保管，当完工验收时，应提交全部施工资料和文件资料的编目。

3）正式完工验收前的预验收。在完工日期之前，通常要求承包人组织预验收。

（2）合同工程完工验收资料准备　承包人提交完工验收申请时，应附下列资料：

```
合同范围内工程项目完成
承包人
        ↓
工程项目完工预验收        工程项目完工资料准备
承包人                     承包人
        ↓
工程项目现场初步验收
监理工程师
        ↓
工程项目合同正式验收
建设单位/监理工程师
        ↓
确定工程项目移交日期
监理工程师
```

图8-3　工程项目交易合同验收程序

1）工程说明，包括工程概况、完工图、工程施工总结和工程完成情况（包括完成工程量和工作量）等。

2）工程变更项目、内容及其原因（包括监理工程师发的变更通知和指令等有关技术资料）。

3）工程完工子项清单与遗留工程子项清单。

4）土建工程与安装工程质量检验与评价资料，包括监理工程师检查验收签证文件及相应的原始资料，以及质量事故及重大质量缺陷处理资料。

5）材料、设备、构件等的质量合格证明资料。

6）分部工程验收资料，包括监理工程师与建设单位的批准文件。

7）工程遗留问题与处理意见、对工程管理运用的意见。

8）埋设永久观测仪器的记录、性能和使用说明，建设期间的观测资料、分析资料和运行记录。

9）隐蔽工程的验收记录。

10）附件，包括工程测量、水文地质、工程地质等有关资料的原始记录。

（3）合同工程完工验收依据

1）施工招标文件和施工合同的所有规定。

2）施工图、设计文件和说明，以及经监理工程师审批的设计修改、变更等文件；合同引用的施工规程规范和质量标准。

3）监理工程师指令、指示等正式文件；施工过程中有关质量保证文件和技术资料；工程设备的设计文件、技术说明等资料。

思考题和习题

1．工程项目治理的内涵及层次包括哪些？

2．工程项目交易治理的缘由和特点包括哪些？

3．工程项目交易治理结构与建筑企业内项目治理结构、项目法人层面治理结构有什么异同？

4．工程项目交易治理机制包括哪些类型？各有什么特点？如何将它们整合？

5．工程项目交易监督的主要依据、工作任务以及主要方法包括哪些？

第3篇

工程项目承包与实施管理

　　工程项目承包方通过投标获得项目后，主要任务是按承包合同规定履行相关义务，并争取获得更多收益或利润。如何获得更多利润，基本途径是降低工程实施过程的成本。而事实上，工程成本又受到工程进度、质量和安全等方面管理的深刻影响。因此，一般承包方有必要对工程承包项目各目标进行全面管理，以争取最终利润目标的最大化。本篇主要介绍工程项目承包方实施操作层面管理的相关知识内容，包括：承包方公司层面的项目实施组织与整体管理；工程项目部主导的进度管理、质量管理、成本管理、施工项目采购与分包管理、HSE 管理、风险管理、信息管理。此外，针对国际工程的特点，专门介绍了其管理内容。

　　本篇从工程设计单位和施工承包方的视角出发，主要结合工程施工承包方的实际，介绍工程项目实施管理的相关内容。本篇相关知识体系创新发展的主要支持基础理论为系统科学、生产运作管理等。美国项目管理协会的 PMBOK 可作为学习本篇内容的主要参考资料之一。本篇的主要知识点也可供建筑施工承包企业、工程设计咨询企业的相关人员参考。

第9章

工程项目承包组织与整体管理

本章知识要点与学习要求

序 号	知 识 要 点	学 习 要 求
1	项目经理的确认方式、地位和作用，以及素质要求	掌握
2	项目部及其组织结构	掌握
3	项目实施目标责任书及其主要内容	熟悉
4	承包项目实施管理整体规划及其分类	掌握
5	承包项目管理整体规划的编制依据、要求和流程	了解
6	承包项目管理整体规划大纲和实施管理计划的内容	了解
7	承包项目实施监管内容	熟悉
8	承包项目实施监管的主要工作	了解

不论是工程项目实施中的设计、施工，还是监理或是工程总承包，这些承包企业均存在项目承包组织的问题，包括确定项目经理和构建项目经理部；其次，存在项目经理或项目部如何对承包项目进行整体/集成管理的问题。本章重点结合工程项目介绍这两方面问题。

■ 9.1 工程项目承包组织

施工企业通过招标承包工程项目后的首要任务是构建施工项目经理部、任命项目经理，其次是与项目经理部或项目经理签订项目实施目标责任书/状。

9.1.1 项目经理部及其管理组织结构

1. 什么是项目经理部

项目经理部，简称项目部，是施工企业为了完成某项建设工程施工任务而设立的临时组织，由项目经理在企业的支持下组建并领导。项目经理部是一次性的具有弹性的现场生产组织机构，不具备法人资格，只是施工企业根据工程施工项目的需要而组建的非常设的下属机构。

施工企业一般从市场获得工程建设任务后，着手组建项目经理部。一般步骤为：

1）施工企业根据所承包工程项目的特点和企业人力资源现状，通过竞争或直接任命方式确定项目经理。

2）施工企业根据获得工程建设任务的特点，编制《项目管理规划大纲》。

3）根据《项目管理规划大纲》，确定项目经理部的管理任务和组织形式。

4）根据《项目管理规划大纲》，确定《项目管理目标责任书》。

5）确定项目经理部的结构，设立职能部门与工作岗位。

6）确定各岗位的人员、职责、权限。

7）项目经理根据《项目管理目标责任书》进行目标分解。

8）项目经理组织有关人员制定规章制度，包括目标责任和考核奖惩制度。

2. 项目经理部的管理组织结构

（1）项目经理部的特点　施工企业项目经理部的基本管理组织结构设置可参见如图4-6～图4-8所示经典组织结构图。但应注意到，与施工企业层面的管理组织结构相比，其有如下特点：

1）项目经理部是一个临时组织机构。施工企业因完成某一项目施工任务而设立项目经理部，待项目完成后，该组织机构就解散，相关人员回到原岗位工作或转移到其他项目。

2）项目经理部的任务是组织工程项目现场一线的施工活动。项目经理部根据工程合同要求，开展资源组织、技术应用、安全管理等活动，管理对象重点是资源配置、劳务或技术人员的活动，以及施工项目的目标控制，而不是像建设单位那样，主要任务是按合同对项目实施过程进行监管，也不是像施工企业那样按《项目目标责任书》对下属机构进行管理。

3）项目经理部既代表施工企业履行工程承包或委托合同，又要执行企业确定的《项目管理目标责任书》。与施工单位下设的其他子项目管理机构相比，项目经理部任务十分明确，且责任重大。这就要求项目经理部拥有相当的自主管理权力，包括人力资源配置、工程合同事项处理和薪酬分配等方面的权力。

4）项目经理部管理具有综合性，包括工程成本、工程技术、工程安全等，而且是工程项目中最基层的管理事务。

（2）项目经理部结构选择或设计　在选择项目管理的组织形式时，应考虑项目规模、业务范围、复杂程度及外部条件等因素，分析建设单位对项目的要求、标准规范、合同条件等情况，而且必须结合企业类型、员工素质水平、管理水平以及工作基础等，选择最适宜的项目管理组织形式。

一般来讲，施工企业可以按照下列思路选择项目管理组织形式：

1）人员素质高、管理基础强，可以承担复杂项目的大型综合企业，宜采用矩阵式、事业部式组织形式。

2）简单项目、小型项目、承包内容单一的项目，宜采用直线职能式。

3）当项目的技术要求较高时，采用职能制模式会有较好的适应性。

4）在同一企业内部，可以根据具体情况将几种不同的组织形式结合使用，如事业部式与矩阵式、直线职能式与事业部式等。

选择或设计项目经理部组织结构的基本程序如下：

1）定义项目：描述项目目标，即所要求的主要输出。

2）确定实现目标的关键任务，并确定企业中负责这些任务的职能部门。

3）安排关键任务的先后顺序，并将其分解为工作集合。

4）确定完成工作集合的项目子系统及子系统之间的联系。

5）列出项目的特点。例如，要求的技术水平、项目规模和工期的长短，项目人员可能出现的问题，涉及的不同职能部门之间可能出现的政策上的问题和其他任何有关事项，包括上级部门组织项目的经验。

6）根据以上考虑，并结合对各种组织结构特点的认识，选择一种组织结构。

9.1.2 项目经理

1. 什么是项目经理

项目经理（Project Manager），即项目经理部的负责人，是项目经理部的最高管理者或称指挥者。

在施工企业管理中，一般在工程投标时就要明确潜在的项目经理。招标方一般认为项目经理对项目的实施极为重要，因此，潜在项目经理的能力、经验和职业素质通常在工程评标中作为评价的重要指标。

2. 项目经理的地位和作用

项目经理对相应的工程项目管理全面负责，是工程项目的管理中心，在整个项目活动中占有举足轻重的地位。具体表现在：

1）项目经理是公司企业法人代表在项目上的全权委托代理人。从企业内部看，项目经理是项目活动全过程所有工作的总负责人，是项目生产要素投入和优化组合的组织者；从对企业外部看，项目经理作为法人代表的全权委托代理人，是履行合同义务、执行合同条款、承担合同责任、处理合同变更、行使合同权力的最高合法当事人。

2）项目经理是协调各方面关系，使之相互紧密协作、配合的桥梁和纽带。工程项目管理是一个动态管理过程，在实施中，众多的结合部、复杂的人际关系，必然产生各种矛盾、冲突和纠纷，而负责沟通、协商、解决这些矛盾的关键人物就是项目经理。

3）项目经理对项目实施进行控制，是各种信息的集散中心。自下、自外而来的信息，通过各种渠道汇集到项目经理手中；项目经理又通过指令、计划和文件等形式，对下、对外发布信息，通过信息的散发达到控制的目的，使项目取得成功。

4）项目经理是工程项目责、权、利的主体。项目经理是项目责任的主体，是实现项目目标的最高责任者。项目经理又必须是权力的主体。权力是确保项目经理能够承担起责任的条件和手段，权力的大小则需视项目经理责任的要求而定。若没有必要的权力，项目经理就无法对工作负责。项目经理还必须是项目利益的主体。利益是项目经理工作的动力，是项目经理由于负有相应的责任而应得到的报酬，利益的多少应视项目经理的责任而定。若没有一定的利益，项目经理就不愿承担相应的责任，也不会认真行使相应的权力。

3. 项目经理的任务和职责

工程项目的类型和性质不同，其项目经理的具体任务和职责可能不同，但其基本职责应该是相似的。项目经理的任务主要包括两个方面：一方面是保证工程项目按照规定的目标高速、优质、低耗地全面完成；另一方面是保证各生产要素在项目经理职权范围内做到最大限度的优化配置。主要任务有以下几项：

1）确定项目管理组织机构并配备人员，制定规章制度，明确有关人员的职责，确保组织项目活动正常运转。

2）确定项目管理阶段目标，进行目标分解，制订总体控制计划，确保项目建设成功。

3）及时、适当地做出项目管理决策，包括投标报价决策、人事任免决策、重大技术组织措施决策、财务工作决策、资源调配决策、进度计划决策等。

4）协调本组织机构与各协作单位之间的协作配合及经济、技术关系，代表企业法定代表人进行有关签证。

5）建立完善的内部及对外信息管理系统。

6）实施合同，处理好合同变更，搞好有关单位的协作。

项目经理的职责是由其所承担的任务所决定的。一般而言，项目经理应履行以下职责：

1）贯彻执行国家和工程所在地政府的有关法律、法规和政策，执行企业的各项管理制度。

2）严格执行财务制度，加强财务管理，正确处理国家、企业与个人的利益关系。

3）执行工程项目合同中由项目经理负责履行的各项条款。

4）对工程项目施工进行有效控制，执行有关技术规范和标准，积极推广应用新技术。

4．项目经理的素质要求

根据项目经理在工程项目管理中的地位和作用，及其承担的职责，可以看出，对项目经理的素质有较高要求。负责一个大中型工程项目的项目经理，面对的大量问题都是开创性或具有挑战性的。大量工程实践表明，项目经理应具有下列基本素质：

1）职业道德素养。项目经理应遵守国家的法律法规，服从企业领导和监督；具有高度的事业心和责任感，对工程项目建设有奉献精神；具有良好的道德品质和团队意识，善于与人共事；诚实守信，公道正直，能恰当处理各方利益关系。

2）能力素质。项目经理应具有符合施工项目管理要求的能力素质，包括技术业务素质和领导能力两个方面。前者要求其熟悉工程项目建设的客观规律，懂经营管理、合同管理和法律知识等；后者包括较强的决策能力、组织协调能力、指挥能力和应变能力。

3）知识素质。项目经理通常应接受过本科以上的专业教育，必须具有相关专业知识并取得相应的资格证书，否则很难真正介入项目管理工作或在项目中被人们所接受。一般来说，项目经理应具有项目领域的专业知识、一般的管理学知识、项目管理知识以及经济、法律等综合性的、广博的知识面，并在工作中更新知识、不断提高。

4）实践经验。项目经理不仅应懂技术、会管理，既是管理专家，又是专业技术上的行家，更应有丰富的实践阅历和解决实际问题的技能。项目管理过程存在大量不确定性因素和实际、复杂的问题，仅懂得管理理论和专业技术知识还不够。管理既是科学，又是艺术，没有丰富的实际锻炼培养不出合格的项目经理。许多施工企业将对项目经理的选择和培养作为重要的企业发展战略之一。

5）身体素质。项目经理日理万机，任务繁重，特别是施工项目经理，工作和生活条件都比较艰苦。因此，必须年富力强，拥有健康的体魄，以保持充沛的精力和旺盛的意志，否则难以承担项目经理这一重任。

美国项目管理专家约翰·本（John Ben）认为项目经理应具备以下素质：

1）具有本专业知识。

2）有工作干劲，主动承担责任。

3）有成熟而客观的判断能力。成熟是指有经验，能够看出问题来；客观是指能看到最终目标，而不是只顾眼前。

4）具有管理能力。

5）诚实可靠、言行一致，答应的事一定做到。

6）机警、精力充沛、吃苦耐劳，随时都准备着处理可能发生的事情。

9.1.3 项目实施目标责任书

1. 什么是项目实施目标责任书

项目实施目标责任书/状，也称项目实施目标任务书，是施工企业根据与建设单位签订的工程承包（施工、监理或咨询等）合同，并依据企业内部项目管理的相关制度，向项目部下达的实施项目的文件。其本质是施工企业与项目部签订的项目实施协议或合同，并由企业总经理与项目经理分别代表企业和项目部在责任书上签字。

项目实施目标责任书本质上是合同，但和施工企业与建设单位签订的承包合同不论在性质还是内容上均存在较大差异。

1）性质上的差异。工程承包合同是两个或两个以上法律上平等的主体间签订的合同，受到法律的保护。国家政策法规的变化对工程承包合同的履行可能有影响，对建设单位或施工企业各自管理制度的变化不能影响到工程承包合同的履行；而对于项目实施目标责任书，要遵守企业内部的相关制度，当企业内部制度发生变化时，一般对项目实施目标责任书的落实可能产生一定的影响。

2）内容上的差异。项目实施目标责任书的目的是完成工程承包合同任务，但许多企业并不是将工程承包合同任务全部下达给项目部，如主要材料的采购，目前许多施工企业采用统一采购方式，此时主要材料的采购就不包括在项目实施责任状内。

2. 项目实施目标责任书的内容

不同的工程承包项目，项目实施目标责任书的内容不同。类似工程承包项目，由不同的施工企业承担时，其项目实施目标责任书的内容也不完全相同。但一般情况下，施工项目实施责任书通常包含以下内容：

1）项目管理实施目标，包括质量、进度和成本目标等。

2）组织与项目经理部之间的责权利分配。

3）项目设计、采购、施工、试运行等管理的内容和要求。

4）项目所需资源的提供方式和核算办法。

5）公司法定代表人向项目经理委托的特殊事项。

6）项目经理部应承担的风险。

7）项目管理目标的评价原则、内容和方法。

8）对项目经理部奖惩的依据、标准和方法。

9）项目经理解职和项目经理部解体的条件和办法。

案例 9-1 **某建设有限公司项目管理目标责任书（主要部分）**

甲方：某建设有限公司（以下简称公司）

乙方：某建设有限公司项目经理（以下简称乙方）

为了加强工程项目管理，使公司承揽的项目（合同编号：××××）施工承包项目能顺利实施，通过公司内部竞标，决定委任×××为项目经理，全面负责该工程的项目管理、施工组织、经营管理及主合同的履约工作。根据本公司《项目目标责任制度规定》，特签订本项目实施目标责任书。

1. 工程概况

(1) 工程名称 ×××

(2) 工程地点 ×××

(3) 建设单位 ×××

(4) 工程内容 ×××

2. 工程工期、质量、安全管理目标

(1) 工期目标 符合主合同要求，严格履行责任工期和项目策划要求，满足建设方和公司要求的进度。

(2) 质量目标 合格率达到100%，优良率符合主合同要求。

(3) 安全目标 满足公司与项目签订的《安全生产责任书》及项目策划要求。

(4) 工程创优目标 创优。

(5) 文明施工目标 满足工程主合同规定及公司相关规定的要求和项目策划要求。

3. 项目经理部组成及职责

项目经理部由项目经理、项目技术负责人、经营人员、施工人员、财务人员和责任人推荐经公司行政人力资源部聘任的其他管理人员组成。禁止将项目班子人员的亲戚安排到项目部内工作。

(1) 项目经理的职责

1) 认真执行国家、地方政府和上级有关方针、政策，严格执行集团、公司的各项制度、流程。

2) 认真履行与聘任单位签订的项目目标责任书，对工程进度、质量、安全、成本、文明施工等全面负责。

3) 主持或参与编制施工组织设计、施工方案、质量安全保证措施，并组织实施；积极推广新技术、新材料、新工艺，提高科技效益率。

4) 经授权人授权，主持或参与项目内各单位工程、分部分项工程的发包，并对分包工程的进度、质量、安全、成本、文明施工全面管理、监督、协调。

5) 根据授权人安排和项目实际，组织编制施工计划，与授权人有关职能部门签订劳动力、材料、设备、资金等供需合同或租赁合同，并负责组织实施。

6) 对进入项目的人、财、物进行合理组织调配，及时解决施工中出现的问题；协调好与建设单位、设计单位、工程监理单位、政府主管部门、总承包和分包单位等各方面的关系。

7) 制定项目管理人员的岗位责任制和项目管理制度，做到有章可依、有章必依、奖惩分明。

8) 自觉接受主管单位职能部门、上级单位、政府主管部门的指导、检查、监督、审计，按公司规定定期向公司报送报表、报告工作，不得以包抗管。

9) 建立项目成本核算制度，建立预算成本、计划成本、实际成本及"干前有预算、干中有核算、干后有决算"的成本管理体系；加强成本管理，控制费用开支，做到工长算量、限额领料，招标采购，过程控制；每月进行一次成本分析会，如计划成本超支，应立即采取有效措施调控，并及时向聘任人报告；办理、审批权限范围内的工程结算，及时有效回收工程款、质保金及往来款。

10) 加强各类经济技术资料的管理，及时办理各种签证和经济索赔；工程竣工后，应将项目部的经营结算、竣工验收资料送交公司档案室。

11) 按照建设部和当地政府有关施工现场综合考评办法，组织开展创标准化工地，创文明工地活动，加强项目精神文明建设。

（2）项目经理的权限

1) 对进入项目的人、财、物有统一调配权。

2) 有材料、设备询价权，经授权人特许，对项目所需材料、周转材料、机械设备，经市场调查和公司信息平台比价，有采购权和租赁权。

3) 有项目岗位设置、聘任项目班子成员和其他管理人员的建议权；有对项目管理人员的调配、考核、奖惩权；有优选劳务队伍的建议权；有对项目管理人员及劳务人员的辞退权和奖罚权。

4) 除执行规定的工资标准外，有权根据公司的有关规定制定合理的奖罚方案，经公司批准后自主执行。

5) 公司总经理授予的其他权利。

4. 风险抵押金

责任人对承担的目标责任实行风险抵押。按照《项目目标责任制度规定》，项目部应交纳风险抵押金××万元。其他条款按《项目目标责任制度规定》相关内容执行。

5. 项目经营目标及考核办法

（1）利润目标　以中标主合同/承包价的×%计算上缴管理费。本工程合同暂估总价为×××万元，暂定上缴公司管理费为××万元（大写），最终上缴利润以竣工结算总价按同比例计算。建设单位对项目部发放的各单项奖金按×%上缴公司管理费，剩余部分项目部根据公司批准的由项目部制订的奖励方案自主执行。为保证项目资本健康运行以及各项目标稳定实现，项目部的现场经费控制指标为结算产值的×%（其中招待费控制指标为结算产值的×‰），现场经费或招待费超过规定的标准，超过部分将扣除×%的所得税上缴公司管理费。

（2）成本目标　本工程项目成本目标为××万元（大写）。成本包括：

1) 完成承包主合同文件规定要求的项目所必需的所有费用（如施工机具及其进出场费、劳务、材料、设备、土建施工、设备安装和维护、试验检验、工程管理、安全文明施工、保险、税金、临时工程，与其他分包方的配合费用，以及合同明示或暗示的所有应由责任人承担的工程、市场、协调等可能发生的一切风险及费用）。

2) 前期业务联络费用、公司为员工扣缴的规费以及资金占用费等。

3) 项目部对分包商的罚款、资料费、保险、代扣税金等收到的款项冲减项目成本。

4) 中标单位管理费、招标代理费和资金占用费等。

（3）完成利润目标考核

1) 完成利润在利润目标的100%以上，按超额利润的××%给予项目部奖励。

2) 完成利润达不到利润目标时，则没有完成部分的××%由项目部根据完成利润目标考核分配办法承担，从风险抵押金中扣除。

3）在项目办理竣工决算时，项目部利润考核奖励发至此部分总奖励的80%；项目质保期满，质保金全部回收后，再发放剩余奖励款项。

（4）拓展营业指标 积极开拓施工地业务市场，对主合同以外新承接的项目，不含主合同承包范围延伸的工程量，按照公司的《市场开拓与激励管理规定》进行奖励。

6. 项目管理目标及考核办法

（1）项目管理目标见项目管理目标一览表（略）

（2）考核办法详见考核评分表（略）

1）实现工程质量目标：工程质量评为市或行业优良的项目，上缴公司目标利润的比例调减0.5%；工程质量评为省级最高奖的项目，上缴公司目标利润的比例调减1%；工程质量评为国家级最高奖的项目，上缴公司目标利润的比例调减2%。

2）主合同变更责任成本的调整：依据目标成本单价，对主合同变更项目，有相同或相似单价的，采用相同或相似单价；没有相同或相似单价的，由公司市场经营部核定。

7. 其他考核

1）建设单位给予项目部的合同外奖励，公司根据实际情况处理。

2）如收到建设单位书面投诉，按3000元/次予以处罚。

3）现场安全文明施工未达标，按3000元/次予以处罚。

4）其他单项工作，如返工、不按财务规定和经营程序办事等，按2000元/次予以处罚。

5）公司对项目部进行项目管理六项考评，并按规定给予绩效调整。

6）如出现重大质量、安全责任事故，直接经济损失全部计入成本，并按公司相关规定对项目部进行处罚。

8. 财务管理

1）项目部按××%的年利率支付资金占有成本。

2）所有工程款项先汇入公司财务账户，工程资金按"以收定支"的原则控制。

9. 完工结算审计

项目完工交验，工程款全部结回，资产全部清算完毕，对项目进行终结审计、考核，并用80%兑现奖罚，剩余20%待质保金全部收回后兑现奖罚。

10. 未尽事项

本目标责任书未明确的内容，按公司《项目目标责任制度管理规定》的相关内容执行。

11. 争议处理

本目标责任书为公司内部管理目标责任书，解释权归公司。若公司与项目部就本责任书在履行期间发生争议，双方应本着诚实信用和公平合理的原则及时协调矛盾；若协商不成，可向公司所在地人民法院诉讼解决。

■ 9.2 工程项目实施整体管理

工程项目实施整体管理，也称工程项目实施集成管理，主要包括编制项目实施整体规划、指导与实施监管、控制项目目标和收尾管理等。

9.2.1　工程项目实施整体管理规划及其分类

1. 什么是工程项目实施整体管理规划

工程项目实施整体管理规划是对工程项目实施全过程中的各项工作过程以及各种管理要素进行全面计划，并最终形成指导项目实施的整体管理规划文件。GB/T 50326—2017《建设工程项目管理规范》指出，工程项目管理规划在项目管理工作中应具有战略性、全局性和宏观性。作为指导工程项目实施管理工作的纲领性文件，编制项目整体管理规划文件主要对如下几个方面进行分析和描述：

1）为什么要进行工程项目管理。

2）工程项目管理要做什么工作。

3）怎样进行工程项目管理。

4）谁做工程项目管理哪方面的工作。

5）什么时候做哪些工程项目管理工作。

6）工程项目的成本目标分析。

7）工程项目的进度目标分析。

8）工程项目的质量目标分析。

在传统施工规划中，仅有技术层面的施工组织设计，包括项目施工总组织设计和单位工程施工组织设计。实践表明，这是不够的。在现代项目实施规划中，既要有施工组织设计，对整体的施工活动，包括施工方案、技术措施等做出系统安排，也要有施工整体管理规划，对施工项目组织、项目实施监管、项目目标控制等做出安排。

2. 工程项目实施整体管理规划的分类和特点

（1）工程项目实施整体管理规划的分类　施工方的项目实施整体管理规划包括工程项目实施整体管理规划大纲和工程项目实施管理计划两类：

1）工程项目实施整体管理规划大纲。工程项目实施整体管理规划大纲是工程项目管理工作中具有战略性、全面性和宏观性的指导文件，由参加工程项目投标的承包企业管理层在取得招标文件后编制，旨在作为投标依据，其内容要满足招标文件及签订合同要求。

2）工程项目实施管理计划。工程项目实施管理计划是对工程项目实施整体管理规划大纲的细化，具有可操作性。工程项目管理实施整体管理规划应在项目中标及施工合同签订之后、开工之前，由项目经理主持编制，旨在作为指导施工全过程各项工作的依据。

对施工项目部，工程项目实施整体管理规划既包括技术层面的项目施工组织设计，也包括管理层面的工程项目管理规划，两者相互联系。

（2）工程项目实施整体管理规划的特点

1）工程项目实施整体管理规划大纲的特点：

① 内容具有纲领性。建设工程的项目实施整体管理规划大纲，实际上是投标之前对工程项目管理的全过程所进行的规划。这既是准备中标后实现对发包人承诺的管理纲领，又是预期未来工程项目管理可实现的计划目标，影响建筑工程项目管理的全生命期。

② 为投标签约提供依据。建设工程施工企业为了取得工程项目，在进行投标之前，应根据工程项目实施整体管理规划大纲认真规划投标方案。根据工程项目实施整体管理规划大纲编制投标文件，既可使投标文件具有竞争力，又可满足招标文件对施工组织设计的要求，

还可为签订合同进行谈判提前做出筹划和提供资料。

③ 追求经济效益。建设工程的项目实施整体管理规划大纲首先有利于中标，其次有利于全过程的项目管理，所以它是一份经营性文件，追求的是经济效益。主导这份文件的主线是投标报价和工程成本，是企业通过承包该项目所期望的经济成果。

2）工程项目实施管理计划的特点：

① 它是工程项目实施过程的管理依据。工程项目实施管理计划在签订合同之后编制，指导从施工准备到竣工验收全过程的工程项目管理。它既为这个过程提出管理目标，又为实现目标做出管理计划，因此是工程项目实施过程的管理依据，对工程项目管理取得成功具有决定性意义。

② 其内容具有实施性。实施性是指它可以作为实施阶段工程项目管理实际操作的依据和工作目标。因为它是项目经理组织或参与编制的，是依据项目现场具体情况编制而成的，所以具有实施性。

③ 追求管理效率和良好效果。工程项目实施管理计划可以起到提高管理效率的作用。因为在管理过程中，事先有策划，过程中有办法及制度，目标明确，安排得当，措施得力，就会提升效率，取得理想的效果。

3. 工程项目实施整体管理规划的目的和作用

工程项目实施整体管理规划的基本任务是在充分研究工程的客观情况和施工特点的基础上，结合施工企业的技术力量、装配水平，从人力、材料、机械、技术和资金五个基本要素出发，进行统筹规划、合理安排，充分利用有限的空间和时间，采用先进的施工技术，选择合理的施工方案，取得质量高、工期短、成本低、效益好、用户满意的工程产品或服务。编制工程项目实施整体管理规划的目的和作用是：

1）在投标前，通过工程项目实施整体管理规划大纲对项目的总目标、项目的管理过程和投标过程进行全面规划，争取中标，并签订一个既符合发包方要求，又能使承包方取得综合效益的承包合同。

2）在施工合同签订后，通过工程项目实施管理计划，保证项目施工过程安全、高效、有秩序地进行，全面完成施工合同责任，实现项目目标。这具体体现在以下几个方面：

① 它是指导施工活动的基本依据，是对施工全过程实行科学管理的重要手段和措施。通过科学的规划，能够合理地分配资源，明确监控程序，协调各工种、各单位和各专业之间的关系，能充分利用时间和空间，保证有秩序的工作，可以通过各种技术经济比较和优化，提高项目整体效益。

② 它是拟建工程按期竣工交付，实现建设目标的保证。

③ 它为拟建工程设计方案实施的可能性提供论证依据。工程项目实施整体管理规划的核心是目标，通过规划可以分析设计和施工方案是否可行，项目成本、质量、进度等目标能否实现，如果发现不能实现或不平衡，则必须修改目标，更改技术设计或者施工方案。所以，工程项目实施整体管理规划又是对项目目标和技术设计更为详细的论证。

④ 它是协调各方关系及各施工过程之间关系的依据之一。

9.2.2　工程项目实施整体管理规划的编制

1. 编制依据

工程项目实施整体管理规划的编制必须做到有据可依。编制依据主要包括以下几个方面：

1）可行性研究报告、项目任务书、工程设计图等计划和设计文件。

2）招标/合同文件及对合同的研究分析结果。

3）建设单位的意图和要求（如工期、质量、预算要求等）。

4）建设地区基础资料（如资源配置情况、建筑环境、场地条件及地质、气象资料等）。

5）有关标准、规范和法律。

6）有关技术新成果和类似建设工程项目的资料和经验。

2．编制原则

编制工程项目实施整体管理规划时，应遵守以下几项基本原则：

1）认真执行建设程序，严格遵守国家和合同规定的工程竣工及交付使用期限。

2）做好项目优先排序，保证重点，统筹安排。

3）遵循施工工艺及其技术规律，合理安排施工程序和施工顺序。

4）重视管理创新和技术创新。

5）采用流水施工方法和网络计划技术，组织有节奏、均衡、连续的施工。

6）科学安排冬期雨期施工项目，保证生产的均衡性和连续性。

7）提高建筑的工业化程度。

8）尽量采用国内外先进的施工技术和科学管理方法。

9）尽量减少暂设工程，合理储备物资，科学规划施工平面图。

3．编制要求

工程项目实施整体管理规划的编制应符合以下要求：

1）明确目标和任务的范围界限，符合招标文件、合同条件以及发包人（包括监理工程师）对工程的要求。

2）具有科学性和可执行性，符合实际，能较好地反映以下几点：

① 工程环境、现场条件、气候、当地市场的供应能力等。

② 符合施工工程自身的客观规律性，按照工程规模、工程范围、复杂程度、质量标准、工程施工的逻辑性和规律性编制规划。

③ 施工项目相关各方的实际能力。例如，承包人的施工能力、供应能力、设备装备水平、管理水平和所能达到的生产效率，过去同类工程的经验等；发包人对整个项目所采用的分标方式和管理模式、支付能力、管理和协调能力、材料和设备供应能力等。

3）全面性和系统性要求。要使项目顺利实施，必须安排各方面的工作，提供各种保证。规划的遗漏必然会导致管理过程中的失误，因此工程项目实施整体管理规划中必须包括项目实施的各个方面和各种要素。一般包括以下几个方面：

① 通过结构分解得到所有项目单元。

② 项目单元的各个方面，如质量、数量、实施方案、工序安排、成本计划和工期安排。

③ 包括项目的全过程，即从项目开始直到项目结束的各个阶段。

④ 所有的项目任务承担者。

⑤ 项目所需资源或条件的各个方面，如资金、人力、材料、设备、仓储、运输、临时设施和工作面等的安排，而且要在项目实施过程中反映上述各因素动态的变化情况。

4）经济性要求。在工程项目实施过程中，不仅要求有较高的效率（进度快），而且要求有较高的整体经济效益，在财务上要平衡，有效地使用资源。

5）符合国家和地方的法律、法规、规程、规范。

6）符合现代管理理论，采用新的管理方法、手段和工具。

4．编制流程

工程项目实施整体管理规划的编制一般包括以下几个步骤：

1）明确项目目标。

2）分析项目环境和条件。

3）收集项目的有关资料和信息。

4）确定项目管理组织结构和职能划分。

5）明确项目管理内容。

6）编制项目目标计划和资源计划。

7）汇总整理，报送审批。

9.2.3 工程项目实施整体管理规划的内容

1．工程项目实施整体管理规划大纲的内容

（1）项目概况 项目概况包括工程项目基本情况描述、工程项目实施条件分析和工程项目管理基本要求等。

1）工程项目基本情况描述包括：投资规模，工程规模，使用功能，工程结构与构造，建设地点，基本的建设条件（合同条件，场地条件，法规条件，资源条件）等。工程项目的基本情况可以用一些数据指标描述。

2）工程项目实施条件分析包括：发包人条件，相关市场条件，自然条件，政治、法律和社会条件，现场条件，招标条件等。这些信息来自环境调查和发包人在招标过程中可能提供的资料。

3）工程项目管理基本要求包括：法规要求，政治要求，政策要求，组织要求，管理模式要求，管理条件要求，管理理念要求，管理环境要求，有关支持性要求等。

（2）工程项目范围管理规划 工程项目范围管理规划应以确定并完成项目目标为根本目的，通过明确项目有关各方的职责界限，以保证工程项目管理工作的充分性和有效性。

1）工程项目范围管理的对象应包括为完成项目所必需的专业工作和管理工作。

2）工程项目范围管理的过程应包括项目范围确定、项目结构分析、项目范围控制等。

3）工程项目范围管理应作为项目管理的基础工作，并贯穿于项目的全过程。组织应确定项目范围管理的工作职责和程序，并对范围的变更进行检查、分析和处置。

（3）工程项目管理目标规划

1）工程项目管理的目标通常包括两个部分：

① 合同要求的目标。合同规定的项目目标是必须实现的，否则投标就不能中标，中标后也必须接受合同或法律规定的处罚。

② 组织自身要完成的目标。工程项目管理目标规划应明确进度、质量、职业健康安全与环境、成本等总目标，并进行相应的分解。这些目标是项目管理的努力方向，也是管理成果的体现，故必须进行可行性论证，提出纲领性的措施。

2）有时组织的总体经营战略和项目实施策略会额外产生一些目标，应一并加以规划。

3）工程项目管理的目标应尽可能定量描述，是可执行、可分解的，在工程项目实施过程中可以用目标进行控制，在项目结束后可以用目标对项目经理部进行考核。

4）项目的目标水平应通过努力能够实现，不切实际的过高目标会使项目经理部失去努力的信心；而过低会使项目失去优化的可能，企业的经营效益会降低。

5）工程项目管理目标规划应满足顾客的要求，赢得顾客的信任。这里的顾客主要是发包人，也可能是分包的总包人或其他项目管理任务的提供人。

（4）工程项目管理组织规划　工程项目管理组织规划应符合施工项目的组织方案，此方案分为以下两类：

1）针对专业性施工任务的组织方案。例如，是采用分包方式还是自行承包方式等。

2）针对施工项目管理组织（施工项目经理部）的组织方案。在工程项目实施整体管理规划大纲中，不需要详细描述施工项目经理部的组成情况，但必须原则性地确定项目经理、总工程师等人选。

通常按照项目业主招标的要求，项目经理或技术负责人在项目业主的澄清会议上进行答辩，所以项目经理或技术负责人必须尽早任命，并尽早介入施工项目的投标过程。这不仅是为了中标的要求，而且能够保证建设工程项目管理的连续性。

（5）工程项目成本管理规划　工程项目成本管理规划应体现施工预算和成本计划的总体原则。成本目标规划应包括项目的总成本目标、按照主要成本项目（如施工工人、主要材料、设备用量以及相关费用）进行的成本目标分解、现场管理费额度、保证成本目标实现的技术组织措施等。成本目标规划应留有一定的余地，并有一定的浮动空间。

成本目标的确定应考虑的因素有：施工工程的范围、特点、性质；招标文件规定的承包人责任；工程的现场条件；承包人对施工工程确定的实施方案。

成本目标是承包人投标报价的基础，将来又会作为对施工项目经理部的成本目标责任和考核奖励的依据，它应反映承包人的实际开支，所以在确定成本目标时不应考虑承包人的经营战略。

建筑企业应建立施工成本数据库。

（6）工程项目进度管理规划　工程项目进度管理规划应说明招标文件（或招标人要求）的总工期目标、总工期目标的分解、主要的里程碑事件及主要工程活动的进度计划安排、施工进度计划表、保证进度目标实现的措施等。

工程项目管理规划大纲中的工期目标与总进度计划不仅应符合招标人在招标文件中提出的总工期要求，而且应考虑到环境和气候条件的制约、工程的规模和复杂程度、承包人可能达到的资源投入强度，要具有可行性。在制订总计划时，应参考已完成的当地同类工程的实际进度状况。

（7）工程项目质量管理规划　工程项目质量管理规划包括质量目标规划和主要施工方案描述。

1）招标文件（或项目业主）要求的总体质量目标规划。质量目标的指标既应符合招标文件规定的质量标准，又应符合国家和地方法律、法规、规范的要求。施工项目管理工作、施工方案和组织措施等都要保证该质量目标的实现，这是承包人对项目业主的最重要承诺。应重点说明质量目标的分解和保证质量目标实现的主要技术组织措施。

2）主要施工方案描述，包括工程施工次序的总体安排、重点单位工程或重点分部工程的施工方案、主要技术措施、拟采用的新技术和新工艺、拟选用的主要施工机械设备方案。

（8）工程项目职业健康安全与环境管理规划

1）工程项目职业健康安全规划应提出总体安全目标责任、施工过程中的主要不安全因素、保证安全的主要措施等。对危险性较大或专业性较强的建设工程施工项目，应当编制施工安全组织计划，建立施工安全管理体系，并提出详细的安全组织、技术和管理措施，保证安全管理过程是一个持续改进的过程。

2）工程项目环境管理规划应根据施工的工程范围、工程特点、性质、环境、项目业主要求等的不同，按照需要增加一些其他内容。例如，对一些大型的、特殊的工程，项目业主要求承包人提出保护环境的管理体系时，应有较详细的重点规划。

（9）工程项目采购与资源管理规划

1）建设工程项目采购规划要识别与采购有关的资源和过程，包括采购什么，何时采购，询价，评价并确定参加投标的分包人，分包合同结构策划，采购文件的内容和编写等。

2）建设工程项目资源管理规划包括识别、估算、分配相关资源，安排资源使用进度，进行资源控制的策划等。

（10）工程项目信息管理规划　工程项目信息管理规划应包括下列内容：

1）与工程项目组织相适应的信息流通系统。

2）信息中心的建立规划。

3）工程项目管理软件的选择与使用规划。

4）信息管理实施规划。

（11）工程项目风险管理规划　工程项目风险管理规划应根据工程的实际情况对施工项目的主要风险因素做出预测，并提出相应的对策措施，提出风险管理的主要原则。

在工程项目实施管理整体规划大纲阶段，对风险的考虑较为宏观，主要着眼于市场、宏观经济、政治、竞争对手、合同、业主资信等。施工风险的应对措施有回避风险大的项目，选择风险小或适中的项目。对风险超过自身承受能力、成功把握不大的项目，不参与投标。

1）技术措施。例如，选择有弹性的、抗风险能力强的技术方案，而不采用新的、未经过工程使用的、不成熟的施工方案；对地理、地质情况进行详细勘察或鉴定，预先进行技术试验、模拟，准备多套备选方案，采用各种保护措施和安全保障措施。

2）组织措施。对风险很大的项目加强计划工作，选派最得力的技术和管理人员，特别是项目经理在同期施工项目中应提高它的优先级别，并在实施过程中严密控制。

3）购买保险。常见的工程损坏、第三方责任、人身伤亡、机械设备损坏等可以通过购买保险的办法规避。要求对方提供担保或反担保，要求项目业主出具资信证明。

4）风险准备金。例如，在投标报价中，根据风险的大小以及发生的可能性，在报价中增加一笔不可预见风险费。

5）采取合作方式共同承担风险。例如，通过分包、联合承包，与分包人或其他承包人共同承担风险。

6）通过合同分配风险。例如，通过修改承包合同中对承包人不利的条款或单方面约束性条款，平衡项目业主和承包人之间的风险，保护自己；通过分包合同转移总承包合同中的相关风险等。

（12）工程项目收尾管理规划　工程项目收尾管理规划包括工程收尾、管理收尾、行政收尾等方面的规划。

2. 工程项目实施管理计划的内容

1）工程现状分析，包括工程特点、建设地点及环境特征、施工条件、工程项目管理特点及总体要求。

2）总体工作计划，包括工程项目的质量、进度、成本及安全目标，施工总体设想，分包计划、资源供应总体安排，施工程序，工程项目管理总体安排。

3）管理组织方案编制，包括工程项目部的组织架构、人员配置以及相应的人员管理方案。

4）施工技术方案编制，包括施工流向和施工顺序、施工阶段划分、施工方法和施工机械选择、安全施工设计、环境保护内容及方法。

5）施工进度管理计划，包括施工总进度计划和单位工程施工进度计划，包括工程进度目标的确定、目标的分解、具体实施步骤以及实施的方法。

6）施工质量管理计划，包括质量目标的确定、目标的分解、具体实施步骤以及实施的方法。

7）职业健康安全与环境管理计划。

8）成本管理计划。其中，成本目标包括成本目标的确定、目标的分解、具体实施步骤以及实施的方法。

9）资源供应计划，包括劳动力需求计划、主要材料和周转材料需求计划、机械设备需求计划、预制品订货和需求计划、工具器具需求计划。

10）施工准备工作计划，包括施工准备工作组织及时间安排、技术准备及编制质量计划、施工现场准备、作业队伍和管理人员的准备、物资准备，资金准备。

11）施工平面图设计文件，包括施工平面图说明、施工平面图、施工平面图管理规划。其中，施工平面图应按现行制图标准和制度要求进行绘制。

12）技术组织措施计划，包括保证安全目标、季节性施工的措施、保护环境的措施、文明施工的措施。各项措施具体应包括技术措施、组织措施、经济措施及合同措施等方面的内容。

13）工程项目风险管理。

14）工程项目信息管理。

15）技术经济指标分析。

案例 9-2 某住宅小区项目实施整体管理规划大纲（部分）

1. 项目管理的思路

1）项目管理的目的。通过项目管理，有效解决施工中的各种问题，实现项目质量、效益、工期、文明、安全等各项指标。

2）项目管理的总原则。实现全面目标化管理，即建立项目、部门、个人三级的目标化管理。

3）项目运行主线。参考 ISO 9002 管理体系文件。

2. 项目管理实施计划

1）项目管理组织结构。

2）项目管理实施理念。

3）项目管理职责。

4）项目管理制度。具体包括：项目管理规划制度；项目技术质量管理制度；项目生产管理制度；项目材料管理制度；项目成本管理制度；项目合同管理制度；项目行政管理制度。

5）工程业务系统流程：具体包括：施工方案编制执行流程；现场报验工作流程；月度统计报量结算流程；材料进场流程。

6）项目规划实施保证措施。

3. 工程管理目标

1）工期管理目标：信守合同，按合同条款完成所规定的各项工期指标。

2）成本管理目标：科学管理，努力节支，降低成本。

3）质量管理目标：工程保优良，争创"长城杯"。

4. 工程技术管理

1）技术系统的主要工作。

2）总包管理责任。

3）分包管理责任。

5. 工程质量管理（略）。

6. 施工现场管理（略）。

7. 工程安全生产管理（略）。

8. 工程施工成本管理（略）。

9. 工程合同管理（略）。

10. 施工日志管理（略）。

9.3 工程项目实施监管

本节主要结合工程项目实施监管进行介绍，工程监理等项目实施监管也可参考。

9.3.1 工程项目实施监管的特点

（1）项目目标对工程项目实施监管的影响 工程项目采用目标管理方法，所以工程项目实施监管又是目标控制管理。监管的目的是使整个项目的实施过程顺利，最终实现总目标。项目目标监管具有如下特点：

1）目标的可变性，即在工程项目实施中，由于上层组织战略的变化、实施环境的干扰和新技术的出现等原因，需要修改目标。

2）项目是多目标系统，而且经常会产生目标争执。在控制过程中，必须保证目标系统的平衡，包括子目标和总目标、阶段性目标与整体目标，以及质量、工期、成本三大目标的平衡。

（2）现场管理 项目管理人员在项目的实施阶段不仅仅是提出咨询意见、制订计划、指出怎样做，而且直接组建项目管理组织，在现场负责项目实施的管理工作，是管理任务的承担者。

为了使项目管理有效、控制得力，项目管理人员必须介入具体的项目实施过程，进行过程控制，而不是做最终评价；要亲自布置工作，监督现场实施，参与现场的各种会议。所以，一经现场开工，工程项目管理工作的重点就转移到施工现场。

（3）动态过程　工程项目实施监管是一个高度动态的过程，原因如下：

1）项目目标的可变性，即在项目实施中，由于上层组织战略的变化、实施环境的变化、新技术的出现等原因，需要修改目标。项目目标与环境之间的交互作用是监管的难点。

2）外界环境变化（如恶劣的气候条件、货币贬值和异常地质条件）造成对项目实施的干扰，使实施过程偏离目标。在工程项目实施的整个过程中，应一直加强对环境的监控。

3）原计划存在失误。

4）人们组织行为的不确定性也会导致实施状态与目标偏差。项目参与者在项目实施中的行为主要受其在项目中的利益驱动。因此，要求项目实施控制是动态的、多变的，要能按照工程的具体情况不断进行调整。

（4）工程项目实施监管综合采用事前控制、事中控制和事后控制方法

1）事前控制。在项目（或活动）开始前，就根据项目投入（如工艺、材料、人力、信息和技术方案）和外部环境条件，分析研究即将产生的或可能产生的结果及问题，以确定影响目标实现和计划实施的各种有利和不利因素，预测结果，并将这种结果与目标相比较，再制定纠正措施，控制投入和实施过程，以便使项目的实施不发生偏离。常见的事前控制措施有：

① 通过详细的调查研究和规划，科学地安排项目实施过程。

② 在材料采购前进行样品认可和入库前检查。

③ 收听天气预报以调整工期计划，特别是在雨期和冬期施工中。

④ 对风险进行预警等。

事前控制是对未来的控制，它可以改变偏差已经成为事实的被动局面，从而使控制更有效。

2）事中控制。在工程项目实施过程中采取控制手段，以确保项目依照预定的计划进行。例如，通过严密的组织落实责任体系，建立管理程序和规章制度，在各管理职能之间建立权力制衡；在工程施工过程中加强监督（如进行旁站监理），防止偷工减料，杜绝豆腐渣工程。

3）事后控制。根据当期项目实施状况的报告与目标（计划）进行分析比较，以发现问题，提出控制措施，并在下一轮生产活动中纠正偏差的方式。控制的重点是今后的工程项目实施活动。其控制思想是利用反馈信息，总结过去的经验与教训，把今后的事情做得更好。这种方式在项目管理中有着广泛的应用，特别是在质量控制与成本控制中。但很显然，这种控制存在时滞，即已出现问题了再调整，往往难免造成损失。

（5）主动控制和被动控制相结合

1）主动控制。主动控制首先体现在事前控制和事中控制上。另外，从组织角度，要求实施者发挥自己的主观能动性，做好自己的工作，主动自我控制。例如，通过建立奖惩措施体系来增强自我控制的责任和主动性，强化实施者的第一责任。

2）被动控制。被动控制首先体现在事后控制上，即从对实施状况的诊断中发现偏差，再采取措施纠正偏差。另外，从组织角度，通过项目参与者之间的互相制衡，通过第三方监督检查，进行控制。

对工程项目管理而言，主动控制与被动控制都是实现项目目标所必须采用的控制方式，

必须将主动控制与被动控制紧密地结合起来，力求加大主动控制在控制过程中的首要作用，同时进行定期、连续的被动控制。只有这样，才能更好地完成项目实施监管的任务。

9.3.2 工程项目实施监管的内容

1. 工程项目实施监管的对象

现代工程项目要求系统的、综合的项目管理，形成一个由总体到细节，包括各个方面、各种职能的严密多维的监管体系，工程项目实施监管的对象与工程项目实施管理整体规划的对象和内容是一致的，包括项目目标及参与人员的行为。工程项目实施监管的深度和广度依赖于设计和计划的深度和广度以及计划的适用性。一般来说，施工管理计划越详细、越严密，监管就必须越严格。

为了便于有效地监督、检查和控制，对工程项目实施的监管需设置一些关键控制点。这些关键点应能最佳地反映目标，一般设置在：

1）重要的里程碑事件。
2）对工程质量有重大影响的施工活动或措施。
3）对成本有重大影响的施工活动或措施。
4）主要的工程设备和主体工程。

案例9-3 某项目关键点检查报告（见表9-1）

表9-1 项目关键点检查报告

工作名称	主楼工程	抄送部门	项目部
关键点名称	钢筋绑扎	检查时间	×年×月×日
检查实施人	×××	任务编码	1223
报告日期	×年×月×日	报告份数	2
检查的项目内容	钢筋规格、数量是否符合设计要求		
实际进程描述	与计划进程对比，拖期7天		
存在的问题	钢筋绑扎，部分达不到施工规范要求		
建议与预测	加强施工人员管理，增加人员投入		
检查负责：××× 日期：×年×月×日			

2. 工程项目实施监管的目的、目标和依据

工程项目实施监管的目的、目标和依据如表9-2所示。

表9-2 工程项目实施监管目的、目标和依据

序号	控制内容	目 的	目 标	依 据
1	范围控制	保证按任务书（或设计文件，或合同）规定的数量完成工程	范围的定义	范围规划和定义文件（项目任务书、设计文件和工程量表等）
2	成本控制	保证按计划成本完成工程，防止成本超支和费用增加，达到盈利目的	计划成本	各分项工程、分部工程和工程计划总成本，人力、材料资金计划和计划成本曲线等

（续）

序号	控制内容	目的	目标	依据
3	质量控制	保证按项目任务书（或设计文件及合同）规定的质量完成工程，使工程顺利通过验收，交付使用，实现使用功能	规定的质量标准	各种设计标准、规范、工程说明、图样、工程项目任务书
4	进度控制	按预订进度计划实施工程，按期交付工程，防止工程拖延	任务书（或合同）规定的工期	总工期计划、已批准的详细的施工进度计划、网络图和横道图等
5	合同控制	按合同规定全面完成自己的义务，防止违约	合同规定的各项义务、责任	合同范围内的各种文件，合同分析资料
6	风险控制	防止和减轻风险的不利影响	风险责任	风险分析和风险应对计划
7	安全、健康、环境控制	保证工程的施工、运行过程和产品（或服务）的使用符合安全、健康和环境保护要求	法律、合同和规范规定的标准	法律、合同文件和规范文件

9.3.3 工程项目实施监管的要点

1. 施工准备

工程项目实施监管的许多基础性管理工作和前提条件必须在实施前或实施初期完成，为了保证工程项目的顺利施工，必须做好施工准备工作。施工准备工作是项目实施监管的重要组成部分，是对拟建工程目标、资源供应和施工方案的选择、空间布置和时间安排等诸方面进行施工决策的依据。

（1）施工准备工作的分类

1）按施工准备工作的对象分类

① 施工总准备。施工总准备是指以整个建设项目为对象进行的需要统一部署的各项施工准备工作。它为全场性的施工做好准备，也兼顾了单位工程施工前的准备。

② 单位工程施工准备。单位工程施工准备是指以单位工程为对象进行的施工条件准备工作。它不仅要为单位工程在开工前做好一切准备，还要为分部分项工程的顺利开展做好准备。

③ 分部分项工程施工准备。分部分项工程施工准备是指以一个分部分项工程为对象进行的施工条件准备工作。

④ 季节性施工准备。季节性施工准备是指为冬季、夏季和雨期施工创造条件的施工准备工作。

2）按拟建工程所处的施工阶段分类

① 开工前的施工准备。开工前的施工准备是指在拟建工程正式开工前所进行的具有全局性和总体性的施工准备工作。它既包括全场性的施工准备，又包括单位工程施工的准备。

② 各阶段施工前的施工准备。各阶段施工前的施工准备是指在工程正式开工之后，某个单位工程、某个分部分项工程或某个施工阶段、某个施工环节施工前所进行的具有局部性

或经常性的施工准备工作。它为每个施工阶段创造必要的施工条件：一方面，它是开工前施工准备工作的深化和具体化；另一方面，需要依据各施工阶段的实际和变化情况随时做出补充、修正与调整。

因此，施工准备工作既要有整体性与阶段性，又要有连续性。为了提高施工准备工作的质量，加快施工准备工作的速度，施工单位必须加强与建设单位、设计单位之间的协调合作，建立健全施工准备工作的监管制度，有组织、有计划、分期分批地进行，贯穿施工管理的全过程。

（2）施工准备工作的内容　施工准备工作的内容通常包括技术准备、物资准备、劳动组织准备、施工现场准备和施工场外准备。

1）技术准备。技术准备是施工准备工作的核心，由于任何技术的差错或隐患都可能引起人身安全和质量事故，造成生命、财产和经济的巨大损失，因此必须认真地做好技术准备工作。其内容主要有熟悉与审查施工图，调查分析原始资料，编制施工预算，编制施工组织设计等。

2）物资准备。材料、构（配）件、制品、机具和设备是保证施工顺利进行的物质基础，这些物资的准备工作必须在工程开工之前进行，根据各种物资的需要量计划，分别落实货源，组织运输和安排储备，使其保证连续施工的需要。物资准备工作主要包括建筑材料的准备、构（配）件和制品的加工准备、建筑安装机具的准备、生产工艺设备的准备等。

3）劳动组织准备。劳动力的来源分析或劳务分包计划、劳动力的培训等。

4）施工现场准备。施工现场是施工的参加者进行施工的活动空间。施工现场准备工作主要是为工程的施工创造有利的施工条件和物资保证。其内容具体包括施工场地测量、三通一平、临时设施搭设、施工机具进场、施工材料的存放等工作。

5）施工场外准备工作。其内容包括材料设备的加工和订货、分包工作、向主管部门提交报告等。

2. 实施过程监督

工程项目实施管理的首要任务就是监督，通过经常性的监督以保证整个施工过程按照计划和合同规定的质量要求、预计的花费和预定的工期，有效地和经济地实施，从而实现预定的项目目标。项目实施过程监督包括许多工作内容，例如：

1）批准项目工作。为了有效地控制，施工项目的每一阶段和每一项工作都要正式启动，以确保每个项目工作有明确的组织，按计划规定的时间开始。

2）领导整个项目工作，做工作安排，沟通各方面的关系，提供工作条件，培训项目管理人员。

3）按计划实施项目，保证每个工程活动按时开始；协调工程实施过程中的各项工作、各参加者之间的关系，处理矛盾，发布工作指令，划分各方面的责任界限，解释合同。

4）各种工作的检查。例如，各种材料和设备进场及使用、工艺过程、隐蔽工程、部分工程及整个工程的检查、试验、验收等，并管理现场秩序。

5）项目对各种干扰因素和潜在危险进行预测，并及时采取预防性措施。

6）记录各种实际项目实施情况及环境状况，并收集各种原始资料。例如，每日、每周、每月的工程进度、成本记录、质量报告、人力、物力、材料使用及消耗报告，各工程小组和分包商的状况报告，工程中的气象记录、市场价格变动记录、交通情况记录等。情况记录和报告是控制的主要手段之一。通过监督应能获得项目实施状况的第一手资料，这是后续控制工作的基础。

7）各种工作和文件的审查、批准。

3．实施过程跟踪

通过对实施过程的监督可以获得反映工程实施情况的资料和对施工现场情况的了解，将这些资料经过信息处理，管理者可以获得项目实施状况的报告。将它与施工目标、计划相比较，就可以确定实际与计划的差距，认识何处、何时和哪方面出现偏差。在项目实施过程中，项目管理者一方面必须一直跟踪项目的实施过程，对其有清楚的了解；另一方面还要一直把握项目的目标和边界条件的变化。

1）及时认识偏差，可以及时分析问题，及时采取措施，这样才能保证有效地实施控制，使花费或损失尽可能小。通常项目监管过程中采取措施的反应时间由如下几部分构成：

① 从偏差出现到识别的时间。

② 原因分析和措施提出的时间。

③ 决策时间，即确定措施的时间。

④ 措施应用时间。

⑤ 措施产生效果的时间。

实践证明，如果控制过程太长、反应太慢、措施滞后，会加大纠正偏差的难度，造成更大的损失。当然，反应时间还与控制期的长短和控制对象的划分细度有关。

2）对偏差的分析应是全面的，从宏观到微观，由定性到定量，包括每个监管对象。在工程中偏差可能表现在：

① 工程范围的完备性、工作量和质量的差异。

② 生产效率。

③ 费用。

④ 工期，如工作包的最终工期、剩余工期。

这些偏差应在报告中确定，并详细说明在监管中应注意并抓住的重大差异，特别是作为关键控制点的差异。

实施过程跟踪比较必须采用与施工计划相同的对象和内容，同时要有与项目目标要求一致的、能反映实际情况的报告体系，作为对实际实施状况的系统描述，并保证其正确性、真实性和客观性。

4．实施诊断

为了对项目的实施过程进行持续改进，必须不断地实施诊断。主要包括以下内容：

1）对工程实施状况的分析评价。这是一个对施工工作业绩的总结和评价过程。按照计划、项目早期确定的组织责任和衡量标准（如实物、成本、收益、工作量和质量等指标）、评价项目总体和各部分的实施状况。

2）对产生问题和偏差原因的分析。偏差原因很多，可能有目标的变化、新的边界条件和环境条件的变化、计划错误、新的解决方案、不可预见的风险发生、上层组织的干扰等。由于项目的实施计划是经过一定程度优化的，所以通常偏差大多数是消极的，很少是有积极作用和有益的。原因的分析必须是客观的、定量和定性相结合的。原因分析可以采用因果关系分析图等方法。

3）原因责任的分析。

① 责任分析的依据是原定的目标分解所落实的责任，它由任务书、任务单（对工程小组下达任务的文件）、合同和项目手册等定义。通过分析确定是否由于项目组织中的成员未能完成规定的责任而造成偏差。

② 常常存在多方面责任或多种原因的综合，则必须按责任者、按原因进行分解。有时对重要的偏差要提出专题分析报告。

4）实施过程趋向的预测。在项目实施监管中，趋向分析比跟踪具有更重要的意义，特别是对上层决策者。实施趋向预测是在目前实际状况的基础上对后期工程活动作新的费用预算及新的工期计划或调整计划。预测内容包括如下几方面：

① 现有偏差对项目的结果状况有什么影响，即按目前状况继续实施项目，不采取新的措施会有什么结果。例如，工期、质量、成本的最终状况；所受到的处罚，如违约金；工程的最终收益；最终目标的完成程度。

② 如果采取调控措施，以及采取不同的措施，工程项目将会有怎样的结果。项目管理者的这个估计和预测是措施选择和决策的基点。在实际工程项目中，人们对实际状况的认识经常不够客观，会有过于乐观的但却错误的估计，特别是当其不直接接触项目的实际实施过程时。

③ 预测和评价潜在的危险和将来可能发生的干扰，以准备采取预防性措施，否则会加大调整的难度。

在现代工程中，人们对预警的要求越来越高，已将其作为项目全过程的一项管理工作。FIDIC 合同规定，只有当发生一个有经验的承包商不能预见的情况时，才能给予承包商免责；还规定，承包商必须对可能引起工期拖延、成本超支的情况提出预先警告，否则将承担一定的责任。在诊断中，如果仅依赖报告数据，则会产生误导。项目管理人员要亲临现场，直接了解现场情况，特别应注重信息的收集和分析。

5．调控措施应用

工程项目实施监管的目的不仅仅是监督和追究责任，而且是为了后期工作的安排，并采取措施，以持续改进项目实施过程。对工程项目实施的调整通常有以下两大类：

1）对工程项目目标的修改，即根据新的情况，确定新目标或修改原定的目标。例如，修改工程项目管理计划，重新商讨工期、追加成本等，而最严重的情况是中断项目，放弃原来的目标。对已发现项目决策存在重大失误，已明确项目是没有前途的情况，中断项目是一个较有利的选择，可以避免更大的损失。但在实际工程中，常常由于如下原因使项目不能中断：

① 决策者或项目管理人员由于情感和面子原因，不愿意否定自己的决策。

② 已有大量资源投入，不愿意承担责任。

③ 对项目的将来还有侥幸心理，希望通过努力挽回失败，但通常都事与愿违。

2）按目前新发生的情况做出新的计划，或对计划做出调整。利用对项目实施过程的调控手段，如技术、经济、组织、管理或合同的手段，干预实施过程，协调施工工作。在工程项目调整中，首先要最大限度地利用合同赋予的权力和可能性，同时尽可能将调整幅度降到最低。

在项目过程中，调整是一个连续滚动的过程，在每个项目监管控制期结束后，都有相应的协调会议，进行常规的工作调整，修改计划，安排下一期的工作，预测未来的状况。当发现意外情况如发生重大偏差时，还必须进行特殊的调整会议。

采取调控措施是一个复杂的决策过程，要注意以下问题：

1）如何提出对实施过程进行干预的可选择方案，以及如何进行方案的组合。对差异的调整有的只需要一项措施，有的却要综合几项措施；有的仅需局部调整，有的却需要系统调整。

2）对方案进行技术经济分析，选择投入少、影响小而且行之有效的方案。新的方案同样会造成目标系统的争执和问题。

调控决策应有专门的书面文件，以避免个人决断的随意性。重大修改或调控方案的决策必须通过决策会议，并及时做出报告，有时必须经过上层组织的批准。

在采取调控措施时，必须与利益相关者各方、职能人员和下层操作人员充分协调，取得共识，多吸取他们的意见。措施的有效性常常是由项目组织保证的。

3）按照新情况制订新的计划或修改原定的计划。在计划中，对调控措施的行使状况应有一个合理的预测。这是一个新的计划，但它又没有合理的计划期和计划过程，由于时间紧迫，需要管理者"即兴而做"，毫不拖延地解决问题。所以，采取调控措施更加困难，也更容易造成新的问题和风险，有附加的作用。例如，采用附加劳动力投入以解决工期的拖延，则需要追加费用，所以损失常常用损失来弥补，但要选择损失最小的方案。新的计划一经形成，必须与原定目标进行比较，分析各种变量，以预测项目将提前还是延期完成，是低于还是超过预算完成。

4）进入下一个循环，对实施过程进行新的监管，包括措施投入的安排和监督。

6. 工程变更管理

在工程项目施工过程中，变更管理属于综合性管理工作。项目的实施监管离不开工程变更，及时有效的变更管理能够显著提高项目实施监管的水平。变更管理一般包括以下几个方面的内容：

（1）变更的种类　变更一般是十分频繁的。从系统的角度，项目的变更种类主要有：

1）目标变更。由于发生新情况、上层组织的新要求，都可能要求对原定的目标系统进行修改。

2）工程技术系统的变更，如功能的修改、质量标准的提高和工程范围的扩大。

3）实施计划或实施方案的变更，施工方法和方式的修改。

4）项目范围的变更，即项目范围内工程活动的增加、减少，逻辑关系的变化，工程内容、质量要求的变化等。

5）其他变更，如管理模式变更。

在一个工程项目中，变更的次数、范围和影响程度的大小与该工程项目目标系统的完备性和科学性、施工组织设计正确性、环境变化程度，以及实施计划和方案的科学性直接相关。

（2）项目各种变更之间的联系　项目变更的起因和变更之间的联系是复杂的，它是确定变更责任的基础。一般情况如图 9-1 所示。

（3）变更的影响　变更会导致项目系统状态的变化，对项目实施影响很大。主要表

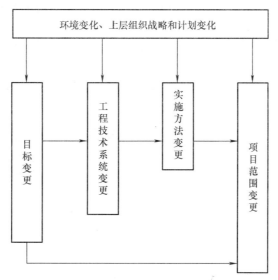

图 9-1　各种变更之间的联系

现在：

1）定义项目目标和工程实施的各种文件，如设计图、规范、合同、施工方案和供应方案等，都应做相应的修改和变更。有些重大的变更会打乱整个施工部署。

2）引起项目组织责任的变化和组织争执。

3）有些工程变更还会引起已完工程的返工、现场工程施工的停滞、施工秩序被打乱、已购材料的损失等。

4）项目变更及其控制不是孤立的，必须同时全面考虑对其他因素或方面的影响，如范围变更会对时间、费用和质量产生影响。变更的影响程度常常取决于做出变更的时间，同样一个变更，如果发生在早期，对项目目标以及实施过程的影响要比发生在项目实施后期影响要小。

5）变更导致项目监管的基础和依据发生变化，导致目标的变更和新的计划版本。这样，实际工程施工状态与原计划甚至原目标可比性不大，应该在原计划的基础上考虑各种变更的影响。

6）频繁的变更会使人们轻视计划的权威性，而不执行计划，或不提供有利的支持，导致项目混乱和失控。所以，变更不能太随意。

（4）变更的处理要求

1）在变更之前应分析变更的意图、变更程序及变更的影响。

2）变更应尽可能快地做出。在实际工作中，变更决策时间过长和变更程序太慢会造成很大的损失，通常有这两种情况：一是现场施工停止，等待变更指令或变更会谈决议，造成拖延；二是变更指令不能迅速做出，而现场继续施工，会造成更大的返工损失。这就要求变更程序非常简单和快捷。

3）变更指令做出后，应迅速、全面、系统地落实变更指令。

（5）变更程序　变更有一个正规的程序，包括申请、审查、批准和通知等一整套手续。

1）变更申请。在工程项目管理中，工程变更通常要经过一定的申请手续。工程变更申请表一般由工程监理提供，其内容应根据具体工程需要视情况而设计。

2）变更审查与批准。施工承包方提出的变更一般要报工程监理审查，规模较大的变更还要得到发包人的批准。

3）发布变更令。在得到工程监理或发包人有关变更的批准文件后，方能发布变更指令，并正式实施。

思考题和习题

1. 项目经理是什么样的角色？一般施工企业如何确定项目经理？
2. 项目经理的地位、作用以及素质要求有哪些？
3. 项目部的基本组织结构有哪些？如何确定或设计？
4. 工程项目实施目标责任书的主要内容包括哪些？与工程承包合同有何异同？
5. 承包方项目实施整体管理规划与施工组织设计的关系如何？
6. 工程项目实施整体管理规划大纲包含哪些内容？
7. 工程项目实施监管的概念及过程是什么？
8. 工程项目实施监管的要点包括哪些？

第 10 章

工程项目进度管理

本章知识要点与学习要求

序 号	知 识 要 点	学 习 要 求
1	工程项目工期、进度及其管理的概念	掌握
2	工程项目进度的影响因素	了解
3	工程项目进度管理的过程和内容	掌握
4	施工进度计划的编制	熟悉
5	双代号网络计划时间参数的概念和计算	熟悉
6	关键路线与关键工作的概念和确定方法	熟悉
7	施工进度控制的基本原理	了解
8	施工进度控制的措施	掌握

工程项目实施目标管理包括进度管理、费用/成本管理、质量管理和安全管理等方面。其中进度管理是龙头。

10.1 工程项目进度及其管理

10.1.1 工程项目进度及其管理

1. 什么是工程项目进度

工程项目进度（Schedule），即工程项目进行的速度。其经常用单位时间内，如天、周或月完成的工程量、工程投资额，或实现的工程形象来度量。

在工程项目实施过程中，要消耗时间（工期）、材料、成本、劳动力等才能完成工程项目建设的任务。工程项目实施结果应该以项目任务的完成情况，如工程的数量来表达。但由于工程项目对象系统（技术系统）的复杂性，常常很难选定一个恰当的、统一的指标来全面反映工程项目建设的进度。有时时间和投资以及计划都吻合，但工程项目建设的实物进度（工作量）却未达到目标，后期就必须投入更多的费用和时间。因此，在现代项目管理中，人们赋予进度综合的含义：它将项目质量、工期、成本有机地结合起来，形成一个综合的指标，全面反映项目的实施状况。进度管理已不只是传统的工期管理，而且还将工期与工程实物、成本、劳动消耗与资源占用等统一起来。

工程项目进度经常有计划进度（Planned Schedule）或目标进度和实际进度之分。计划进度是指工程项目计划实施的速度；实际进度是指工程项目实际实施的速度。

2. 工程项目进度的影响因素

工程项目的实施，特别是大型的、复杂的工程项目的实施，受多方面因素的干扰，如人为因素、技术因素、资金因素、材料设备因素、水文地质气象因素、社会环境因素等。编制进度计划和进行进度控制时，必须充分认识和考虑这些因素，才能克服其影响，使施工进度尽可能按计划进行。归纳起来，工程项目施工进度影响因素及其具体表现如下：

1）业主方的影响因素。表现为因业主使用要求改变而需要进行设计变更；业主提供的施工场地不能及时、正常地满足工程需要；业主没能及时办理相关施工手续；业主未能及时拨款等。

2）勘察、设计方面的影响因素。表现为因地质勘察资料不准确，特别是地质资料错误或遗漏而引起的无法预料的技术障碍；因设计内容不完备、有缺陷或错误、对施工考虑不周等导致技术方案失当；图样供应不及时、不配套或出现差错等而造成的影响。

3）施工方面的影响因素，表现为施工方案不合理；施工技术不可靠；施工工艺错误；施工安全措施不恰当等。

4）材料设备方面的影响因素。表现为材料品种、规格、质量、数量、时间上不能满足工程需要；材料、构配件、机具、设备供应环节出现差错；未能合理使用新型、特殊材料；施工设备不配套、安装有误、出现故障等。

5）组织管理方面的影响因素。表现为有关部门审批手续推迟、延误；计划不周导致停工待料和相关作业脱节，使工程无法正常进行；各单位、各专业、各施工过程之间在交接、配合上产生矛盾，互相扯皮；安全质量事故的调查、处理等。

6）自然与社会环境方面的影响因素。表现为工程地质与水文气象条件复杂、不够明确；恶劣天气，地震，临时停水、停电、交通中断，社会动乱等突发事件的影响。

10.1.2　工程项目进度管理

1. 什么是工程项目进度管理

工程项目进度管理（Schedule/Time Management）是工程项目实施中，进度计划、进度执行，以及实际进度分析、协调和控制的总称。其中，重点是进度计划的制订和实现工程项目进度计划的控制。

工程项目进度管理涉及多个方面，但核心是时间管理。由于时间是一维的、不可逆的，又由于工程项目的作用只有在一定的时间内才能充分展示其价值，超过了相应的时间段，其作用和价值就会衰减甚至没有影响，所以工程项目进度管理一般以时间管理为主线，如图10-1所示。

2. 工程项目进度管理过程

为顺利实现工程项目进度管理目标，工程项目进度管理需按一定的程序进行：编制进度计划；进行进度计划交底，落实责任；实施进度计划，跟踪检查，对存在的问题分析原因并纠正偏差，必要时对进度计划进行调整；编制进度报告，报送工程监理、建设单位或投资方的相关部门。工程项目进度管理过程如图10-2所示。

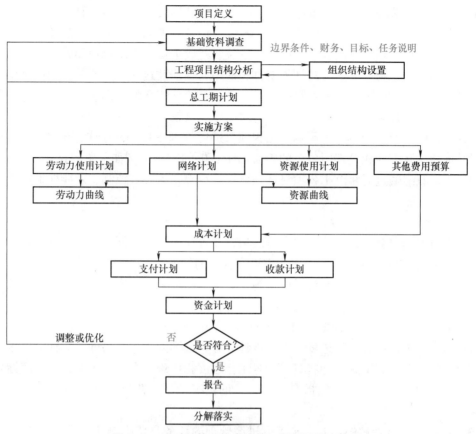

图 10-1 以时间管理为主线的工程项目进度管理

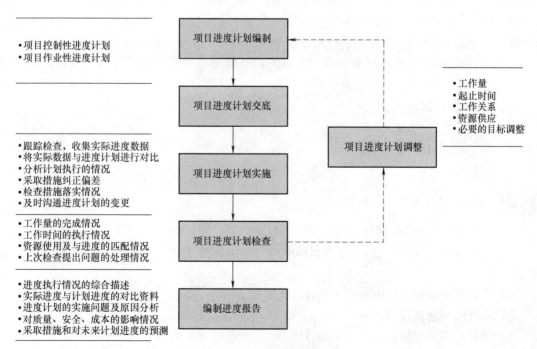

图 10-2 工程项目进度管理过程

工程项目进度管理与费用或成本管理、质量管理共同构成工程项目管理的目标，它们之间存在着既相互依赖又相互制约的关系。工程项目进度管理三大目标中，涉及范围最广、影响最大的就是进度管理。它既涉及工程设计单位、建设单位、施工总包和分包单位、材料物资供应单位的人力、物力、财力的计划安排和使用，也涉及这些单位的最终利益实现。工程管理人员在实际工作中要对这三大目标进行全面、系统、综合的考虑，正确处理好三者之间的关系，提高工程建设的综合效益。尤其是对一些投资较大的工程，如何确保进度目标的实现，往往会对经济效益产生很大影响。工程项目进度管理不仅局限于考虑施工本身的因素，还应对其他相关环节和相关部门各自的因素给予足够的重视。例如，工程设计、工程变更、建设手续等。只有通过对整个工程项目计划系统进行综合的有效控制，才能保证进度目标的实现。

3. 工程项目各参与方进度管理的任务

工程项目参与方众多，不同利益主体的项目管理任务不尽相同。

（1）业主方进度管理的任务　业主方进度管理的任务是控制整个项目实施阶段的进度，包括控制设计准备阶段进度、设计进度、施工进度、物资采购进度以及项目动用前准备阶段的进度。

（2）设计方进度管理的任务　设计方进度管理的任务是依据设计任务委托合同对设计工作进度的要求控制设计工作进度，这是设计方履行合同的义务。另外，设计方应尽可能使设计工作的进度与招标、施工和物资采购等工作进度相协调。在国际上，设计进度计划主要是确定各设计阶段的设计图（包括有关说明）的出图计划，在出图计划中标明每张图的出图日期。

（3）施工方进度管理的任务　施工方进度管理的任务是依据施工任务委托合同对施工进度的要求控制施工工作进度，这是施工方履行合同的义务。在进度计划编制方面，施工方应视项目的特点和施工进度控制的需要，编制深度不同的控制性和直接指导项目施工的进度计划，以及按不同计划周期编制的计划，如年度、季度、月度和旬计划等。

（4）供货方进度管理的任务　供货方进度控制的任务是依据供货合同对供货的要求控制供货工作进度，这是供货方履行合同的义务。供货进度计划应包括供货的所有环节，如采购、加工制造、运输等。

■ 10.2　施工进度计划

10.2.1　施工进度计划的编制

1. 施工进度计划的编制依据

不同类型的施工进度计划，其依据稍有差别。编制施工进度计划，常以下列信息作为依据：

1）工程施工承包合同中有关工期等的规定。

2）设计图和定额资料。

3）项目的施工规划和施工组织设计。

4）施工单位可能投入的施工力量，包括劳动力和施工设备等。

5）材料、设备及资金的供应条件。

6）项目的外部条件及现场条件。

7）已建成的同类或类似项目的实际施工进度等。

在编制单位施工进度计划时，应以施工合同对工期的要求为依据，一般不得超过施工合同规定的完工期限。

2. 施工进度计划的编制要求

1）保证拟建工程项目在合同规定的期限内完成，努力缩短施工工期。

2）保证施工的均衡性和连续性，尽量组织流水搭接、连续、均衡施工，减少现场工作面的停歇和窝工现象。

3）合理安排机械化施工，充分发挥施工机械的生产效率。

4）尽可能地节约施工费用，在合理范围内，尽量缩小施工现场各种临时设施的规模。

5）合理组织施工，努力减少因组织安排不当等人为因素造成的时间损失和资源浪费。

6）保证施工质量和安全。

3. 施工进度计划的编制程序

1）确定进度计划目标、性质和任务。在编制工程总体计划前，应对工程项目的背景和环境进行充分了解和分析，搞清项目整体战略要求和合同目标，结合各种条件，考虑各种因素和要完成的项目工作内容确定整体项目的开始和完成时间，并尽可能将项目的建设周期进行阶段性分解，确定各阶段应完成的任务和应达到的目标。

2）进行进度可行性分析。在确定计划的目标、性质和任务后，对相应的环境条件（如气候状况、场地周边条件及市政配套状况等）、资源状况（如劳动力、机械和材料供应情况）、技术条件（如施工工艺和材料上的特殊要求）进行分析，确定计划的合理性、对项目整体战略要求和要求实现目标的符合性。

3）收集编制依据。计划的实施受到多种因素的限制，在编制前应对各种条件状况进行深入了解和研究。

4）进行工作结构分解（Work Breakdown Structure，WBS）。以可交付成果为导向对项目要素进行分组，归纳和定义项目的整个工作范围，每下降一层代表对项目工作的更详细定义。WBS是制订进度计划、资源需求、成本预算、风险管理计划和采购计划等的重要基础，同时也是控制项目变更的重要基础。WBS将主体目标逐步细化分解，每个任务原则上要分解到不能再细分为止，并且能够对应到人、时间和资源投入等。WBS采用树状结构分解，分解后的工作结构清晰，逻辑上形成一个大的活动，集成了所有关键因素，包含里程碑和控制点。

5）确定工作起止时间及里程碑（进度控制点）。工作的起止时间要根据工作量、投入的资源和施工工艺来确定，同时要兼顾资源投入连续平稳，不能大起大落，如机械设备和人力资源的投入量应保持在均衡的状态下，减少窝工。在工期允许的情况下，尽量减少资源的投入。

6）明确各工作之间的逻辑关系。各工作之间的逻辑关系即工作的顺序关系和工作之间的制约关系，通过对施工组织流程、工艺流程和方法的了解，搞清某一个工作的紧前和紧后工作，设置它们之间的制约关系。

7）编制进度计划表。将所有工作按照其逻辑关系顺序编排在一张表中，反映出每一个工作的开始时间、持续时间和结束时间，同时将工作之间的制约关系进行描述，对投入的资源进行设定。进度计划应反映的信息包括工作/活动（Activity）、工作的持续时间、工作的开始时间、工作的结束时间、紧前工作、紧后工作等。

8）编制进度计划说明书。进度计划说明书将工程情况、编制依据和计划主要时间节点进行简要介绍，对不确定的因素提出假定条件，对影响进度的关键环节提醒注意等。

9）编制资源需求量及供应平衡表。这里所说的资源主要是指劳动力和机械设备。资源需求量及供应平衡表是某一种资源在项目建设周期内或某一段时间内的每一个时点的供应量。编制一个合理计划，既要考虑工期目标，也要考虑成本投入。因此，在工期目标范围内，对资源投入应尽可能小、尽可能平稳，对投入量的需求不能大起大落。这就要求在进行工作结构分解时，需要同样资源的工作量应尽量相同或相似，以保证资源需求量的均衡。

10）报有关部门批准。工程总体进度计划和年度施工进度计划是项目组织的大纲，对项目的履约、项目目标的实现具有重要意义，应在企业层面上进行审核批准。得到批准的计划是项目履约的指导性文件，阶段性施工进度计划等应严格按照其节点目标进行编制，在施工过程中对其节点应严加控制。

4. 施工进度计划的编制方法

施工进度计划的编制通常采用横道图或网络图两种方法。在工程实践中，由于两者各有利弊，一般结合运用，优势互补。

（1）横道图（Gantt Charts）　横道图是美国学者甘特（Gantt）于20世纪20年代提出的一种简单的、运用广泛的进度计划方法。尽管现在有许多新的计划技术，横道图在建设领域中的应用仍非常普遍。横道图是用图、表相结合的形式表示各项工作活动的开始时间、结束时间和持续时间，即横道图计划表中的进度线（横线）与时间坐标相对应，其基本形式如图10-3所示。

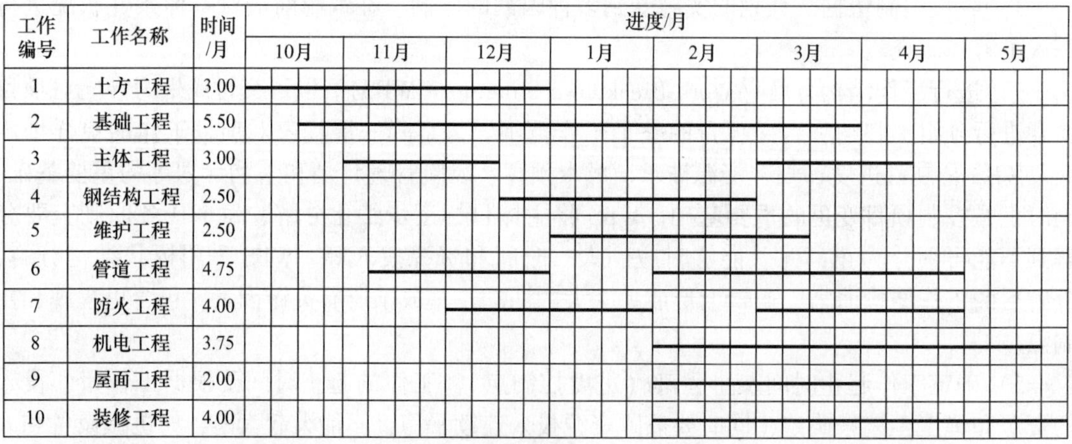

工作编号	工作名称	时间/月	进度/月								
			10月	11月	12月	1月	2月	3月	4月	5月	
1	土方工程	3.00									
2	基础工程	5.50									
3	主体工程	3.00									
4	钢结构工程	2.50									
5	维护工程	2.50									
6	管道工程	4.75									
7	防火工程	4.00									
8	机电工程	3.75									
9	屋面工程	2.00									
10	装修工程	4.00									

图10-3　横道图进度计划示例

通常横道图的左边主要为工作及其简要说明，项目进展表示在时间表格上。按照所表示工作的详细程度，时间单位可以为小时、天、周、月等。这些时间单位经常用日历时间表示，一般非工作时间，如停工时间、公众假日等不在其中表达。根据使用者的要求，工程实施的先后关系、同类资源均衡使用等要求编制横道图，即确定各横线（工作持续）的长短和位置。

由于横道图计划表中的进度线（横道）与时间坐标相对应，能够清楚地表达活动的开始时间、结束时间和持续时间，表达方式比较直观，易看懂计划编制的意图，且制作简单，因而在工程中得到广泛应用，是一种传统的计划表示方法。但横道图在应用的过程中也存在如下一些问题：

① 工作/活动之间的逻辑关系可以设法表达，但不易表达清楚。

② 适用于手工编制计划。

③ 没有通过严谨的进度计划时间参数计算，不能确定计划的关键工作、关键路线与时差。

④ 计划调整只能用手工方式进行，工作量较大。

⑤ 难以适应大的进度计划系统等，横道图一般用于小型项目或大型项目的子项目，或用于计算资源需要量和概要预示进度，也可用于其他计划技术的表示结果。

（2）网络图　为了适应大规模工程项目建设的需要，20 世纪 50 年代后期发展起来一种科学的计划管理新方法——网络计划技术，是利用"箭头 + 圆圈/节点"形式的图，并在上面标注各项工作的时间参数，而来表达工程进度的一种方法。该图中的"箭线 + 圆圈/节点"代表某项工作/活动（Activity），将各工作按时间顺序的逻辑关系，形成有序、有向的网状图形，即为网络图。网络图能充分、清晰地表达各工作之间相互制约、相互依赖的复杂逻辑关系；通过网络时间参数的计算，能够分别确定各项工作的最早可能和最迟必须开始时间，以及相应的结束时间、总时差和自由时差；可以明确由关键工作组成的关键线路；可以看出哪些工作必须按期完成，哪些工作允许有机动时间；能够进行计划方案的优化和比较等。网络计划符合施工的要求，特别适用于施工的组织和管理，已成为施工进度计划普遍采用的一种形式。

根据绘图符号的不同，网络图可分为双代号网络图（Activity-on-Arrow Network）与单代号网络图（Activity-on-Node Network）。双代号网络图是指组成网络图的各项工作由节点表示工作的开始或结束，以箭线表示工作的名称。把工作的名称写在箭线上，工作的持续时间（小时、天、周等）写在箭线下，箭尾表示工作的开始，箭头表示工作的结束。采用这种符号所组成的网络图叫双代号网络图，如图 10-4 所示。单代号网络图是指组成网络图的各项工作由节点表示，以箭线表示各项工作的相互制约关系。采用这种符号从左向右绘制而成的图形叫单代号网络图，如图 10-5 所示。

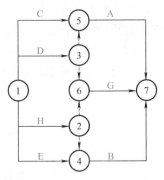

图 10-4　双代号网络图

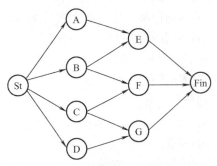

图 10-5　单代号网络图

在双代号网络图中，代表工作的箭线长度与工作的持续时间不一定成比例；当工作的箭线长度的水平方向投影与工作的持续时间成比例时，称这类双代号网络图为时标网络图。

10.2.2 双代号网络计划

1. 双代号网络图的组成

双代号网络图由工作、节点和线路三个要素组成。

（1）工作/活动　工作，也称工序或作业，是指一项需要消耗人力、物力和时间的具体活动过程。箭尾节点表示工作的开始，箭头节点表示工作的结束。该工作的代号可采用两个节点的编号，如工作 $i-j$，也可另行赋予其特定工作名称，如工作 A 或工作 B 等，其持续时间在箭线下方标出。

在双代号网络图中，任意一条实箭线都要占用时间，并且多数要消耗资源，但有少数例外。例如，混凝土的养护和刷完油漆的干燥等，仅占用时间，不消耗资源。

在双代号网络图中，为了正确地表达工作之间的逻辑关系，往往需要应用虚箭线。虚箭线是实际工作中并不存在的一项虚设工作，故它们既不占用时间，也不消耗资源，一般起着表示工作之间的联系、区分和断路三个作用。

为便于清晰表述工作间的逻辑关系，将研究对象定义为本工作，与本工作相关的概念定义如下：

1）紧前工作（Front Closely Activity）。安排在本工作之前要完成的工作称为本工作的紧前工作。紧前工作的完成制约着本工作的开始。本工作和紧前工作之间可能有虚工作。

2）紧后工作（Back Closely Activity）。安排在本工作之后才可开始的工作称为本工作的紧后工作。本工作的完成制约着紧后工作的开始，但也并不一定当本工作完成后，紧后工作马上就要开始。本工作和紧后工作之间可能有虚工作。

3）平行工作（Concurrent Activity）。与本工作开始的条件相同，并且与本工作同样，当其完成后，紧后工作才能开始，则该工作称为本工作的平行工作。

4）起始工作（Initial Work）。没有紧前工作的工作，或者说是以起点节点为开始节点的工作。

5）结束工作（Ultimate Work）。没有紧后工作的工作，或者说是以终点节点为完成节点的工作。

（2）节点（Node）　节点也称事件，是网络图中箭线之间的连接点，用圆圈表示。在时间上节点表示指向某工作全部完成后该节点后面的工作才能开始的瞬间，它反映前后工作的交接点。网络图中有三个类型的节点：

1）起始节点（Initial Node）。起点节点是只有箭线离开，而没有箭线指向的节点。它一般表示一项任务或一个项目开始。

2）中间节点（Midside Node）。中间节点是有箭线指向，又有箭线离开的节点。

3）终结节点（Ultimate Node）。终点节点是只有箭线指向的节点。它一般表示一项任务或一个项目的完成。

双代号网络图中，为方便计算机分析计算，节点应有编号。一项工作应当只有唯一的一条箭线和相应的一对节点，且要求箭尾节点的编号 i 小于其箭头节点的编号 j，即 $i < j$。网络图节点的编号顺序应从小到大，可不连续，但不允许重复。

（3）线路　网络图中从起始节点开始，沿箭头方向顺序通过一系列箭线与节点，最后达到终结节点的通路称为线路。在一个网络图中可能有很多条线路，线路中各项工作的持续时间之和就是该线路的长度，即线路所需要的时间。一般网络图中有多条线路，可依次用该线路上的节点代号来记述，如图10-6所示。

图10-6中有5条线路，其长度分别为如下：

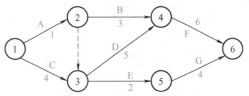

图10-6　双代号网络计划线路
（工作持续时间单位：天）

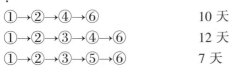

①→②→④→⑥　　　　　　　　　　　10 天
①→②→③→④→⑥　　　　　　　　　　12 天
①→②→③→⑤→⑥　　　　　　　　　　7 天
①→③→④→⑥　　　　　　　　　　　　15 天
①→③→⑤→⑥　　　　　　　　　　　　10 天

每一条线路都有自己确定的完成时间，它等于该线路上各项工作持续时间的总和，也是完成这条线路上所有工作的计划工期。

（4）关键线路（Critical Path）和关键工作（Critical Activity）　在所有的线路中，持续时间最长的线路通常称为关键线路，位于关键线路上的工作通常称为关键工作。关键工作完成的快慢直接影响着整个工程的工期。关键工作在网络图上常用粗箭线或双线箭线表示。

2. 双代号网络图的绘制

（1）双代号网络图的绘制规则　网络图必须正确地表达整个工程或任务的工艺流程，各工作开展的先后顺序，以及它们之间相互制约、相互依存的逻辑关系。要使网络图达到图面布置合理、条理清楚、突出重点的目的，绘制网络图的过程中必须遵守一定的规则：

1）网络图必须根据施工工艺或组织关系正确表达已定的逻辑关系。

2）在网络图中不允许出现循环回路。

3）网络图中在节点之间禁止出现双向箭头或无向箭头的连线。

4）网络图中禁止出现没有箭头或箭尾节点的箭线。

5）在双代号网络图中，同一项工作只能有唯一的一条箭线和相应的一对节点编号。

6）双代号网络图的某些节点有多条外向箭线或多条内向箭线时，为使图面清楚、工作布置合理，允许使用多条箭线经一条共用母线段引入或引出节点。

7）绘制网络图时，尽可能避免箭线交叉。当交叉不可避免时，应采用过桥法或指向法。

8）肯定型的关键线路法双代号网络图中只允许有一个起始节点和一个终结节点。

9）在网络图中，为了表达分段流水作业的情况，每个工作只能反映每一施工段的工作。

（2）双代号网络图的绘制方法　绘制正确的网络图必须遵守上述基本规则，并且根据施工对象的生产工艺和施工组织的顺序，在网络图中正确反映出各个工作之间相互联系和制约的关系。

1）正确反映各工作之间的逻辑关系。由计划人员根据工程要求编制逻辑关系表，要求明确提供各工作的名称和各工作的紧前工作；根据已知的紧前工作，确定紧后工作，对于逻辑关系比较复杂的网络图，可绘出关系矩阵图，以确定紧后工作。

表 10-1 列举了 8 种各工作之间逻辑关系在网络图中的表示方法。只有熟悉各工作之间的逻辑关系，才能够正确而熟练地编制工程项目网络计划，从而指导项目进度管理。

表 10-1　网络图中常见的各种工作逻辑关系的表示方法

序　号	逻辑关系	表达方式
1	A 完成后进行 B， B 完成后进行 C	
2	A 完成后， 可进行 B 和 C	
3	A 和 B 完成后进行 C	
4	A 和 B 同时完成后， 可进行 C 和 D	
5	A 完成后进行 C， A、B 均完成后进行 D	
6	A、B 完成后可进行 D； A、B、C 均完成后进行 E； D、E 均完成后进行 F	
7	A、B 均完成后进行 D； B、C 均完成后进行 E	
8	A 完成后进行 C； A、B 均完成后进行 E； B 完成后进行 D	

　　2）切断网络图中无逻辑关系的各工作。必须切断在工艺与组织上不发生逻辑关系的各工作，并在网络图中运用虚箭线将其断开。

　　3）网络图的布置应该条理清楚。确定各工作的起始节点位置号和终结节点位置号。

案例 10-1 施工进度网络图绘制

某工程项目各项工作之间的逻辑关系见表10-2，绘制双代号网络图。

表 10-2 某工程项目工作及逻辑关系

工程活动	A	B	C	D	E	F	G	H	I	J
持续时间（天）	6	3	4	2	3	1	4	4	5	2
紧后活动	B、C	E、D	F、G	F、G	H、I	H、I	I	J	J	/

刚开始绘图时很难布置整齐，当活动之间的逻辑关系不好表示时，常常要加上虚箭线，这能防止错误。初次布置如图10-7所示。经过整理，同时去掉不必要的虚箭线，并给节点编号，如图10-8所示。

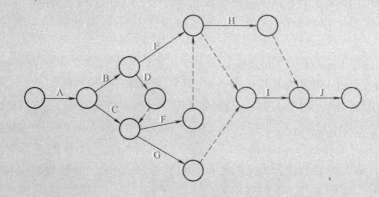

图 10-7 初次布置

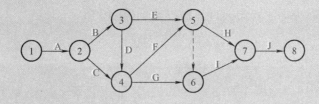

图 10-8 整理后的网络图

3. 双代号网络计划时间参数的定义

1）时限（Time Limit）。时限也称时间控制点，是指网络计划或其中的工作因外界因素影响而在时间安排上所受到的某种限制。

2）工作 $i-j$ 持续时间（Duration）。对一项工作规定的从开始到完成的时间，以符号 D_{i-j} 表示。

3）工作 $i-j$ 的最早开始时间（Earliest Start Date）。在紧前工作和有关时限的约束下，工作有可能开始的最早时刻，以符号 ES_{i-j} 表示。

4）工作 $i-j$ 的最早完成时间（Earliest Finish Date）。在紧前工作和有关时限的约束下，工作有可能完成的最早时刻，以符号 EF_{i-j} 表示。

5）工作 $i-j$ 的最迟开始时间（Latest Start Date）。在不影响任务按期完成和有关时限约束的条件下，工作最迟必须开始的时刻，以符号 LS_{i-j} 表示。

6）工作 $i-j$ 的最迟完成时间（Latest Finish Date）。在不影响任务按期完成和有关时限约束的条件下，工作最迟必须完成的时刻，以符号 LF_{i-j} 表示。

7）节点 i 最早时间（Node Earliest Date）。双代号网络计划中，该节点后各工作的最早开始时刻，以符号 ET_i 表示。

8）节点 i 最迟时间（Node Latest Date）。双代号网络计划中，该节点前各工作的最迟完成时刻，以符号 LT_i 表示。

9）工作 $i-j$ 的总时差（Total Float）。在不影响计划工期和有关时限的前提下，一项工作或一个节点可以利用的机动时间，以符号 TF_{i-j} 表示。

10）工作 $i-j$ 的自由时差（Free Float）。在不影响其紧后工作最早开始时间和有关时限的约束下，一项工作或一个节点可以利用的机动时间，以符号 FF_{i-j} 表示。

11）相关时差（Correlative Float）。与紧后工作共同利用的机动时间，以符号 DF_{i-j} 表示。

12）要求工期（Specifical Duration）或规定工期。在工程施工中，为一般施工项目合同确定的完成项目的总时间（为日历天数），以符号 T_r 表示。

13）计划工期（Planned Duration）或目标工期。在要求工期环境下，项目实施者确定的完成项目的总时间（为日历天数），以符号 T_p 表示，并以此考虑资源配置，且一般要求 $T_p \leqslant T_r$。

14）计算工期（Calculated Duration）。在项目资源配置、工作间逻辑关系确定的条件下，根据网络计划时间参数计算出来的工期，以符号 T_c 表示，一般要求 $T_c \leqslant T_p$，若不能满足，则需要调整资源配置或工作间逻辑关系。

4. 双代号网络计划时间参数的表达方式

双代号网络计划中时间参数的基本内容和形式的标注应符合以下规定：

1）按工作时间参数标注方式，如图 10-9 和图 10-10 所示。

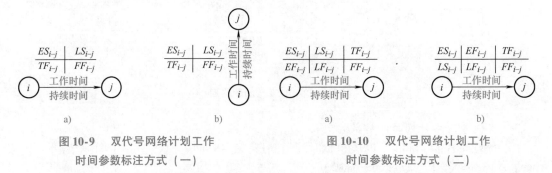

图 10-9　双代号网络计划工作
时间参数标注方式（一）

图 10-10　双代号网络计划工作
时间参数标注方式（二）

2）按节点时间参数标注形式，如图 10-11 所示。

5. 双代号网络计划时间参数的计算

在确定计划工期 T_p 的基础上，按工作计算法或图上计算法计算双代号网络计划时间参数的步骤和方法如下：

（1）计算工作的最早开始时间 ES_{i-j}

1）工作 $i-j$ 的最早开始时间 ES_{i-j} 应从网络图的起始节点开始，顺着箭线方向依次逐项

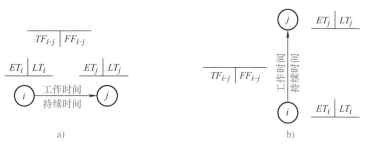

图 10-11　双代号网络计划节点时间参数标注方式

计算。

2) 以起始节点 i 为箭尾节点的工作 $i-j$，如未规定其最早开始时间 ES_{i-j} 时，其值一般取 0，即

$$ES_{i-j} = 0 \qquad\qquad (10\text{-}1)$$

3) 其他工作 $i-j$ 的最早开始时间 ES_{i-j} 应为其各紧前工作最早开始时间与该紧前工作的持续时间之和中的最大值，其计算表达式为

$$ES_{i-j} = \max\{ ES_{h-i} + D_{h-i} \} \qquad\qquad (10\text{-}2)$$

式中，ES_{h-i} 是工作 $i-j$ 的紧前工作 $h-i$ 的最早开始时间；D_{h-i} 是工作 $i-j$ 的紧前工作 $h-i$ 的持续时间。

(2) 计算工作 $i-j$ 的最早完成时间 EF_{i-j}

$$EF_{i-j} = ES_{i-j} + D_{i-j} \qquad\qquad (10\text{-}3)$$

(3) 确定网络计算工期 T_c

$$T_c = \max\{ EF_{i-n} \} \qquad\qquad (10\text{-}4)$$

式中，EF_{i-n} 是以终结节点（n）为箭头（完成）节点的工作 $i-n$ 的最早完成时间。

(4) 计算工作 $i-j$ 的自由时差 FF_{i-j}

$$FF_{i-j} = ES_{j-k} - ES_{i-j} - D_{i-j} = ES_{j-k} - EF_{i-j} \qquad\qquad (10\text{-}5)$$

式中，ES_{j-k} 是工作 $i-j$ 的紧后工作 $j-k$ 的最早开始时间。

对于与终结节点 n 相连的工作 $j-n$（$j < n$），FF_{j-n} 按下列公式计算

$$FF_{j-n} = T_c - EF_{j-n} \qquad\qquad (10\text{-}6)$$

式中，T_c 是计算工期。

(5) 计算工作的最迟完成时间 LF_{i-j}　在满足 $T_c \leqslant T_p$ 的条件下，按下列方法计算 LF_{i-j}：

1) 工作 $i-j$ 的最迟完成时间 LF_{i-j} 应从网络图的终结节点开始，逆着箭线方向依次逐项计算。当部分工作分期完成时，有关工作必须从分期完成的节点开始逆向逐项计算。

2) 以终结节点（n）为箭头节点的工作的最迟完成时间 LF_{j-n} 应按网络计划的计划工期 T_p 确定，即

$$LF_{j-n} = T_p (j < n) \qquad\qquad (10\text{-}7)$$

以分期完成的节点为箭头节点的工作的最迟完成时间应等于分期完成的时刻。

3) 其他工作 $i-j$ 的最迟完成时间 LF_{i-j} 应为其所有紧后工作最迟完成时间与该紧后工作的持续时间之差中的最小值。其计算公式为

$$LF_{i-j} = \min\{ LF_{j-k} - D_{j-k} \} \qquad\qquad (10\text{-}8)$$

式中，LF_{j-k}是工作$i-j$的紧后工作$j-k$的最迟完成时间；D_{j-k}是工作$i-j$的紧后工作$j-k$的持续时间。

（6）计算工作的最迟开始时间LS_{i-j}

$$LS_{i-j} = LF_{i-j} - D_{i-j} \tag{10-9}$$

（7）计算工作$i-j$的总时差TF_{i-j}

$$TF_{i-j} = LS_{i-j} - ES_{i-j} = LF_{i-j} - EF_{i-j} \tag{10-10}$$

式中相关符号与前相同。

6. 关键线路的确定

工程实践中，并不是通过分析双代号网络中各条线路的长短来识别关键线路的，而是根据工作总时差来寻找关键线路的。

在双代号网络图的所有线路中，各工作持续时间之和最大的线路为关键线路。显然，关键线路持续时间的长度为计算工期。因此可以推断，双代号网络图中总时差最小的工作是关键工作，关键工作相连的线路为关键线路。并可进一步推断：关键线路不具有唯一性，即双代号网络图可能存在多条关键线路；当$T_c = T_p$时，关键线路上工作的总时差为0。

案例 10-2 关键线路分析

已知某网络计划的资料如表10-3所示，试绘制双代号网络计划。计划工期$T_p = 22$天，试计算各项工作的六项时间参数，确定关键线路，并标注在网络图上。

表 10-3　某网络计划工作逻辑关系及持续时间表

工　　作	紧 前 工 作	紧 后 工 作	持续时间（天）
A_1	—	A_2、B_1	2
A_2	A_1	A_3、B_2	2
A_3	A_2	B_3	2
B_1	A_1	B_2、C_1	3
B_2	A_2、B_1	B_3、C_2	3
B_3	A_3、B_2	D、C_3	3
C_1	B_1	C_2	2
C_2	B_2、C_1	C_3	4
C_3	B_3、C_2	E、F	2
D	B_3	G	2
E	C_3	G	1
F	C_3	I	2
G	D、E	H、I	4
H	G	—	3
I	F、G	—	3

解：1. 根据表10-3中网络计划的有关资料，按照网络图的绘制规则，绘制双代号网络图如图10-12所示。

2. 计算各项工作的时间参数，并将计算结果标注在箭线上方相应的位置。

（1）计算各项工作的最早开始时间和最早完成时间。

从起始节点（①节点）开始，顺着箭线方向依次逐项计算到终结节点（⑮节点）。

1）以网络计划起始节点为开始节点的各工作的最早开始时间为0。

工作 1-2 的最早开始时间 ES_{1-2} 从网络计划的起始节点开始，因未规定其最早开始时间 ES_{1-2}，所以根据式（10-1）

$$ES_{1-2} = 0$$

2）计算各项工作的最早开始时间和最早完成时间。

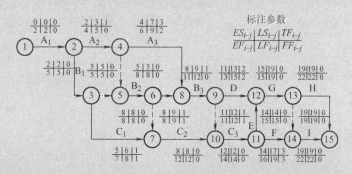

图 10-12 双代号网络计算实例

工作的最早开始时间 ES_{i-j} 按式（10-2）计算，如

$$ES_{2-3} = ES_{1-2} + D_{1-2} = 0 + 2 = 2$$

$$ES_{2-4} = ES_{1-2} + D_{1-2} = 0 + 2 = 2$$

$$ES_{3-5} = ES_{2-3} + D_{2-3} = 2 + 3 = 5$$

$$ES_{5-5} = ES_{2-4} + D_{2-4} = 2 + 2 = 4$$

$$ES_{5-6} = \max \{ES_{3-5} + D_{3-5},\ ES_{5-5} + D_{5-5}\}$$
$$= \max \{5 + 0,\ 4 + 0\} = \max \{5,\ 4\} = 5$$

工作的最早完成时间就是本工作的最早开始时间 ES_{i-j} 与本工作的持续时间 D_{i-j} 之和，按式（10-3）计算，如

$$EF_{1-2} = ES_{1-2} + D_{1-2} = 0 + 2 = 2$$

$$EF_{2-4} = ES_{1-2} + D_{1-2} = 2 + 2 = 4$$

$$EF_{5-6} = ES_{5-6} + D_{5-6} = 5 + 3 = 8$$

（2）确定计算工期 T_c。计算工期 T_c 为与终结节点为箭头节点的工作 13-15 和 15-15 的最早完成时间的最大值，按式（10-4）计算，如

$$T_c = \max \{EF_{13-15},\ EF_{15-15}\} = \max \{22,\ 22\} = 22$$

（3）计算各项工作的自由时差 FF_{i-j}。网络中工作 $i-j$ 的自由时差等于紧后工作的最早开始时间减去本工作的最早完成时间，可按式（10-5）计算，如

$$FF_{1-2} = ES_{2-3} - EF_{1-2} = 2 - 2 = 0$$
$$FF_{2-3} = ES_{3-5} - EF_{2-3} = 5 - 5 = 0$$
$$FF_{5-6} = ES_{5-8} - EF_{5-6} = 8 - 8 = 0$$

网络计划中的技术工作 $i-j$ 的自由时差按照式（10-6）计算，如

$$FF_{13-15} = T_c - EF_{13-15} = 22 - 22 = 0$$
$$FF_{15-15} = T_c - EF_{15-15} = 22 - 22 = 0$$

（4）计算各项工作的最迟完成时间 LF_{i-j} 和最迟开始时间 LS_{i-j}。

从终结节点（⑮节点）开始逆着箭线方向依次逐项计算到起始节点（①节点）。

1）以网络计划终结节点为箭头节点的工作的最迟完成时间等于计划工期 T_p，按照式（10-7）计算，如

$$LF_{13-15} = T_p = 22$$
$$LF_{15-15} = T_p = 22$$

2）非结束工作的最迟完成时间 LF_{i-j} 和最迟开始时间 LS_{i-j}，按照式（10-8）计算，如

$$LF_{13-14} = \min\{LF_{15-15} - D_{15-15}\} = 22 - 3 = 19$$
$$LF_{12-13} = \min\{LF_{13-15} - D_{13-15}, LF_{13-15} - D_{13-14}\} = \min\{22 - 3, 19 - 0\} = 19$$
$$LF_{11-12} = \min\{LF_{12-13} - D_{12-13}\} = 19 - 4 = 15$$

网络计划所有工作 $i-j$ 的最迟开始时间均按照式（10-9）计算，如

$$LS_{15-15} = LF_{15-15} - D_{15-15} = 22 - 3 = 19$$
$$LS_{13-15} = LF_{13-15} - D_{13-15} = 22 - 3 = 19$$
$$LS_{12-13} = LF_{13-15} - D_{12-13} = 19 - 4 = 15$$

3）计算各项工作的总时差 TF_{i-j}。可以用工作的最迟开始时间减去工作的最早开始时间或用工作的最迟完成时间减去工作的最早完成时间。

$$TF_{1-2} = LS_{1-2} - ES_{1-2} = 0 - 0 = 0$$
$$TF_{2-3} = LS_{2-3} - ES_{2-3} = 0 - 0 = 0$$
$$TF_{5-6} = LS_{5-6} - ES_{5-6} = 5 - 5 = 0$$

3. 确定关键线路和关键工作。

在图10-12中，$T_c = T_p$，则最小的总时差为0。所以，凡是总时差为0的工作均为关键工作，而将关键工作依次相连可得关键线路。因此，关键工作是 A_1、B_1、B_2、C_2、C_3、E、G、H、I。

在图10-12中，自始至终全由关键工作组成的线路即为关键线路，用粗箭线进行标注。

10.2.3 单代号网络计划

1. 单代号网络计划的特点

单代号网络图是以节点及其编号表示工作，以箭线表示工作之间的逻辑关系的网络图。

在单代号网络图中加注工作的持续时间，就形成单代号网络计划。单代号网络计划与双代号网络计划相比，其特点如下：

1）单代号网络图是以节点及其编号表示工作，以箭线表示工作之间的逻辑关系，故逻辑关系容易表达。

2）单代号网络图中没有虚箭线，故编制单代号网络计划产生逻辑错误的概率较小，绘图较简单。

3）由于工作的持续时间表示在节点之中，没有长度，故不够形象，也不便于绘制时标网络计划，更不能据图优化。

4）便于网络图的检查和修改。

5）表示工作之间逻辑关系的箭线可能产生较多的纵横交叉现象。

2. 单代号网络图的绘制

单代号网络图的逻辑关系用箭线表示，工作之间的逻辑关系包括工艺关系和组织关系，在网络图中表现为工作之间的先后顺序。其基本元素有节点、箭线和线路。每个节点表示一项工作，用圆圈或方框表示；一项工作必须有唯一的一个节点及相应的一个编号；箭线应画成水平直线、折线或斜线。具体规则如下：

（1）绘图符号　单代号网络计划的表达形式很多，符号也各种各样。一般是用一个圆圈或方框代表一项工作或活动、工序，至于圆圈或方框内的内容（项目），可以根据实际需要填写和列出。

一般将工作的名称、编号填写在圆圈或方框的上半部分，完成工作所需要的时间写在圆圈或方框的下半部分（也有的写在箭线下面），如图 10-13 所示，而连接两个节点圆圈或方框间的箭线用来表示两项工作之间的直接前导（紧前）和后继（紧后）关系。这种只用一个节点（圆圈或方框）代表一项工作的表示方法称为单代号表示法。

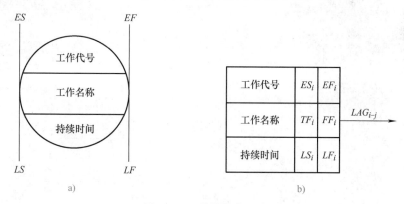

图 10-13　单代号表示法

（2）绘图规则　同双代号网络图的绘制一样，绘制单代号网络图也必须遵循一定的逻辑规则。这些基本规则主要是：

1）为了保证单代号网络计划有唯一的起点和终点，在网络图的开始和结束增加虚拟的起始节点和终结节点，这是单代号网络图所特有的。

2）单代号网络图中不允许出现循环回路。

3）单代号网络图中不允许出现重复编号的工作，一个编号只能代表一项工作。

4）在网络图中，除起始节点和终结节点外，不允许出现其他没有内向箭线的工作节点和没有外向箭线的工作节点，禁止出现双向箭头或无箭头的连线。

5）节点编号为了计算方便，网络图的编号应是后继节点编号大于前导节点编号的。

以上都是以单代号网络图的情况来说明其基本规则的。

（3）单代号网络图的绘制步骤　单代号网络图的绘制步骤与双代号网络图的绘制步骤基本相同，主要包括以下两部分：

1）计算各工作的持续时间，列出工作一览表及各工作的直接紧前、紧后工作名称，根据工程计划中各工作在工艺上、组织上的逻辑关系来确定其直接紧前、紧后工作名称。

2）根据上述关系绘制网络图。首先根据逻辑关系绘制草图，接着对一些不必要的交叉进行整理，绘出简化网络图，然后进行编号。在绘制之前，首先要给出一个虚设的起始节点，网络图绘制最后要有一个虚设的终结节点。

案例 10-3　单代号网络图绘制

某工程项目的各工作名称及其紧前工作如表10-4所示，试绘制单代号网络图。

表10-4　工作逻辑关系表

工　作	A	B	C	D	E	F	G	I
紧前工作	—	—	A、B	C	C	E	E	D、G

[解析] 根据表10-4各工作逻辑关系，首先设一个起始节点ST，然后根据所列紧前、紧后关系，从左向右进行绘制，最后设一个终结节点FI，绘制的单代号网络图如图10-14所示。

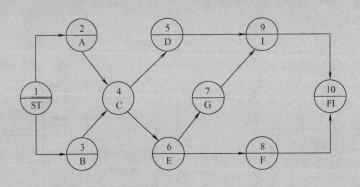

图10-14　单代号网络图

10.2.4　双代号时标网络计划

双代号时标网络计划是以时间坐标为尺度编制的双代号网络计划。在时间网络图中，以实箭线表示工作，实箭线的水平投影长度表示该工作的持续时间；以虚箭线表示虚工作，由于虚工作持续时间为0，所以虚箭线垂直画；以波形线表示工作与其紧后工作的自由时差。

1. 双代号时标网络计划的特点

时标网络计划是网络计划的另一种表示形式，被称为带时间坐标的网络计划。在前述网络计划中，箭线长短并不表明工作持续时间的长短；而在时标网络计划中，箭线长短和所在位置即表示工作的时间进程，即持续时间，这是时标网络计划与一般网络计划的主要区别。

时标网络计划形同水平进度计划，它是网络图与横道图的结合，它表达清晰醒目，编制方便，前后各工作的逻辑关系清晰。双代号时标网络计划是以水平时间坐标为尺度编制的双代号网络计划，它具有以下特点：

1）时标网络计划既是一个网络计划，又是一个水平进度计划。它能表明计划的时间进程，便于网络计划的使用，兼有网络计划与横道计划的优点。

2）时标网络计划能在图上直观显示各项工作的开始与完成时间、自由时差和关键线路。

3）时标网络计划便于在图上计算劳动力、材料等资源需用量，并能在图上调整时差，进行网络计划的时间和资源的优化和调整。

4）调整时标网络计划的工作较烦琐。对一般的网络计划，若改变某一工作的持续时间，只需变动箭线上所标注的时间数字就行，十分简便。但是，时标网络计划是用箭线或线段的长短来表示每一工作的持续时间的，若改变时间就需改变箭线的长度和位置，这样往往会引起整个网络图的变动。

2. 双代号时标网络计划的应用范围

实践经验表明，时标网络图比较接近人们习惯使用的横道图，比较直观，易于理解，因而在工程项目的施工中比较受欢迎。目前，时标网络计划对以下几种情况比较适用：

1）编制工作项目（工序）较少并且工艺过程较简单的工程施工计划，它能迅速地边绘、边算、边调整。而对于工作项目较多并且工艺复杂的工程，仍以常用的网络计划为宜。

2）将已编制并计算好的网络计划再复制成时标网络计划，以便在图上直接表示各工作（工序）的进程。目前在我国已编出相应的程序，可应用计算机来完成这项工作，并已经用于实际生产中。

3）使用实际进度前锋线进行进度控制的网络计划。在工程项目的进度控制过程中，针对进度进行检查与调整时，通过在时标网络图上绘制实际进度前锋线来检查工程项目的进度情况，针对进度的提前和延后对进度做出调整。

4）局部网络计划和作业性网络计划。对于大型复杂的工程项目，可先绘制总网络计划图，然后根据各分部分项工程的特点绘制各分部分项工程的时标网络图，以便于对各分部分项工程进行管理。

3. 编制双代号时标网络计划的一般规定

1）时标网络计划必须以时间坐标为尺度表示工作时间，时标的时间单位应根据需要在编制网络计划之前确定，可为时、天、周、旬、月或季。

2）时标网络计划应以实箭线表示工作，以虚箭线表示虚工作，以波形线表示工作的自由时差。

3）时标网络计划中的所有符号在时间坐标上的水平位置及其水平投影，都必须与其所代表的时间值相对应。

4）节点的中心必须对准时标的刻度线，虚工作必须以垂直虚箭线表示，有自由时差时加波形线表示。

5）时标网络计划宜按最早时间编制。编制时标网络计划之前，应先按已确定的时间单位绘出时标表。工作的时标可标注在时标表的顶部或底部，并须注明时标的长度单位，必要时还可在顶部时标之上或底部时标之下加注日历的对应时间。为使图面清晰，时标表中部的刻度线宜为细线。

6）时标网络计划的编制应先绘制无时标网络计划草图，并可按以下两种方法之一进行绘制：

① 间接法绘制。先计算网络计划的时间参数，再根据时间参数按草图在时标表上进行绘制。

② 直接法绘制。不计算网络计划的时间参数，直接按草图在时标表上绘制。

7）用间接法绘制时，应先按每项工作的最早开始时间将其箭尾节点定位在时标表上，再用规定线型绘出工作及其自由时差，形成时标网络计划图。

8）用直接法绘制时标网络计划时，应按下列方法逐步进行：

① 将起始节点定位在时标表的起始刻度线上。

② 按工作持续时间在时标表上绘制起始节点的外向箭线。

③ 工作的箭头节点必须在其所有内向箭线绘出以后，定位在这些内向箭线中最晚完成的实箭线箭头处，某些内向实箭线长度不足以到达该箭头节点时，可用波形线补足。

④ 用上述方法自左至右依次确定其他节点的位置，直至终结节点定位绘完。

4. 双代号时标网络计划的绘制

双代号时标网络计划是在时间坐标上绘制的双代号网络计划，每项工作的时间长度（箭线长度）和每个节点的位置都按时间坐标绘制。它既有网络计划的优点，又有横道计划的时间直观的优点，所以受到普遍重视和欢迎。但因为其箭线受时标约束，故绘图比较麻烦。对于工作项目少、工艺过程比较简单的进度计划，可以边绘、边算、边调整。而对于大型的、复杂的工程计划，可以先用时标网络计划的形式绘制各分部工程的网络计划，然后再综合起来绘制时标总网络计划；也可以先编制一个简明的时标总网络计划，再分别绘制分部工程的执行时标网络计划。

现以图 10-15 为例说明双代号时标网络计划的绘制方法。

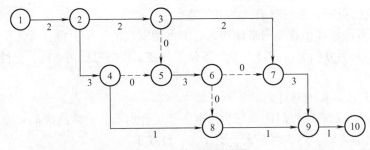

图 10-15　某项目网络图

（1）间接法绘制　用这种方法只需先计算网络计划的节点最早时间即可，因为节点的最早时间是其各紧后工作的最早开始时间，故可按计算的节点最早时间先在时标表上固定每个节点的位置。节点定位应参照网络图的形状，其中心对准时间刻度线。节点全部定位后，再根据工作的持续时间绘制工作箭线，长度受时标限制。当某项工作的长度不能到达其结束节点时，补以波形线，使之形成完整的时标网络计划图。

（2）直接法绘制　这种方法比较便捷，绘制的要点如下：

1）将起始节点定位在时标表的起始刻度线上（即第一天开始点）。

2）按工作持续时间在时标表上绘制起始节点的外向箭线，如图10-16中的①—②箭线。

3）工作的箭头节点必须在其所有内向箭线绘出以后，定位在这些箭线中最晚完成的实箭线箭头处。如图10-16中的③—⑤和④—⑤的结束节点⑤定位在④—⑤的最早完成时间，工作④—⑧和⑥—⑧的结束节点⑧定位在⑥—⑧的最早完成时间等。

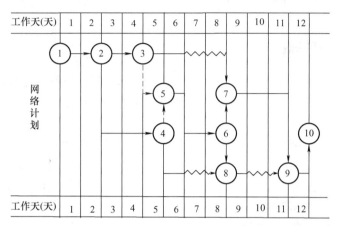

图 10-16　某项目双代号时标网络图

4）某些内向箭线的长度不足以到达该节点时，用波形线补足，这就是自由时差。如图10-16中，节点⑦、⑧、⑨之前都用波形线补足。

5）用上述方法自左至右依次确定其他节点的位置，直至将终结节点定位绘完。

需要注意的是，使用这一方法的关键是要把虚箭线处理好。首先，要把它等同于实箭线看待，而其持续时间是0；其次，虽然它本身没有时间，但可能存在时差，故要按规定画好波形线，在画波形线时，其垂直部分仍应画虚线，箭头在波形线的末端或其后，存在有垂直虚箭线时，在虚箭线的末端。

（3）时标网络计划关键线路和时间参数的确定

1）时标网络计划关键线路的判定。时标网络计划的关键线路，应自终结节点逆箭头方向朝起始节点观察，凡自终至始不出现波形线的线路，就是关键线路。

图10-16的关键线路是①→④→⑤→⑥→⑦→⑨→⑩。

2）时标网络计划计算工期的判定。时标网络计划的计算工期，应是其终结节点与起始节点所在位置的时标值之差。

3）时标网络计划最早时间的判定。时标网络计划每条箭线的左端节点中心所对应的时标值代表工作的最早开始时间；箭线实线部分右端或当工作无自由时差时箭线右端节点中心所对应的时标值代表工作的最早完成时间。

4）时标网络计划自由时差的判定。时标网络计划中的工作自由时差值等于其波形线在坐标轴上的水平投影长度。理由是：每条波形线的末端就是这条波形线所在工作的紧后工作的最早开始时间；波形线的起点就是它所在工作的最早完成时间；波形线的水平投影就是这两个时间之差，也就是自由时差值。

5）时标网络计划中工作总时差的判定。在时标网络计划中，工作总时差不能直接观察，但利用可观察到的工作自由时差进行判定也是比较简便的。

应自右向左，在其各紧后工作的总时差被判定后，本工作的总时差才能判定。工作总时差之值，等于各紧后工作总时差的最小值与本工作的自由时差值之和。

例如，在图 10-16 中，关键工作⑨—⑩的总时差为 0，⑧—⑨的自由时差是 2 天，故⑧—⑨的总时差就是 2 天，工作④—⑧的总时差就是其紧后工作⑧—⑨的总时差 2 天与本工作的自由时差 2 天之和，即总时差为 4 天。计算工作②—③的总时差，要在③—⑦与③—⑤的工作总时差 2 天与 1 天中选择。

10.2.5 网络进度计划优化

网络进度计划是指在一定的约束条件下，按既定目标对网络计划进行不断改进，以寻求满意方案的过程。网络进度计划的优化目标不同，可分为工期优化、费用优化和资源优化。

1. 工期优化

工期优化是指当网络进度计划的计算工期不能满足要求工期时，通过压缩关键工作的持续时间以满足要求工期目标的过程。这一压缩过程是以不改变网络计划各项工作的逻辑关系为前提，在工期优化过程中出现多条关键路径时，必须将各条关键路径的总持续时间压缩为相同的数值。否则，将不能有效缩短工期。

网络进度计划的工期优化步骤：

1）计算网络计划中的时间参数，并确定初始网络计划的计算工期和关键路径。

2）按要求工期计算应缩短的时间。

3）确定各关键工作能缩短的持续时间。

4）选择应压缩持续时间的关键工作。此步骤需要考虑的因素有：缩短持续时间对质量和安全影响不大的工作；有充足备用资源的工作；缩短持续时间所需增加费用最少的工作。

5）将所选定的要压缩工作的持续时间压缩至最短，并重新确定计算工期和关键路径。若压缩后的工作变成非关键工作，则应延长其工作时间，使之仍为关键工作。

6）当所有关键工作的持续时间都已达到其能缩短的极限而工期仍不满足要求时，应对计划的原技术、组织方案进行调整或对要求工期重新审定。

2. 费用优化

费用优化又称工期成本优化，是寻求最低成本的最短工期安排，或按要求工期寻求最低成本的计划安排过程。

进度—费用优化所涉及的费用包括直接费用和间接费用。直接费用是指在施工过程中耗费的、构成工程实体和有助于工程形成的各项费用；间接费用是由公司管理费、财务费等构成的。一般而言，直接费用随工期的缩短而增加，间接费用随工期的缩短而减少，如图 10-17 所示。直接费用与间接费用之和为总费用。

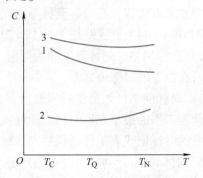

图 10-17　费用优化曲线图

1—直接费用　2—间接费用　3—总费用

T_C—最短工期；T_Q—最优工期；T_N—正常工期

寻求最低费用和最优工期的基本思想是从网络计划的各项活动持续时间和费用的关系中，依次找出能使计划工期缩短，而同时又使直接费用增加最少的活动，不断地缩短其持续时间，同时考虑其间接费用叠加，即可求出工程费用最低的最优工期或工期确定时相应的最低费用。

3. 资源优化

工程项目中的资源包括人力、材料、动力、设备、机具、资金等。资源的供应情况是影响工程进度的主要因素。因此，在编制进度计划时，一定要以现有资源条件为基础，通过改变工作活动的开始时间和完成时间，使资源按时间的分布趋于平衡，符合优化目标。

资源优化的主要方法为资源平衡法和资源约束进度安排法。

（1）资源平衡法　资源平衡法是制定使资源需求波动最小化的进度计划的一种方法。这种平衡资源的方法是为了尽可能均衡地利用资源并满足项目的进度计划。这是一种反复试验法，即为了保持资源需求的均衡水平而推迟那些非关键活动（即时差为正值）的最早开工时间，但只能推迟到所有时差为正值的活动不再有正时差为止，否则会使项目超过预定完工日期。资源平衡是在不延长项目要求完工时间的情况下建立资源均衡利用的进度计划。

（2）资源约束进度安排方法　资源约束进度安排方法是在各种可得资源的数量不变的情况下制订最短计划的一种方法。这一方法适用于项目可得到的资源是有限的且不能超过该资源约束的情况。由于必须遵守资源约束条件，所以应用这种方法可能导致项目完工时间的延长。它是在最小时差原则下，反复地将资源分配到各个活动中去。在几个活动同时需要同一有限资源的情况下，拥有最小时差的活动将获得资源配置的优先权。如果资源还有闲置，再优先分配给时差最小的活动，以此类推。当其他活动也需要这种资源，而该资源已经全部分给较高优先权的活动时，低优先权的活动将会推迟；但随着这些活动时差的增大，它们将具有越来越高的优先级。这种活动推迟可能会延长项目的完工时间。

10.3　施工进度控制

10.3.1　施工进度控制及其影响因素

1. 什么是施工进度控制

施工进度控制是指施工项目管理者对照确定的项目计划，在工程实施过程中不断检查计划的实际执行情况，以及分析进度偏差原因，并相应调整资源配置或工作逻辑关系，或修改原施工进度计划的过程。

由于在施工过程中存在着许多影响进度的因素，因此，进度管理人员必须事先对这些影响因素进行调查分析，预测其影响程度，确定合理的进度管理目标，编制可行的进度计划，使工程建设工作始终按计划进行。但不管进度计划的周密程度如何，有时很难照原定的进度计划执行。为此，进度管理人员必须掌握动态控制原理，在分析进度偏差及其产生原因的基础上，通过采取组织、技术、合同、经济等措施，尽量维持原进度计划。如果采取措施后仍不能维持原计划，则需要对原进度计划进行调整或修正，再按新的进度计划实施。只有这样不断地检查和调整，才能保证工程项目进度得到有效的控制与管理。

2. 施工进度的影响因素

工程项目具有规模庞大、工程结构与工艺技术复杂、建设周期长及相关单位多等特点，决定了工程项目进度会受到许多因素的影响。要想对工程项目进度进行有效的管理，就必须对影响进度的有利因素和不利因素进行全面、细致的分析和预测，以实现对工程项目进度的主动控制和动态控制。

影响工程项目进度的不利因素很多，大体包括人员因素，组织因素，技术因素，资金因素，材料、设备与构配件因素，水文、地质与气象因素，环境、社会因素，以及其他事先难以预料的因素等。若按产生根源的不同，可归结为来自业主单位、设计单位、施工单位、建筑材料和构配件等生产供应单位，政府及建设监理单位、建设主管部门、工程建设有关配合协作单位及项目建设所在地区周边邻近单位与社区人群等的各种影响因素。若按缘由的不同，影响因素可归结为以下几种类型：

1）错误地估计了项目的实际具体情况及项目的实现条件，包括过高估计了有利因素和过低估计了不利因素，缺乏周密的项目风险分析过程。

2）发生了项目决策、筹备或实施过程中某些方面工作的失误。

3）发生了不可预见的事件。若根据合同条款下对造成工程进度拖延进行的责任区分及处理办法，又可归纳为工程延误和工程延期。若工程项目为国际工程项目，在国外常见的法律制度变化，经济制裁，战争、骚乱、罢工、企业倒闭，汇率浮动和通货膨胀等，都会对工程项目的进度产生不利影响。

10.3.2 施工进度控制的基本原理

施工进度控制始于进度计划的编制，是一个不断编制、执行、检查、分析和调整计划的动态循环过程。施工进度控制过程中，必须遵循以下原理：

（1）动态控制原理 当实际进度按照计划进度进行时，若存在偏差，要分析偏差的原因，采取相应的措施，调整原计划，使两者在新的起点上重合，继续按计划进行工程建设。但在新的干扰因素作用下，又需要进行控制，如此反复。其具体过程如图10-18所示。

（2）系统原理 将系统原理运用于进度控制的主要含义是：

1）应按工程项目不同的建设阶段分别编制计划，从而形成严密的进度计划系统。

2）建立由各个不同管理主体及其不同管理层次组成的进度管理组织实施系统。

3）施工进度控制自计划编制开始，经过计划实施过程中的跟踪检查、发现进度偏差、分析偏差原因、制定调整或修正措施等一系列环节，再回到对原进度计划的执行或调整，从而构成一个封闭的循环系统。

4）采用工程网络计划技术编制进度计划，并对其执行情况实施严格的量化管理。

（3）弹性控制原理 进度计划编制者充分掌握影响进度的原因，并根据统计经验估计出其影响程度和出现的可能性，并在确定进度目标时进行实现目标的风险分析，这样编制工程项目进度计划时就会留有余地，使工程进度计划具有弹性。在进行施工进度控制时，便可以利用这些弹性，缩短有关工作的时间，或者改变它们之间的搭接关系，使拖延了的工期，通过缩短剩余计划工期的方法，最终仍然能达到预期的计划目标。

（4）封闭循环原理 施工进度控制的全过程是计划，实施，检查，比较分析，确定调整措施，再计划。从编制项目进度计划开始，经过实施过程中的跟踪检查，收集有关实际进度的信息，比较和分析实际进度与计划进度之间的偏差，找出产生原因和解决办法，确定调整措施，再修改原进度计划，形成一个封闭的循环系统。

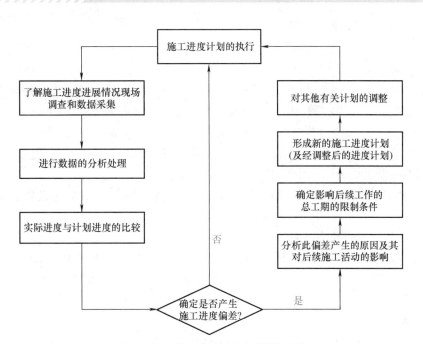

图 10-18 施工进度动态控制循环图

（5）信息反馈原理 信息反馈是施工进度控制的主要环节。工程的实际进度通过信息反馈给项目进度管理的工作人员，在分工的职责范围内，经过对其加工，再将信息逐级向上反馈，直到项目经理部。项目经理部整理统计各方面的信息，经比较分析做出决策，调整进度计划，使其仍符合预定工期目标。

（6）网络计划技术原理 在施工进度控制中利用网络计划技术原理编制进度计划，根据收集的实际进度信息，比较和分析进度计划，并利用网络计划的工期优化、费用优化和资源优化理论调整计划。网络计划技术原理是施工进度控制的完整计划管理和分析计算的理论基础。

10.3.3 施工进度控制的措施

施工进度控制的措施包括组织措施、管理措施、经济措施及技术措施。

1. 施工进度控制的组织措施

1）组织是目标能否实现的决定性因素，为实现项目的进度目标，应充分重视健全项目管理的组织体系。

2）在项目组织结构中，应有专门的工作部门和符合进度控制岗位资格的人员来负责进度控制工作。

3）应编制项目进度控制的工作流程，如确定项目进度计划系统的组成，各类进度计划的编制程序、审批程序和计划调整程序等。

4）进度控制的主要工作环节包括进度目标的分析和论证、编制进度计划、定期跟踪进度计划的执行情况、采取纠偏措施、调整进度计划。

5）进度控制工作包含大量的组织和协调工作，而会议是组织和协调的重要手段，应进行有关进度控制会议的组织设计，以明确会议的类型、各类会议的主持人及参加单位和人员、各类会议的召开时间以及各类会议文件的整理、分发和确认等。

2．施工进度控制的管理措施

1）施工进度控制的管理措施涉及管理思想、管理方法、管理手段、承发包模式、合同管理和风险管理等。

2）用网络计划的方法编制进度计划，必须严谨地分析和考虑工作之间的逻辑关系，通过网络计算可发现关键工作和关键路线，也可知道非关键工作可使用的时差。

3）重视相关方，包括发包方、分包方和物料供应方的沟通和协调。

4）不仅应进行进度控制，还应注意分析影响项目进度的风险，并在进度风险分析的基础上采取风险控制措施，以减少对工程进度的不利影响。

5）重视信息技术（包括相应的软件、局域网、互联网以及数据处理设备）在进度控制中的应用。

3．施工进度控制的经济措施

施工进度控制的经济措施涉及资源需求计划、资金供应条件和经济激励措施等。

1）为确保进度目标的实现，应编制与进度计划相适应的资源需求计划（资源进度计划），包括资金需求计划和其他资源（人力和物力资源）需求计划，以反映工程实施各时段所需要的资源。

2）资金供应条件包括可能的资金总供应量、资金来源（自有资金和外来资金）以及资金供应的时间。

3）在工程预算中应考虑加快工程进度所需要的资金，其中包括为实现进度目标将要采取的经济激励措施所需要的费用。

4．施工进度控制的技术措施

施工进度控制的技术措施涉及对实现进度目标有利的设计技术和施工技术的选用。

1）不同的设计理念、设计技术路线、设计方案会对工程进度产生不同的影响。

2）施工方案对工程进度有直接影响，在决策选用时，不仅应分析技术的先进性和经济合理性，还应考虑其对进度的影响。

5．施工进度控制的合同措施

1）推行 CM 承发包模式，对建设工程实行分段设计、分段发包和分段施工。

2）加强合同管理，协调合同工期与进度计划之间的关系，保证合同中进度目标的实现。

3）严格控制合同变更，对各方提出的工程变更和设计变更，监理工程师应严格审查后再补入合同文件之中。

4）加强风险管理，在合同中应充分考虑风险因素及其对进度的影响，以及相应的处理方法。

5）加强索赔管理，公正地处理索赔。

思考题和习题

1. 工程项目进度的影响因素有哪些？
2. 工程项目进度管理的过程和内容？
3. 双代号网络计划绘制规则是什么？
4. 双代号网络计划时间参数的计算步骤是什么？
5. 单代号网络计划的特点是什么？

6. 影响施工进度控制的因素有哪些？

7. 施工进度控制的措施有哪些？

8. 已知某工程各项工作的逻辑关系如表 10-5 所示，试绘制双代号网络图。

表 10-5　各项工作逻辑关系表（一）

工作	A	B	C	D	E	F	G	H	I	J	K
紧前工作	—	—	B、E	A、C、H	—	B、E	E	F、G	F、G	A、C、I、H	F、G

9. 某工程各项工作之间的逻辑关系如表 10-6 所示，试绘制双代号网络图。

表 10-6　各项工作逻辑关系表（二）

工作名称	紧前工作	紧后工作	持续时间（天）
A	—	C、D	2
B	—	E、G	4
C	A	J	5
D	A	F	2
E	B	F	2
F	D、E	H、I	5
G	B	—	1
H	F	J	3
I	F	—	3
J	C、H	—	2

10. 某项目的作业活动 A～K，逻辑关系及持续时间如表 10-7 所示，请分别绘制其双代号网络图，并进行 6 个时间参数的标注，找出关键路线。

表 10-7　作业活动逻辑关系及消耗时间

活动	A	B	C	D	E	F	G	H	I	J	K
持续时间/（天）	5	3	2	5	9	8	2	10	5	6	4
紧前活动	—	A	A	A	B	B、C	C、D	D	E、F	G、H、K	I、J
紧后活动	B、C、D	E、F	F、G	G、H	I	I、J	J	J	K	K	—

第 11 章

工程项目质量管理

本章知识要点与学习要求

序　号	知 识 要 点	学习要求
1	工程项目质量及其管理的概念和特点	掌握
2	工程项目质量管理的基本原理	熟悉
3	工程项目质量计划的概念和依据	熟悉
4	工程项目质量计划的主要内容	掌握
5	工程项目质量的主要影响因素	熟悉
6	勘察设计质量控制	了解
7	施工阶段质量控制	掌握

工程项目质量（Construction Project Quality），广义上是指工程项目立项决策、设计和施工等各阶段的工作、过程和产品质量的总和，所涉及的管理主体包括工程项目投资/业主方、设计/咨询方和施工方等；而狭义上，它通常是指主要工程实施质量，责任主体主要为工程承包方；工程项目质量管理通常也主要指工程承包方的项目质量管理。

■ 11.1　工程项目质量与质量管理

11.1.1　工程项目质量及其特点和影响因素

1. 什么是工程项目质量

质量（Quality）的内涵随着经济社会的变迁而调整。我国 GB/T 19000—2008《质量管理体系 基础和术语》将质量定义为：一组固有特性，满足要求的程度。其中，固有特性就是指某事或某物中本来就有的，尤其是永久的特性；要求是指明示的、通常隐含的或必须履行的需求或期望。而在 GB/T 19000—2016《质量管理体系　基础和术语》中将质量定义为：质量包括产品质量和服务质量，其不仅包括其预期的功能和性能，而且还涉及顾客对其价值和受益的感知；一个关注质量的组织倡导一种通过满足顾客和其他相关方的需求和期望来实现其价值的文化，这种文化将反映在其行为、态度、活动和过程中；组织的产品和服务质量取决于满足顾客的能力，以及对相关方的有意和无意的影响。显然，新标准的质量内容有了较大的发展：一是强调了质量的本质是满足顾客和其他相关方的满意，并获得受益感；二是强调质量体现在组织文化之中。

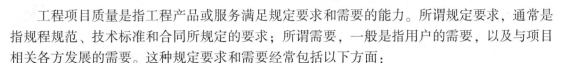

工程项目质量是指工程产品或服务满足规定要求和需要的能力。所谓规定要求，通常是指规程规范、技术标准和合同所规定的要求；所谓需要，一般是指用户的需要，以及与项目相关各方发展的需要。这种规定要求和需要经常包括以下方面：

1）适用性，包括建筑物平面、空间布置合理，操作、维修方便，有利生产、方便生活等。

2）可靠性，包括满足强度、刚度、稳定性要求，满足耐久性要求，如耐磨、耐腐蚀、抗渗、抗冻，使用有效和安全等。

3）经济性，包括工程项目投资效益高，运行和维修费用低等。

4）可持续性，包括工程项目用户和相关各方发展生产、生活和生态环境的可持续性。

2. 工程项目质量的特点

工程施工质量（或工程产品质量）与一般的产品质量相比较，具有如下特点：

1）影响因素多。建筑工程项目从筹建开始，决策、设计、材料、机械、环境、施工工艺、管理制度以及参建人员素质等，均直接或间接地影响建筑工程质量。因此，它具有受影响因素多的特点。

2）质量波动大。由于建筑生产具有单件性、流动性，故工程质量容易产生波动且波动大；同时，由于影响工程质量的偶然性因素和系统性因素比较多，其中任一因素发生变动，都会使工程质量产生波动。因此，要严防出现系统性因素的质量变异，把质量波动控制在偶然性因素范围内。

3）质量隐蔽性。建设工程在施工过程中，分项工程交接多、中间产品多、隐蔽工程多，因此质量存在隐蔽性。若在施工中不及时进行质量检查，事后只能从表面上检查，很难发现内在的质量问题，这样就容易产生判断错误，包括第一类判断错误（将合格品误判为不合格品）和第二类判断错误（将不合格品误认为合格品）。

4）终检的局限性。工程项目的终检（竣工验收）无法进行工程内在质量的检验，也无法发现隐蔽的质量缺陷。因此，工程项目的终检存在一定的局限性。这就要求工程质量控制应以预防为主，重视事前、事中控制，防患于未然。

5）评价方法的特殊性。工程质量的检查评定及验收是按检验批、分项工程、分部工程、单位工程进行的。检验批的质量是分项工程乃至整个工程质量检验的基础，检验批合格质量主要取决于主控项目和一般项目经抽样检验的结果。隐蔽工程在隐蔽前要检查合格后验收，涉及结构安全的试块、试件以及有关材料应按规定进行见证取样检测，涉及结构安全和使用功能的重要分部工程要进行抽样检测。工程质量是在施工单位按合格质量标准自行检查评定的基础上，由监理工程师（或建设单位项目负责人）组织有关单位、人员进行检验确认验收。这种评价方法体现了"验评分离、强化验收、完善手段、过程控制"的指导思想。

6）对社会环境影响大。工程质量的好坏不仅会影响其正常使用，而且会影响周边社会环境，甚至还可能在一定范围内影响社会的可持续发展。

3. 工程项目质量的主要影响因素

影响工程项目质量的因素很多，可概括为人（Man）、材（Material）、机械（Machine）、施工方法（Method）及环境（Environment）五个方面，常简称4M1E。

（1）人的因素　这里讲的"人"，包括直接参与施工的决策者、管理者和作业者。人的因素影响主要是指上述人员个人的质量意识及质量控制能力对工程项目质量造成的影响。我国实行的执业资格注册制度，以及管理和有关作业人员持证上岗制度等，从本质上说，就是对从事工程项目及施工活动的人的素质和能力进行必要的控制。在工程项目质量管理中，人的因素起着决定性的作用。所以，工程项目质量控制应以控制人的因素为基本出发点。人，作为控制对象，应避免人为工作的失误；作为控制动力，应充分调动人的积极性，发挥人的主导作用。

（2）材料因素　材料包括工程材料和施工用料，又包括原材料、半成品、成品、构配件和周转材料等。各类材料是工程施工的物质条件，材料质量是工程项目质量的基础，如果材料质量不符合要求，工程项目质量就不可能达到标准。所以，加强对材料的质量控制，是保证工程项目质量的重要基础。

（3）机械因素　机械设备包括工程设备、施工机械和各类施工器具。工程设备是指组成工程项目实体的工艺设备和各类机具，如各类生产设备、装置和辅助配套的电梯、泵机，以及通风空调、消防、环保设备等，它们是工程项目的重要组成部分，其质量优劣直接影响工程项目使用功能的发挥。施工机械设备是指施工过程中使用的各类机具设备，包括运输设备、吊装设备、操作工具、测量仪器、计量器具以及施工安全设施等。施工机械设备是所有施工方案和工法得以实施的重要物质基础，合理选择和正确使用施工机械设备是保证工程项目质量的重要措施。

（4）施工方法因素　施工方法包括施工技术方案、施工工艺、工法和施工技术措施等。从某种程度上说，技术工艺水平的高低决定了工程项目质量的优劣。采用先进合理的工艺、技术，依据规范的工法和作业指导书进行施工，必将对组成质量因素的产品精度、强度、平衡度、清洁度、耐久性等方面起到良性的推进作用。近年来，高性能混凝土技术、高效钢筋和预应力技术、新型模板及脚手架等新技术的应用对消除质量通病、保证工程项目质量起到了积极作用。

（5）环境因素　环境因素主要包括施工现场自然环境因素、施工质量管理环境因素和施工作业环境因素。环境因素对工程项目质量的影响，具有复杂多变和不确定性的特点。

1）施工现场自然环境因素：主要是指工程地质、水文、气象条件和周边建筑、地下障碍物以及其他不可抗力等对施工质量的影响因素。例如，在地下水位高的地区，若在雨季进行基坑开挖，遇到连续降雨或排水困难，就会造成基坑塌方或地基受水浸泡而影响承载力等；在寒冷地区冬季施工措施不当，工程会因受到冻融而影响质量。

2）施工质量管理环境因素：主要是指施工承包方质量管理体系、质量控制制度和各参建施工承包方之间的协调等因素。根据承发包的合同结构，理顺管理关系，建立统一的现场施工组织系统和质量管理的综合运行机制，确保工程项目质量保证体系处于良好的状态，创造良好的质量管理环境和氛围，是施工顺利进行、提高工程项目质量的保证。

3）施工作业环境因素：主要是指施工现场平面和空间环境条件，各种能源介质供应，施工照明、通风、安全防护设施，施工场地给排水，以及交通运输和道路条件等因素。这些条件是否良好，将直接影响到施工能否顺利进行，以及工程项目质量能否得到保证。

11.1.2　工程项目质量管理

1. 什么是工程项目质量管理

根据我国 GB/T 19000—2016《质量管理体系　基础和术语》中质量管理的定义，可将工程项目质量管理（Quality Management）概括为制定质量方针和质量目标，以及通过质量策划或计划、质量保证、质量控制和质量改进，实现质量目标的过程。有效的工程项目质量管理应该根据工程项目的特点，依照系统的质量管理原则、方法及过程展开。

工程项目质量管理是指为保证和提高工程质量，运用一整套质量管理体系、手段和方法所进行的系统管理活动。其特点主要有：

1）影响质量的因素多。由于工程项目施工是动态的，因而影响工程项目质量的因素也是不断变化的，并有可能叠加。

2）质量控制的难度大。由于工程产品生产的单件性和流动性，使其不能像其他工业产品一样进行标准化施工，施工质量容易产生波动；而且施工场面大、人员多、工序多、关系复杂、作业环境差，进一步加大了质量管理的难度。

3）过程控制的要求高。工程项目在施工过程中，由于工序衔接多、中间交接多、隐蔽工程多，施工质量有一定的过程性和隐蔽性。因此，对过程控制提出较高要求。

4）终结检查的局限大。工程项目建成后不能依靠终检来判断产品的质量和控制产品的质量，也不可能用拆卸和解体的方法检查内在质量或更换不合格的零件。

工程项目质量管理的目的是为项目的用户（顾客、项目相关者等）提供高质量的工程和服务，令其满意，关键是过程和产品的质量都必须满足项目目标。项目质量管理过程和目标适用于所有项目管理职能和过程，还包括项目决策的质量、项目计划的质量、项目控制的质量等。

工程项目质量管理的主要对象是工程产品和服务，它是一个综合性的指标，包括如下几个方面：

1）工程投产运行后，所生产产品（或服务）的质量，该工程的可用性、使用效果和产出效益，运行的安全度和稳定性。

2）工程结构设计和施工的安全性和可靠性。

3）所使用材料、设备、工艺、结构的质量以及它们的耐久性和整个工程的寿命。

4）工程的其他方面，如外观造型、与环境的协调、项目运行费用的高低以及可维护性和可检查性等。

由于工程项目是一次性的，在项目初期，质量（功能、技术要求等）的定义不是很清楚，而工程项目质量管理与通用的企业生产质量管理又有很大区别，致使在现代工程项目中，工程项目质量管理十分困难。尽管人们已经做了很大的努力，但依然问题很多，效果不佳。在工程项目管理目标系统中，当出现工期拖延、成本超支时，质量目标最容易作为牺牲品而被放弃。

工程项目的建设过程是不可逆的，即如果出现质量问题，或工程项目不可行，则不能重新回到原状态，最终可能导致工程项目的报废。

2. 质量管理原则

为实现工程项目质量目标，管理者应遵循下列质量管理原则（Quality Management Principles）：

1）以用户为关注焦点（Customer Focus）。组织依存于工程用户，因此，组织应理解工程用户当前和未来的需求，满足工程用户的需求并争取超出其期望。项目组织是通过完成项目的建设来满足用户需求的。因此，项目组织应保证工程项目能满足业主的要求。

2）领导作用（Leadership）。领导者将本组织的宗旨、方向和内部环境统一起来，并创造使员工能够充分参与实现组织目标的环境。项目组织能否通过质量管理体系的建立和实施来贯彻质量方针，实现质量目标，关键在于领导。成功的工程项目质量管理需要领导者高度的质量意识和持续改进的精神。

3）全员积极参与（Involvement of People）工程。各级人员是组织之本，只有他们充分参与，才能使他们的才干为组织带来最大的收益。工程项目组织最重要的资源之一就是全体员工。项目的成功离不开项目组织全体员工对本职工作的敬业和对其他项目工作、质量活动的积极参与。

4）过程方法（Process Approach）。将相关的资源和活动作为过程进行管理，可以更高效地得到期望的结果。

5）持续改进（Improvement）。这是指不满足于质量现状，不断寻找质量问题并改进。改进工作是组织提升质量的一个永恒目标，成功的组织持续关注改进。

6）循环决策（Cycle Decision）。这是指不断基于数据和信息的分析和评价的决策。其更有可能产生期望的结果。

7）关系管理（Relationship Management）。这是指对相关各方的管理。为持续成功，组织需要不断改善与相关各方的关系。

3. 质量管理的基本原理

（1）PDCA（Plan-Do-Check-Act）循环原理 PDCA 是美国质量管理专家休哈特（Shewhart）首先提出的，由戴明（Deming）采纳、宣传，并获得普及，所以又称戴明环。全面质量管理的思想基础和方法依据就是 PDCA 循环，其将质量管理分为四个阶段，即计划（Plan）、执行（Do）、检查（Chcck）、处理（Act）。在质量管理活动中，要求把各项工作按照做出计划、实施计划、检查实施效果，然后将成功的纳入标准，不成功的留待下一循环去解决。这一工作方法是质量管理的基本方法，后来也成了企业管理各项工作的常规方法。

（2）三阶段控制原理 三阶段控制即质量控制中的事前控制、事中控制和事后控制，其构成质量控制的系统过程。事前控制就是要加强主动控制，要求预先针对如何实现质量目标进行周密合理的质量计划安排，它包括质量目标的计划预控和质量活动的准备阶段控制；事中控制是针对工程质量形成过程中的控制，它包括自控和他人监控两大环节，并把增强质量意识和自我约束作为质量事中控制的根本；事后控制包括对质量活动结果的评价认定和对质量偏差的纠正。

（3）全面质量管理（Total Quality Management，TQM）原理 TQM 是指一个组织以质量为中心，以全员参与为基础，其目的在于通过顾客满意和本组织所有成员及社会受益而达到长期成功的管理途径。

TQM 的主要内容包括：

1）内容与方法的全面性。不仅要着眼于产品的质量，而且要注重形成产品的工作质量。注重采用多种方法和技术，包括科学的组织管理工作、各种专业技术、数理统计方法、成本分析、售后服务等。

2）全过程质量控制。对市场调查、数据收集、研究开发、设计、生产准备、采购、生产制造、包装、检验、储存、运输、销售、为用户服务等全过程都进行质量管理。

3）全员参与控制。组织全体人员，包括领导人员、工程技术人员、管理人员和工人等都参与质量管理，并对产品质量各负其责。

TQM 的主要观点包括：

1）全面的质量观点。把工程项目质量广义化，要求用良好的工作质量保证工序质量，用高标准的工序质量保证工程产品质量。

2）为用户服务的观点。对工程项目设计施工，不但业主是用户，而且设计施工中的下道工序也是上道工序的用户，质量管理的目标就是要使用户满意。

3）预防为主的观点。在设计施工过程中，要跟踪影响质量的因素，并针对问题采取措施，使生产过程质量始终处于控制状态，把质量问题消灭在萌芽状态。

4）用数据说话的观点。广泛应用数理统计方法，依靠数据做出判断，采取措施。

5）全方位控制的观点。依靠参与设计、施工和监理的全体人员，运用各种管理手段，对设计施工的全过程进行控制。

6）一切按 PDCA 循环办事，通过实践不断提高的观点。要求整个工程的管理工作都按 PDCA 循环开展，即按计划、实施、检查和处理的循环进行。

4. 质量管理的发展阶段

质量管理已经历了检验质量管理→统计质量管理→全面质量控制→全面质量管理几个阶段。检验质量管理强调把关作用；统计质量管理强调用数理统计技术进行生产过程控制；全面质量控制强调全面、全员、全过程的控制；全面质量管理强调全面参与管理和持续质量改进、提升。

■ 11.2 工程项目质量计划

11.2.1 工程项目质量计划及其主要问题

1. 什么是工程项目质量计划

质量计划（Quality Planning），又称质量策划，在我国 GT 90015—2008《质量管理体系质量计划指南》中将质量计划定义为：为满足某个特定的项目、产品、过程或合同的要求，规定由谁及何时应用所规定的过程、程序和相关资源的文件。而国际标准化组织（ISO）将质量计划定义为：致力于设定质量目标，并规定必要的作业过程和相关资源以实现其目标。显然，前者回答了质量计划的内容是什么，而后者回答了编制质量计划的作用是什么。

工程项目质量计划是工程项目管理组织、如工程承包方制定质量控制目标、规范质量管理过程、建立质量管理组织、识别质量管理资源等一系列的质量管理相关活动。工程项目质量计划是在充分占有信息的基础上，企业或工程项目部所进行的客观的、多方面的、综合的、动态的管理活动。

质量计划是质量管理的前期工作，是对工程项目质量管理的总体安排，其内容对质量目标的实现、对质量管理活动的影响有非常重要的作用。

2. 工程项目质量计划的依据

1）工程项目的质量方针和质量目标。质量方针是指由企业的最高管理者正式发布的与质量有关的总的宗旨和方向。质量方针，又称质量政策。对企业来说，质量方针是企业质量行为的指导准则，反映企业最高管理者的质量意识，也反映企业的质量管理目的和质量文化。从一定意义上来说，质量方针就是企业的质量管理理念。质量目标则是指与质量有关的、所追求的或作为目的的事物，通常是落实质量方针的一些具体要求，如工程质量达到合格标准。

2）工程项目范围说明书。工程项目的范围说明书不仅规定了项目应交付的成果，同时规定了项目的目标，是项目质量策划的关键依据。项目管理班子在确定项目质量目标时，需要全面考虑范围问题，包括项目的功能、特征、性能、可靠性和安全性等。项目组织必须意识到定义项目质量需求的作用，并及时准确地将顾客的需求和期望通知项目班子；项目班子应对项目的性质和功能做出正确的判断，由项目经理全权负责项目质量管理。

3）标准和规范。不同行业和领域的项目都有相应的质量要求，项目管理班子在进行质量策划时，应明确这些标准和规范对项目质量产生的重要影响。例如，市政工程项目的质量策划就应依据相应的施工规范、工程项目管理规范、设计规范、国家强制性规范等一系列国家、行业、地方标准和法律法规。

3. 工程项目质量策划的主要内容

1）明确工程项目质量控制目标。依据工程项目的总目标以及合同条款等要求，确定项目的质量目标。质量目标依据合同要求确定后，还应对总体质量目标做进一步的分解。如果工程项目包括多个单位工程，应该明确其质量目标各是什么。单位工程中的分部分项工程目标也应该予以明确。

2）建立建设工程项目质量控制系统。为了有效地进行系统、全面的质量控制，必须由项目实施的总负责单位负责建设工程项目质量控制体系的建立和运行，实施质量目标的控制。

3）识别和确定必要的作业过程，制订管理方案，以及项目质量、进度目标的控制方法。项目质量控制虽然已有质量体系文件规定，但其中有许多是概述性的内容，在策划时需要做出具体的规定，如明确关键过程或特殊过程，列出检验和试验计划，规定哪些过程的测量分析要应用统计技术等。工程进度控制应该在施工进度图中确定关键路线和关键工序，从而安排施工顺序，通过人力、物力的合理调动，保证进度符合规定的要求；当安全、成本与之发生冲突时应该怎样协调，也是质量策划的一项重要内容。

4）制订资源配置计划。应依据工程量的大小、施工地点的远近、材料的种类等，确定各种材料的供应方式，如物资处协助供应哪些物资，自行采购哪些物资，业主提供哪些物资，采用哪种检验方法等。只有控制好材料，质量、效益才有保证。

根据工期、成本目标及工程特点，策划出本工程项目各施工阶段的机械、人员和主要物资的详细需要量计划，提交给相关部门，以便为工程项目部提前配备各种资源。

11.2.2 工程项目设计阶段质量计划

工程项目设计阶段质量计划是通过工程项目设计使项目决策过程制订的工程项目质量目标具体化，指出达到规定质量目标的途径和具体方法。工程项目设计阶段质量计划主要由工程项目设计方负责编制，并要得到工程项目业主/发包方的认可。

1. 设计阶段质量计划的内容

1）分析业主方对工程功能要求的特点（业主需在设计合同中将自己对工程项目的功能要求表述清楚且准确）。

2）明确工程设计方案。

3）履行设计合同所必须达到的工程项目质量总目标及其分解目标。

4）质量管理组织机构、人员及资源配置计划。

5）确定保证工程项目质量所采取的设计技术或手段。

6）多方案比较与设计优化计划。

7）设计质量控制点的设置和设计成果审查计划。

2. 设计阶段质量计划的编制步骤

在进行设计阶段质量计划编制时，应根据以上内容要求，依次逐步编制完成。

1）通过进一步明确工程项目的功能要求，确定设计阶段工程项目的质量要求。工程项目的质量（功能、技术）要求是为工程项目使用的总目标服务的。通常按如下过程确定工程质量要求：

① 业主在平衡工程项目进度、造价与质量三者之间制约关系的基础上，对工程项目的质量目标与要求做出总体性、原则性的规定和决策。

② 由业主技术、市场、销售等部门提出工程项目（产品）数量、生产技术和质量要求。选择相对成熟的生产工艺（防止风险），同时确定建筑工程及生产设备的质量标准及使用年限。

③ 业主在确定工程项目范围时，应明确工程项目产品的特性、系统的标准、生产规格，并形成文件，产品特性尽可能用可以测量的指标表示，以此作为设计的依据。

2）起草设计任务书。通过设计任务书，提出具体工程项目要求、技术说明、安全说明等，最终形成工程项目的质量要求文本。

3）设计组织计划。不同工程项目的设计内容不一，所涉及的设计专业也不尽相同，应根据实际组织设计力量，形成工程设计项目部，并确定项目部经理/负责人，由其统筹组织工程设计、配备相应的资源。

4）细化工程项目设计任务。根据设计合同描述的工程项目质量总目标进行细化和分解。对工程项目总质量目标，只有通过技术设计，才能使之具体化、细化。在工程项目设计阶段，必须根据设计合同确定的质量目标进行分解。

5）为确保工程项目质量所采取的设计技术或手段。在现代工程项目中，各种专业设计都有相应的技术规范，这些规范作为通用规范，是设计的依据。由于通用规范经常有标准的生产工艺、标准的成品（半成品），供应者、施工者都熟悉，所以能降低施工和供应的费用。按照工程项目的特点、环境的特点，还必须进行工程项目的特殊技术设计，做出图样和特殊（专用）规范，以及各方面详细的技术说明文件。

6）设计成果审查计划。考虑到设计工作的特殊性，对一些大型的、技术复杂的工程项目，业主和工程项目管理者常常不具备相关的知识和技能，所以常常必须委托设计监理或聘请专家咨询，对设计进度和质量、设计成果进行审查。每一阶段都必须控制设计深度，并按规定组织设计评审，按法规要求对设计文件进行审批，以保证设计成果质量达到业主要求。

11.2.3　工程项目施工阶段质量计划

工程项目施工阶段是将质量目标和设计阶段质量计划付诸实施的过程。该阶段的质量计划由施工承包企业负责编制。

1. 什么是施工阶段质量计划

施工阶段质量计划是以施工承包方为主体编制工程项目质量计划，其以设定的质量目标为依据，对施工过程和相关资源配置进行科学合理的规定，并致力于实现质量目标。

在施工总承包的情况下，分包企业的施工质量计划是总包施工质量计划的组成部分；总包企业有责任对分包施工质量计划的编制进行指导和审核，并承担施工质量的连带责任。

根据工程项目生产施工的特点，目前我国工程施工阶段质量计划常用施工组织设计或施工项目管理实施规划等文件形式表达。

在已经建立质量管理体系的情况下，质量计划的内容必须全面体现和落实企业质量管理体系文件的要求（也可引用质量体系文件中的相关条文），同时结合本工程项目的特点，在质量计划中编写专项管理要求。

2. 施工阶段质量计划的内容

1）工程项目特点及施工条件（合同条件、法规条件和现场条件）分析。

2）履行施工承包合同所必须达到的工程项目质量总目标及其分解目标。

3）质量管理组织机构、人员及资源配置计划。

4）为确保工程项目质量所采取的施工技术方案、施工程序。

5）材料设备质量管理及控制措施。

6）工程项目检测计划及方法等。

7）施工质量控制点的设置。上述各项施工质量计划的内容中，施工质量控制点的设置是一个重要方面。其要点包括：

① 质量控制点是施工质量控制的重点，凡属关键技术、重要部位、控制难度大、影响大、经验欠缺的施工内容，以及新材料、新技术、新工艺、新设备等，均可列为质量控制点，实施重点控制。

② 施工质量控制点设置的具体方法是，根据工程项目施工管理的基本程序，结合工程项目特点，在制订工程项目总体质量计划后，列出各基本施工过程对局部和总体质量水平有影响的项目，作为具体实施的质量控制点。例如，在高层建筑施工质量管理中，可列出地基处理、工程测量、设备采购、大体积混凝土施工及有关分部分项工程中必须进行重点控制的专题等，作为质量控制重点。又如，在工程项目功能检测的控制程序中，可设立建筑物防雷检测、消防系统调试检测、通风设备系统调试等专项质量控制点。

③ 通过设定质量控制点，质量控制的目标及工作重点更加明晰，加强事前控制的方向也就更加明确。事前控制包括明确控制目标参数，制订实施规程（包括施工操作规程及检测评定标准），确定检查项目的数量及跟踪检查或批量检查方法，明确检查结果的判断标准及信息反馈要求。

④ 施工质量控制点的管理应该是动态的。一般情况下在工程开工前、设计交底和图样会审时，可确定一批整个项目的质量控制点；随着工程的展开、施工条件的变化，随时或定期进行控制点范围的调整和更新，始终保持重点跟踪的控制状态。

3. 施工阶段质量计划的审批

施工阶段质量计划编制完毕，首先应经企业或工程项目部技术负责人审核批准，并按施工承包合同的约定提交工程项目监理或工程项目发包方批准确认后执行。

案例 11-1 某写字楼工程施工阶段质量计划（部分）

1. 工程质量目标及目标分解

本工程是一幢 45000m² 建筑面积的写字楼。施工总承包商确定的工程质量总目标为确保"扬子杯奖"，力争"鲁班奖"。各分项工程依据 GB 50300—2013《建筑工程施工质量验收统一标准》、JGJ 59—2011《建筑施工安全检查标准》及其他有关施工质量验收规范规定，确保合格率达到 100%，保证按期交付使用，达到安全无事故。各分项工程的质量目标为：

1）地基与基础工程：合格。

2）主体结构工程：合格，并达到优质结构。

3）建筑装饰装修工程：合格。

4）建筑屋面工程：合格。

5）给排水与采暖工程：合格。

6）电气工程：合格。

2. 工程质量管理组织机构

工程质量组织机构框架图如图 11-1 所示。工程质量管理组织机构人员职责分配情况见表 11-1。

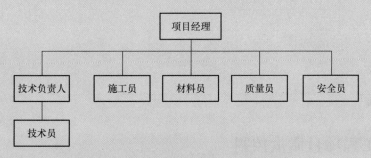

图 11-1　某工程质量管理组织机构框架图

表 11-1　某工程质量管理组织机构人员职责分配情况

职　位	职　责
项目经理	全面负责工程项目施工全过程的施工组织、控制和管理工作，认真执行工程项目质量计划和各施工方案，严格按各项规定、规范和规程标准指导施工，对作业人员进行管理和监督，负责编制工程项目质量计划和施工进度计划，并组织实施，负责组织单位工程及分部工程验收，履行工程承包合同，按照合同质量要求，组织施工，办理交工手续
技术负责人	负责全面技术质量管理工作，协助项目经理完善质量保证计划并贯彻实施，负责编制与贯彻特殊工序的作业指导书和施工组织设计，提出详细的材料供应计划，负责制订各项施工技术质量措施和安全措施，负责隐蔽工程的验收及分部分项工程评定材料的汇总，负责审批技术员对各工序活动人员的技术交底，负责分项工程验收，并参与其他验收阶段的验收工作
技术员	协助技术负责人做好施工现场的技术质量管理工作，以书面形式对参加各工序活动的所用人员进行技术交底，负责收集整理各分项工程技术资料和质量记录，负责项目部统计技术的应用和指导工作，负责开展 QC 活动，负责对工程不合格品做好标识和记录

（续）

职　位	职　责
质量员	负责对所有分项工程的检验批进行全面检查监督，参与分项工程质量检验及隐蔽工程验收工作，对所有进场物资负有验收否决权，对工程质量有奖罚权
施工员	组织班组按质量要求施工，参与隐蔽工程的验收，做好关键项目的复核，配合质量员检查，发现问题及时采取措施，协助技术人员做好技术资料的收集与管理工作等
材料员	负责进入现场材料的验收并做好相关记录，及时填写原材料试化验委托书，转交材料出厂合格证及试验单，负责原材料及半成品、成品的标识工作
安全员	负责施工现场安全防护措施的规范设置与安全管理，负责工程安全防护措施的符合性和有效性，确保作业人员的人身安全

3．工程混凝土、砂浆试块制作计划

工程混凝土、砂浆试块制作计划见表 11-2。

表 11-2　工程混凝土、砂浆试块制作计划

试块名称		强度等级	试块组数量	备注
实验楼	垫层	C30	2	
	基础	C30	6	
	地圈梁	C30	6	
	柱、梁、板	C30	5（每层）	
基础砌筑砂浆		M5	2	水泥砂浆
墙体砂浆		M5	5（每层）	混合砂浆

■ 11.3　工程项目质量控制

11.3.1　工程项目质量控制及其主要环节

1．什么是工程项目质量控制

质量控制（Quality Control）是质量管理的组成部分，是对产品或服务过程所形成的质量环（Quality Loop）上的各个环节采用质量指标测量、数据统计等方法分析其质量问题的原因，进而采取措施，控制产品或服务质量，使之符合质量要求的过程。

工程项目质量控制的目的是使各项质量活动及结果达到质量要求，其控制的过程、活动、技术与方法等均必须始终围绕这一目的展开。

工程项目质量控制的核心思想是预防为主。要充分运用成熟的技术，并在质量环上开展各项活动，及时发现并排除工程项目质量在各个阶段存在的问题，使每个过程及环节始终处于受控状态。

2．工程项目质量控制的主要环节

工程项目质量控制包括以下三个环节：

1）确定标准。制订工程质量控制计划和标准是工程质量控制第一步。没有标准，也就不存在控制，凡重复性的事物和概念均可标准化。

2）实施和反馈。工程建设中，按质量计划和标准执行，并在实施中进行监视和检验。此时就需要一个信息反馈系统，一旦出现质量问题，及时反馈，以便及时采取措施。

3）纠偏，即发现工程项目质量问题后进行纠正的过程。只有建立灵敏的、高效的纠偏系统，才能及时对质量偏差进行纠正，使各项质量活动及结果始终处于受控状态。

11.3.2 工程勘察设计质量控制

工程勘察设计质量控制就是在严格遵守技术标准、法规的基础上，对工程地质条件做出及时、准确的评价，正确处理和协调经济、资源、技术、环境条件的制约，使设计项目能更好地满足业主所需要的功能和使用价值，能充分发挥项目投资的经济效益。

1. 工程勘察设计质量控制的依据

工程勘察设计质量控制依据主要有：

1）有关工程建设及质量管理方面的法律、法规，城市规划，国家规定的建设工程勘察、设计深度要求。铁路、交通、水利等专业建设工程，还应当依据专业规划的要求。

2）有关工程建设的技术标准，如勘察和设计的工程建设强制性标准规范及规程、设计参数、定额、指标等。

3）项目批准文件，如项目可行性研究报告、项目评估报告及选址报告。

4）体现建设单位建设意图的勘察、设计规划大纲、纲要和合同文件。

5）反映项目建设过程中和建成后所需要的有关技术、资源、经济、社会协作等方面的协议、数据和资料。

2. 工程勘察质量控制的要点

（1）勘察工作方案审查　工程勘察单位在实施勘察前，应结合工程勘察的工作内容、深度要求，遵守工程勘察规范、规程，结合工程特点，进行工程勘察方案的编制。勘察方案应由项目负责人主持编写，由勘察单位技术负责人审批，签字并加盖单位公章。

（2）勘察现场作业的质量控制　勘察现场作业质量控制的主要工作包括：

1）现场作业人员应进行专业培训，重要岗位要实施持证上岗制度，并严格按勘察方案及有关操作规程的要求开展现场工作，并留下印证记录。

2）原始资料取得的方法、手段及使用的仪器设备应当正确、合理，勘察仪器、设备、试验室应有明确的管理程序，现场钻探、取样、机具应通过计量认证。

3）原始记录表格应按要求认真填写清楚，并经有关作业人员检查、签字。

4）项目负责人应始终在作业现场进行指导、督促检查，并对各项作业资料检查验收签字。

（3）勘察文件的质量控制　对勘察成果的审核与评定是勘察阶段质量控制最重要的工作。应对工程勘察报告的内容和深度进行检查，检查其是否满足勘察任务书和相应设计阶段的要求，勘察成果是否满足以下条件：

1）工程勘察资料、图表、报告等文件要依据工程类别，按有关规定执行各级审核、审批程序，并由负责人签字。

2）工程勘察成果应齐全、可靠，符合国家有关法规及技术标准和合同规定的要求。

3）工程勘察成果必须严格按照质量管理有关程序进行检查和验收，认定质量合格后，方能提供使用。对工程勘察成果的检查验收和质量评定，应当执行国家、行业和地方有关工程勘察成果检查验收评定的规定。

3. 工程设计质量控制的要点

对工程项目发包方而言，工程设计质量控制的要点有：

1）合理选择工程设计方。可通过招标、设计方案竞赛、直接委托等方式选择工程设计方。

2）科学起草设计任务书。设计任务书是设计的依据之一，是业主方/建设单位意图的体现。起草设计任务书的过程，是参与工程规划各方就项目的功能、标准、区域划分、特殊要求等涉及项目的具体事宜不断沟通和深化交流的过程，有必要谨慎、仔细并讲究科学。

3）起草设计合同。设计合同应重点注意写明设计进度要求、主要设计人员、优化设计要求、限额设计要求、施工现场配合以及专业深化图配合等内容。

4）分阶段设计审查。由业主方/建设单位组织有关专家或机构进行工程设计评审，目的是控制设计成果质量，优化工程设计，提高效益。设计评审包括设计方案评审、初步设计评审和施工图设计评审。

对工程设计方而言，工程设计质量控制的要点有：

1）为了保证设计质量，设计方应建立质量管理体系，必要时应进行质量体系认证。在具体设计时，应根据建设单位对设计功能、等级等方面的要求，根据国家有关建设法规、标准的要求及建设项目环境条件等方面的情况，控制设计输入，做好建筑设计、专业设计、总体设计等不同工种的协调，以保证设计成果的质量。

2）控制设计变更质量。落实设计变更审核，控制设计变更质量，确保设计变更不导致设计质量的下降，并按规定在工程竣工验收阶段，在对全部变更文件、设计图校对及施工质量检查的基础上，出具质量检查报告，确认设计质量及工程质量满足设计要求。

11.3.3 工程施工阶段的质量控制

1. 施工质量控制的依据

施工阶段质量控制的依据，主要有以下四个方面：

（1）工程施工承包合同文件　工程施工承包合同文件和监理合同中分别规定了参与建设的各方在质量控制方面的权利和义务条款，有关各方必须履行在合同中的承诺。其他合同文件也约定了各方的权利和义务。

（2）工程勘察设计文件　"按图施工"是施工阶段质量控制的一项重要原则，因此，经过有关机构审批的设计图和技术说明书等设计文件，无疑是质量控制的重要依据。

（3）国家及政府有关部门颁布的有关质量管理方面的法律、建设行政法规、建设部门规章和规范性文件

1）法律。由全国人大及其常委会制定和颁布的法律，如《中华人民共和国建筑法》《中华人民共和国合同法》《中华人民共和国消防法》等。

2）建设行政法规。国务院颁布的法规，如《建设工程质量管理条例》《建设工程安全生产管理条例》等。

3）建设部门规章。住建部颁布的规章《建筑业企业资质管理规定》《工程建设项目施

工招标投标办法》等。

4）规范性文件。住建部及其他政府部门颁布的文件，如《住房城乡建设部办公厅关于开展建筑业企业资质告知承诺审批试点的通知》等。

这些法律法规的内容涉及：质量管理机构与职责；质量监督工作的要求、程序与内容；工程建设参与各方的质量责任和义务；质量问题的处理；设计、施工、供应单位质量体系建立的要求、标准，以及它们的资质等级的标准和认证；质量检测机构的性质、权限及其管理等各方面的内容。它们都是建设行业质量管理方面所应遵循的基本法规文件。

（4）质量标准与技术规范　质量标准与技术规范分为强制性和参考性两类。强制性质量标准与技术规范是在所有工程中都必须执行的；参考性质量标准与技术规范仅当在工程合同中被引后才需要执行。

2. 施工阶段质量控制的原则

1）坚持"质量第一、用户至上"。工程产品作为一种特殊的商品，使用年限较长，是"百年大计"，直接关系到人民生命财产的安全。所以，工程项目在施工中应自始至终把"质量第一、用户至上"作为质量控制的基本原则。

2）以人为本。人是质量的创造者，质量控制必须"以人为本"，把人作为控制的动力，调动人的积极性、创造性，增强人的责任感，树立"质量第一"观念，提高人的素质，避免人为失误，以人的工作质量保证工程质量。

3）预防为主。"预防为主"就是要从对质量做事后检查把关，转向对工程质量的检查、对工序质量的检查、对中间产品质量的检查。就是确保施工项目的有效措施。

4）坚持质量标准，严格检查，一切用数据说话。质量标准是评价产品质量的尺度，数据是质量控制的基础和依据。产品质量是符合质量标准，必须通过严格检查，用数据说话。

5）贯彻科学、公正、守法的职业规范。各级质量管理人员在处理质量问题过程中，应尊重客观事实，尊重科学、正直、公正，不持偏见；遵纪、守法，杜绝不正之风；既要坚持原则，严格要求，秉公办事，又要谦虚谨慎，实事求是，以理服人，热情帮助。

3. 施工准备阶段的质量控制

施工准备是为保证施工生产正常进行而事先做好的工作。施工准备工作不仅是在工程开工前要做好，而且贯穿于整个施工过程。施工准备的基本任务就是为施工项目建立一切必要的施工条件，确保施工生产顺利进行，确保工程质量符合要求。

（1）技术资料、文件准备的控制

1）施工项目所在地的自然条件及技术经济条件的调查资料。

2）对施工项目所在地的自然条件及技术经济条件的调查，是为选择施工技术和组织方案收集基础资料，并以此作为施工准备工作的依据。因此，要尽可能详细。

（2）设计交底和图样会审

1）设计交底。它是由设计单位向施工单位有关人员就工程建设条件、要求，以及技术难点等方面的一个交待，主要包括地形、地质、水文等自然条件，施工设计依据，设计意图，施工注意事项等。

设计交底后，由施工单位提出图样中的问题和疑问，以及要解决的技术难题。经各方协商研究，拟定出解决办法，这个过程就是图样会审。

2）图样会审。它通常由建设单位组织，主要内容包括：

① 设计是否满足抗震、防火、环境卫生等要求。

② 图样与说明是否齐全。

③ 图样中有无遗漏、差错或相互矛盾之处，图样表示方法是否清楚并符合标准要求。

④ 所需材料来源有无保证，能否替代。

⑤ 施工工艺、方法是否合理，是否切合实际，是否便于施工，能否保证质量要求。

⑥ 施工图及说明书中涉及的各种标准、图册、规范、规程等，施工单位是否具备。

（3）施工组织设计　它是用来指导施工项目全过程各项活动的技术、经济和组织的综合性文件，是施工技术与施工项目管理有机结合的产物。它能保证工程开工后施工活动有序、高效、科学合理地进行，在开工前应根据规范要求对施工组织设计进行编制。

施工组织设计一般包括五项基本内容：

① 工程概况。

② 施工部署及施工方案。

③ 施工进度计划。

④ 施工平面图。

⑤ 主要技术经济指标，包括施工工期、施工质量、施工成本、施工安全、施工环境和施工效率，以及其他技术经济指标。

（4）现场施工准备质量控制

1）工程定位及标高基准控制。施工现场的原始基准点、基准线、标高及施工控制网等数据资料，是施工之前进行质量控制的一项基础工作，这些数据是进行工程测量控制的重要内容。施工承包方应对发包方给定的原始测量控制点进行复核，并将复测结果报审，经批准后，施工承包单位才能据此进行准确的测量放线，建立施工测量控制网，并对其正确性负责，同时做好基桩保护。

2）材料构配件采购订货的控制。对材料构配件采购的质量控制包括：①要审查供方资质和信誉。考察优选合格的供货厂家，是保证采购、订货质量的前提。②充分利用合同管理来进行控制。对半成品或构配件，应按图样要求采购订货，质量应满足有关标准和设计的要求，交货期应满足施工及安装进度安排的需要。

3）工程开工条件的质量审核。工程开工应满足以下条件：施工许可证已获政府主管部门批准；施工组织设计已获总监理工程师批准；承包单位现场管理人员已到位，机具、工人已到场，主要工程材料已落实；进场道路、水、电、通信已满足开工要求等条件。由总监理工程师签署审查意见并报建设单位批准后，总监理工程师方可签发开工令。

4）其他现场准备工作的监控。内容包括：分包单位资格的审核确认；施工机械配置的控制；设计交底与施工图纸的现场核对；计量设备配备；检测实验管理制度等。

4．施工过程质量控制

（1）工程现场质量检查　工程现场质量检查的内容主要有：

1）开工前检查。目的是检查是否具备开工条件，开工后能否连续正常施工，能否保证工程质量。

2）工序交接检查。对重要的工序或对工程质量有重大影响的工序，在自检、互检的基础上，还要组织专职人员进行工序交接检查。

3）隐蔽工程检查。凡是隐蔽工程，均应认证后方能掩盖。

4）停工后复工的检查。因处理质量问题或某种原因停工后需要复工时，应经检查认可后方能复工。

5）分项分部工程完工后，应经检查认可、签署验收记录后，才许进行下一子项目施工。

6）成品保护检查。检查成品有无保护措施或保护措施是否可靠。

工程现场质量检查的方法主要有：

1）目测法。其手段可归纳为"看、摸、敲、照"。看，就是根据质量标准进行外观目测，例如，墙面粉刷质量：表面是否无压痕、空鼓，大面及口角是否平直，地面是否平整，施工顺序是否合理，工人操作是否正确等，均通过目测评价；摸，就是手感检查，主要用于装饰工程的某些检查项目，如水刷石、干粘石粘接牢固程度，地面有无起砂等；敲，是使用工具进行音感检查，通过声音的虚实确定有无空鼓，根据声音的清脆和沉闷判断属于面层空鼓或底层空鼓，此外，用手敲如发出颤动声响，一般是底灰不满；照，对难以看到或光线较暗的部位，可采用镜子反射或灯光照射的方法进行检查，如，门框顶和底面的油漆质量等。

2）实测法。这是通过实测数据与施工规范及质量标准所规定的允许偏差对照，来判断质量是否合格。实测法的手段可归纳为"靠、吊、量、套"。靠，是用直尺、塞尺检查墙面、地面、屋面的平整度；吊，是用托线板以线锤吊线检查垂直度；量，是用测量工具和计量仪表等检查断面尺寸、轴线、标高、湿度、温度等的偏差；套，是用方尺套方，辅以塞尺检查，例如，对阴阳角的方正、踢脚线的垂直度、预制构件的方正等项目的检查，对门窗口及构配件的对角线（审角）检查，也是套方的特殊手段。

3）检验。这是指必须通过试验手段才能对质量进行判断的方法。例如，对水泥的试验，确定其安定性和质量是否符合标准；对钢筋接头进行拉力试验，检查焊接的质量等。

（2）质量控制点的设置　质量控制点是指质量活动过程中需要进行重点控制的对象或实体。它具有动态特性。具体地说，就是生产现场或服务现场在一定期间内、一定条件下对需要重点控制的质量特性、关键部位、薄弱环节以及主导因素等采取特殊的管理措施和方法，目的是明确控制对象，强化管理，使工序处于良好控制状态，以保证达到规定的质量要求。

对质量控制点，一般要事先分析可能造成质量问题的原因，再针对原因制定对策和措施进行预控。

施工过程工序的质量控制点包括施工中的薄弱环节或质量不稳定的工序、部位或对象，对后续工序质量或安全有重大影响的工序、部位或对象，采用新技术、新工艺、新材料的部位或环节，施工条件困难或技术难度大的工序或环节，特殊、关键工序，隐蔽工程，原材料/设备入场检验、到货设备开箱检验，工序专业之间交接检查，工程中的各类设备/管道试验，受电、报警/联锁系统试验，机组无负荷试车，工程中间交接检验，系统调试/试车等工序。

施工经理组织施工专业工程师编制施工质量控制点，组织施工分包方、业主、监理对质量控制点的设置进行共同签字确认。

（3）作业技术交底的控制　关键部位，或技术难度大、施工复杂的检验批、分项工程施工前，承包单位的技术交底书（作业指导书）要报监理工程师。经监理工程师审查后，如技术交底书不能保证作业活动的质量要求，承包单位要进行修改补充。没有做好技术交底的工序或分项工程，不得进入正式实施。

（4）环境状态的控制

1）施工作业环境的控制。主要是指水、电或动力供应、施工照明、安全防护设备、施工场地空间条件和通道以及交通运输和道路条件等。

2）施工质量管理环境的控制。主要是指施工质量管理制度、施工质量检验设备和相关人员配置等控制。

3）现场自然环境条件的控制。主要是指施工现场噪声、扬尘等方面的控制。

（5）施工机械设备性能及工作状态的控制

1）施工机械设备的进场检查。

2）机械设备工作状态的检查。

3）特殊设备安全运行的审核。

4）大型临时设备的检查。

其他还包括施工测量及计量器具性能、精度的控制；施工现场劳动组织及作业人员上岗资格的控制等内容。

案例 11-2　水利工程混凝土施工过程质量控制

某水利工程混凝土施工工序包括材料配合比选择、计量、混凝土拌制、运输、浇筑和养护等。其施工过程质量控制内容如下：

1. 选择配合比的质量控制

选择混凝土配合比，除应符合水工混凝土应有的抗压、抗渗、抗冻、抗裂等要求外，还要满足施工和易性的要求，并采取措施合理降低水泥用量。对大体积建筑物的内部混凝土，还应注意其胶凝材料用量的控制。混凝土的水胶比应以骨料在饱和面干状态下的混凝土单位用水量对单位胶凝材料用量的比值为准，单位胶凝材料用量为每立方米混凝土中水泥与混合材料重量的总和。粗骨料级配及砂率的选择，应考虑骨料生产的平衡、混凝土和易性及最小单位用水量等要求，综合分析确定。

2. 计量工序控制

在计量工序中，每盘混凝土各组成材料计量结果的偏差应符合表 11-3 的规定。

表 11-3　混凝土组成材料计量允许偏差

组成材料	允许偏差	
	水工混凝土施工	一般混凝土施工
水泥、掺合料	±1%	±2%
粗、细骨料	±2%	±3%
水、外加剂	±1%	±2%

每一工作班正式称量前，应对计量设备进行零点校核。生产过程中应测定骨料的含水率，每一工作班不应少于一次。当含水率有明显变化时，应增加测定次数，依据检测结果及时调整用水量和骨料含量。计量器具应定期鉴定，经中修、大修或迁移至新的地点后，也应进行鉴定。

3. 搅拌工序控制

在搅拌工序中，应控制其均匀性，不得有离析和泌水现象。混凝土搅拌的最短时间应符合 SL—2012《水工混凝土施工规范》的规定。混凝土搅拌时间，每一工作班至少抽查两次。

混凝土搅拌完后，对其拌合物的稠度应在搅拌地点和浇筑地点分别取样检测，每一工作班不应少于一次。拌合物的质量指标应符合有关设计或规范要求。

应经常对拌和设备进行下列项目检验：

1）拌合物的均匀性。

2）各种条件下适宜的拌和时间。

3）衡器的准确性。

4）拌和机及叶片的磨损情况。

若发现问题，应立即进行处理。

4. 运输工序控制

选择的混凝土运输设备和运输能力应与拌和、浇筑能力、仓面具体情况及钢筋、模板吊运的需要相适应，以保证混凝土运输的质量。

在运输工序中，应控制混凝土运至浇筑地点后，不离析、不分层、组成成分不发生变化，并能保证施工所需的稠度。

运送混凝土的容器或管道，应不吸水、不漏浆，并保证卸料及输送通畅。混凝土运输时间不宜超过表11-4的规定。

表11-4 混凝土运输时间

气温/℃	混凝土运输时间/min
20～30	30
10～20	45
5～10	60

注：本表数值未考虑外加剂、混合材料及其他特殊施工措施的影响。

混凝土运送至浇筑地点，如混凝土拌合物出现离析或分层现象，应对混凝土拌合物进行二次搅拌。混凝土运至指定卸料地点时，应检测其稠度，所测稠度应符合设计施工要求。

因故停歇过久，混凝土产生初凝时，应作为废料处理。在任何情况下，严禁中途加水后运入仓内。

5. 浇筑质量控制

建筑物地基必须验收合格后，方可进行混凝土浇筑的准备工作。

浇筑混凝土前，应检查和控制模板、钢筋、保护层和预埋件等的尺寸、规格、数量和位置，其偏差应符合施工规范的要求。

混凝土的浇筑应按一定的厚度、次序、方向，分层进行。混凝土的浇筑层厚度，应根据拌和能力、运输距离、浇筑速度、气温及振捣器性能等因素确定。

在浇筑施工中，应控制混凝土的均匀性和密实性。

混凝土拌合物运至浇筑地点后，应立即入仓浇筑。在浇筑中，若混凝土拌合物均匀性和稠度发生较大变化，应及时处理。柱、墙、底板等结构竖向浇筑高度超过3m时，应采用串筒、溜管或振动溜管浇筑混凝土。

混凝土应振捣成型，因此应根据施工对象及混凝土拌合物性质，适当选择振捣器。

6. 养护控制

在养护工序中，应控制混凝土处在有利于硬化及强度增加的温度和湿度环境中，使硬化后的混凝土具有必要的强度和耐久性。

大体积混凝土的养护，应使温差控制在设计要求的范围内；当无设计要求时，温差不宜超过25℃。冬季浇筑混凝土，应养护到具有抗冻能力的临界强度后，方可撤除养护措施。

5. 工程完工验收的质量控制

工程承包方完/竣工验收的主要工作有收尾工作、完工资料的准备、预验收、完工正式验收、工程质量回访和工程保修。

（1）收尾工作 收尾工作的特点是零星、分散、工程量小、分布面广，如不及时完成，将会直接影响项目的工程完工验收及工程的交付使用。因此，承包方应编制项目收尾工作计划。项目经理和技术员应对竣工收尾计划执行情况进行检查，对重要部位要做好记录。

（2）完工资料的准备 合同工程完工资料是合同完工验收的重要依据。承包人应按完工验收条件的规定，认真整理工程完工资料。合同工程完工资料包括以下内容：

1）工程项目开工报告。

2）工程项目完工报告。

3）图样会审和设计交底记录。

4）设计变更通知单。

5）技术变更核定单。

6）工程质量事故发生后调查和处理资料。

7）水准点位置、定位测量记录、沉降及位移观测记录。

8）材料、设备、构件的质量合格证明资料。

9）试验、检验报告。

10）隐蔽工程验收记录及施工日志。

11）合同工程完工图。

12）质量验收评定资料。

交付完工验收的施工项目必须有与完工资料目录相符的分类组卷档案。

（3）预验收 施工承包方自行组织的内部模拟验收称为预验收，内部验收是顺利通过验收的可靠保证，可及时发现遗留问题和质量缺陷。对工程质量缺陷，可采取如下方案：

1）修补处理。当工程某些部分的质量虽未达到规定的规范、标准或设计要求，存在一定的缺陷，但经过修补后还可达到要求的标准，又不影响使用功能或外观要求的，可以做出进行修补处理的决定。例如，某些混凝土结构表面出现蜂窝麻面，经调查、分析，对该部位修补处理后，不影响其结构安全使用和外观要求。

2）返工处理。当工程质量未达到规定的标准或要求，存在严重质量问题，对结构的使用和安全有重大影响，而又无法通过修补处理方法予以纠正时，可以做出返工处理的决定。例如，某工程预应力按混凝土规定张力系数为1.3，但实际仅为0.9，属于严重质量缺陷，也无法修补，只能做出返工处理的决定。

3）限制使用。当工程质量缺陷按修补处理方式无法保证达到规定的使用要求和安全，而又无法返工处理的情况下，不得已时可以做出结构卸荷、减荷以及限制使用的决定。

4）不做处理。某些工程质量缺陷虽不符合规定的要求或标准，但情况不严重，经过分析、论证和慎重考虑后，可以做出不予处理的决定。可以不做处理的情况有：不影响结构安全和使用要求者；经过后续工序可以弥补的不严重的质量缺陷；经复核验算，仍能满足设计要求的质量缺陷。

（4）完工正式验收　施工承包人确认工程完工、具备完工验收各项要求，并经监理单位认可签署意见后，向发包人提交工程验收报告。发包人收到工程验收报告后，应在约定的时间和地点，组织有关单位进行完工验收。组织正式完工验收要求：

1）设计文件和合同约定的各项施工内容已经施工完毕。

2）有完整并经核定的工程竣工资料，符合验收规定。

3）有勘察、设计、施工、监理等单位签署确认的工程质量合格文件。

4）有工程使用的主要建筑材料、构配件和设备进场的证明及试验报告。

5）合同约定的工程质量标准。

6）单位工程质量竣工验收的合格标准。

7）单项工程达到使用条件或满足生产要求。

8）建设项目能满足建成投入使用或生产的各项要求。

（5）工程质量回访　工程交付使用后，应定期进行回访，按质量保证书承诺及时解决出现的质量问题。

根据回访工作计划的安排，每次回访结束，执行单位或项目经理部应填写"回访工作记录"，撰写回访纪要，执行负责人应在回访工作记录上签字确认。回访工作记录一般包括以下内容：存在哪些质量问题；使用人有什么意见；事后应采取什么措施处理；公正客观地记录正反两方面的评价意见。

（6）工程保修　《建设工程质量管理条例》（简称《条例》）规定，在正常使用条件下，建设工程的最低保修期限为：

1）基础设施工程、房屋建筑的地基基础工程和主体结构工程，为设计文件规定的该工程的合理使用年限。

2）屋面防水工程、有防水要求的卫生间、房间和外墙面的防渗漏，为5年。

3）供热与供冷系统，为2个采暖期、供冷期。

4）电气管线、给水排水管道、设备安装和装修工程，为2年。

其他项目的保修期限由发包方与承包方约定。

《条例》还规定，发包人和承包人在签署工程质量保修书时，应约定在正常使用条件下的最低保修期限。保修期限应符合下列原则：《条例》中已有规定的，应按规定的最低保修期限执行；《条例》中没有明确规定的，应在工程质量保修书中具体约定保修期限；保修期应自完工验收合格之日起计算，保修有效期限至保修期满为止。

思考题和习题

1. 什么是工程质量？其特点有哪些？
2. 什么是质量管理？其主要特点有哪些？
3. 影响工程质量的因素有哪些？
4. 什么是图样会审？其主要目的是什么？
5. 施工质量控制的依据是什么？
6. 什么是质量控制点？质量控制点应如何设置？
7. 工程竣工验收的条件是什么？

第 12 章

工程项目成本管理

本章知识要点与学习要求

序　号	知识要点	学习要求
1	工程项目成本的内涵	熟悉
2	工程项目成本的构成	熟悉
3	工程项目成本计划的类型	熟悉
4	工程项目成本计划的编制方法	掌握
5	工程项目成本控制的依据	熟悉
6	工程项目成本控制的方法	掌握
7	工程项目成本管理的措施	熟悉

市场经济环境下，工程项目投资方通过交易方式获得工程实体，而工程卖方——承包方如何获得收益？途径之一就是控制所承包工程项目的成本。本章工程项目成本管理是主要介绍工程承包方的施工项目成本管理，它是施工承包方项目管理的重要任务之一。

■ 12.1　工程项目成本及其构成

12.1.1　工程项目成本

1. 什么是工程项目成本

关于成本（Cost），多个机构或学者对其下过定义，其中较经典的有以下几种：

1）中国成本协会的定义。中国成本协会发布的 CCA2101：2005《成本管理体系术语》中对成本的定义是：为过程增值和结果有效已付出或应付出的资源代价。其中，资源指凡是能被人所利用的物质。在一个组织中，资源一般包括人力资源、物力资源、财力资源和信息资源等。

2）美国会计学会（AAA）所属的成本与标准委员会的定义。AAA 对成本的定义是：为了达到特定目的而发生或未发生的价值牺牲，它可用货币单位加以衡量。

3）亨格瑞（Horngren）教授的定义。亨格瑞是美国斯坦福大学商学院著名会计学教授、国际公认的会计学权威，他在所著的《成本与管理会计》（第 13 版）一书中将成本定义为：为了达到某一种特定目的而耗用或放弃的资源。

显然，上述成本的定义表述略有不同，但本质相近，均是指某一过程中，或为实现某一目标，而将要消耗或付出的各种资源代价，其常用货币单位加以衡量。

工程项目成本，也称工程成本，可定义为：工程承建方为完成工程项目建设所消耗的资源或发生的费用。更具体地说，工程成本是承建方/承包人为使实施合同工程达到质量标准，所必须消耗或使用的人工、材料、工程设备、施工机械台班及其管理等方面发生的费用和按规定缴纳的规费和税金。

2. 工程项目成本的分类

对工程施工承包方而言，工程成本可分为直接成本和间接成本。

（1）直接成本　它是指施工过程中耗费的构成工程实体或有助于工程实体形成的各项费用支出，是可以直接计入工程对象的费用，包括人工费、材料与工程设备费、施工机具使用费等。

（2）间接成本　它是指为施工准备、组织和管理施工生产的全部费用的支出，是非直接用于也无法直接计入工程对象，但为进行工程施工所必须发生的费用，包括施工现场管理人员工资、办公费、差旅交通费以及企业总部管理费等。

3. 工程成本、工程造价与工程投资的区别和联系

在工程建设领域，工程成本、工程造价与工程投资三个概念经常被提及，它们均用货币来表现，但它们的内涵不尽相同；工程项目承包人和业主/发包人在应用时，内涵也存在差异。

对工程承包方而言，常用到工程成本和工程造价的概念。工程成本是为完成承包项目而应付出的资源代价，包括人工、材料和施工机械台时的消耗，以及间接的管理费用和税金等，但不包括利润；承包方所指工程造价是完成工程后的合同结算价，为工程成本加所得利润。

对工程项目业主方/发包方，常用到工程造价和工程投资的概念。工程（总）造价常指支付给各类承包方（设计、施工、咨询等）的费用、构建工程建设条件（包括土地征用，以及水、电、路的提供）的费用、工程交付前试运行的资源消耗，以及业主方/发包方组织、管理工程项目应付出的资源代价。工程（总）投资的内涵与工程造价的概念不尽相同，其应在工程（总）造价的基础上，加上工程临时性项目在工程完工后可以回收的这部分资源；对生产性工程项目，还应再加上铺底流动资金。

12.1.2　工程项目成本的构成

工程项目成本主要是指建筑安装工程费。建筑安装工程费由建筑工程费和安装工程费两部分组成。建筑工程费是指建设工程涉及范围内的建筑物、构筑物、场地平整、道路、室外管道铺设、大型土石方工程费用等。安装工程费是指主要生产、辅助生产、公用工程等单项工程中需要安装的机械设备、电器设备、专用设备、仪器仪表等设备的安装及配件工程费，以及工艺、供热、供水等各种管道、配件、闸门和供电线安装工程费用等。

工程项目施工方成本通常由人工费、材料费（包含工程设备费，下同）、施工机具使用费、企业管理费、规费和税金组成。

（1）人工费　它是指按工资总额构成规定，支付给从事建筑安装工程施工的生产工人和附属生产单位工人的各项费用。

（2）材料费　它是指施工过程中耗费的原材料、辅助材料、构配件、零件、半成品或成品、工程设备的费用，内容包括材料原价、运杂费、运输损耗费、采购及保管费。

工程设备是指构成或计划构成永久工程一部分的机电设备、金属结构设备、仪器装置及其他类似的设备和装置。

（3）施工机具使用费　它是指施工作业所发生的施工机械、仪器仪表使用费或其租赁费。

1）施工机械使用费。它用施工机械台班耗用量乘以施工机械台班单价表示。施工机械台班单价应由折旧费、大修理费、经常修理费、安拆费及场外运费、（机上）人工费、燃料动力费、税费七项费用组成。

2）仪器仪表使用费。它是指工程施工所需使用的仪器仪表的摊销及维修费用。

（4）企业管理费　它是指建筑安装企业组织施工生产和经营管理所需的费用。

（5）规费　它是指按国家法律、法规规定，由省级政府和省级有关部门规定必须缴纳或计取的费用。内容包括社会保险费、住房公积金、工程排污费等。

（6）税金　它是指国家税法规定的应计入建筑安装工程造价内的营业税、城市维护建设税、教育费附加以及地方教育附加。营业税改征增值税后，建筑安装工程费的税金是指国家税法规定应计入建筑安装工程造价内的增值税销项税额，城市维护建设税、教育费附加以及地方教育附加则计入企业管理费。

案例 12-1　某矿业工程项目成本的构成

某施工单位承担了某矿山井筒的施工，井深 500m，其工程项目成本主要包括人工费 780 万元、材料费（含工程设备）600 万元、规费 210 万元、企业管理费 230 万元、税金 88 万元。施工机械使用费包括折旧费 180 万元、大修理费及经常修理费 30 万元、燃料动力费 270 万元、机上人工费 90 万元、安拆费及场外运费 60 万元、税费 2 万元。

[解析]

1）本工程的施工机械使用费由折旧费、大修理费、经常修理费、燃料动力费、机上人工费、安拆费及场外运费、税费组成，其值为（180 + 30 + 270 + 90 + 60 + 2）万元 = 632 万元。

2）工程项目成本由人工费、材料费（含工程设备）、施工机具使用费、企业管理费、规费、税金等组成。

12.1.3　工程项目定额

1. 什么是工程项目定额

定额，即规定的限额。在社会物质生产的不同部门，定额的含义不尽相同。工程项目定额是指在正常的施工条件和合理劳动组织、合理使用材料及机械的条件下，完成单位合格产品所必须消耗资源的数量标准。其中的资源主要包括在建设生产过程中所投入的人工、材料、机械等生产要素。

按反映的物质消耗的内容，工程项目定额可以分为人工消耗定额、材料消耗定额、机械消耗定额；按建设程序分类，可以分为施工定额、预算定额、概算定额（指标）、估算指标；按定额的适用范围分类，可分为国家定额、行业定额、地区定额和企业定额。与项目成本管理密切相关的定额是施工定额与企业定额。

2. 施工定额

（1）施工定额的概念　施工定额是指以同一性质的施工过程（工序）作为研究对象，

表示生产产品数量与生产要素消耗综合关系而编制的定额。它是施工企业组织生产和加强管理在企业内部使用的一种定额，也是其他工程建设定额编制的基础。

（2）施工定额的作用　在施工企业生产与经营活动中，施工定额发挥着重要作用，主要表现如下：

1）施工定额是施工企业编制施工组织设计和施工作业计划的依据。

2）施工定额是施工队向施工班组签发施工任务单和限额领料单的依据。

3）施工定额是计算工人劳动报酬的依据。

4）施工定额是企业激励工人、提高生产效率的手段。

5）施工定额有利于推广先进技术。

6）施工定额是编制施工预算、加强企业成本管理和经济核算的基础。

7）施工定额是编制预算定额和单位估价表的基础。

（3）施工定额的组成　施工定额由劳动定额、材料定额和机械定额组成。

1）劳动定额，也称人工定额。它是指建筑安装工人在正常的施工条件下，按平均先进水平制定的，完成单位合格产品所必须消耗劳动量的标准。劳动定额按其表现形式和用途不同，可分为时间定额和产量定额。时间定额是指某一专业、某一技术等级的工人，在合理的劳动组织、合理使用材料和施工机械的条件下，完成某种单位合格产品所必需的工作时间，一般以完成单位产品所消耗的工日表示，如内墙面抹灰 0.1 工日/m^2。产量定额是指在合理的劳动组织、合理使用材料和施工机械的条件下，某一工种、某一技术等级的工人在单位工日内完成的合格产品的数量，如内墙面抹灰 $10m^2$/工日。

2）材料消耗定额。它是指在节约和合理使用材料的条件下，生产单位合格产品所必须消耗的一定品种规格的原材料、成品、半成品、配件等的数量标准。

3）机械台时/班定额，又称施工机械使用定额。它是指在正常施工生产和合理使用施工机械条件下，完成单位合格产品所必需消耗的某种施工机械的工作时间标准。其计量单位以台时/班表示，每台班按 8 小时计。

3．企业定额

（1）企业定额的概念　它是指建筑安装企业根据自身的技术和管理水平，所确定的完成单位合格产品所必需的人工、材料和施工机械台班的消耗量，以及其他生产经营要素消耗的数量标准。企业定额反映了企业的施工投入与产出之间的数量关系，企业的技术和管理水平不同，企业定额的水平也就不同。从某种意义上讲，企业定额是企业核心竞争能力的具体表现。

（2）企业定额的作用　企业定额具有以下几个方面的作用：

1）企业定额是施工企业编制工程投标报价的重要依据。

2）企业定额是企业生产力和生产水平的综合反映，是加强企业内部监控、进行成本核算的依据。

3）企业定额是业内推广先进技术创新和管理创新的重要手段和工具。

4．施工定额与企业定额的异同

在定额结构、定额编制原则和方法等方面两者相似，但也存在以下区别：

1）编制主体不同。施工定额的编制主体是地区或行业主管部门；企业定额的编制主体是企业自身。

2）使用范围不同。施工定额的使用范围是地区、行业或全国的施工企业，是生产性定额；企业定额的使用范围仅供本企业内部使用，兼具生产性和计价性。

3）消耗水平不同。施工定额考虑社会平均劳动力生产水平和消耗水平，而某企业定额则是根据某企业的劳动力生产水平和消耗水平而制定的。

12.2 工程项目成本计划

12.2.1 工程项目成本计划及其分类

1. 什么是工程项目成本计划

工程项目成本计划是以货币形式编制施工项目在计划期内的生产费用、成本水平、成本降低率以及为降低成本所采取的主要措施和规划的书面方案。它是建立施工项目成本管理责任制、开展成本控制和核算的基础，是该项目降低成本的指导文件，也是设立目标成本的依据。

2. 工程项目成本计划的类型

对于一个施工项目而言，其成本计划的编制是一个不断深化的过程。在这一过程的不同阶段形成深度和作用不同的成本计划，按其作用可分为以下三类：

1）竞争性成本计划，即工程项目投标及签订合同阶段的估算成本计划。这类成本计划是以招标文件中的合同条件、投标者须知、技术规程、设计图或工程量清单等为依据，以有关价格条件说明为基础，结合调研和现场考察获得的情况，根据本企业的工料消耗标准、水平、价格资料和费用指标，对本企业完成招标工程所需要支出的全部费用的估算。在投标报价过程中，虽也考虑降低成本的途径和措施，但总体上较为粗略。

2）指导性成本计划，即选派项目经理阶段的预算成本计划，是项目经理的责任成本目标。它是以合同标书为依据，按照企业的预算订额标准制订的设计预算成本计划，且一般情况下只是确定责任总成本指标。

3）实施性成本计划，即项目施工准备阶段的施工预算成本计划。它是以项目实施方案为依据，以落实项目经理责任目标为出发点，采用企业的施工定额，通过施工预算的编制而形成的实施性项目成本计划。

施工预算和施工图预算虽仅一字之差，但区别较大，主要体现在：

1）编制的依据不同。施工预算的编制以施工定额为主要依据，施工图预算的编制以预算定额为主要依据，而施工定额比预算定额划分得更详细、更具体，并对其中所包括的内容，如质量要求、施工方法以及所需劳动工日、材料品种、规格型号等均有较详细的规定或要求。

2）适用的范围不同。施工预算是施工企业内部管理的一种手段，与建设单位无直接关系；而施工图预算既适用于建设单位，又适用于施工单位。

3）发挥的作用不同。施工预算是施工企业组织生产、编制施工计划、准备现场材料、签发任务书、考核功效、进行经济核算的依据，也是施工企业改善经营管理、降低生产成本和推行内部经营承包责任制的重要手段；而施工图预算则是投标报价的主要依据。

以上三类成本计划互相衔接、不断深化，构成了整个工程项目成本的计划过程。其中，竞争性成本计划带有成本战略的性质，是项目投标阶段商务标书的基础，而有竞争力的商务标书又是以其先进合理的技术标书为支撑的。因此，它奠定了项目成本的基本框架和水平。指导性成本计划和实施性成本计划，都是竞争性成本计划的进一步展开和深化，是对竞争性成本计划的战术安排。此外，根据项目管理的需要，实施性成本计划又可按项目成本组成、按子项目组成、按工程进度分别编制项目成本计划。

12.2.2 工程项目成本计划的编制

1. 工程项目成本计划编制的指标

工程项目成本计划一般情况下有以下三类指标：

1）成本计划的数量指标。例如：按子项目汇总的工程项目计划总成本指标；按分部汇总的各单位工程（或子项）计划成本指标；按人工、材料和施工机械等主要生产要素计划成本指标。

2）成本计划的质量指标。如施工项目总成本降低率，可采用

$$设计预算成本计划降低率 = 设计预算总成本计划降低额 \div 设计预算总成本 \quad (12-1)$$
$$责任目标成本计划降低率 = 责任目标总成本计划降低额 \div 责任目标总成本 \quad (12-2)$$

3）成本计划的效益指标。如工程项目成本降低额，可采用

$$设计预算成本计划降低额 = 设计预算总成本 - 计划总成本 \quad (12-3)$$
$$责任目标成本计划降低额 = 责任目标总成本 - 计划总成本 \quad (12-4)$$

2. 工程项目成本计划的编制依据

编制工程项目成本计划需要广泛收集相关资料并进行整理，以作为工程项目成本计划编制的依据。在此基础上，根据有关设计文件、工程承包合同、施工组织设计、项目成本预测资料等，按照施工项目应投入的生产要素，结合各种因素的变化和拟采取的各种措施，估算施工项目生产费用支出的总水平，进而提出施工项目的成本计划控制指标，确定目标总成本。目标成本确定后，应将总目标分解落实到各个机构、班组，以及便于进行控制的子项目或工序。最后，通过综合平衡，编制完成项目成本计划。

工程项目成本计划的编制依据包括：

1）投标报价文件。

2）企业定额、施工预算。

3）施工组织设计或施工方案。

4）人工、材料、机械台班的市场价。

5）企业颁布的材料指导价、企业内部机械台班价格、劳动力内部挂牌价格。

6）周转设备内部租赁价格、摊销损耗标准。

7）已签订的工程合同、分包合同（或估价书）。

8）结构件外加工计划和合同。

9）有关财务成本核算制度和财务历史资料。

10）项目成本预测资料。

11）拟采取的降低施工成本的措施。

12）其他相关资料。

3. 工程项目成本计划的编制方法

一般情况下，工程项目成本计划总额应控制在目标成本的范围内，并使成本计划建立在

切实可行的基础上。施工总成本目标确定之后，还需通过编制详细的实施性项目成本计划把目标成本层层分解，落实到施工过程的每个环节，有效地进行成本控制。

工程项目成本计划的编制方法有：

（1）按施工成本组成编制工程项目成本计划　施工成本可以按成本组成分解为人工费、材料费、施工机具使用费、企业管理费等（见图12-1），编制按施工成本组成分解的工程项目成本计划。

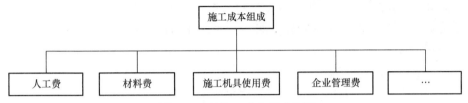

图 12-1　按施工成本组成分解

（2）按项目组成编制工程项目成本计划　大中型工程项目通常是由若干单项工程构成的，而每个单项工程包括多个单位工程，每个单位工程又是由若干个分部分项工程所构成的。因此，首先要把项目总施工成本分解到单项工程和单位工程中，再进一步分解为分部工程和分项工程，如图12-2所示。

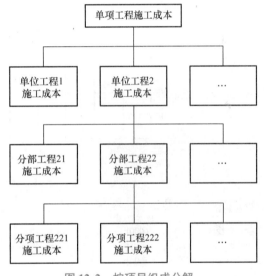

图 12-2　按项目组成分解

在完成施工项目成本目标分解之后，接下来就要具体地分配成本，编制分项工程的成本支出计划，从而得到详细的成本计划表（见表12-1）。

在编制成本支出计划时，既要在项目总的方面考虑总的预备费，也要在主要的分项工程中安排适当的不可预见费，避免在具体编制成本计划时，可能发现个别单位工程或工程量表中某项内容的工程量计算有较大出入，使原来的成本预算失实，并在项目实施过程中对其尽可能地采取一些措施。

表 12-1　详细的成本计划表

分项工程编码 （1）	工程内容 （2）	计量单位 （3）	工程数量 （4）	计划综合单价 （5）	本分项总计 （6）

（3）按工程进度编制工程项目成本计划　编制按工程进度的工程项目成本计划，通常可利用控制项目进度的网络图进一步扩充得到，即在建立网络图时，一方面确定完成各项工作所需花费的时间，另一方面同时确定完成这一工作的合适的工程项目成本支出计划。在实

践中，将工程项目分解为既能方便地表示时间，又能方便地表示工程项目成本支出计划的工作是不容易的。通常如果项目的分解程度对时间控制合适的话，则对项目成本支出计划可能分解过细，以至于不可能确定每项工作的工程项目成本支出计划，反之亦然。因此，在编制网络计划时，应在充分考虑进度控制对项目划分要求的同时，还要考虑确定工程项目成本支出计划对项目划分的要求，做到二者兼顾。

通过对工程项目成本目标按时间进行分解，在网络计划的基础上，可以获得工程项目进度计划的横道图。并在此基础上编制成本计划。其表示方式有两种：一种是在时标网络图上按月编制的成本计划，如图12-3所示；另一种是利用时间-成本累积曲线（S形曲线）表示，如图12-4所示。

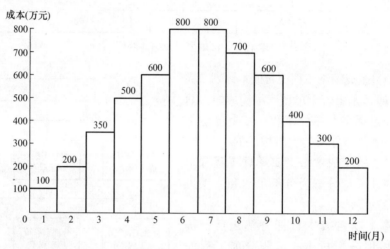

图 12-3　时标网络图上按月编制的成本计划

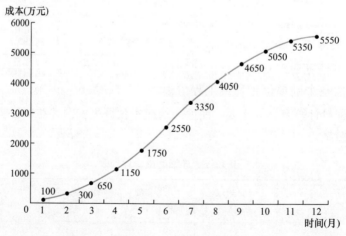

图 12-4　时间-成本累积曲线（S形曲线）

时间-成本累积曲线的绘制步骤如下：

1）确定工程项目进度计划。

2）根据每单位时间内完成的实物工程量或投入的人力、物力和财力，计算单位时间（月或旬）的成本，在时标网络图上按时间编制成本支出计划，如图12-3所示。

3）计算规定时间 t 计划累计支出的成本额。其计算方法为将各单位时间计划完成的成本额累加求和。可按下式计算

$$Q_t = \sum_{n=1}^{t} q_n \qquad (12\text{-}5)$$

式中，Q_t 是某时间 t 计划累计支出成本额；q_n 是单位时间 n 的计划支出成本额；t 是某规定计划时刻。

4）按各规定时间的值，绘制 S 形曲线，如图 12-4 所示。

每一条 S 形曲线都对应某一特定的工程进度计划。因为在进度计划的非关键路线中存在许多有时差的工序或工作，因而 S 形曲线（成本计划值曲线）必然包络在由全部工作都按最早开始时间开始和全部工作都按最迟必须开始时间开始的曲线所组成的"香蕉图"内。项目经理可根据编制的成本支出计划来合理安排资金；同时，项目经理也可以根据筹措的资金来调整 S 形曲线，即通过调整非关键路线上的工序项目最早或最迟开工时间，力争将实际成本支出控制在计划的范围内。

一般而言，所有工作都按最迟开始时间开始，对节约资金贷款利息是有利的，但同时也降低了项目按期竣工的保证率。因此，项目经理必须合理地确定成本支出计划，达到既能节约成本支出，又能控制项目工期的目的。

以上三种编制工程项目成本计划的方式并不是相互独立的。在实践中，往往将这三种方式结合起来使用，从而取得扬长避短的效果。例如，将按项目分解项目总施工成本与按项目成本构成分解项目总施工成本两种方式相结合，横向按项目成本构成分解，纵向按项目分解，或相反。这种分解方式有助于检查各分部分项工程项目成本构成是否完整，有无重复计算或漏算；同时，还有助于检查各项具体的项目成本支出的对象是否明确或落实，并且可以从数字上校核分解的结果有无错误。或者还可将按项目分解项目总施工成本计划与按时间分解项目总施工成本计划结合起来，一般纵向按项目分解，横向按时间分解。

12.3　工程项目成本控制

12.3.1　工程项目成本控制及其依据

1. 什么是工程项目成本控制

工程项目成本控制是指在施工过程中，对影响项目成本的各种因素加强管理，并采取各种有效措施，将施工中实际发生的各种消耗和支出严格控制在成本计划范围内，随时揭示并及时反馈，严格审查各项费用是否符合标准，计算并分析实际成本和计划成本之间的差异，进而采取多种措施，以实现成本目标。

建设工程项目成本控制应贯穿于项目从投标阶段开始直至竣工验收的全过程，它是企业全面成本管理的重要环节。项目成本控制可分为事前控制、事中控制（过程控制）和事后控制。

2. 工程项目成本控制的依据

合同文件和成本计划是成本控制的目标，进度报告和工程变更与索赔资料是成本控制过程中的动态资料。工程项目成本控制工作的主要依据如下：

1）工程承包合同。工程项目成本控制要以工程承包合同为依据，围绕降低工程成本这个目标，从增收和节支两方面出发，努力挖掘增收节支潜力，以求获得最大的经济效益。

2）工程项目成本计划。工程项目成本计划是根据施工项目的具体情况制订的工程项目成本控制方案，既包括预定的具体成本控制目标，又包括实现控制目标的措施和规划，是工程项目成本控制的指导文件。

3）进度报告。进度报告提供了每一时刻的工程实际完成量、工程项目成本实际支付情况等重要信息。工程项目成本控制工作正是通过实际情况与工程项目成本计划进行比较，找出二者之间的差别，分析偏差产生的原因，从而采取措施改进后续的工作。此外，进度报告还有助于管理者及时发现项目实施中存在的问题，并在事态还未造成重大损失之前采取有效措施，尽量减少损失。

4）工程变更。在项目的实施过程中，由于各方面原因，工程变更往往难以避免。工程变更一般包括设计变更、进度计划变更、施工条件变更、技术规范与标准变更、施工次序变更、工程数量变更等。一旦出现变更，工程量、工期、成本都将发生变化，从而使工程项目成本控制工作变得更加复杂和困难。因此，工程项目成本管理人员应当通过对变更要求当中各类数据的计算、分析，随时掌握变更情况，包括已发生工程量、将要发生工程量、工期是否拖延、支付情况等重要信息，判断变更以及变更可能带来的索赔额度等。

除了上述几种工程项目成本控制工作的主要依据以外，有关施工组织设计、分包合同等也都是工程项目成本控制的依据。

12.3.2　工程项目成本控制的方法

1. 工程项目成本的过程控制方法

施工阶段是控制建设工程项目成本发生的主要阶段，它通过确定成本目标并按计划成本进行施工资源配置，对施工现场发生的各种成本费用进行有效控制。其具体的控制方法如下：

（1）人工费的控制　人工费的控制实行"量价分离"原则，将作业用工及零星用工按定额工日的一定比例综合确定用工数量与单价，通过劳务合同进行控制。

（2）材料费的控制　材料费控制同样按照"量价分离"原则，控制材料用量和材料价格。

1）材料用量的控制。在保证符合设计要求和质量标准的前提下，合理使用材料，通过定额管理、计量管理等手段有效控制材料物资的消耗。具体方法如下：

①定额控制。对有消耗定额的材料，以消耗定额为依据，实行限额发料制度。在规定限额内分期分批领用，超过限额领用的材料，必须先查明原因，经过一定审批手续方可领料。

②指标控制。对没有消耗定额的材料，实行计划管理和按指标控制的办法。根据以往项目的实际耗用情况，结合具体施工项目的内容和要求，制定领用材料指标，据以控制发料。超过指标的材料，必须经过一定的审批手续方可领用。

③计量控制。准确做好材料物资的收发计量检查和投料计量检查。

④包干控制。在材料使用过程中，对部分小型及零星材料（如钢钉、钢丝等）根据工程量计算出所需材料量，将其折算成费用，由作业者包干控制。

2）材料价格的控制。材料价格主要由材料采购部门控制。由于材料价格是由买价、运杂费、运输中的合理损耗等所组成，因此控制材料价格主要是通过掌握市场信息，应用招标和询价等方式控制材料、设备的采购价格。

施工项目的材料物资包括构成工程实体的主要材料和结构件，以及有助于工程实体形成的周转使用材料和低值易耗品。由于材料物资的供应渠道和管理方式各不相同，所以控制的内容和所采取的控制方法也有所不同。

（3）施工机械使用费的控制　合理选择使用施工机械设备对成本控制具有十分重要的意义。施工机械使用费主要由台班数量和台班单价两方面决定，为有效控制施工机械使用费支出，主要从以下几个方面进行控制：

1）合理安排施工生产，加强设备租赁计划管理，减少因安排不当引起的设备闲置。

2）加强机械设备的调度工作，尽量避免窝工，提高现场设备利用率。

3）加强现场机械设备的维修保养，避免因不正当使用造成机械设备的停置。

4）做好机上人员与辅助生产人员的协调与配合，提高施工机械台班产量。

（4）施工分包费用的控制　分包工程价格的高低，必然对项目经理部的施工项目成本产生一定的影响。因此，施工项目成本控制的重要工作之一是对分包费用的控制。项目经理部应在确定施工方案的初期就确定需要分包的工程范围。决定分包范围的因素主要是施工项目的专业性和项目规模。对分包费用的控制，主要是要做好分包工程的询价、订立平等互利的分包合同、建立稳定的分包关系网络、加强施工验收和分包结算等工作。

（5）工程用水、电等能耗控制　要求把好计量关，落实管理，节约使用。

（6）现场管理费用控制　要求合理布设临时设施和搭建临时建筑，压缩非生产性人员，严格执行各种开支标准等。

2. 赢得值（挣值）法

赢得值法（Earned Value Management，EVM）最早由美国国防部于1967年提出。用赢得值法进行费用、进度综合分析控制，基本参数有三个，即已完工作预算费用、计划工作预算费用和已完工作实际费用。

（1）赢得值法的三个基本参数

1）已完工作预算费用（Budgeted Cost for Work Performed，BCWP），是指在某一时间已经完成的工作（或部分工作）以批准认可的预算为标准所需要的资金总额，也称赢得值或挣值。

$$BCWP = 已完成工作量 \times 预算单价 \qquad (12\text{-}6)$$

2）计划工作预算费用（Budgeted Cost for Work Scheduled，BCWS），是指根据进度计划，在某一时刻应当完成的工作（或部分工作）以预算为标准所需要的资金总额。

$$BCWS = 计划工作量 \times 预算单价 \qquad (12\text{-}7)$$

3）已完工作实际费用（Actual Cost for Work Performed，ACWP），是指到某一时刻为止，已完成的工作（或部分工作）所实际花费的总金额。

$$ACWP = 已完成工作量 \times 实际单价 \qquad (12\text{-}8)$$

（2）赢得值法的四个评价指标　在这三个基本参数的基础上，可以确定赢得值法的四个评价指标，它们也都是时间的函数。

1）费用偏差（Cost Variance，CV）

$$CV = 已完工作预算费用（BCWP） - 已完工作实际费用（ACWP） \qquad (12\text{-}9)$$

当费用偏差（CV）为负值时，表示项目运行超出预算费用；当费用偏差（CV）为正值时，表示项目运行节支。

2）进度偏差（Schedule Variance，SV）

$$SV = 已完工作预算费用（BCWP）- 计划工作预算费用（BCWS）\qquad(12\text{-}10)$$

当进度偏差（SV）为负值时，表示进度延误；当进度偏差（SV）为正值时，表示进度提前。

3）费用绩效指数（CPI）

$$CPI = 已完工作预算费用（BCWP）/ 已完工作实际费用（ACWP）\qquad(12\text{-}11)$$

当费用绩效指数（CPI）<1时，表示超支；当费用绩效指数（CPI）>1时，表示节支。

4）进度绩效指数（SPI）

$$SPI = 已完工作预算费用（BCWP）/ 计划工作预算费用（BCWS）\qquad(12\text{-}12)$$

当进度绩效指数（SPI）<1时，表示进度延误；当进度绩效指数（SPI）>1时，表示进度提前。

赢得值法的4个评价指标均是时间的函数。在项目的费用、进度综合控制中引入赢得值法，可以克服过去费用、进度分开控制的缺点，可定量地判断费用、进度的执行效果。

案例 12-2 某工程项目赢得值法的运用

某施工单位在2017年承接一项工程项目，该工程项目于2017年2月开工，进行到第8个月时，施工单位对前7个月的工作进行了统计检查，统计数据如表12-2所示。

表12-2 工作完成情况统计表

工作代号	计划完成产值（万元）	已完成产值占计划完成产值（%）	已完成产值实际成本（万元）
A	260	100	300
B	320	100	340
C	240	100	220
D	210	100	200
E	340	60	210
F	520	100	460
G	420	50	240
H	510	0	0
I	200	70	180
J	180	90	160
K	250	100	270

[解析]

本工程前7个月的已完工程计划成本及第7个月末的已完工程计划成本计算结果如表12-3所示。

表 12-3 工程项目成本计算结果

工作代号	计划完成产值 （万元）	已完成产值占计划完成产值 （％）	已完成产值实际成本 （万元）	已完工作预算费用 （万元）
A	260	100	300	260
B	320	100	340	320
C	240	100	220	240
D	210	100	200	210
E	340	60	210	204
F	520	100	460	520
G	420	50	240	210
H	510	0	0	0
I	200	70	180	140
J	180	90	160	162
K	250	100	270	250
合计	3450		2580	2516

第 7 个月末时，已完工程实际成本为 2580 万元，已完成产值为 2516 万元，计划完成产值为 3450 万元。

费用偏差 = 已完工作预算费用 − 实际成本 = 2516 万元 − 2580 万元 = − 64 万元，说明成本超支。

进度偏差 = 已完工作预算费用 − 计划产值 = 2516 万元 − 3450 万元 = − 934 万元，说明进度延误

费用绩效指数 = 已完工作预算费用/实际成本 = 2516 万元/2580 万元 < 1，表示成本超支，即实际费用高于预算费用

进度绩效指数 = 已完工作预算费用/计划产值 = 2516 万元/3450 万元 < 1，表示进度延误，即实际进度比计划进度拖后

12.3.3 成本偏差表达与原因分析

1. 成本偏差表达方法

（1）横道图法 用横道图法进行费用偏差分析，是指用不同的横道标识已完工作预算费用（BCWP）、计划工作预算费用（BCWS）和已完工作实际费用（ACWP），横道的长度与其金额成正比例。横道图法具有形象、直观、一目了然等优点，它能够准确地表达费用的绝对偏差，而且能使人一眼感受到偏差的严重性。但这种方法反映的信息量少，一般在项目的较高管理层应用。

（2）表格法 表格法是进行偏差分析的最常用的一种方法，它将项目编号、名称、各费用参数以及费用偏差数综合归纳入一张表格中，并且直接在表格中进行比较。由于各偏差参数都在表中列出，使费用管理者能够综合地了解并处理这些数据。表 12-4 为某地面工程的成本偏差分析表格法示例。

由此可以看出，表格法具有如下优点：

1）灵活、适应性强。

2）信息量大。

3）表格处理可借助于计算机，从而节约大量数据处理所需的人力，并可大大提高速度。

（3）曲线法　可用已完工作预算费用（BCWP）、计划工作预算费用（BCWS）和已完工作实际费用（ACWP）三个参数分别绘制出三条曲线，然后分析比较。

表 12-4　某地面工程的成本偏差分析表格法示例

(1) 项目编码		001	002	003	总计
(2) 项目名称	计算方法	平整场地	室内夯填土	垫层	
(3) 单位		100m²	100m²	10m³	
(4) 计划工作量（3个月）	(4)	150	20	60	
(5) 计划单价（元/单位）	(5)	18	45	450	
(6) 计划工作预算费用（BCWS）	(6) = (4) × (5)	2700	900	27000	30600
(7) 已完成工作量（3个月）	(7)	150	18	40	
(8) 已完工作预算费用（BCWP）	(8) = (7) × (5)	2700	810	18000	21510
(9) 实际单价（元/单位）	(9)	20	50	600	
(10) 已完工作实际费用（ACWP）	(10) = (7) × (9)	3000	900	24000	27900
(11) 费用偏差	(11) = (8) − (10)	− 300	− 90	− 6000	− 6390
(12) 费用绩效指数（CPI）	(12) = (8) ÷ (10)	0.9	0.9	0.75	
(13) 费用累计偏差	(13)	− 6390			
(14) 进度偏差	(14) = (8) − (6)	0	− 90	− 9000	− 9090
(15) 进度绩效指数（SPI）	(15) = (8) ÷ (6)	1	0.9	0.67	
(16) 进度累计偏差	(16)	− 9090			

2. 成本偏差的原因分析

进行成本偏差分析的重要目的是找出引起成本偏差的原因，从而采取有针对性的措施，减少或避免相同情况再次发生。一般来说，引起成本偏差的原因有以下几种：

1）物价上涨，包括人工涨价、材料涨价、设备涨价和利率、汇率变化等。

2）设计原因，包括设计错误、设计漏项、设计标准变化、设计保守、图样提供不及时等。

3）业主原因，包括增加内容、投资规划不当、组织不落实、建设手续不全、协调不佳、未及时提供场地等。

4）施工原因，包括施工方案不当、施工质量问题、工程进度问题、安全管理问题等。

此外，自然因素、社会影响、法律法规变化等因素也会引起成本偏差。

12.3.4　工程项目成本控制措施

工程项目成本控制措施包括组织措施、技术措施、经济措施和合同措施。

（1）组织措施　组织措施是从项目成本管理的组织方面采取的措施。项目成本控制是全员的活动，如实行项目经理责任制，落实项目成本管理的组织机构和人员，明确各级项目成本管理人员的任务和职能分工、权利和责任。项目成本管理不仅是专业成本管理人员的工作，各级项目管理人员都负有成本控制责任。

组织措施的另一方面是编制项目成本控制工作计划，确定合理详细的工作流程。要做好施工采购规划，通过生产要素的优化配置、合理使用、动态管理，有效控制实际成本；加强施工定额管理和施工任务单管理，控制活劳动和物化劳动的消耗；加强施工调度，避免因施工计划不周和盲目调度造成窝工损失、机械利用率降低、物料积压等使项目成本增加。成本控制工作只有建立在科学管理的基础之上，具备合理的管理体制、完善的规章制度、稳定的作业秩序、完整准确的信息传递，才能取得成效。组织措施是其他各类控制措施的前提和保障，而且一般不需要增加什么费用，运用得当可以收到良好的效果。

（2）技术措施　施工过程中降低成本的技术措施包括：进行技术经济分析，确定最佳施工方案；结合施工方法，进行材料使用的比选，在满足功能要求的前提下，通过代用、改变配合比、使用添加剂等方法降低材料消耗的费用；确定最合适的施工机械、设备使用方案；结合项目的施工组织设计及自然地理条件，降低材料的库存成本和运输成本；对先进施工技术的应用、新材料的运用、新开发机械设备的使用等。在实践中，也要避免仅从技术角度选定方案而忽视对其经济效果的分析论证。

技术措施不仅对解决项目成本管理过程中的技术问题是不可缺少的，而且对纠正项目成本管理目标偏差也有相当重要的作用。因此，运用技术纠偏措施的关键，一是要能提出多个不同的技术方案，二是要对不同的技术方案进行技术经济分析。

（3）经济措施　经济措施是最易为人们所接受和采用的措施之一。管理人员应编制资金使用计划，确定、分解项目成本管理目标；对项目成本管理目标进行风险分析，并制定防范性对策。对各种支出应认真做好资金使用计划，并在施工中严格控制各项开支；及时准确地记录、收集、整理、核算实际发生的成本，对各种变更及时做好增减账，及时落实业主签证，及时结算工程款；通过偏差分析和未完工程预测，可以发现一些潜在问题将引起未完工程项目成本的增加，对这些问题应以主动控制为出发点，及时采取预防措施。由此可见，经济措施的运用绝不仅仅是财务人员的事情。

（4）合同措施　采用合同措施控制项目成本，应贯穿整个合同周期，包括从合同谈判开始到合同终结的全过程。首先，选用合适的合同结构，对各种合同结构模式进行分析、比较，在合同谈判时，争取选用适合工程规模、性质和特点的合同结构模式；其次，在合同的条款中应仔细考虑一切影响成本和效益的因素，特别是潜在的风险因素。通过对引起成本变动的风险因素的识别和分析，采取必要的风险对策，如通过合理的方式，增加承担风险的个体数量，降低损失发生的比例，并使这些策略最终反映在合同的具体条款中。在合同执行期间，合同措施既要密切注视对方执行合同的情况，以寻求合同索赔的机会；同时也要密切关注自己履行合同的情况，防止被对方索赔。

在采取成本控制措施中，通常要压缩已经超支的费用而同时不损害其他目标，这是十分困难的。一般只有当给出的措施比原计划已选定的措施更为有利，或使工程范围缩小，或生产效率提高，成本才能降低。例如：

1）寻找新的、更好更省的、效率更高的设计方案。

2）购买部分产品，而不是采用完全由自己生产的产品。

3）重新选择供应商，但会产生供应风险，选择需要时间。

4）改变实施过程。

5）变更工程范围。

6）索赔，如向业主、（总）承包商、供应商索赔以弥补费用超支。

事实上，上述也是施工承包方控制成本的重要措施。

12.3.5 工程项目成本动态控制

在工程项目施工过程中，需按动态控制原理对实际工程项目成本的发生过程进行有效控制。动态控制原理应用的步骤如下：

（1）工程项目成本目标逐层分解　工程项目成本目标的分解是指通过编制工程项目成本规划，分析和论证工程项目成本目标实现的可能性，并对工程项目成本目标进行分解。

（2）在施工过程中对工程项目成本目标进行动态跟踪

1）按照成本控制的要求，收集项目成本的实际值。

2）定期对工程项目成本的计划值和实际值进行比较。

成本动态控制周期应视项目的规模和特点而定，一般项目控制周期为一个月。工程项目成本的计划值和实际值的比较包括：

① 工程合同价与投标价中相应成本项的比较。

② 工程合同价与工程项目成本规划中相应成本项的比较。

③ 项目成本规划与实际项目成本中相应成本项的比较。

④ 工程合同价与实际项目成本中相应成本项的比较。

⑤ 工程合同价与工程款支付中相应成本项的比较等。

由上可知，工程项目成本的计划值和实际值也是相对的。例如，相对于工程合同价，工程项目成本计划值和规划的成本值是实际值；而相对于实际项目成本，则工程项目成本规划的成本值是计划值等。成本的计划值和实际值的比较应是定量的数据比较，比较的成果是成本跟踪和控制报告，如编制成本控制的月、季、半年和年度报告等。

3）工程项目成本分析纠偏。工程项目成本分析是在工程项目成本核算的基础上，对成本的形成过程和影响成本升降的因素进行分析，以寻求进一步降低成本的途径，包括有利偏差的挖掘和不利偏差的纠正。工程项目成本分析主要利用施工项目的成本核算资料（成本信息），与目标成本、预算成本以及类似的施工项目的实际成本等进行比较，了解成本的变动情况，同时也要分析主要技术经济指标对成本的影响，系统地研究成本变动的因素，检查成本计划的合理性，并通过成本分析，深入揭示成本变动的规律，寻找降低施工项目成本的途径，以便有效地进行成本控制。成本偏差的控制，分析是关键，纠偏是核心，要针对分析得出的偏差发生原因，采取切实措施加以纠正。

成本偏差分为局部成本偏差和累计成本偏差。局部成本偏差包括项目的月度（或周、天等）核算成本偏差、专业核算成本偏差以及分部分项作业成本偏差等；累计成本偏差是指已完工程在某一时间点上实际总成本与相应的计划总成本的差异。分析成本偏差的原因，应采取定性和定量相结合的方法，通过工程项目成本计划值和实际值的比较，如发现进度的偏差，则必须采取相应的纠偏措施。

（3）调整工程项目成本目标　如有必要（即发现原定的工程项目成本目标不合理或原定的工程项目成本目标无法实现等），则调整工程项目成本目标。

思考题和习题

1. 什么是工程项目成本？
2. 工程项目成本的构成如何？
3. 工程项目成本计划的类型有哪些？
4. 工程项目成本计划的编制依据是什么？
5. 工程项目成本计划的编制方法是什么？
6. 工程项目成本控制的依据、方法和措施有哪些？

第13章

工程施工项目采购与分包管理

本章知识要点与学习要求

序　号	知　识　要　点	学习要求
1	工程施工项目采购及其类型	熟悉
2	工程施工项目采购的基本原则	了解
3	工程施工项目采购管理的一般程序	掌握
4	工程施工项目采购计划的编制要求和依据	掌握
5	工程施工货物采购和咨询服务采购的内容	熟悉
6	工程施工项目分包的相关概念	熟悉
7	工程施工项目分包的相关规定	掌握

　　工程施工承包人通过投标获得施工项目后，除施工合同约定主要建筑材料由发包方采购外，承包人面临着大量的建筑材料、工程设备（通用）、工程咨询、工程分包等的采购任务，其中工程分包还存在实施中的管理问题。

■ 13.1　工程施工项目采购管理

13.1.1　工程施工项目采购及其类型

1. 什么是工程施工项目采购

　　采购（Procurement）是指个人或组织在一定的条件下，从供应市场获取产品或服务作为自己的资源，以满足自身需要或保证生产、经营活动正常开展的一项经营活动。工程施工项目采购（Construction Project Procurement）是施工承包方为完成施工（总）承包合同规定的任务，而通过市场获取货物或服务的过程。其中，货物包括建筑材料、建筑用成品、半成品或设备，服务包括咨询服务、工程分包等。

　　与工程施工项目采购相近的概念有项目采购和工程项目采购。

　　（1）项目采购　美国项目管理协会（PMI）的项目管理知识体系（PMBOK）中将项目采购定义为：为达到项目范围而从执行组织外部获取货物或服务所需的过程。在这一定义中，采购对象包含货物和服务两方面。这一定义与施工项目采购较接近，不过这里项目参与主体不分承包方和发包方，采购方即为项目的主体。

　　（2）工程项目采购　工程项目采购一般是指工程项目业主方或建设单位的采购，是针对一个建设工程项目的采购。世界银行（The Word Bank）将采购定义为：以不同方式，通过努力从系统外部获得货物（Goods）、工程（Works）、服务（Service）的整个采办过程。其中，工程就包含了工程施工项目。显然，工程项目采购是一种特殊的市场购买行为。它的采购对象不仅包括采购货物，而且还包括雇用承包商实施工程建设以及聘用咨询专家从事咨询服务，是使用资金新建、改建、扩建、修建、拆除、修缮或翻新构造物及其所属设备以及改造自然环境的行为。这种行为也包括建造房屋、建筑装饰装修、土木工程、设备安装、管线铺设、改造环境、兴修水利、铺设排水管线和修建交通设施等建筑项目的总承包、勘察、设计、建筑材料、设备供应等。工程项目采购与施工项目的主要差别在于，前者的采购主体是建设单位/发包人，后者的采购主体是承包人。

从经济角度来讲，工程施工项目采购是一个追求经济效益的过程。采购活动的整个过程中会有各种各样的费用发生，也就是采购的成本。任何一种经济行为都讲求效益最大化，即以最小的成本获取最大的经济效益。因此，整个工程施工项目采购活动的关键方面是降低采购成本。

2. 工程施工项目采购的类型

（1）按照采购内容不同的分类　工程施工项目采购的内容较为广泛，这取决于施工合同确定的范围。一般地，工程施工项目采购按采购内容可分为以下三种类型：

1）工程分包采购（Subcontracting Procurement）。这又可进一步分为施工专业分包采购和劳务分包采购。施工专业分包是指施工（总）承包人将承包施工任务的部分专业工程分包给第三方的过程。其基本要求是：分包工程的内容不是主体结构，并要得到发包人的同意；分包人要具有相应的施工资质，并得到发包人的认可。劳务分包一般是指施工承包人将施工过程所使用的劳务分包给第三方（劳务公司），并称该第三方为劳务分包人。其特点是分包人主要提供劳动力资源，由劳务人员使用简单的施工工具完成施工任务。

2）货物采购（Procurement of Goods）。货物采购属于有形采购，是指业主或称购货方购买项目建设所需的投入物，如建筑材料（钢筋、水泥等）、设备（空调系统安防系统、电梯等），通过招标等形式选择合格的供货商（或称供货方）。它包含了货物的获得及其获取方式和过程，并包括与之相关的服务，如运输、保险、安装、调试、培训、初期维修等，前提是这些附带服务的价值不超过货物本身的价值。货物采购也可分为两类：一类是大型通用设备采购，这与工程施工项目采购类似；另一类是建筑材料和中小型定型设备的采购。这两类同属货物采购，但前者一般在生产厂家订货后才开始生产制作（制造），采购方不仅重视最终交货的质量，也关注制造过程质量控制，而且交货后还可能包括安装或指导安装的服务，合同管理更加复杂。因此，在我国《合同法》中，大型设备采购合同与工程施工合同均属承揽合同范畴。而后者由于规格、质量有统一标准，采购方一般并不关心合同标的的生产过程，主要关心在交货阶段的责任约定，相对简单，采购通用工程设备的合同管理也较简单。

3）服务采购（Procurement of Consulting Services）。服务是指除了货物或工程分包以外的任何采购活动，均可纳入服务采购。

（2）按采购方式不同的分类　项目采购按照采购方式的不同可以分为招标采购和非招标采购两种类。

1）招标采购方式。它是由采购人，即招标人，发出招标公告或投标邀请书，邀请潜在的供应商或服务方（投标人）参与投标竞争，然后由招标人对投标人所提交的投标文件进行综合评价，从而确定中标人，并与之签订采购合同的一种采购方式。通过发布招标公告的方式吸引潜在投标人参与投标的方式一般称为公开招标采购；发布投标邀请书邀请指定的投标人参与投标的方式称为邀请招标采购。招标采购的主要特点是可加大供应商或服务方竞争力度。

2）非招标采购方式。它是由采购人根据市场信息，向潜在的供应商或服务方询价、谈判，并最终确定供应商或服务方的采购方式。这主要用于采购标的较小的采购事项。

13.1.2 工程施工项目采购程序

1. 工程施工项目采购的一般程序

工程施工项目采购的一般程序如图 13-1 所示。

上述施工项目采购中，具体分为两个层面，即建筑承包企业及其项目部。它们之间如何分工，取决于建筑承包企业的管理体制和机制。

2. 施工项目采购的主要环节

1）明确采购目的。首先需要确定采购的目的，包括采购的直接目的与间接目的。直接目的一般包括在满足项目顺利实施生产的基础上追求采购管理的高质量、高效率和低成本等；间接目的一般有维持供应商关系、规范内部采购工作等。

2）界定采购范围。采购范围包括时间范围、空间范围、供应商范围、采购模式、采购标的物描述和采购价格等。

3）确定采购职责。采购管理中非常重要的一步就是成立相应的项目采购部门（大部分企业或项目具备专门的

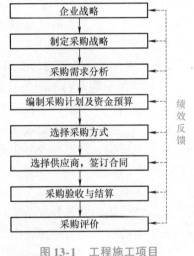

图 13-1　工程施工项目采购的一般程序

采购部门负责常规性采购，如遇突发事件可成立临时采购小组），明确部门成员的职责权限，以防止相互推诿，提高工作效率。

4）厘清采购工作流程。编制工作流程遵循高效精简、权责清晰的原则，通过梳理工作流程，简化一些不必要的烦琐过程，以达到规范工作程序的目的。目前许多企业由于采购工作的流程不规范，采购人员的大部分时间用于处理事务性的工作，采购部门与相关部门在沟通、协调方面存在较大障碍，尤其是与项目生产部门的沟通存在很大的障碍，缺少一些核心的采购流程，使采购部门的工作有很大的随意性。常见的采购工作流程有采购计划编制与审批流程、采购招标流程、供应商开发流程、采购询价流程、采购合同审批与签订流程、采购验收流程、退货流程、采购赔偿、补偿流程、采购结算流程和付款申请流程等。

5）制定合理的监督管理制度。目前许多企业监督部门不参与物资采购的具体事宜，只进行事后监督，这根本无法全面发挥监督部门的监督职责。因此，需要建立合理的监督机制：

① 要建立统一的监督流程，以防止采购活动中产生漏洞。采购机构要从采购管理、价格质量监督等方面制定详细的制度，并实行由采购提出部门、采购实施部门和采购监督部门三方通过参与会议或其他形式对采购事宜进行集体讨论议定的办法。

② 采购监督部门要对采购全过程进行监督指导。

③ 把物资采购的效果作为采购部门检察的主要内容，从而使物资采购行为自始至终都得以规范。

13.1.3　工程施工项目采购计划

1. 什么是工程施工项目采购计划

工程施工项目采购计划是建筑企业年度计划与目标的一部分，它确定了如何从项目组织的外部获取资源才能最好地满足项目的需要，这也是整个采购过程中的第一步。工程施工项目采购计划包括项目的采购方式、采购预测成本、时间安排、各种采购的相互衔接、采购如何与项目的其他方面（如进度计划和业绩报告）相协调等内容。

工程施工项目采购计划需要考虑的主要事项包括：

1）采购什么，即采购的对象及其品质，由资源需求计划和各种资源需求的描述决定。

2）采购多少，即采购的数量，可以通过经济订货量分析来确定合适的采购数量。

3）怎样采购，即采购过程中采用的工作方式，是自制还是外购，采用招标采购还是非招标采购，选择何种合同类型等。

4）何时采购，即采购的时点和时期。

5）何处采购，即选择适当的供应商作为项目的供应来源，要满足两个条件：

① 经济性，即在供应来源中选择成本最小的。

② 可获得性，供应商必须能够及时提供项目所需的物料、工程或服务。

6）以何种价格采购，即以适当的价格获得所需的资源，项目团队要在资源质量和交货期限的限制条件下，寻找最低的合同价格。

2. 工程施工项目采购计划的编制要求

工程施工项目采购计划的编制要与企业的经营方针、经营目标、发展计划、利益计划等相符合。

一般建筑企业制订采购计划主要是为了指导采购部门的实际采购工作，保证施工活动的正常进行和企业的经营效益。因此，一项合理、完善的采购计划应满足以下要求：

1）避免材料储存过多；积压资金；以及占用存放的空间。

2）配合企业生产计划与资金调度。

3）使采购部门事先准备；选择有利时机购入材料。

4）预计材料需用时间与数量；防止供应中断而影响产销活动。

5）确立材料耗用标准；以便控制材料采购数量及成本。

3. 工程施工项目采购计划的编制依据

工程施工项目采购计划的编制依据主要有项目范围说明书或项目合同、产品说明、资源需求计划、市场状况、其他计划结果、项目的制约因素和假设条件、物料清单等。

（1）项目范围说明书或项目合同　项目范围说明书（或项目合同）说明了项目目前的界限，提供了在采购计划过程中必须考虑的项目要求和策略的重要资料。随着项目的进展，项目范围说明书可能需要修改或细化，以反映这些界限的变化。

（2）产品说明　产品说明（项目的最终成果）提供了在采购规划过程中需要考虑的所有技术问题或注意事项的重要材料。

（3）资源需求计划　项目实施组织若没有正式的订货单位，则项目管理团队将不得不自己提供资源和专业知识支持项目的各种采购活动。

（4）市场状况　采购计划过程必须考虑市场上有何种产品可以买到，从何处购买，以及采购的条款和条件是怎样的。

（5）其他计划结果　如果有其他计划结果供使用，如项目管理实施规划（含进度计划）、工程材料需求或备料计划等，必须在采购计划过程中加以考虑。

（6）项目的制约因素和假设条件　项目采购计划还要考虑一些项目的制约因素，如项目的资金是否充足；同时还要假设一些条件，如假设项目所需采购资源的价格是稳定的。

（7）物料清单　物料清单是指产品的具体明细表，是采购部门制订采购计划最重要的依据；是生产部门安排生产的依据；是计划部门制订物料需求计划的依据。

4．工程施工项目采购计划编制方法

项目实施组织对需要采购的产品拥有一定的选择权，通常运用选择自制/外购分析、专家判断和经济订货量分析等方法来进行选择。

（1）自制/外购分析　自制/外购分析是一种一般性的管理技术手段，作为初期确定工作范围作业过程的一个组成部分，用来判断执行组织能否经济地生产出某项具体产品。这一分析应包括对直接成本和间接成本两方面的分析，并考虑组织长远需求和项目当前需求；如果能够满足组织的长远需求，外购成本分摊到当前项目上的比例就会小一些。

（2）专家判断　经常需要专家的技术判断来评估这个过程的输入。专家的意见可以来自任何具有某项团体专业知识或经过某项专业培训的团体或个人。意见可以源于多个渠道，包括执行组织单位内的其他单位、咨询工程师、专业和技术协会、行业集团等。

（3）经济订货量分析　采购数量一股通过经济订货量分析来确定。经济订货量分析是指通过建立经济订货量模型对采购产品进行分析，确定采购的批量和采购的时间，使订购成本和库存成本之和最小的一种分析方法。订购成本、库存成本与订货量的关系如图 13-2 所示。

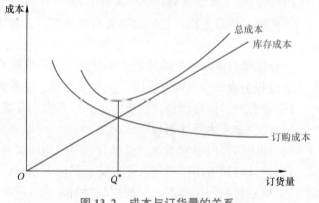

图 13-2　成本与订货量的关系

经济订货量的基本模型存在以下假设条件：

1）项目组织能及时补充物料。

2）不允许缺货。

3）能集中到货，而不是陆续入库。

4）物料单价不变，不考虑现金折旧。

5）项目组织现金充足，不会因现金短缺而影响采购。

6）采购数量稳定，并且能预测。

7）市场供应充足。

假设每次订货费用为 K，采购数量为 D，年单位储存成本为 A，经济订货量为 Q^*，则

订购成本和库存成本之和 C 的计算公式为

$$C = \frac{AQ^*}{2} + \frac{DK}{Q^*} \tag{13-1}$$

若使订购成本与库存成本之和 C 最小，即 $\min(C)$，则有

$$Q^* = \sqrt{\frac{2KD}{A}} \tag{13-2}$$

式（13-2）是经济订货量的基本模型，由其还可以推导出每年最佳订货次数、最佳订货周期、订货总成本等。

每年最佳订货次数 N^* 的计算公式为

$$N^* = \frac{D}{Q^*} = \frac{D}{\sqrt{\frac{2KD}{A}}} = \sqrt{\frac{DA}{2K}} \tag{13-3}$$

最佳订货周期 t^* 的计算公式为

$$t^* = \frac{1}{N^*} = \frac{1}{\sqrt{\frac{DA}{2K}}} = \sqrt{\frac{2K}{DA}} \tag{13-4}$$

订货总成本 TC 的计算公式为

$$\text{TC} = \frac{A\sqrt{\frac{2KD}{A}}}{2} + \frac{DK}{\sqrt{\frac{2KD}{A}}} = \sqrt{2KDA} \tag{13-5}$$

经济订货量的基本模型是在前述假设条件下建立的，但现实生活中能够满足这些假设条件的情况很少，事实上，物料可能陆续入库，尤其是产成品入库，总是陆续供应和耗用的。在这种情况下，就要对基本模型进行修改。假设每日送货量为 p，物料每日耗用量为 d，故送货期内的全部耗用量为 dQ^*/p，则

$$Q^* = \sqrt{\frac{2KDp}{A(p-d)}} \tag{13-6}$$

在实际工程施工中，施工承包方经常还要对市场进行预测，若市场上物料价格有上涨的趋势，则采用适当多采购物料的策略；若市场上物料价格有下降的可能，则选择尽可能少采购物料的方案。

案例 13-1 施工项目计划编制

　　某项目要采购某种物料 3600 件，该物料年单位储存成本为 2 元，每次订货费用为 16 元。请计算并回答下列问题：

　　（1）如何确定该种物料的经济订货量？

　　（2）该种物料的最佳订货周期是多少天？

　　（3）如果该种物料是陆续供应和耗用的，假设其每日送货量为 40 件，每日耗用量为 30 件，则如何确定该种物料的经济订货量？

[解析]

$$(1)\ Q^* = \sqrt{\frac{2KD}{A}} = \sqrt{\frac{2 \times 16 \times 3600}{2}}\ \text{件} = 240\ \text{件}$$

$$(2)\ N^* = \sqrt{\frac{DA}{2K}} = \sqrt{\frac{3600 \times 2}{2 \times 16}}\ \text{次} = 15\ \text{次},\ t^* = \frac{365\ \text{天}}{15} = 24\ \text{天}$$

$$(3)\ Q^* = \sqrt{\frac{2KDp}{A(p-d)}} = \sqrt{\frac{2 \times 16 \times 3600 \times 40}{2 \times (40 - 30)}}\ \text{件} = 288\ \text{件}$$

经过上述计算可以得出：

(1) 该种物料的经济订货量为240件。

(2) 该种物料的最佳订货周期为24天。

(3) 如果该种物料是陆续供应和耗用的，该种物料的经济订货量为288件。

13.1.4 施工项目采购实施控制

1. 项目采购实施控制要点

施工项目采购主要包括工程分包采购、货物采购和服务采购。其采购控制要点如下：

1）根据不同工程项目或各工程项目工作包的特点，充分考虑成本、进度、质量控制、设计、施工等因素确定工程项目管理模式，从而确定工程项目采购模式，便于采购控制。

2）实施工程项目采购预算制。有了采购预算的约束，能提高工程项目资金的使用效率，优化工程项目采购管理中资源的调配，从而达到控制工程项目采购成本目的。

3）供应商的优化选择和管理。在工程项目前期，一旦选错供应商，将给工程项目建设造成严重影响。因此，招标投标尤其是国外设备招标投标要特别慎重。可通过最大化使用本地资源，降低工程项目采购成本。要保证工程项目质量，控制工程项目成本，需要加强供应商管理，对供应商的供应商也要加以控制，对供应商的材料购进进行必要的控制。

4）采购包的划分。要根据设备材料的性质、市场供货商的供应能力和经济批量划分采购包，合理划分采购包可降低采购价格。

5）充分利用工程项目的内外部环境。在工程项目采购管理中充分利用采购环境，同样是有效降低采购成本的途径之一。

6）确立采购全流程成本的概念，应该关注的是整个工程项目流程中的成本降低，是对总成本的控制，而不是单一地针对采购货物或服务的价格。

2. 项目采购进度实施控制因素

采购进度控制是采购管理中的一项重要工作，施工承包方应对采购进度进行科学管理，以规范企业在采购过程中各项工作的执行，确保采购按照计划要求开展。项目采购进度控制一方面是为了保证项目进度的正常推进；另一方面，合理有效的进度控制可以节约成本、缩短工期、保证质量。采购进度实施控制的主要对象有：

1）项目部内部因素，主要包括采购计划编制不合理、采购目的不明确等。

2）相关单位因素，主要包括材料设备供应商未按要求及时提供材料设备、分包单位未能按时开工，以及工程发包方未能按时拨付工程款等。

3）不可预见因素，主要包括出现不常见的恶劣天气状况，如暴雨，以及出现地震等自然灾害。

由于其他相关单位影响施工项目采购进度的，可以按合同条款中的规定确定责任，通过索赔方式弥补损失；对于自然灾害与不可抗力的影响，在采购准备阶段应采取风险防范措施，必要时可通过保险公司来分担损失；由于采购单位自身管理问题而影响采购进度的，需要加强自身管理水平，采取有效措施对施工项目采购的进度进行控制。

3. 项目采购成本控制

施工项目采购成本包括货物采购（建筑材料、施工设备、工具、办公用品、劳动防护用品、临建设施等）成本、工程分包（专业分包、劳务分包、检验检测等）成本和服务采购（如生活后勤、现场保安、垃圾清运等）成本。成本控制的影响因素包括：

1）项目的技术复杂程度、质量标准和工期。项目的技术复杂程度、质量标准和工期会影响项目的成本，从而影响分包商的报价。项目要求的技术越复杂、质量标准越高、性能越先进，项目的竞争程度会下降，而项目采购成本就越高；工期要求越紧，则项目采购成本也越高。

2）原材料、组成品、设备等价格变动。项目的原材料、组成品、设备等价格发生变动，项目采购成本均会变化。项目的原材料、组成品、设备的价格受到市场波动、季节变化、采购数量、标准件还是非标准件、功能设计、承包商的市场能力、国际市场价格、物流、保险等因素影响。

3）采购方的管理能力。采购方的采购管理能力和合同执行能力既可以影响供应商的报价和实际成本变更，又可以影响内部的采购管理成本。采购方的管理能力与人员配置、采购方式、采购管理制度、管理流程、组织管理能力等密切相关。

4）付款条件。项目的付款周期越长，供应商的财务成本和风险越大，则供应商倾向于提高报价，从而增加项目的采购成本。

4. 项目采购质量控制

采购质量控制是采购管理中的一项重要工作。整个采购阶段的质量保证和控制应能确保各专项产品和服务满足规定的要求，而且在整个项目期间应采用一套具体的标准，对生产产品及其系统相关施工和装配活动进行控制，从而保证质量满足雇主要求并符合合同规定。质量控制的关键点主要包括工程材料、构配件、设备的审查。

■ 13.2　工程施工项目分包管理

13.2.1　工程施工项目分包及其分类

1. 什么是工程施工项目分包

工程施工项目分包是指建筑（总）承包企业承揽工程后，将部分工程发包给具有相应资质及能力的企业承担，或者将劳务作业发包给具有相应资质及能力的其他企业或合法组织完成的活动。

2. 工程施工项目分包分类

工程施工项目分包可分为施工专业分包和劳务分包。以施工单位为主导的工程总承包（EPC/DB）项目还包括设计分包。

（1）施工专业分包　这是指施工总承包企业根据总承包合同的约定或者经建设单位的

允许，将承包工程中专业性较强的工程发包给具有相应资质的其他建筑企业完成的活动。

允许分包的工程范围应当在招标文件中规定，分包工程一般不得超过总工程量的30%。各项专业工程分包的总量超过承包人合同工程总量的30%的，或者专业工程分包管理费超过30%的（招标文件规定的税费除外），一般认定为违法分包。此外，分包工程不得再次分包，凡再次分包也被认为属违法分包。

（2）劳务分包　这是指施工总承包企业或者专业承包企业将其承包工程中的劳务作业发包给劳务分包企业完成的活动。劳务分包与转包不同，二者的主要区别在于：

1）对象不同。转包的对象是工程或分部分项的工程；而劳务分包仅指向工程中的劳务。在转包的情况下，转包人是将承包的全部建设工程任务转让给转承包人，包括建设工程任务中的经济技术责任、管理责任及劳务作业任务；而在劳务分包的情况下，劳务作业发包人仅将其承包建设工程任务中的劳务作业任务分包给劳务作业承包人。

2）合同效力不同。转包属于法律法规所明确禁止的无效行为；而劳务分包属合法行为，法律对劳务分包并不禁止。

3）法律后果不同。转包双方对因此造成的质量或其他问题要对发包人承担连带责任；劳务分包双方互相按合同承担相应责任，并不共同向发包人承担连带责任。

（3）设计分包　这是指一种由工程设计总包单位把部分工程设计任务分包给其他设计单位的经济责任制形式。这些从总包单位分包部分工程设计的单位，称为设计分包单位。其主要职责是：按统一要求完成分担的设计任务，并对其设计质量负责；向设计总包单位及时提供有关情况和资料；主动与设计总包单位做好协作配合工作。

13.2.2　工程分包的相关规定

1. 工程分包范围的规定

《建筑法》规定，建筑工程总承包单位可以将承包工程中的部分工程发包给具有相应资质条件的分包单位。禁止承包单位将其承包的全部建筑工程转包给他人，禁止承包单位将其承包的全部建筑工程肢解以后以分包的名义分别转包给他人。施工总承包的，建筑工程主体结构的施工必须由总承包单位自行完成。

《招标投标法》也规定，中标人按照合同约定或者经招标人同意，可以将中标项目的部分非主体、非关键性工作分包给他人完成。中标人不得向他人转让中标项目，也不得将中标项目肢解后分别向他人转让。《招标投标法实施条例》进一步规定，中标人不得向他人转让中标项目，也不得将中标项目肢解后分别向他人转让。中标人按照合同约定或者经招标人同意，可以将中标项目的部分非主体、非关键性工作分包给他人完成。接受分包的人应当具备相应的资格条件，并不得再次分包。中标人应当就分包项目向招标人负责，接受分包的人就分包项目承担连带责任。

据此，总承包单位承包工程后可以全部自行完成，也可以将其中的部分工程分包给其他承包单位完成，但依法只能分包部分工程，并且是非主体、非关键性工作；如果是施工总承包，其主体结构的施工则须由总承包单位自行完成。这主要是防止以分包为名而发生转包行为。

《房屋建筑和市政基础设施工程施工分包管理办法》还规定，分包工程发包人可以就分包合同的履行，要求分包工程承包人提供分包工程履约担保；分包工程承包人在提供担保后，要求分包工程发包人同时提供分包工程付款担保的，分包工程发包人应当提供。

2. 分包单位的条件与认可的规定

《建筑法》规定，建筑工程总承包单位可以将承包工程中的部分工程发包给具有相应资质条件的分包单位；但是，除总承包合同中约定的分包外，必须经建设单位认可。禁止总承包单位将工程分包给不具备相应资质条件的单位。《招标投标法》也规定，接受分包的人应当具备相应的资格条件。在得到业主同意的情况下，承包商可以将部分自己没有实施资质的项目分包，也可以将部分较为简单的工程项目分包，但绝不允许将主体工程分包。为了避免分包给工程质量造成不良影响，工程分包应征得业主同意，并且其资格由监理工程师进行审核。审核内容包括分包单位的营业执照、资质等级证书；分包单位特殊行业施工许可证，国外（境外）企业在国内承包工程许可证；分包单位的业绩；拟分包工程的内容和范围；专职管理人员和特种作业人员的资格证、上岗证。具体审核程序如图13-3所示。

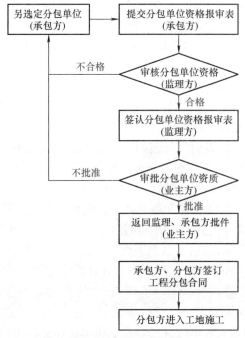

图13-3　分包单位资格的审核程序

承包工程的单位须持有依法取得的资质证书，并在资质等级许可的业务范围内承揽工程。这一规定同样适用于工程分包单位。不具备资质条件的单位不允许承包建设工程，也不得承接分包工程。《房屋建筑和市政基础设施工程施工分包管理办法》还规定，严禁个人承揽分包工程业务。

总承包单位如果要将所承包的工程再分包给他人，应当依法告知建设单位并取得认可。这种认可应当依法通过以下两种方式获得：

① 在总承包合同中规定分包的内容。

② 在总承包合同中没有规定分包内容的，应当事先征得建设单位的同意。

需要说明的是，分包工程须经建设单位认可，并不等于建设单位可以直接指定分包人。《房屋建筑和市政基础设施工程施工分包管理办法》中明确规定："建设单位不得直接指定分包工程承包人。"对于建设单位推荐的分包单位，总承包单位有权做出拒绝或者采用的选择。

3. 分包单位不得再分包的规定

《建筑法》规定，禁止分包单位将其承包的工程再分包。《招标投标法》也规定，接受分包的人不得再次分包。

这主要是防止层层分包、"层层剥皮"，难以保障工程质量安全和工期等。为此，《房屋建筑和市政基础设施工程施工分包管理办法》中规定，除专业承包企业可以将其承包工程中的劳务作业发包给劳务分包企业外，专业分包工程承包人和劳务作业承包人都必须自己完成所承包的任务。

4. 转包和违法分包的界定

根据我国法律的规定，转包是必须禁止的，而依法实施的工程分包则是允许的。因此，违法分包同样在法律禁止之列。

《建设工程质量管理条例》规定，违法分包是指下列行为：

1）总承包单位将建设工程分包给不具备相应资质条件的单位的。

2）建设工程总承包合同中未有约定，又未经建设单位认可，承包单位将其承包的部分建设工程交由其他单位完成的。

3）施工总承包单位将建设工程主体结构的施工分包给其他单位的。

4）分包单位将其承包的建设工程再分包的。

转包是指承包人承揽建设工程任务后，不履行合同约定的责任和义务，将其全部转给他人或者将其承揽工程全部肢解以后以分包的名义分别转给其他单位承包的行为。

《房屋建筑和市政基础设施工程施工分包管理办法》中规定，分包工程发包人应当设立项目管理机构，组织管理所承包工程的施工活动。项目管理机构应当具有与承包工程的规模、技术复杂程度相适应的技术、经济管理人员。其中，项目负责人、技术负责人、项目核算负责人、质量管理人员、安全管理人员必须是本单位的人员（即与本单位有合法的人事或者劳动合同、工资以及社会保险关系的人员）。分包工程发包人将工程分包后，未在施工现场设立项目管理机构和派驻相应人员，并未对该工程的施工活动进行组织管理的，视同转包行为。

5. 分包单位的责任规定

《建筑法》规定，建筑工程总承包单位按照总承包合同的约定对建设单位负责；分包单位按照分包合同的约定对总承包单位负责。总承包单位和分包单位就分包工程对建设单位承担连带责任。《招标投标法》也规定，中标人应当就分包项目向招标人负责，接受分包的人就分包项目承担连带责任。

我国对工程总分包、联合承包的连带责任均是由法律做出的规定，属法定连带责任。连带责任通常可分为约定连带责任和法定连带责任。约定连带责任是依照当事人之间事先的相互约定而产生的连带责任；法定连带责任则是根据法律规定而产生的连带责任。

案例 13-2 **违法分包建设工程应承担连带责任**

1. 案情

2015 年 4 月，被告建筑公司从某新农村投资建设有限公司处承包一集中居住区建筑工程后，将该工程承包给无施工资质的被告杨某，杨某及其父又将该工程混凝土浇筑、砌筑、内外粉刷等项目分包给无施工资质的原告夏某。夏某按约进行了施工。2016 年 4月，原告夏某因追要工程欠款以及工人工资等事宜与被告发生矛盾告上法庭。

2. 审理

本案中没有证据证明杨某父子系被告建筑公司的工作人员，故表明被告杨某父子共同承接了该工程，其相对于建筑公司系实际施工人。杨某父子又将部分工程分包给原告夏某，原告相对于杨某父子系实际施工人。因原告及被告杨某父子均无施工资质，且分包行为违反法律法规强制性规定，故原告与被告之间的合同系无效合同，但原告已按合同约定完成了施工任务，并已确定了工程价款。实际施工人要求参照合同约定支付工程款的，法院应予支持。据此，法院判决被告杨某父子给付原告工程欠款33万元，被告建筑公司承担连带责任。

3. 法律评析

1）我国对从事建筑活动的建设工程企业实行资质等级许可制度。《建筑法》第13条规定："从事建筑活动的建筑施工企业、勘察单位、设计单位和工程监理单位，按照其拥有的注册资本、专业技术人员、技术装备和已完成的建筑工程业绩等资质条件，划分为不同的资质等级，经资质审查合格，取得相应等级的资质证书后，方可在其资质等级许可的范围内从事建筑活动。"因此，承包建筑工程的单位应当持有依法取得的资质证书，并在其资质等级许可的业务范围内承揽工程。

2）违法分包建设工程应承担连带责任。我国《合同法》第272条规定：承包人不得将其承包的全部建设工程转包给第三人或者将其承包的全部建设工程肢解以后以分包的名义分别转包给第三人。禁止承包人将工程分包给不具备相应资质条件的单位。禁止分包单位将其承包的工程再分包。建设工程主体结构的施工必须由承包人自行完成。总承包人明知建筑施工承包人没有相应的资质，而将工程向其分包，显然其具有过错，应当承担连带责任。

3）当前建筑业领域资质挂靠、非法转包等现象问题突出。一些资质较低甚至没有资质的建筑企业、工程队乃至个人，挂靠具有较高建筑资质的企业，参与竞标并成功竞标现象比较常见。尽管法律法规对建设工程分包有严格的限制，但在实际运作中，具有相应资质的建筑公司在中标后，往往将工程分包或转包给资质较低或没有资质的建筑企业、工程队甚至个人。此类现象，轻则影响工程质量，重则关系民生安全，比如工程款纠纷往往涉及拖欠农民工工资等问题，处理不当容易影响民生及社会稳定，需要引起重视和加强综合治理。

6. 施工企业加强分包商管理的主要措施

1）完善分包商准入管理，加强分包商的动态管理。首先，施工企业在遴选分包商时，要对分包商的法人资格、企业资质、市场准入资格、企业信誉、类似项目经验、项目完成绩效、企业财务状况、人力和设备状况等真实性进行慎重审查，确保分包商身份真实合法；其次，根据工程特点，选用合适的分包商，在使用过程中进行动态管理。

在分包商关系管理上，德国最大的工程承包商豪赫蒂夫公司每年组织分包商论坛，为分包商提供沟通交流的机会，并组织其对复杂项目如何协作、有效完成进行研讨等。国内如中交四航局第二工程公司等一批施工企业也进行了有益尝试，措施有：制订"最佳分包商计划"，培养最佳分包商，定期对表现最佳的分包商进行奖励，扩大和深化在专业领域的合作，与之建立长期、稳定、利益共享的伙伴关系；为优秀的分包商开通绿色通道，在相关方面提供一定的优惠政策，包括公司在任务分工、合同订立、价格确定、工程款支付、工程结算等方面给予优先政策，简化管理程序，甚至采取议标方式对其进行发包等。

2）合法合规开展分包活动，加强分包合同管理。完善工程分包有关的制度和流程，明确分包审批程序，形成一套系统化、规范化，同时也易于执行的操作程序。通过制度，确保分包是在合法必要的条件下进行的，避免违法分包和随意分包；在确定实施分包后，要加强内部各级对于分包工程的管理审批工作。中铁二局早在2002年就出台《劳务分包及管理实施办法》，规范公司劳务分包管理工作，并在此后进行了修订完善；中国石油化工集团公司在《工程承包商安全管理规定》和《工程建设企业施工分包管理办法》中，要求直属企业将分包商纳入企业管理范围，指出分包商发生安全事故要追究工程发包单位的责任，企业要督促分包商建立健全相应的安全管理规章制度并抓好落实。

在分包合同管理方面，总承包企业在合同谈判阶段就应对双方的相应权责进行详细约定，制定的分包合同在确保合法有效的基础上，还要尽可能细致和准确地明确总包和分包商之间的工作范围和协调配合责任，使总分包界面责任明确、专业协作有法可依，防止参与方互相推诿责任，避免不必要的纠纷和分歧，降低分包风险，同时，要注意防范分包的隐形风险。企业要遵循"先签合同后开工"的原则，杜绝分包商先进场、后签订合同，避免因受分包商要挟而陷于被动境地。

3）加强现场工程分包管理，并做好服务工作。总承包企业在分包工程管理中的核心工作是组织、指导、协调、控制各分包商的工作。总承包企业在工程实施中应认真履行合同责任，对分包工程进行跟踪监督和动态管理，确保分包商认真履行分包合同，及时预测风险和分析偏差，采取有效措施，消除风险。在分包质量管理方面，避免以包代管，对各个环节严格管理；在分包进度管理方面，企业应根据项目实际情况合理制订工程分包计划，依据分包合同严格检查分包商的资源投入，加强进度统计和考核，并做好现场服务和配合工作；在分包安全管理方面，企业要加强对分包商安全体系的建立和完善，安全交底、安全培训，做好劳动保险等工作的监督，强化分包过程控制，持续开展分包安全隐患排查治理活动，落实责任，降低分包安全风险。

劳务分包方的"实名制管理"是住房和城乡建设部一再强调的管理措施，但这项措施的实施不甚理想，以致出现在本现场接受了安全教育和安全交底的劳务工人没有在本工地干活，在本工地干活的劳务工人又没有接受本工地的安全教育和交底的现象，从而导致安全事故。"实名制管理"的实施难度确实较大，但"方法总比困难多"，只要开动脑筋，办法总是会有的，就看是否认识了这项措施的重要意义。

13.2.3 工程分包合同及其管理

1．工程分包合同

（1）工程分包合同的性质　在法律性质上，工程分包合同属"并存的债务移转"。债务移转又称债务承担，是指基于当事人协议或法律规定，由债务人移转全部或部分债务给第三人，第三人就移转的债务而成为新债务人的现象。广义的债务承担应包括免责的债务承担和并存的债务承担。所谓并存的债务承担，是指原债务人并没有脱离债的关系，而第三人加入债的关系，并与债务人共同向同一债权人承担债务。结合实际情况，建筑工程分包合同应当属于"债务人与第三人，或者债权人、债务人与第三人之间共同约定，由第三人加入债的关系"这种情况；显然，在这里，债权人即建设单位，债务人即（总）承包人，第三人即分包人。在这种情况下，债务人与第三人承担连带责任。

建筑工程分包合同不属于"第三人代为履行"的情况。第三人代为履行，是指当事人约定由第三人向债权人履行债务，但是第三人并没有加入合同关系中来，也没有承担债务而成为合同当事人；发生纠纷时，第三人并无直接的法律责任。同时，建设工程合同也不属于"免责的债务承担"。在免责的债务承担中，第三人就移转的债务完全取代了债务人的法律地位，原债务人则相当于免责了。

（2）工程分包合同的民事责任关系问题　建筑工程分包合同的民事责任主要涉及工程的工期、质量、造价、安全等方面，这里不讨论民事责任的具体内容，而讨论民事责任关系问题。之所以谈这个问题，是因为在这个问题上，我国《合同法》和《建筑法》较之传统民法理论有较大的突破；并且，这种突破尚未引起有关建设（建筑）行政主管部门和分包合同当事人的充分注意。

在（总）承包合同和分包合同的联系结构中，建设单位与（总）承包人之间存在合同法律关系，故（总）承包人按（总）承包合同的约定对建设单位/发包人负责。（总）承包人与分包人之间也存在合同法律关系，分包人按分包合同的约定对（总）承包人负责。这两个合同关系彼此相对独立。然而，分包人与建设单位之间则不存在合同法律关系。按照传统民法中的合同相对性原则，合同关系是当事人之间的特别关系，债务人仅仅对债权人负有对待给付义务及附随义务，其他第三人不能享有权利和承担义务，进而会导致：如果因为分包人的行为引起（总）承包合同的不履行或不适当履行，（总）承包人须向建设单位承担违约等责任；（总）承包人只有在向建设单位承担责任后，才有权向分包人追偿，但建设单位无权直接追究分包人不履行合同行为的违约责任。

实践中，建设单位按合同支付工程进度款后，（总）承包人却不及时地向分包人拨付分包部分的相应款项，造成分包人生产困难、职工生活困难的现象时有发生。在我国当前的建筑市场上，分包人所处的这种弱势地位已经引起地方建设行政主管部门的注意。加强保护分包人的利益与加强其责任应当是统一的。作为分包合同的当事人，（总）承包人与分包人应当按分包合同的约定履行合同，只要分包人全面、正确地履行了分包合同约定的义务，无论建设单位是否向（总）承包人支付工程款项，（总）承包人都应当向分包人支付分包部分的相应款项。只有这样，才能真正保护分承包人利益。

2. 工程分包合同管理

（1）分包合同管理的层次　分包合同管理可分为三个层次：

1）施工（总）承包人对分包合同的管理。施工（总）承包人作为分包合同的当事人，不仅要承担其与发包人签订的（总）承包合同规定的义务，而且对分包工程的实施负有全面管理责任。

2）监理工程师对分包合同的管理。监理工程师只是依据主合同对分包工作内容及分包商的资质进行审查，行使确认权或否定权；对其材料、施工工艺、工程质量进行监督管理。监理工程师就分包工程施工发布的任何指示均应发给（总）承包人。分包人接到监理工程师的指示后不能立即执行，须得到（总）承包人同意后才可实施。

3）工程发包方对分包合同的管理，主要表现为其对分包工程的批准。

（2）分包合同的支付管理

1）分包合同的支付程序。分包人在合同约定的日期，向承包人报送该阶段施工的支付报表。承包人应在分包合同约定的时间内支付分包工程款，逾期支付要计算拖期利息。

2）承包人代表对支付报表的审查。

3）承包人不承担逾期付款责任的情况。属于工程师不认可分包商报表中的某些款项；业主拖延支付给承包人经过工程师签证后的应付款；分包人与承包人或与业主之间因涉及工程量或报表中某些支付要求发生争议。

若承包人代表在应付款日之前及时将扣发或缓发分包工程款的理由通知分包人，则不承担逾期付款责任。

思考题和习题

1. 什么是工程施工项目采购？

2. 简述工程施工项目采购管理的一般程序。

3. 工程施工项目采购的类型有哪些？

4. 工程施工项目采购计划的编制要求和依据是什么？

5. 货物采购和咨询服务采购的内容有哪些？

6. 工程施工项目采购成本控制的影响因素有哪些？

7. 简述施工专业分包和劳务分包的区别和联系。

8. 关于工程分包的相关规定有哪些？

9. 简述施工企业加强分包管理的主要措施。

第 14 章

工程项目HSE管理

在工程项目管理中开展 IISE（健康、安全和环境）管理的历史并不长，目前主要在石油化工等行业积累了一些经验。实践表明，HSE 管理对项目整体管理、对经济社会可持续发展影响深远。如何科学建立和运行 HSE 管理体系是摆在每一个工程建设者面前的重要课题。

■ 14.1　工程项目 HSE 管理及其体系

14.1.1　工程项目 HSE 管理

1. 什么是工程项目 HSE 管理

人类发展所需的自然资源以及人类赖以生存的自然环境越来越受到社会的关注。在工程项目实施中，关注相关人员的健康安全，预防并且杜绝各类事故的发生，是各行各业的重要工作。

HSE 是健康（Health）、安全（Safety）和环境（Environment）的缩写。其中，H 是指人身体没有疾病、在心理上保持一种完好的状态；S 是指在劳动生产过程中，努力改善劳动条件、克服不安全因素，使劳动生产在保证劳动者健康、企业财产不受损失、人民生命安全的前提下顺利进行；E 是指与人类密切相关的、影响人类生活和生产活动的各种自然力量或作用的总和，它不仅包括各种自然因素的组合，还包括人类与自然因素之间相互形成的生态关系组合。

工程项目 HSE 管理是人们在工程项目的工作过程中，针对 HSE 三个方面有着密不可分联系的特点，将其作为一个整体，确定管理方针、管理目标、工作流程，并在工程项目实施中进行检测、评价和持续改进的活动。

从功能上讲，HSE 管理是一种事前进行风险分析，确定自身活动可能发生的危害和后果，从而采取有效的防范手段和控制措施防止其发生，以便减少可能引起的人员伤害、财产损失和环境污染的有效管理模式。它强调事前预防和持续改进，具有高度的自我约束、自我完善、自我激励机制，因而是一种现代的项目管理模式。

2. HSE 管理方针与目标

（1）HSE 管理方针　不同类型项目的特点不同，HSE 管理方针也有所差异，但可概括为以下几点：

1）人与自然和谐相处。

2）以人为本。

3）领导承诺。

4）全员参与。

5）体系管理。

6）持续改进。

（2）HSE 管理目标　总体来说，职业健康和安全管理的目的是保护产品生产者、使用者和其他相关人员（如工地及周边的员工、临时工作人员、访问者和其他有关部门人员）的职业健康、生命及财产安全，使他们面临的风险减少到最低限度，消除和避免造成健康和安全方面的危害；环境管理的目的是保护生态环境、减少污染，使社会经济发展与人类的生存环境相协调。

HSE 管理目标主要依据环境因素、法律要求、工程合同和其他要求设立，应有可测量的指标。如工程承包合同规定，承包方的环境管理目标通常要达到环境保护法所规定的和项目目标所要求的排放标准（两者中取小值，即较严格的数值）。

HSE 管理目标应与项目的其他目标（如质量、成本、工期）相协调。项目管理组织各层次、各有关部门人员均应有相应的目标和指标，以书面形式表示，并加以宣传、贯彻。

3. HSE 管理工作流程

在现代工程项目中，健康、安全、环境管理虽然各自有着丰富的内容、相应的管理对象，但是三者之间也具有高度的关联性。它们的管理过程是相同的，管理方法是相似的，许多组织、程序、资源、技术措施都是统一的。因此，人们常常把它们综合起来，形成系统化、结构化、程序化的 HSE 管理工作流程，如图 14-1 所示。

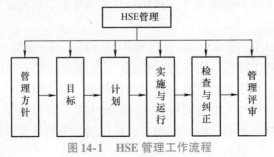

图 14-1　HSE 管理工作流程

为有效推动 HSE 管理，在项目实施中，应及时组织专题培训，并编制专门的工程项目 HSE 管理实施程序，如图 14-2 所示。

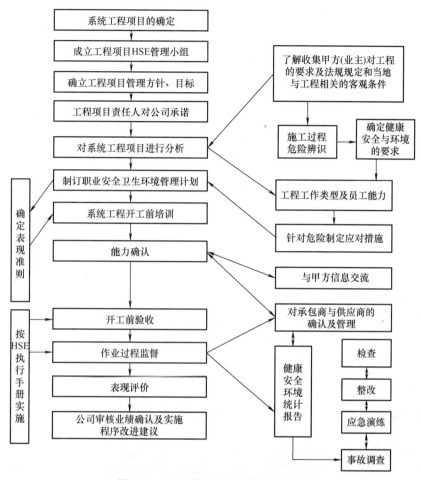

图 14-2　工程项目 HSE 管理实施程序

4. 工程项目 HSE 管理的方法

1）安全观察与沟通。安全观察与沟通是针对各级管理者如何到基层与作业人员就作业行为、环境、规程、工器具等方面安全事项进行探讨、交流而建立的一套实施方法。

2）制订安全行动计划。个人安全行动计划是各级领导、管理者基于岗位职责，为完成自身 HSE 目标、指标，就关键的 HSE 任务、实施的频次和完成时间所编制的书面方案或安排。应结合组织的 HSE 目标、指标和个人的岗位职责制订个人安全行动计划。

3）安全风险分析。安全风险分析是指事先或定期对某项工作安全进行风险分析，并根据分析结果制定和实施相应的控制措施，以达到最大限度消除或控制风险目的的方法。

4）作业许可管理。作业许可管理是指对生产或施工作业区域内工作程序或操作规范未涵盖的非常规作业，事前开展作业危害辨识，提出作业申请，验证作业安全措施，并最终获得作业批准的一个过程。作业许可管理的具体管理过程如图 14-3 所示。

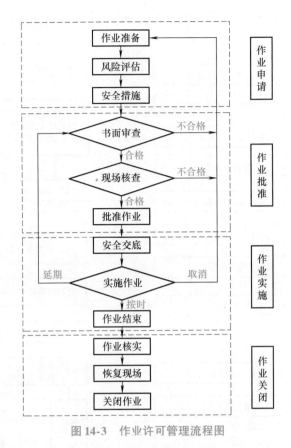

图 14-3 作业许可管理流程图

14.1.2 HSE 管理体系

1. 什么是 HSE 管理体系

HSE 管理体系是由组织机构、职责、做法、程序、过程和资源等要素构成的有机整体，这些要素通过先进、科学、系统的运行模式有机地融合在一起，形成相互关联的动态体系。

HSE 管理体系的主要特点包括：

1）法律性。HSE 管理体系非常注重对法律法规的遵守，其法律性特点主要体现在管理理念、标准条款、审核重点等方面，遵守法律法规是贯彻体系标准、运用体系管理方法的基石。标准条款要求企业和组织识别获取适用法律法规，建立并定期更新正在应用的法律法规清单，对遵守法律法规的情况进行定期符合性验证等；在进行体系的审核时，审核机构对企业遵守法律法规的情况做出认可与否的评价。企业建立并运行 HSE 管理体系，从而逐步形成一切按制度办事的良好工作机制和习惯。

2）系统性。HSE 管理体系强调结构化、程序化、文件化的管理手段，对系统性问题非常重视，这种系统性充分体现了项目组织在项目管理上逻辑思维的严谨，善于把复杂的问题简单化、模式化的特性，标准的逻辑结构为组织编写职业健康安全与环境管理手册提供了一个系统的结构基础。职业健康安全与环境管理体系的相关标准都有着统一的目标，期望以一套系统化的方法来推行其管理活动，以满足法律和自身方针的要求，实现企业和相关组织的可持续发展。

3）先进性。HSE 管理体系是改善项目组织的职业健康安全与环境管理的一种先进、有效的管理手段。该体系把工程项目管理中的职业健康安全与环境管理工作当作一个系统工程问题，来研究确定影响 HSE 的要素，将管理过程和控制措施建立在科学的危害辨识、危险评价基础上，为了保障安全和健康，对每个要素规定了具体要求，并建立和保持一套文件支持的程序，保证体系的先进性。

4）持续改进。质量管理中率先提出的 PDCA 循环，也可在 HSE 管理体系中全面应用，即在 HSE 方针的指导下，周而复始地进行 HSE 管理体系所要求的"策划、实施与运行、检查与纠正措施和管理评审"活动。HSE 管理体系在运行过程中，也会随着科学技术水平的提高，HSE 管理中应用法律、法规及各项技术标准的完善，组织管理者及全体员工安全意识的提高，而不断地、自觉地加大 HSE 管理工作的力度，强化 HSE 管理体系的功能，达到持续改进的目的。

5）预防性。风险辨识、评价与控制是 HSE 管理体系的精髓所在，充分体现了"预防为主"的方针。实施有效的风险辨识与控制，可实现对事故的预防和生产作业的全过程控制，对各种作业和生产过程进行评价，并在此基础上进行 HSE 管理策划，形成 HSE 作业文件，对各种预知的风险因素做事前控制，实现预防为主的目的，并对各种潜在的事故隐患制定应急预案，力求损失最小化。

2. HSE 管理体系设计理念

（1）统一领导，整体参与　对 HSE 管理体系，领导者的首要作用是为组织制定统一的宗旨和方向，也就是制定方针和目标，为全体员工提供关注的焦点和努力的方向，规定职责、建立体系、实施策划、控制和改进等活动，只有这样才能为组织的长远成功提供必要的基础和前提。

发挥领导作用，体现在领导能够创造出有利于员工充分参与、实现组织目标的环境。组织的最高管理者应在考虑顾客、员工、社会需求和期望的基础上，为组织的未来描绘清晰的远景，确定富有挑战性的目标和方向，并在组织中建立价值共享、公平公正和道德伦理观念，同时为员工提供所需的资源和培训，并赋予其职责范围内的自主权。然后，以既定的目标为中心，将工作人员组织、团结在一起，促进组织的全体员工向既定方向努力。

此外，管理体系的有效运行需要领导的重视和带动作用。企业制定的管理体系文件就是企业管理的"法规"。而这些"法规"不只是约束员工的，还是企业所有人员共同遵守的行为准则，也就是我们常说的"法律面前、人人平等"。如果一个企业的领导层不遵守这些法规，那么，HSE 管理体系的有效运行就无从谈起。而规范体系运作不能没有全员的积极参与，因为各级员工是组织之本，只有他们充分参与，才能使他们的才干为组织带来收益。组织的管理是通过组织内各职能层次人员参与过程实现及支持过程来实施的。过程的有效性取决于各级人员的意识、能力和进取精神。随着市场竞争的加剧，全员的主动参与更为重要。组织应该让每个员工了解自身贡献的重要性及其在组织中的角色，以主人翁责任感去解决各种问题；根据每个员工各自的目标评估其业绩状况，帮助员工积极寻找机会提升自身的能力，积累知识和经验。在以过程为导向的组织活动中，应授予员工更多的自主权去思考、判断及行动，因而员工也必须有较强的思维判断能力。员工不仅应加强自身的技能，还应在不断变化的环境中增强判断、处理问题的知识、经验和能力。

（2）科学运用多种管理方法

1）过程方法。为使组织有效运行，必须识别和管理众多相互关联的过程。将活动和相关的资源作为过程进行科学管理，可以更高效地得到期望的结果。系统地识别和管理组织所应用的过程，特别是这些过程之间的相互作用，可称为过程方法。组织为了取得预期的结果，要系统地识别所有活动，明确管理活动的职责和权限，分析和测量活动的能力或功效，识别组织职能之间与职能内部活动的接口，注重改进组织活动的各种因素，如资源、方法、材料等。

2）系统方法。将相互关联的过程作为系统加以识别、理解和管理，有助于组织提高实现目标的有效性和效率。系统方法和过程方法既有区别又紧密联系。这两种方法的研究对象都与过程相关，都可采用循环方式；两者均着重于关注客户，并通过识别组织内的关键过程以及随后对其展开的持续改进来增强客户满意，目的都是促进过程和体系的改进以提高有效性和效率。两者的区别在于，过程方法侧重于研究单个的过程，即过程的输入、输出、活动及所需的资源，以及该过程和其相关过程的关系管理；而系统方法则侧重于研究若干个过程乃至过程网络组成的体系，以及体系运作如何有效地实现组织的目标。显然，过程方法是系统方法的基础；系统方法是将相关的各个有效运行的过程构筑成一个有效运行的体系，从而高效地实现组织的目标。

3）科学决策方法。决策是一个在行动之前选择最佳行动方案的过程。有效的决策是建立在数据和信息分析基础上的。成功的结果取决于活动实施之前的精心策划和正确决策。决策作为过程就应有信息或数据输入。决策过程的输出即决策方案是否理想，取决于输入的信息和数据以及决策活动本身的水平。决策方案的水平也决定了某一结果的成功与否。在HSE 管理体系标准中，所有的策划活动都要求基于事实分析，并在权衡经验与直觉之后完成策划方案。基于事实分析，所采取的措施将是理性的，结果将会是有效的。

（3）持续改进　持续改进是提升满足要求能力的循环活动。持续改进的对象可以是管理体系、过程、产品、环境绩效、安全绩效等。持续改进可作为过程进行管理，在对该过程的管理活动中，应重点关注改进的目标及改进的有效性和效率。持续改进作为一种管理理念、组织的价值观，在管理体系活动中是必不可少的重要要求，是组织的一个永恒目标。HSE 管理体系因为引进了持续改进的机制和要求，才使得组织建立的体系不是一个僵化的、凝固不变的体系，而是充满生机和活力、能够不断适应内部和外部变化的体系。企业建立体系首先解决了规范运作的问题，更重要的是导入了一种自我完善、自我改进的机制。

14.2　职业健康安全管理

14.2.1　职业健康安全管理体系及其特点

1. 什么是职业健康安全管理体系

职业健康安全管理体系（Occupational Health and Safety Management System，OHSMS）是指为建立职业健康安全方针和目标以及实现这些目标所制定的一系列相互联系或相互作用的要素。它是职业健康安全管理活动的一种方式，包括影响职业健康安全绩效的重点活动与职责以及绩效测量的方法。

OHSMS 是 20 世纪 80 年代后期在国际上兴起的现代安全生产管理模式，它与 ISO 9000 和 ISO 14000 等标准体系一并被称为"后工业化时代的管理方法"。目前，OHSMS 已经在各种行业不同规模的企业中得到广泛的应用。其既能保证劳动者在工作中的安全与健康，同时也反映出一个企业的文明化程度和其在日益国际化的经济活动中所具备的竞争潜力。

OHSMS 的目的是在实际生产活动中，通过对职业健康安全生产活动进行有效的、科学的管理，规范地控制在生产活动中对影响生产的具体因素的状态，使得生产活动中影响因素的不安全行为和不安全状态能够减少或者消除，并且不引发安全事故，从而保证生产活动中工作人员生命健康与安全。

而关于建设工程施工项目在施工现场进行职业健康安全管理的目的，则主要是有效地防止或者减少施工过程中的生产安全事故，保障产品生产者的生命健康与安全，同时保障人民群众的财产以及生命不受到危害。并且，在施工现场进行职业健康安全管理的目的还包括有效地控制影响施工现场作业人员以及工作现场内的临时工作人员、所有参与方的相关人员、访问者或者其他部门的有关人员等的生命健康和安全的条件和影响因素，并且考虑如何有效地避免因管理人员的管理不当而对施工现场所有相关工作人员的生命健康和安全造成的危害。

2. 职业健康安全管理体系的特点

1）复杂性。建设工程施工项目施工现场的职业健康安全管理的复杂性主要是指施工项目的活动大多数为露天作业，受到自然的气候条件、工程的地质问题以及水文地质问题、所处的地理条件和地域范围内的资源量等许多不可控影响因素的作用非常大。

2）多变性。建设工程施工项目施工现场的职业健康安全管理的多变性主要是指：

① 建设工程施工项目施工现场所需的材料、设备和工具的流动性较大。

② 随着科学技术的进步，要求建设工程施工项目不断地引进新的材料、新的设备、新的技术和工艺等，这也在一定程度上加强了建设工程施工项目施工现场相应的安全管理难度。

3）协调性。建设工程项目施工现场的职业健康安全管理的协调性主要是指建设工程施工项目的建设过程中将涉及许多复杂而烦琐的工种，如用电作业、爆破作业、高空作业、地下作业、起重作业、施工机械等涉及安全与健康的较为危险的工种；同时，在实际的施工操作过程中还往往涉及各个工种之间的交叉作业或者平行作业。

4）持续性。建设工程施工项目施工现场的职业健康安全管理的持续性主要是指建设工程施工项目的建设周期相对其他产品来讲比较长，从项目的立项直至最后的拆除报废阶段，诸多工序之间往往是相互联系、相互影响的，有时候前一道工序的完成质量还会影响到后续工序的安全施工，或者上一道工序存在的潜在隐患可能在下一道工序的施工过程中暴露出来，从而造成严重的安全事故。

5）经济性。建设工程施工项目施工现场的职业健康安全管理的经济性主要是指建设工程施工项目最后所形成的建筑产品具有时代性、多样性和社会性，而这些特点直接决定了建筑工程施工项目的安全管理具有一定的经济性。

14.2.2 职业健康安全管理体系的核心要素与建设要求

1. OHSMS 的核心要素

1）职业健康安全方针。其必须经过最高管理者批准，必须包括最高管理者对"遵守法规"和"持续改进"的承诺。

2）目标。目标和职业健康安全管理方案通常是用来控制不可容许风险的，其中目标必须是能够完成的。如果条件允许，目标应当予以量化，以便于考核。

3）危险源辨识、风险评价和控制措施的确定。辨识危险源时必须考虑：

① 常规和非常规活动。

② 所有进入工作场所的人员（包括合同方人员和访问者）的活动。

③ 工作场所的设施（无论由本组织还是由外界所提供）。此外，危险源辨识还是一个动态的过程，每当工作场所发生变化（如办公地点搬迁等），设备设施（如新购进一台搅拌机）及工艺（如由原来的合成生产改为来料加工）发生改变时，都要对危险源重新进行辨识。

4）法律法规和其他要求。遵守现行的职业健康安全法律法规和其他要求，并对法律法规文本进行收集，识别需要遵守或适用的条款。

5）职业健康安全管理方案。职业健康安全管理方案要与组织的实际情况相适应，并且必须具备职责、权限和完成时间表等要素，否则就不是一个完整的、规范的管理方案。

6）结构和职责。最高管理者应指定一名管理成员作为管理者代表承担特定职责，管理者代表的职责是负责体系的建立和实施。除管理者代表之外，职业健康安全管理体系还应有一名或几名员工代表，参加协商和沟通。

7）培训、意识和能力。培训的目的在于提高员工的安全意识，使之具有在安全的前提下完成工作的能力。本要素重点关注的是员工的上岗资质以及安全意识和能力，如驾驶员的驾驶证和上岗证，稽查人员的检查证和执法证，炊事员的健康证等。

8）沟通、参与和协商。其主要内容有：参与风险管理、方针和程序的制定和评审；参与商讨影响工作场所职业健康安全的任何变化；参与职业健康安全事务；了解谁是职业健康安全的员工代表和管理者代表；提出关于职业健康安全方面的意见和建议。

9）文件。本要素的主要目的在于建立和保持足够的文件并及时更新，以便起到沟通意图、统一行动的作用，确保职业健康安全管理体系得到充分了解和有效运行。

10）文件控制。文件控制的主要目的是便于查找，当文件发生变化时要及时传达到员工，保证重要岗位人员的作业手册是最新版本。

11）运行控制。在进行了第2）~5）的策划之后，应当按照策划的结果予以实施。本要素是职业健康安全管理体系的核心内容，也是不符合报告重点"光顾"的对象。

12）应急准备和响应。包括两个方面：一是准备；二是响应。如果可能，这些应急程序应当定期进行测试，也就是通常所说的应急预案演练。演练的目的是检测预案的可行性。

13）绩效测量和监视。本要素主要是对"运行控制"的结果进行监测和检查的过程。

14）事故调查、不符合、纠正措施和预防措施。本要素是在监测或检查时发现不遵守法律法规、制度、流程等方面的行为而采取的纠正、整改措施。

15）记录控制。体系运行中的各种记录，记录的作用在于它的可追溯性，也就是平时经常提到的"有据可查"。记录必须规定保存期限和保存地点，记录的管理必须便于检索，即需要查记录时，必须在很快的时间内找到该记录。

16）内部审核。此处的审核是指职业健康安全管理体系的内部审核，即组织自我审核，也称为"第一方审核"，就是通常所说的"内审"，是检验职业健康安全管理体系运行情况的重要手段。

17）管理评审。管理评审是最高管理者的职责，一般至少每年进行一次，管理评审的目的是确保职业健康安全管理体系的持续适宜性、充分性和有效性。通俗地说，管理评审是指组织的某个部门在改进体系的职业健康安全业绩时，需要其他部门的配合、协助，或者是准备购买某种物品而需要使用资金等重大的、涉及面较广的、本部门不能独立完成、需要上级批准的问题的解决过程。

2. 职业健康安全管理体系的建设要求

OHSMS 的建设要求主要是针对工程项目的实施阶段以及相关参与主体提出的，它对工程项目的决策阶段、设计阶段、施工阶段和验收试运行阶段四个阶段分别提出相应的要求。

1）工程项目决策阶段的要求。在工程项目决策阶段主要的参与主体是建设单位，其必须严格按照有关建设工程法律法规的要求以及强制性标准的规定，办理各种相关的安全管理审批手续。同时，对于需要提前进行安全评价的建设工程施工项目必须委托具备相应资质条件的单位进行安全预评价。

2）工程项目设计阶段的要求。设计单位是工程项目设计阶段主要的责任者，在职业健康安全管理的运行要求中提出其必须严格按照有关的建设工程法律法规的要求以及强制性标准的规定对所实施的建设工程施工项目进行安全设施设计，防止由于设计不当而引起施工过程出现安全事故。同时，设计单位还必须对涉及施工安全的重点部位或环节在设计文件中进行注明，并对安全事故的防范提出相应的指导意见。

3）工程项目施工阶段的要求。工程项目施工阶段在整个实施过程中占据着主导地位，其延续的时间最长，涉及的工种最多，人员也最为复杂。在工程项目施工阶段，建设单位和施工单位将是最为主要的参与者，职业健康安全管理的运行要求中也针对这两个参与主体提出了相关要求。首先，建设单位必须在申请领取施工许可证时一并提供有关建设工程施工项目的安全施工措施的资料。其次，对于依法批准开工报告的建设工程施工项目，建设单位应该在建设工程施工项目开工报告批准之日起的 15 天内将有关保证安全施工的措施资料报送到建设工程施工项目所在地的县级以上人民政府建设行政主管部门或者其他有关部门进行备案。而对于应当拆除的建设工程施工项目，其应该在拟拆除的项目施工 15 天之前将有关拆除施工单位的相关资质等级证明，拟拆除的建筑物以及涉及的毗邻建筑物等有关说明，拆除的施工组织方案，拆除废弃物的堆放、清除等相应的措施资料一并报送到建设工程施工项目所在地的县级以上人民政府建设行政主管部门或者其他有关部门进行备案。此外，施工单位应该具备相应的安全生产的资质要求，应该设立安全管理机构，配备合格的安全管理人员并提供必要的资源。同时，要建立健全职业健康安全管理体系以及有关安全生产的责任制和各项安全生产规章制度。最后，施工单位还必须编制因地制宜的安全生产计划，制定相应的安全保障措施，并对员工进行有关安全生产的教育以及安全应急预案的演练。

4）工程项目验收试运行阶段的要求。在工程项目验收试运行阶段，建设单位是最为主要的参与者。在职业健康安全管理的运行中，要求其必须向审批建设工程施工项目的环境影响报告书、环境影响报告等相关文件的环境保护行政主管部门申请对施工环境设施进行竣工验收。对于需要试运行的建设工程施工项目，应该在建设工程施工项目投入试生产之日起的 3 个月内向环境保护行政主管部门申请对其环境安全配套设施进行竣工验收。

14.2.3　职业健康安全管理体系的结构模式和运行

1. 职业健康安全管理体系的结构模式

OHSMS 的结构主要包括"范围""规范性引用文件""术语和定义"以及"职业健康安全管理体系要求"四个部分。"职业健康安全管理体系要求"是其核心组成部分,主要由六个方面构成,即总要求、职业健康安全方针、策划、实施与运行、检查、管理评审。其中,策划还包括对危险源辨识、风险评价和控制措施的确定,法律法规和其他要求,目标和方案;实施与运行还包括资源、作用、职责、责任和权限,培训、意识和能力,沟通、参与和协商,文件,文件控制,运行控制,应急准备和响应;检查还包括绩效测量和监视,合规性评价,事件调查、不符合、纠正措施和预防措施,记录控制,内部审核。GB/T 28001—2011《职业健康安全管理体系规范》的总体结构如图 14-4 所示。

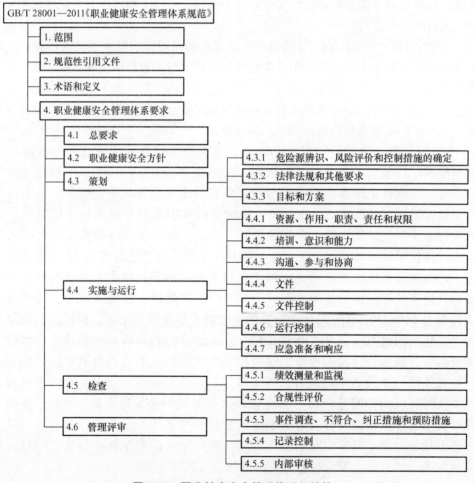

图 14-4　职业健康安全管理体系总结构

为适应现代职业健康安全管理的需要,GB/T 28001—2011 在确定职业健康安全管理体系模式时,强调按系统理论管理职业健康安全及其相关事务,以达到预防和减少生产事故和劳动疾病的目的。在具体操作中采用了戴明的 PDCA 环,即通过策划(Plan)、执行(Do)、检查（Check）和改进（Act）或处理（Action）四个环节构成一个动态循环并螺旋上升的系统化管理模式。职业健康安全管理体系模式如图 14-5 所示。

2. 职业健康安全管理体系的运行

OHSMS 的运行主要包含以下几个方面工作：

1）培训意识和能力。培训意识和能力主要是根据主管培训的部门结合 OHSMS 以及文件的要求，从而制订出相对比较详细的培训计划，同时还须明确相关的培训部门、培训时间、培训内容、培训方法以及考核要求。

2）信息交流。信息交流的内容以及交流的方式是为了确保各要素之间构成一个完整的、持续改进的体系和基础。

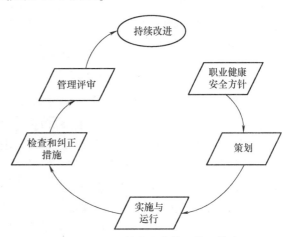

图14-5 职业健康安全管理体系模式

3）文件管理。文件管理包括三个方面的内容：

① 对现有的有效文件进行整理和编号，以方便今后的查询和索引；

② 对适用的相关规范、规程等行业标准及时购买和补充，同时对适用的表格及时地进行发放；

③ 对在内容上相互抵触的文件或者已经过期的文件要及时地进行妥善处理或者作废。

4）执行控制程序文件的规定。执行控制程序文件的规定就是要求 OHSMS 的运行不能离开程序文件的指导。并且为了保证 OHSMS 的正确运行，所有的程序文件以及相关的作业文件在管理组织内部都具有一定的法定效力，都必须严格进行无条件执行。

5）监测。监测的主要作用是保证 OHSMS 能够实现正确而有效的运行，同时能够严格检查 OHSMS 运行的实际情况。在监测的过程中，必须明确监测的对象以及监测的方法。

6）纠正和预防措施。在 OHSMS 的运行过程中，一些意想不到的安全事故的发生是不可避免的，而关键在于在 OHSMS 的运行过程中能够提前制定相应的预防和纠正措施，从而在施工现场安全事故发生时能够有效并及时地采取相应措施，将损失降到最小。

7）记录。在 OHSMS 的运行过程中，要求对其整个运行过程进行及时的记录，如实反映 OHSMS 的运行情况，从而为改进 OHSMS 的运行提供科学、有效的信息。

案例 14-1 A建筑公司职业健康安全管理体系实施效果分析

首先，A 建筑公司通过实施职业健康安全管理体系，从过去被动的"要我做"安全管理局面，变为现在主动的"我要做"，领导带动全员积极参与到安全管理制度中，并且与企业的质量管理等体系融为一体。根据职业健康安全管理的要求，A 公司承诺主动遵守法律及规范，时刻关注法律法规的变化，同时 A 建筑公司对公司及施工现场的危险源进行危险源辨识、风险评价，并制定相应的控制措施。

A 建筑公司取得的成效首先是降低了伤亡率，提升了职业健康目标的实现程度，如表 14-1所示。

表 14-1　A 建筑公司职业健康与安全体系实施前后对比

项　目	实　施　前	实　施　后
因公负伤、死亡事故的发生率	负伤率 0.6%	负伤率 0.3% 以下，死亡率 0
一般事故频率控制目标	0.4%	0.3% 以下
扬尘、噪声、职业危害作业点合格率	98%	100%

其次，通过体系的实施，A 建筑公司提升了公司的管理水平，尤其是施工项目的管理水平得到很大提高，使管理更加科学化、规范化，在优化管理的同时，尽可能做到污染小、能耗低、危险低和事故少，在一定程度上降低了企业的管理和生产成本。公司实施职业健康安全管理体系后，规范了作业行为，减少了人员伤亡，为社会减轻了因工伤事故造成的负担。

最后，职业健康安全管理体系的实施使企业顺利通过了中国建筑业协会组织的职业健康安全体系的外部审核，并有效地提升了公司在建筑施工市场上的竞争力，为企业的形象加分。建筑企业要想在市场上有良好的口碑，除了强大的经济实力和过硬的技术，社会责任感也是不可或缺的一个重要组成部分。公司对职业健康安全的重视，能很大限度地反映一个公司的责任感。

14.3　工程项目环境管理

14.3.1　工程项目环境管理及相关概念

1. 什么是工程项目环境管理

国际标准化组织（ISO）自 1993 年 6 月正式成立环境管理技术委员会（ISO/TC 207）开始，经过三年的努力，于 1996 年推出了 ISO 14000 系列标准。同年，我国将其等同转换为国家标准 GB/T 24000 系列标准。

工程项目环境管理是指为合理使用和有效保护现场及周边环境而进行的计划、组织、指挥、协调和控制等活动。工程项目环境管理主要是针对工程施工，目的是解决施工活动过程中造成的各种环境问题。我国 GB/T 50326—2017《建设工程项目管理规范》规定，施工现场应符合下列环境管理要求：

1）工程施工方案和专项措施应保证施工现场及周边环境安全、文明，减少噪声污染、光污染、水污染和大气污染，杜绝重大污染事件发生。

2）在施工过程中应进行垃圾分类，实现固体废弃物的循环利用，设专人按规定处置有毒有害物质，禁止将有毒有害废弃物用于现场回填或混入建筑垃圾中外运。

3）按照分区分块原则，规范施工污染排放和资源消耗管理，进行定期检查或测量，实施预控和纠偏措施，保持现场良好的作业环境和卫生条件。

4）针对施工污染或污染因素，进行环境风险分析，制定环境污染应急预案，预防可能出现的非预期损害；在发生环境事故时，进行应急响应以消除或减少污染，隔离污染源并采取措施防止二次污染。

建筑活动是项目施工产生环境问题的源头，而建筑活动的各种行为是由人的意志决定的，所以环境管理工作还是要从建筑活动的源头——人的行为抓起。这其中可以分为个人、企业和政府三个方面：

1）个人为了满足赖以生存的需求，通过生产劳动方式来获取生活必需品。人们在向自然界索取生活物资的同时，或多或少都会对环境产生污染与破坏。

2）施工企业是社会经济活动的不可缺少的一员。在整个生产过程中，把自然资源转化为人类生活物资，在这个能量转化过程中，必然会产生一定的污染物，这些污染物如果得不到合理有效的处理，最终将导致环境污染。

3）政府作为各种违法、违规行为的监督者，为维护人类生存环境的稳定，政府的监管力度对环境保护具有深远的指导意义。政府制定的方针政策涉及面广，并具有强制作用，所以政府在环境管理中起到决定性的作用。

2. 工程项目环境管理的相关概念

1）环境（Environment），是指组织运行活动的外部存在，包括空气、水、土地、自然资源、植物、动物、人，以及它们之间的相互关系。在环境科学领域里，中心事物是人类社会，而以人类社会为主体的周边事物环境，是由各种自然环境和社会环境的客体构成的。

2）环境因素（Environmental Aspect），是指一个组织的活动、产品或服务中能与环境发生相互作用的因素。

3）环境影响（Environmental Impact），是指全部或部分由组织的环境因素给环境造成的任何有害或有益的变化。

4）环境目标（Environmental Objective），是指组织依据环境方针规定自己所要实现的总体环境目标。

5）环境绩效（Environmental Performance），是指项目组织对其环境因素进行管理所取得的可测量的结果。在环境管理体系条件下，可对组织的环境方针、环境目标、环境指标及其他环境绩效要求的结果进行测量。

6）环境方针（Environmental Policy），是指由最高管理者就组织的环境绩效正式表述的总体意图和方向。环境方针是组织对其全部环境表现（行为）的意图与原则的声明，它为组织的行为及环境目标和指标的建立提供了一个框架。

7）环境指标（Environmental Target），是指由环境目标产生，为实现环境目标所需规定并满足的具体绩效要求，它们适用于组织或其局部。

8）环境管理体系（Environmental Management System，EMS），它是组织管理体系的一部分，用来制定和实施其环境方针，并管理其环境因素。环境管理体系包括为制定、实施、实现、评审和保持环境方针所需的组织机构、规划活动、机构职责、惯例、程序、过程和资源，包括组织的环境方针、目标和指标等项目管理方面的内容。

项目环境管理体系是施工组织的内部管理工具，旨在帮助组织实现自身设定的环境表现水平，并不断改进环境行为，不断达到更佳的高度。

14.3.2　工程项目环境管理体系构建

1. 工程项目环境问题及其解决途径

工程项目的施工过程通常会消耗大量的能源和材料，同时产生大量的废水、废气、固体废弃物等，并造成噪声、光污染等环境问题，对环境有着不可低估的不利影响。

1）大气污染。在防止大气污染方面，施工现场的垃圾渣土要及时清理出工地现场；对可能产生烟气的施工设备，应采取消烟防尘措施。

2）水污染。在防止水污染方面，施工现场的废水和污水要经过处理才能排入城市的污水管道或河流，同时禁止有毒有害废弃物进行土方回填，砂石料加工系统废水量较大，应沉淀后再排放，从而减少对地表水的影响；项目人员产生的生活废水应有组织地排放。

3）噪声污染。在防止噪声污染方面，在人口稠密地区、居民区、学校、医院等地方进行施工时，应采取降噪措施或限制施工时间，避免噪声污染。

4）固体废弃物。在防止固体废弃物方面，应防止或减少固体废弃物对环境的污染。收集、储存、运输、利用、处置固体废弃物的过程中必须采取防扬散、防流失、防渗漏或者其他防止污染环境的措施。

2. 工程项目环境管理的目标

环境管理部门为了改善、管理、保护环境而设定的环境目标，以求在一定期限内达到环境质量水平与环境结构状态。它必须与社会经济发展的目标相适应或相匹配，主要从以下四个方面考虑：

1）合理开发利用自然资源，减少和防治环境污染，维持生态平衡，促进国民经济长期稳定的发展。

2）贯彻和研究制定有关环境保护的方针、政策、法规和条例，正确处理经济发展与环境保护的关系。

3）建设清洁、优美、安静、生态健全发展的人类环境，保护人民健康，促进经济发展。

4）开展环境科学研究，培养科学技术人才，加强环境保护宣传教育，不断提高全民对环境保护的认识水平。

3. 工程项目环境管理体系要素

根据 GB/T 24001：2016/ISO 14001：2015《环境管理体系 要求及使用指南》的相关标准规定，结合工程项目管理的特点，工程项目环境管理体系的基本内容由 5 个一级要素和17 个二级要素构成，见表 14-2。

表 14-2 工程项目环境管理体系一、二级要素表

要素名称	一级要素	二级要素
要素名称	（一）工程项目环境方针	1. 工程项目环境方针
	（二）策划	2. 工程项目环境因素 3. 法律和其他要求 4. 目标和指标 5. 工程项目环境管理方案
	（三）支持和运行	6. 工程项目组织结构和职责 7. 培训、意识和能力 8. 信息交流 9. 工程项目环境管理体系文件 10. 文件控制 11. 运行控制 12. 应急准备和响应
	（四）检查和纠正措施	13. 监测和测量 14. 不符合、纠正与预防措施 15. 记录 16. 环境管理体系审核
	（五）管理评审	17. 管理评审

从表中所列 17 个要素的内容及其内在关系来看，各要素之间存在着一定的相互关系，如图 14-6 所示。

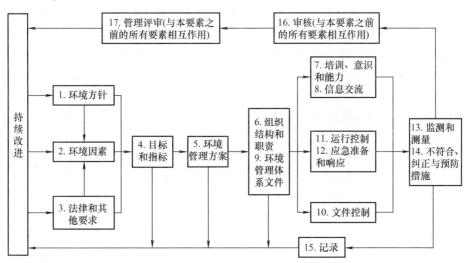

图 14-6 工程项目环境管理体系各要素关系图

14.3.3 工程项目环境管理体系的支持和运行

1. 工程项目环境管理的内容及要求

（1）工程项目环境管理的内容 工程建设项目在不同时段的管理活动有不同的内容，其侧重点也有所不同，一般包括：

1）项目建议书阶段。这个阶段处于探讨阶段，环境管理工作的主要内容是对项目所在地环境进行调研、排查，然后根据调查报告对项目可能产生的环境问题进行初步分析，编制初审方案。

2）方案可行性研究阶段。这个阶段的主要工作是对项目的环境影响测评，包括编制环境影响评价报告书、初步方案评审、备案等。

3）项目设计阶段。在这个阶段，环境管理工作内容是按照环境保护相关法律、法规、设计规范和技术要求，来审查确定环保设计文件。

4）工程施工阶段。这个阶段是最容易造成环境破坏的，因而环境管理至关重要。其中，施工准备阶段，主要是落实在建项目设计图、施工合同、施工组织设计中相关的环保要求；正式施工阶段，环境保护的主要内容是针对各分部分项工程，积极进行环保方案执行、环保设施的管理；竣工验收阶段，施工企业主要是配合业主、环保监管部门对项目各项工程环保要求的达标程度进行验收。

5）项目运营期。这个阶段环境管理的主要内容有：环保设施的运行是否正常，运营中环境跟踪监测是否到位，是否对项目运营后环境进行评价和总结。

（2）工程项目环境管理的要求

1）施工产生污染的工程项目必须遵守污染物排放的国家标准和地方标准；在实施重点污染物排放总量控制的区域内，还必须符合重点污染物排放总量控制的要求。

2）工程项目需要配套建设的环境保护设施必须与主体工程同时设计、同时施工、同时投产使用。

3）工程项目的初步设计应当按照环境保护设计规范的要求，编制环境保护篇章，并依据经批准的建设项目环境影响报告书或者环境影响报告表，在环境保护篇章中落实防治环境污染和生态破坏的措施以及环境保护设施投资概算。

4）工程建设项目竣工后，建设单位应当向审批该建设项目环境影响报告书、环境影响报告表或者环境影响登记表的环境保护行政主管部门，申请该建设项目需要配套建设的环境保护设施竣工验收。

5）环境保护设施竣工验收应当与主体工程竣工验收同时进行，经验收合格，该工程项目方可正式投入生产或使用。

2. 工程项目环境管理体系的支持与保证

为使工程项目环境管理体系有效运行，离不开信息、管理能力、资源等方面的支持，并有必要将它们以制度的形式加以规定，切实保证工程项目环境管理体系的运行。

工程项目环境管理体系一般要在企业内部评审的基础上，委托外部专业机构进行评审，以完善体系。

案例 14-2 某公司项目环境管理体系支持/保证

某公司建立了环境管理支持/保证体系，从法律、思想、组织、制度、经济等方面对项目环保工作进行保证，制定了环境与生态保护的管理办法和措施，坚持施工过程中对环保工作的持续监督检查，如图 14-7 所示。

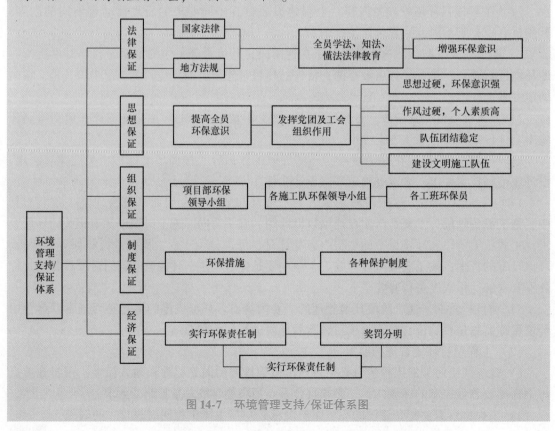

图 14-7 环境管理支持/保证体系图

案例 14-3 某公司施工现场环境管理责任制度

　　某公司为健全施工现场环境管理责任制度，严守项目管理现场检查，重视现场检查，做到责权分明、管理有序，提高管理水平和效率，创造系统化、科学化、规范化环境管理。该公司制定了施工现场环境管理责任制度表，见表14-3。

表 14-3　施工现场环境管理责任制度表

环境管理制度	主 要 内 容
环境岗位责任制	施工项目必须成立项目经理部，由环境管理与保护小组领导，在企业内部制订环境管理和监督计划、各环节的环保指标，包括在合同和工作职责中，明确各级环境管理的责任
环境检查制度	施工现场防止扬尘、噪声、水污染和环保管理工作检查，做好检查记录；定期对环境总经理、技术人员负责人、小组长的环境工作进行检查，评估宣布实施结果，不断改进和完善，确保现场环境管理措施的有效实施
环境教育制度	施工现场应对环境保护相关法律法规等的操作知识，定期开展培训，教育，考核。施工临时场地张贴标语，施工现场在入口处宣传横幅口号，用黑板或报纸，环保视频等形式对施工工人进行教育
环境奖惩制度	建立相应的奖惩制度，在施工工作或环境管理方面取得突出成绩的，给予奖励；在施工现场造成污染和危害的，予以惩罚
其他制度	建立了突出环境管理内容的信访问接待系统、学前活动、工程机械验收和维护系统、消防系统、健康清洁系统和防护责任制

14.3.4　工程项目环境影响评价和管理评审

　　工程项目环境影响评价和管理评审是两个不同的概念，均十分重要，前者一般是在工程项目立项阶段要做的工作，对工程项目立项有影响，若工程项目已立项，对工程项目环境管理也产生影响；而后者则是对工程项目环境管理的效果所做的评审，对工程项目环境的改进具有指导意义。

　　1.　工程项目环境影响评价

　　（1）工程项目环境影响评价制度　环境影响评价可对建设项目或开发区的经济效益与环境效益进行估价、协调，找出既发展经济又保护环境的办法、方案，使经济建设、城乡建设和环境保护协调发展。根据工程项目对环境的影响程度，对环境影响实行分类管理：

　　1）工程项目对环境可能造成重大影响的，应当编制环境影响报告书，对建设项目产生的污染和对环境的影响进行全面、详细的评价。

　　2）工程项目对环境可能造成轻度影响的，应当编制环境影响报告表，对建设项目产生的污染和对环境的影响进行分析或者专项评价。

　　3）工程项目对环境影响很小，不需进行环境影响评价的，应当填报环境影响登记表。

　　（2）工程项目环境影响报告书　工程项目环境影响报告书一般包括以下内容：

1）工程建设项目概况。

2）工程建设项目周围环境现状。

3）工程建设项目对环境可能造成影响的分析和预测。

4）环境保护措施及其经济、技术论证。

5）环境影响经济损益分析。

6）对建设项目实施环境监测的建议。

（3）工程项目环境影响评价方法　工程项目环境影响评价方法有两类：一类是定性评价；另一类是定量评价。

1）定性评价——清单法。清单法是用定性方法进行环境影响评价的基本方法之一。它通常是列出环境影响评价过程中需要考虑的所有重要潜在影响，并对各种影响进行逐个评价。这种方法有助于评价时全面考虑建设项目对环境的可能影响，但不能建立各种环境影响之间的因果联系，通常也不能对收集到的各种环境影响做出总体解释。表14-4就是一张典型的清单，这张清单基本上考虑了工程建设项目环境影响评价的所有重要方面。

表14-4　典型的环境影响评价清单

潜在影响面	建 设 期			运 营 期		
	有害影响	无影响	有利影响	有害影响	无影响	有利影响
1. 污染效应						
（1）大气质量						
（2）水质						
（3）噪声						
（4）固体废物						
（5）有害物质						
2. 自然资源						
（1）植被野生生物						
（2）水体						
（3）矿物资源						
（4）土地资源						
3. 自然损害						
（1）水土流失						
（2）洪水、滑坡						
（3）名胜古迹						
（4）气候						

2）定性定量化评价——矩阵法。清单法不能直观表现出项目开发中各因素对环境影响的程度，而矩阵法则可解决清单法存在的问题，在一定程度上表现出各种开发活动与环境变化之间的因果关系。矩阵法是在矩阵的最上一行中列出一个方案中的各种开发活动或各种开发方案，而在矩阵的最左一列中列出可能受影响的环境要素，用矩阵的形式表示它们之间的因果关系，在矩阵的方格中给出这些因果关系的定性判断或定量的估算值。在使用矩阵法比较各方案对环境的影响时，要求确定两个方面的内容：一个方面是方案对某一环境要素产生影响的程度；另一个方面是各环境要素的相对重要性。

案例 14-4 某生产性工程项目环境影响的定量评价（矩阵法）

某生产性工程项目五种不同建厂方案的环境影响矩阵见表14-5。矩阵中的数字是不同方案对环境因素影响程度的加权值，加权值小，表明对因素的影响小。其中，方案2的加权总分值最低，从环境影响的角度看，它是最理想的方案。

表14-5 某生产性工程项目五种不同建厂方案的环境影响矩阵

影响因素	方案序号				
	1	2	3	4	5
地表水质量	15	9	3	6	12
地表水位	2	6	8	8	4
大气质量	20	15	5	10	25
渔业	2	3	5	4	1
野生生物生态环境	14	14	7	21	14
野生生物	35	21	28	7	14
供水	8	24	40	16	32
农业	40	10	20	30	50
总 分	136	102	116	112	152

2. 工程项目环境管理评审

工程项目环境管理评审应由施工项目部项目经理主持，不必对详尽信息进行彻底评审；管理评审也不需要在一次会上全部评审完，可在一段时期内开展，并成为定期安排的管理活动的一部分，如项目部周工作例会，它不需要成为一项单独的活动。在会上，项目经理应评审来自各相关方对环境管理的意见，以确定改进的机会。

项目环境管理评审的内容一般包括：

1）项目环境方针和目标的实现程度。

2）项目环境管理体系的运行情况。

3）项目环境管理体系的内审和外审情况。

4）纠正与预防措施的情况。

5）改进机会分析。

思考题和习题

1. 什么是工程项目HSE管理？其对经济社会的可持续发展是如何产生影响的？

2. 工程项目HSE管理的目标、方针与工作流程是什么？

3. 健康、安全、环境三个因素之间的相互关系如何？

4. 职业健康安全管理体系（OHSMS）由哪些要素构成？它们之间的关系是怎样的？

5. 工程项目环境管理体系由哪些要素构成？这些要素的关系如何？

第15章

工程项目风险管理

本章知识要点与学习要求

序　号	知　识　要　点	学习要求
1	风险的内涵、属性和分类	掌握
2	工程项目风险及其客体和主体的内涵	掌握
3	工程项目参与方面临的主要风险	熟悉
4	工程项目风险管理及其重点、特点及作用	熟悉
5	工程项目风险识别过程和方法	熟悉
6	工程项目风险估计和评价方法	了解
7	工程项目风险应对方法	了解

"风险无处不在，风险无时不有"是说风险的客观性和普遍性，并提示人们要防范风险。"风险会带来灾难，风险与利润并存"进一步告诉人们，风险具有两面性，要通过对风险的管理，降低风险损失的可能性，提升将风险转化为发展机会的可能性。现代工程项目的规模越来越大，技术越来越复杂，实施过程的风险性同样在增加。因此，工程项目风险管理日益被相关方面所重视。

■ 15.1　风险、工程项目风险及其管理

15.1.1　风险

1. 什么是风险

风险（Risk）在各管理领域均是一个重要的概念，在风险管理研究的几十年历史中，人们总是希望给其一个完备的定义，但到目前还没有一个完全统一的定义。

美国风险管理专家威廉斯（Williams）和汉斯 Heins 将风险定义为：风险是给定情况下可能结果的差异性。

国内一些风险管理学者认为，风险是给定条件下，特定时间内发生的不良后果的可能性。

在一般的保险理论中，将风险定义为：风险是对被保险人的权益产生不利影响的意外事故发生的可能性。

上述几种风险的定义可以概括为下列两个方面：

1）风险是活动或事件发生的一种潜在可能性。

2）风险是一种负面的、不良的后果。

2．风险的属性

（1）风险的不确定性　风险事件的发生及其后果都具有不确定性，表现在风险事件是否发生、何时发生、发生之后会造成什么样的后果等均是不确定的。

（2）风险的相对性　风险总是相对于事件的主体而言的，同样的不确定事件对不同主体有不同的影响。人们对风险事件都有一定的承受能力，但是这种能力因活动、人、时间而不同。

（3）风险的可变性　在一定条件下，任何事物总是会发展变化的，风险事件也不例外。当引起风险的因素发生变化时，必然会导致风险的变化。风险的可变性表现在：风险性质的变化；风险后果的变化；出现了新的风险或风险因素已经消除。

3．风险的分类

从不同角度，根据不同标准，可将风险分成不同的类型。

按风险后果划分，可将风险分为：

1）纯粹风险（Pure Risk）。这类风险只会造成损失，而不会带来机会或收益。纯粹风险带来的是绝对损失，如自然灾害，一旦发生，将会造成重大损失，甚至人员伤亡，而不会带来额外的收益。

2）投机风险（Speculative Risk）。这类风险可能带来机会、获得利益、但又可能隐含威胁、造成损失。

按风险来源划分，可将风险分为：

1）自然风险（Natural Risk）。由于自然力的作用，造成财产毁损，或人员伤亡的风险属于自然风险。例如，水利工程施工过程中，因发生超标准洪水或地震，造成的工程破坏、材料及器材损失。

2）人为风险（Personal Risk）。由于人的活动而带来的风险是人为风险。人为风险又可以分为行为风险、经济风险、技术风险、政治风险和组织风险等。

按事件主体的承受能力划分，可将风险分为：

1）可接受风险（Acceptable Risk）。一般是指法人或自然人在分析自身承受能力、财产状况的基础上，确认能够接受最大损失的限度，低于这一限度的风险称为可接受风险。

2）不可接受风险（Unacceptable Risk）。一般是指法人或自然人在分析自身承受能力、财产状况的基础上，确认已超过或大大超过所能承担的最大损失额，则这种风险称为不可接受风险。

按风险引起损失的对象划分，可将风险分为：

1）财产风险（Property Risk）。这是指财产所遭受的损害、破坏或贬值的风险。如设备、正在建设中的工程等，因自然灾害而遭到的损失。

2）人身风险（Life Risk）。这是指由于疾病、伤残、死亡所引起的风险。

3）责任风险（Liability Risk）。这是指由于法人或自然人的行为违背了法律、合同或道义上的规定，给他人造成财产损失或人身伤害。

按风险对工程项目实施目标的影响划分，可将风险分为：

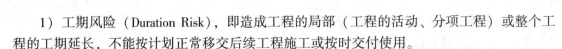

1）工期风险（Duration Risk），即造成工程的局部（工程的活动、分项工程）或整个工程的工期延长，不能按计划正常移交后续工程施工或按时交付使用。

2）费用风险（Cost Risk），其包括财务风险、成本超支、投资追加、报价风险、投资回收期延长或无法回收。

3）质量风险（Quality Risk），其包括材料、工艺、工程不能通过验收、工程试生产不合格、工程质量经过评价未达到要求。

4）安全风险（Safety Risk），即造成了工程结构破坏、财产损失，以及人身的意外（包括死亡或残疾）。其中，后者也常称为人身安全风险。

5）环境风险（Environment Risk），包括工程建设过程和建成后的生态环境风险。工程建设过程的环境风险常包括大气污染、噪声污染和固体废弃物等方面的风险；工程建成后的环境风险常包括项目运行过程中气或水排放的风险等。

15.1.2　工程项目风险

1. 什么是工程项目风险

工程项目风险（Project Risk）是指工程项目立项和实施过程中项目目标没有实现的可能性。具体而言，它是指由于自然、经济社会原因以及参与主体的失误，工程项目可能出现的损失，包括工程项目目标没有实现或工程建成运行没能达到预期的目标等。

工程项目立项或实施过程中，参与各方有明确的责任分工和利益，包括在项目交易过程中，对自然、经济社会等对工程项目可能出现的不利影响，均在交易合同中有明确的风险责任分配。因此，工程项目风险总是既有明确的客体，即是什么样的风险；也有明确承担主体，即谁是风险的承担者，是建设单位的还是施工承包方的。

2. 工程项目主要参与方的风险

工程项目立项、设计和施工等各个阶段均可能面临风险。这些风险所涉及的当事人分别为工程项目投资方（项目法人/建设单位）、工程承包方和工程咨询方（设计/监理方）。

（1）工程项目投资方的风险　工程项目投资方的最大风险是立项决策失误。该风险可能是单因素引起的，也可能是许多因素综合作用的结果。建设单位为投资方委托或设立负责工程项目建设的主体，其通常遇到的风险可归纳为项目实施组织风险、经济社会风险和自然风险。其中，前两种属人为风险。

1）项目实施组织风险。这类风险可能由下列原因引起：

① 建设体制或政策法规不合理。

② 实施管理组织结构不合理。

③ 工程合同条款存在缺陷。

④ 工程承包方信用缺失。

⑤ 工程材料、设备供应商履约不力或违约。

⑥ 工程监理方或咨询失职。

⑦ 工程设计缺陷等。

2）经济社会风险。其主要由下列原因引起：

① 宏观经济形势不利，如整个国家的经济发展不景气。

② 投资环境差，包括硬环境，如交通、通信等条件，以及软环境，如地方政府对工程的开发建设的支持态度等。

③ 市场物价不正常上涨，如建筑材料价格极不稳定。

④ 通货膨胀（Currency Inflation）幅度过大。

⑤ 投资回报期（Investment Recovery Period）长，预期投资回报难以实现。

⑥ 资金筹措困难。

⑦ 征地拆迁等建设条件难以落实。

⑧ 工程范围内群众不支持等。

3）自然风险。其通常由下列原因引起：

① 恶劣的自然条件，如洪水、泥石流等均直接威胁着工程项目。

② 恶劣的气候条件，如严寒无法施工，台风、暴雨都会给施工带来困难或损失。

③ 恶劣的现场条件，如施工用水用电的供应不稳定，工程不利的地质条件等。

④ 不利的地理位置，如工程地点偏僻、交通不便等。

对自然风险，由建设单位承担还是承包方承担，一般取决于工程交易合同如何规定。

（2）工程承包方的风险　承包方与建设单位是工程项目交易的双方，既有共同的目标，也有各自的利益，因此要各自面对风险。承包方的行为可能对建设单位构成风险，建设单位的决策也可能会对承包方的利益构成威胁。承包方的风险大致包括下列几方面：

1）决策错误的风险。承包方在实施过程中需要进行一系列的决策，这些决策中潜伏着各具特征的风险，包括：

① 信息取舍失误或信息失真的风险。由于信息失真，通常引起决策失误的较大风险。

② 中介与代理的风险。中介人（Intermediary）通常不让交易双方直接见面。在工程承包过程中，缺乏经验的承包方遭中介欺骗的案例不少。在国际工程中，选择不当的代理人或代理协议不当给承包方造成较大损失的例子并不罕见。

③ 投标的风险。投标是取得工程承包权的重要途径，但当承包方不能中标时，其投标过程中发生的费用是无法得到补偿的。

④ 报价失误的风险。报价过高，面临着不能中标的风险；报价过低，则又面临着利润低甚至亏本的风险。

2）缔约和履约的风险。其潜伏的风险主要表现在以下几方面：

① 合同条件不平等或存在对承包方不利的缺陷。例如，不平等条款（Unequal Term）；合同中定义不准确；条款遗漏或合同条款对工程条件的描述和实际情况差距较大。

② 对施工管理技术不熟悉。例如，承包方未掌握施工网络计划新技术，对工程进度心中无数，不能保证整个工程的进度。

③ 合同管理不善。合同管理是承包方赢得利润的关键手段，承包方要利用合同条款保护自己，扩大收益。若不做到这一点，则势必存在较大的风险。

④ 资源组织和管理不当。这里的资源包括劳动力、建筑材料和施工机械等。对承包方而言，合理组织资源供应，是保证施工顺利进行的条件，若资源组织和管理不当，就存在遭受重大损失的可能。

⑤ 成本和财务管理失控。承包方施工成本失控的原因是多方面的，包括报价过低或费

用估算失误、工程规模过大和内容过于复杂、技术难度大、当地基础设施落后、劳务素质低和劳务费过高、材料短缺或供货延误等。财务管理风险更大，一旦失控，常会给公司造成巨大的经济损失。

3）责任风险。履行工程承包合同是一种法律行为，合同当事人负有不可推卸的法律责任。责任风险的起因可能有下列几种：

① 违约，即不执行承包合同或不完全履行合同。

② 故意或无意侵权。如对工程质量事故，可能是粗心大意引起的，也可能是偷工减料引发的。

③ 欺骗和其他错误。

（3）工程咨询方的风险　同建设单位、工程承包方一样，工程咨询方包括投资咨询、工程设计、工程招标代理和工程监理等机构或提供一体化工程咨询服务的机构。咨询方在工程项目实施中也面临着各种风险，归纳起来，源于下列三方面：

1）来自建设单位的风险。咨询方受投资人或建设单位委托，为工程项目提供工程技术或管理服务，自然要按技术或管理服务合同承担相应的责任，因此面临风险。来自投资人或建设单位的风险主要出于下列原因：

① 可行性研究缺乏严肃性。许多投资人确定上马工程项目以后，对咨询方做可行性研究时会附加种种倾向性要求。

② 工程项目存在先天不足，是投资人不得已的选择。在这种情况下，咨询方经常是"巧妇难为无米之炊"。

③ 建设单位一般希望少花钱多办事，不遵循客观规律，对工程提出过分的要求。例如，对工程标准提得太高、对工程施工进度定得太快等。

④ 盲目干预。例如，有些建设单位虽与工程监理方签有监理合同，已明确监理方在承包合同管理中的责任、权利和义务，但在工程实施过程中，建设单位又随意做出决定，对工程监理方干预过多，甚至剥夺监理方正常履行职责的权利。

2）来自工程承包方的风险，主要表现在：

① 承包方不诚实。常见的现象是承包方的报价很低，一旦中标，在施工过程中工程变更、施工索赔接连不断，若监理方不答应，则以停工相要挟。

② 承包方缺乏职业道德。如在工程质量管理方面，常见的现象是承包方还没有自检，就要求监理方同意进行检查或验收，当其履行合同不力或质量不符合标准时，要求监理方网开一面、手下留情。

③ 承包方素质差。主要表现在履约不力，甚至没有履约的诚意或弄虚作假，对工程质量极不负责。这些都有可能使监理方蒙受责任风险。

3）职业责任风险。咨询方的职业责任风险一般有以下表现：

① 设计不充分或不完善。这显然是设计工程师的失职。

② 设计错误和疏忽。这可能存在潜在重大工程质量问题。

③ 投资估算和设计概算不准。这会造成业主方的投资失控，咨询方对此有不可推卸的责任。

④ 自身的能力和水平不适应。如果咨询方的能力和水平不足，很难完成其相应的任务，则与之相伴的风险自然是不可避免的。

案例 15-1　非洲加纳天然气管道一期工程项目风险

非洲加纳天然气管道一期工程采用EPC方式，由中石化系统建筑企业承包。工程分为两部分：一是管线部分，全长110km；二是场站部分，包含天然气处理厂1座、分输站1座、阀室3座、末端气体处理站1座。计划工期为1年，从2012年3月起，至2013年2月完工；承包企业目标盈利1000万美元。

其中，管道、大部分工程用设备等主要材料为中国国内供货，少部分电气设备从欧洲进口，部分施工设备、耗材等为国内海运，其余在当地采购。项目的中方人员有300人，当地雇员有500人。计划2012年3月开工，但由于工程发包方征地问题，拖延开工4个月，一直到2012年6月才正式开工，并于2014年4月完工，实际工期比计划工期多了14个月。

[问题]　此案例中，工程发包方和工程承包方是否仅面临工程进度风险？

[解析]　显然，这里仅介绍了工程发包方和承包方的进度风险。事实上，对发包方，工程不能按期交付，工程投资效益不能发挥，即存在由于工程进度风险进而引起投资不能按时发挥效益的投资风险；对工程承包方，工期延误，势必增加工程成本，即存在由工程进度风险进而引起的工程成本风险。从本案例也可看出，一些工程项目风险具有转移效应或连锁效应。

15.1.3　工程项目风险管理及其特殊性

1. 什么是工程项目风险管理

工程项目风险管理是指项目主体，包括发包方、承包方和咨询方等通过风险识别、风险估计和风险评价等来分析工程项目的风险，并以此为基础，使用多种方法和手段对项目活动涉及的风险实行有效的控制，尽量扩大风险事件的有利结果，妥善处理风险事件造成的不利后果的全过程的总称。

要特别注意的是，项目风险有明确主体，项目风险管理也有明确主体。不同项目主体面临的风险不同，应对或控制风险的方法和手段也有差别；而且对项目中的一些不确定性，对发包方可能是风险，但对承包方可能是机会。

2. 工程项目风险管理的重点

工程项目风险管理贯穿于项目的整个寿命期，而且是一个连续不断的过程，但也有其重点。

1）从时间上看，下列时间节点的项目风险要特别引起关注：

① 工程项目进展过程中出现未曾预料的新情况时。

② 工程项目有一些特别的目标必须实现时，即里程碑事件，如道路工程一定要在9月底通车。

③ 工程项目进展出现转折点，或提出变更时。

2）项目无论大与小、简单与复杂，均可对其进行风险分析和风险控制。下面一些类型的项目或活动特别应该进行风险分析和控制：

① 创新或使用新技术的工程项目。

② 投资数额大的工程项目。

③ 设计施工一体化的工程项目。

④ 打破企业目前生产经营，对企业生存发展意义特别重大的工程项目。

⑤ 涉及敏感问题，如环境保护或征地搬迁的工程项目。

⑥ 受到政策法规约束，或政府有严格要求的工程项目。

⑦ 具有重要政治、经济和社会意义，财务影响很大的工程项目。

⑧ 签署不平常协议（法律、保险或合同）的工程项目。

3）对于工程项目，在下述阶段进行风险分析和风险控制可以获得很好的效果：

① 项目可行性研究阶段。这一阶段项目调整空间较大，这时若做出减少项目风险的变更，代价小，而且有助于选择项目的最优方案。

② 项目报批阶段。在这一阶段中，政府相关部门会组织咨询机构或专家，从政府和社会视角对项目风险进行分析，并提出一些建议。项目投资人或建设单位应积极倾听意见，审视项目可能存在的风险。

③ 项目招标投标阶段。这时承包方可以通过风险分析明确承包中的各项风险，有助于确定应付风险的预备费数额，或者核查自己受到风险威胁的程度。

④ 招标后。这时工程建设单位可通过风险分析查明承包方是否已经认识到项目可能会遇到的风险，是否能够按照合同要求如期完成项目。

⑤ 项目实施阶段。定期做风险分析、切实地进行风险管理，可增大项目按照预算和进度计划完成的可能性。

3. 工程项目风险管理的特点

1）工程项目风险管理尽管有一些通用的方法，如概率分析方法、模拟方法、专家咨询法等，但要研究具体项目的风险，就必须与项目的特点相联系。例如：

① 项目的复杂性、系统性、规模大小、新颖性、工艺成熟程度等。

② 项目类型、项目所在领域。不同领域的项目有不同的风险，有不同风险的规律性、行业性特点，如核电工程项目与水电工程项目的主要风险可能存在较大差异。

③ 项目所处的地域，如国度、环境条件。

2）风险管理需要大量占有信息、资料或数据，要对项目系统及其环境有十分深入的了解，并进行分析预测。不熟悉工程项目情况的发包方或承包方是不可能进行有效的风险管理的。

3）虽然人们通过全面风险管理，在很大程度上已经将过去凭直觉、凭经验的管理上升到理性的全过程管理，但风险管理仍很大限度地依赖于管理者的经验及其过去工程的经历、对环境的了解程度和对项目本身的熟悉程度。在整个风险管理过程中，人的因素差别较大，如人的认识程度、精神、创造力。有的人无事忧天倾，有的人天塌下来也不怕。所以，风险管理中要注重对专家经验和教训的调查分析，这不仅包括他们对风险范围，规律的认识，而且包括他们对风险的处理方法、工作程序和思维方式，并在此基础上将分析成果系统化、信息化、知识化，用于对新项目的决策支持。

4）风险管理在项目管理中属于一种高层次的综合性管理工作。它涉及企业管理和项目管理的各个阶段和各个方面，涉及项目管理的各个子系统。所以，它必须与工程的合同管理、成本管理、工期管理、质量管理联成一体。

5）风险管理的目的并不是消灭风险，工程项目中大多数风险是不可能由项目管理者消灭或排除的，而是要有准备地、理性地面对风险、实施项目，尽可能地减少风险的损失和利用风险因素有利的一面。

4．工程项目风险管理的作用

工程项目风险管理的作用表现在：

1）通过风险分析，加深对项目的认识和理解，澄清各方案的利弊，了解风险对项目的影响，以便减少或分散风险。

2）通过检查和分析所有到手的信息、数据和资料，可明确项目的各有关前提和假设。

3）通过风险分析不但可提高项目各种计划的可信度，还有利于改善项目执行机构内部和外部之间的沟通。

4）编制应急计划时更有针对性。

5）能够将处理风险后果的各种方式更灵活地组合起来，在项目管理中减少被动，增加主动。

6）有利于抓住机会、利用机会。

7）为以后的规划和设计工作提供反馈信息，以便在规划和设计阶段采取措施防止和避免风险损失。

8）风险虽难以完全避免，但通过有效的风险分析，能够明确项目到底可能承受多大程度的损失或损害。

9）为项目施工、运营选择合同形式和制订应急计划提供依据。

10）通过了解情况和深入研究，可以使决策更有把握，更符合项目的方针和目标，从总体上使项目减少风险，保证项目目标的实现。

11）可推动项目实施的组织和管理班子积累有关风险的资料和数据，以便改进将来的项目管理。

5．工程项目风险管理与工程项目管理的关系

工程项目风险管理是工程项目管理的一部分，目的是保证项目总目标的实现。工程项目风险管理与工程项目管理的关系如下：

1）从项目的成本、时间和质量目标来看，工程项目风险管理与工程项目管理的目标是一致的。只有通过工程项目风险管理降低项目的风险成本，项目的总成本才能降下来。工程项目风险管理把风险导致的各种不利后果降到最低程度，这符合各项目有关方在时间和质量方面的要求。

2）从项目范围管理来看，工程项目风险管理是项目范围管理的主要内容之一，是审查项目和项目变更所必需的。一个项目之所以必要、被批准并付诸实施，无非是由于市场和社会对项目产品或服务存在需求。工程项目风险管理通过风险分析，对这种需求进行预测，指出市场和社会需求的可能变动范围，并计算出需求变动时项目的盈亏大小。这就为项目的财务可行性研究提供了重要依据。在项目进行过程中，各种各样的变更是不可避免的。而变更之后，会带来某些新的不确定性。工程项目风险管理正是通过风险分析来识别、估计和评价这些不确定性，向项目范围管理提出任务。

3）从项目管理的计划职能来看，工程项目风险管理为项目计划的制订提供了依据。项目计划考虑的是未来，而未来充满了不确定性。工程项目风险管理的职能之一恰恰是减少项目整个过程中的不确定性。这一工作显然对提高项目计划的准确性和可行性有极大的帮助。

4）从项目实施过程来看，许多风险都在项目实施过程中由潜在变成现实。无论是机会还是威胁，都在实施中见分晓。工程项目风险管理就是在认真分析风险的基础上，拟定各种具体的应对措施，从而在风险事件发生时采用。

■ 15.2　工程项目风险识别

工程项目风险识别（Risk Identification）是工程项目风险管理的第一步，也是工程项目风险管理的基础。

15.2.1　工程项目风险识别过程

工程项目风险识别的过程包括对所有可能风险事件的来源和结果进行客观的调查分析，最后形成项目风险清单。具体可将其分为 5 个环节，如图 15-1 所示。

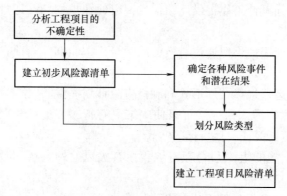

图 15-1　工程项目风险识别过程

1. 分析工程项目的不确定性

影响工程项目的因素很多，其中许多具有不确定性。工程项目风险管理首先是要对这些不确定因素进行分析，识别其中有哪些不确定因素会使工程项目发生风险，并分析潜在损失类型或危险类型。

2. 建立初步风险源清单

在工程项目不确定性分析的基础上，将不确定因素及其可能引发的损失类型或危险类型列入清单，作为进一步分析的基础。对每一种风险来源均做文字说明，说明中一般应包括：

1）风险事件的可能后果。

2）风险发生时间的估计。

3）风险事件预期发生次数的估计。

3. 确定各种风险事件和潜在结果

根据风险源清单中的各风险源，推测可能发生的风险事件，以及相应风险事件可能出现的损失。

4. 划分风险类型

根据工程项目的特点，按风险的性质和可能的结果及彼此间可能发生的关系对风险进行分类。在工程项目的实施阶段，其风险可做如表 15-1 所示分类。

表 15-1 项目实施阶段风险分类

发包方风险	承包方风险
征地拆迁 建设现场条件，包括道路、供水、供电等 未及时提供完整的设计文件 建设许可证和其他有关条件 政府法律规章变化 建设资金未及时到位 工程变更	工人和施工设备的生产率下降 材料质量、施工质量以及施工安全出现问题 人力、材料和施工设备不能及时供应 工程技术和管理水平低下 工程材料涨价 实际工程量减少 劳资纠纷
发包方和承包方共同面临的风险	未定风险
财务收支 变更令谈判 保障对方不承担责任 合同工期延误	不可抗力 因第三方责任而产生的建设工期延误

对风险进行分类的目的在于：一方面，为了加深对风险的认识和理解；另一方面，为了进一步识别风险的性质，从而有助于制定风险管理的目标和措施。

5. 建立工程项目风险清单

按工程项目风险的大小或轻重缓急，将风险事件列成清单，不仅向人们展示出工程项目面临总体风险的情况，而且能把全体项目管理人员统一起来，使每个人不仅考虑到自己管理范围内所面临的风险，而且也使其了解到其他管理人员所面临的风险以及风险之间的联系和可能的连锁反应。工程项目风险清单的编制一般应在风险分类分组的基础上进行，并对风险事件的来源、发生时间、发生的后果和预期发生的次数做出说明。

15.2.2 工程项目风险识别方法

原则上，风险识别可以从原因查结果，也可以从结果反过来找原因。从原因查结果，就是先找出本项目会有哪些事件发生，发生后会引起什么样的结果。例如，在项目进行过程中，关税会不会变化，关税税率提高和降低两种情况各会引起什么样的后果。从结果找原因，则是从某一结果出发，查找引发这一结果的原因。例如，建筑材料涨价引起项目超支，是哪些因素引起建筑材料涨价；项目进度拖延了，造成进度拖延的因素有哪些。

在具体识别风险因素时，还可以利用核对表、常识经验和判断、流程图等工具或方法。

1. 风险因素核对表

核对表也称核查表。人们考虑问题时有联想习惯，在过去经验的启示下，思维常常变得很活跃、浮想联翩。风险识别实际上是关于将来风险事件的设想，是一种预测。如果把人们经历过的风险事件及其来源罗列出来，做成一张核对表，那么，项目管理人员看后就容易开阔思路，联想到本项目会有哪些潜在风险。核对表可以包含多种内容，如以前项目成功或失败的原因、项目其他方面规划的结果（范围、成本、质量、进度、采购与合同、人力资源与沟通等计划成果）、项目产品或服务的说明书、项目班子成员的技能、项目可用的资源等。此外，还可以到保险公司索取资料，认真研究其中保险的例外，这些资料能够提醒还有哪些风险尚未考虑到。

工程项目管理成功与失败原因（或风险因素）核对表

某承包人制作的工程项目管理成功与失败原因（或风险因素）核对表，如表15-2所示。

表 15-2　工程项目管理成功与失败原因（或风险因素）核对表

工程项目管理成功原因	本项目情况
（1）项目目标清楚，对风险采取了现实可行的措施 （2）从项目一开始就让参与项目以后各阶段的有关方面参与决策 （3）项目各相关方的责任和应当承担的风险划分明确 （4）在项目设备订货和施工之前，对所有可能的设计方案都进行了细致的分析和比较 （5）在项目规划阶段，组织和签约中可能出现的问题都事先预计到了 （6）项目经理有献身精神，拥有所有应该有的权限 （7）项目班子全体成员工作勤奋，对可能遇到的大风险都集体讨论过 （8）对外部环境的变化都采取了及时的应对行动 （9）进行了班子建设，表彰和奖励及时、有度 （10）对项目班子成员进行了培训	
工程项目管理失败原因（风险因素）	本项目情况
（1）项目业主方不积极、缺少推动力 （2）沟通不够，决策者远离项目现场，项目各有关方责任不明确，合同上未写明 （3）规划工作做得不细或缺少灵活性 （4）把工作交给了能力欠缺的人，又缺少检查和指导 （5）仓促进行各种变更，更换负责人，改变责任、项目范围或项目计划 （6）决策时不征求各方面意见 （7）未能对经验教训进行分析 （8）其他错误	

[问题]　风险因素核对表的主要特点是什么？

[解析]　风险因素核对表在项目风险识别中，一般仅用于识别项目实施中某一方面的风险因素，其主要特点是充分利用了项目主体以往工程实践的经验，由过去的经验来推理将要实施的项目可能面临的问题。因此，采用这种方法时一定要把握将要实施项目的特点。

2. 常识经验和判断

已完工程项目积累起来的资料、数据、经验和教训，以及项目班子成员的常识、经验和判断，在风险识别时非常有用。对于那些采用新技术、无先例可循的项目更是如此。另外，把项目有关各方找来，同他们就风险识别进行面对面的讨论，也有可能发现一般规划活动中未曾发现或不能发现的风险。

3. 风险因素识别流程图

风险因素识别流程图（Flow Diagram）是将一个工程项目的阶段、过程或活动按其内在步骤或顺序分成若干模块，然后列出各模块一般存在的不利影响因素，进而结合项目的具体情况，对可能的风险进行识别。

承包方项目实施风险因素识别流程图

某承包人项目实施风险因素识别流程图如图15-2所示。

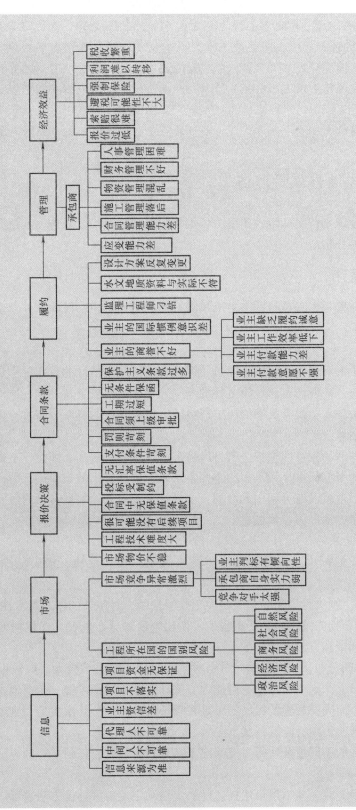

图15-2 承包方项目实施风险因素识别流程图

[**问题**] 风险因素识别流程图的主要特点是什么?

[**解析**] 该方法产将工程实施某一阶段、过程或活动按其内在联系按顺序分成若干模块,并列出各模块一般可能存在的不利影响因素,进而结合项目的具体情况来识别风险因素。该方法逻辑上比较严密,一般不会漏项,但某一不利影响因素在分析项目中是否真的存在呢?某一不利影响因素的"不利"又达到什么程度?这还是要靠项目风险识别者去分析、判断或度量。该方法仅为项目风险识别者提供了一个分析问题的框架。

■ 15.3 工程项目风险评估

工程项目风险识别仅是从定性角度去了解和识别项目风险,要进一步把握风险,还有待于对其进行深刻的分析。

15.3.1 风险估计

风险估计的对象是工程项目的各单个风险,估计的内容包括风险事件发生的概率及可能发生的损失。

1. 风险事件发生的可能性

风险事件发生的可能性常用概率度量,因此,项目风险估计的首要工作是确定风险事件的概率或概率分布。一般而言,风险事件的概率分布应由历史资料确定,这样得到的即为客观概率。当项目管理人员没有足够的历史资料确定风险事件的概率分布时,可以利用理论概率分布进行风险估计。

由于项目管理活动独特性很强,项目风险来源彼此相差甚远。因此,项目管理班子成员在许多情况下只能根据样本个数不多的小样本对风险事件发生的概率进行估计。有些新项目是前所未有的,根本就没有可利用的数据,项目管理人员只能根据自己的经验预测风险事件的概率或概率分布,这即为主观概率。

2. 风险事件后果的估计

风险事故造成的损失大小要从三个方面来衡量:损失性质、损失范围和损失的时间分布。

1)损失性质。损失性质是指损失是属于政治性的、经济性的还是技术性的。

2)损失范围。损失范围包括严重程度、变化幅度和分布情况。严重程度和变化幅度分别用损失的数学期望和方差表示。

3)损失的时间分布。损失的时间分布对于项目的成败关系极大。数额很大的损失如果一次性落到某项目上,则该项目很有可能因为流动资金不足而停摆,企业也永远失去了项目可能带来的机会;而同样数额的损失如果是在较长的时间内分几次发生,则项目团队或所在企业可能设法弥补,使项目能够持续下去。

上述三个方面的不同组合使得损失情况千差万别,因此,任何单一的标度都无法准确地对风险进行估计。

在估计风险损失时,其结果可用描述性、定性和定量三种标度方法表示。其中,描述性标度方法最容易使用,分析成本最低;定性标度方法次之;定量标度方法最难、成本最高,也最耗时。

3. 工程项目风险大小估计

工程项目风险的大小存在概率和损失两个方面。如何来定义项目风险的大小? 这里就存在风险偏好的概念。如在日常生活中, 有少数人是不坐飞机的, 其理由是飞机失事风险 (损失) 是致命的。这类人仅关心风险损失, 而没有注意到飞机失事的概率是很小的。

事实上, 风险的大小不仅与风险损失有关, 而且还与风险事件发生的概率相关, 只关注一方面是不合理的。目前在工程项目风险评估中, 常用等风险量图来估计工程项目风险的大小, 如图 15-3 所示。

在图 15-3 中, 工程项目风险量 R 定义为风险出现概率 (Probability) p 和潜在损失量 (Risk Event Value) q 的函数。

$$R = f(p, q) \tag{15-1}$$

R 具有下列性质:

1) R 的大小主要取决于潜在损失的大小。有严重潜在损失的风险, 虽不经常发生, 但比经常发生却无大灾的风险要可怕。

2) 若两种风险的潜在损失相类似, 则其发生频率高的风险具有较大的 R。

3) 风险评价图中每条曲线代表一个风险事件, 不同曲线的风险程度不同。曲线距离原点越远, 期望损失越大, 一般认为风险就越大。

4) 工程项目风险频率与损失的乘积就是损失期望值, 即风险量大小是关于损失期望值的增函数。因此, 可得到图 15-3 中等风险量图的大致形状。在风险理论中, 常用下列公式来计算 R:

$$R = f(p, q) = pq \tag{15-2}$$

或

$$R = \sum_{i=1}^{n} p_i q_i \tag{15-3}$$

式中, i ($= 1, 2, 3, \cdots, n$) 表示工程项目的第 i 个风险事件。

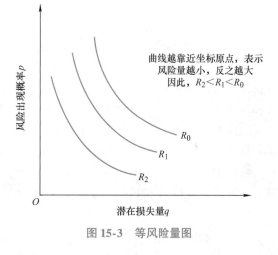

图 15-3　等风险量图

4. 风险估计的不确定性

风险估计本质上是在信息不完全情况下的一种主观评价。因此, 进行风险估计时要注意两个问题: 第一, 不管使用哪种标度, 都需要有某种形式的主观判断, 所以风险估计的结果必然带有一定程度的不确定性; 第二, 计量本身也会产生一定程度的不确定性。项目变数 (如成本、进度、质量、规模、产量、贷款利率、通货膨胀率) 的不确定性程度依赖于计量系统的精确性和准确性。计量风险的准确性与不确定性是有区别的。

风险估计还涉及信息资料问题。人们一般不能从收集到的信息资料直接获得有关风险的大小、后果严重程度和发生频率等信息。在传播过程中, 信息资料的内涵常常被人们歪曲或误解。如果事件给人留下的印象深刻, 则其损失容易被高估。有人研究过这种现象, 结论是广为传播的事件发生频率常常被高估, 而传播少的事件则被低估。

15.3.2 风险评价

1. 什么是工程项目风险评价？

工程项目风险评价是指对项目面临的众多风险进行分析，包括大小排序、相互转移、共同作用和综合影响及其可接受程度等方面，为项目决策者制定风险应对策略提供支持。

风险估计只对工程项目各阶段的单个风险分别进行估计和量化，而没有考虑到各单个风险综合起来的总体效果，也没有考虑到这些风险能否被项目主体所接受。这些问题需要通过项目风险评价去解决。

2. 风险评价的目的

工程项目风险评价有以下四个目的：

1）对工程项目各风险进行比较和评价，确定它们的先后顺序。

2）从工程项目整体出发，弄清各风险事件之间确切的因果关系，为制订风险管理计划提供基础。

3）考虑各种不同风险之间相互转化的条件，研究如何才能化威胁为机会。

4）进一步量化已识别风险的发生概率和后果，减少风险发生概率和后果估计中的不确定性。

3. 风险评价的方法

常见的风险分析方法有8种：调查表和专家打分法（Checklist）、层次分析法（Analytical Hierarchy Process，AHP）、模糊数学法（Fuzzy Set）、统计和概率法（Statistics）、敏感性分析法（Sensitive Analysis）、蒙特卡罗方法（Monte Carlo，MC）、CIM模型、影响图法（Influence Diagram）。其中，前两种方法侧重于定性分析，中间三种方法侧重于定量分析，而后三种方法则侧重于综合分析。限于篇幅，下面主要介绍调查表和专家打分法。

调查表和专家打分法是常用的、简单的、易于应用的分析方法。它的应用由两步组成：首先，识别出某一种特定工程项目可能遇到的所有风险，列出风险调查表；其次，利用专家经验，对可能风险因素的重要性进行评价，综合成整个项目风险。具体步骤如下：

1）确定每个风险因素的权重，以表征其对项目风险的影响程度。

2）确定每个风险因素的等级值，按可能性很大、比较大、中等、不大和较小五个等级，分别以1.0、0.8、0.6、0.4和0.2打分。

3）将每个风险因素的权数与等级值相乘，求出该项风险因素的得分，再求出此工程项目风险因素的总分。显然，总分越高说明风险越大。

为进一步规范这种方法，可根据以下标准对专家评分的权威性确定一个权重值。

1）在国内外进行国际工程承包工作的经验。

2）是否在参加投标的准备工作，对投标项目所在国（或所在地）及项目情况的了解程度。

3）知识领域（单一学科或综合性多学科）。

4）在投标项目风险分析讨论会上发言的水平等。

该权威性的取值建议在0.5~1.0，1.0代表专家的最高水平，其他专家的取值可相应减少。投标项目的最后风险度值为每位专家评定的风险度乘以其各自权威性的权重值，所得之积合计后再除以全部专家权威性的权重值之和。

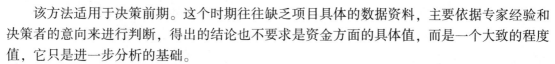

该方法适用于决策前期。这个时期往往缺乏项目具体的数据资料，主要依据专家经验和决策者的意向来进行判断，得出的结论也不要求是资金方面的具体值，而是一个大致的程度值，它只是进一步分析的基础。

上述各种方法所得结果一般要与历史数据比较，这样才有较大价值。

■ 15.4　工程项目风险分配与应对措施

在一个工程项目的实施过程中，不可避免地存在着各种各样的自然和社会风险。对这些风险，首先要在建设单位、工程设计咨询或工程承包人之间合理分配；其次是工程各参与方的风险应对问题。

15.4.1　工程项目风险分配

工程项目施工阶段的风险主要在建设单位和工程承包方（或材料设备供应商）之间进行分配。合理进行风险分配，对工程项目的顺利实施至关重要。

1. 风险分配的原则

对工程项目施工阶段的风险分配，工程发包方/建设单位起主导作用。作为买方的建设单位，通常由其组织起草招标文件、选择合同条件。而工程承包方或供应商一般处于从属地位。当然，建设单位一般不能随心所欲，不管主客观条件，把风险全部推给工程承包方，而对自己免责。风险分配一般应遵循下列原则：

1）风险分配应能有利于降低工程造价和有利于履行合同。

2）合同双方中，谁能更有效地防止和控制某种风险或减少该风险引起的损失，就由谁承担该风险。

3）风险分配应能有助于调动承包方的积极性，认真做好风险管理工作，从而降低成本、节约投资。

从上述原则出发，施工承包合同中的风险分配通常是双方各自承担自己责任范围内的风险。

2. 发包方应承担的风险

在工程项目施工合同中，一般要求项目发包方承担下列风险：

1）社会或自然因素造成的损失和损坏。前者如战争、暴乱、罢工等；后者如洪水、地震、飓风等。但工程所在国以外的战争、承包方自身工人的动乱以及承包方延误履行合同后发生的情况等均除外。

2）不可预见的施工现场条件变化而引起的损失或损坏。这是指施工过程中出现了招标文件中未提及的不利的现场条件，或招标文件中虽提及，但与实际出现的情况差别很大，且这些情况在招标投标时又是很难预见的，由此而造成的损失或损坏。在实际工程中，这类问题最多的是地下工程出现的情况，如土方开挖现场出现了岩石，其高程与招标文件所述高程的差别很大；设计指定了土石料场，其土石料不能满足强度或其他技术指标的要求；开挖现场发现了古代建筑遗迹、文物或化石；开挖中遇到有毒气体等。

3）工程量变化而导致的价格变化的风险。这是对单价合同而言的，因单价合同的合同价是按工程量清单上的估计工程量计算的，而支付款项是按施工实际的支付工程量计算的，由于两种工程量不一致，就会出现合同价格变化的风险。若采用的是总价合同，则此项风险由承包方承担。另一种情况是某项作业的工程量变化很大而导致施工方案变化引起的合同价格变化。

4）设计文件有缺陷而造成的损失或成本增加，由承包方负责的设计除外。

5）国家或地方法规变化而导致的损失或成本增加，承包方延误履行合同后发生的除外。

3. 项目承包方应承担的风险

在工程项目施工合同中，一般规定由承包方承担的风险如下：

1）投标文件的缺陷，是指由于对招标文件的错误理解，或者勘察现场时的疏忽，或者投标中的漏项等造成投标文件有缺陷，而引起的损失或成本增加。

2）对建设单位提供的水文、气象、地质等原始资料分析或运用不当而造成的损失和损坏。

3）施工措施失误、技术不当、管理不善、控制不严等而造成的施工中的一切损失。

4）分包方工作失误而造成的损失和损坏。

15.4.2　工程项目风险应对措施

工程项目风险应对（Risk Response）措施包括所有为避免或减少风险发生的可能性以及潜在损失而采取的各种措施。基本的措施有预防风险、减轻风险、转移风险、回避风险、自留风险和后备措施。

1. 预防风险

工程项目风险预防通常采用有形和无形的手段。

（1）有形的风险预防手段　在有形的风险预防手段中，常以工程措施为主。例如，在修山区高速公路时，为防止公路两侧高边坡的滑坡，可以采用锚固技术固定可能松动滑移的山体。有形的风险预防手段有多种多样的形式，例如：

1）防止风险因素出现，即在工程活动开始之前就采取一定的措施，减少风险因素。

2）减少已存在的风险因素。例如，在施工现场，当用电的施工机械增多时，因电而引起的安全事故势必增加，此时可采取措施，加强电气设备管理和做好设备外壳接地等，减少因电而引起的安全事故。

3）将风险因素同人、财、物在时间和空间上隔离。风险事件发生时，造成财产毁损和人员伤亡同时发生风险是因为人、财、物同一时间处于破坏力的作用范围之内。因此，可以把人、财、物与风险源在空间上实行隔离，在时间上错开，以达到减少损失和伤亡的目的。

（2）无形的风险预防手段

1）教育法。工程项目实践表明，工程项目风险因素有一大类是由于工程项目管理者和其他人员的行为不当而引发的。因此，要减轻与不当行为有关的风险，就必须对有关人员进行风险和风险管理的教育。主要内容包括资金、合同、质量、安全等方面的法律、法规、规程规范、工程标准、安全技能等方面的教育。

2）程序法。这是指用规范化、制度化的方式从事工程项目活动，减少不必要的损失。许多工程项目活动是有规律的，若规律被打破，有时也会给工程项目带来损失，如工程建设

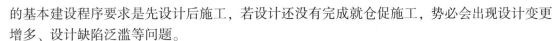

的基本建设程序要求是先设计后施工，若设计还没有完成就仓促施工，势必会出现设计变更增多、设计缺陷泛滥等问题。

2. 减轻风险

减轻风险或称风险缓解（Risk Mitigation），其目标是降低风险发生的可能性或减少后果的不利影响。具体目标在很大程度上取决于风险是否已知、是否可预测。

对已知的风险，项目管理者可在很大程度上加以控制。例如，若已发现工程进度出现了滞后的风险，则可以通过压缩关键线路上活动的时间，改变活动的逻辑关系等措施来减轻工程项目的风险。

不可预测的风险是项目管理人员难以控制的风险，直接动用项目资源一般难以收到良好的效果，必须进行深入细致的调查研究，减少其不确定性和潜在损失。

3. 转移风险

转移风险或称风险转移（Risk Transference）的目的不是降低风险发生的概率和减小不利后果的影响，而是借用合同等手段，一旦风险发生，则将损失的一部分转移到第三方。

实施转移风险策略应注意到：

1）必须让承担风险者得到相应的回报。

2）对于具体的风险，谁最具有管理能力就转移给谁。

转移工程项目风险常见的方式有分包、保险与担保。

（1）分包 这是指承包人将其所承包工程的一部分分包给专业承包人。分包有时能起到较好的转移风险作用。例如，某一承包人在某堤防加固工程投标中一举中标，该标包括的内容有护坡、堤身加高宽和堤防渗灌浆。而对于该承包人而言，在防渗灌浆施工方面并不擅长，对工程施工的质量和成本控制有较大的风险。若该承包人将防渗灌浆施工分包给有经验的施工队伍，对其也可能不存在任何风险。

（2）保险与担保 保险是转移风险最常用的一种方法。项目管理者只要向保险公司交纳一定数额的保险费，若风险事件发生，就能获得保险公司的补偿，从而将风险转移给保险公司。在国际工程中，项目业主方不仅自己为工程建设项目施工中的风险向保险公司投保，而且还要求承包方也向保险公司投保。除了保险，也常用担保转移风险。所谓担保，是指为他人的债务、违约或失误负间接责任的一种承诺。在工程项目管理上常是指银行、保险公司或其他非银行金融机构为项目风险负间接责任的一种承诺。

4. 回避风险

回避风险（Avoidance Risk）是指当工程项目风险潜在威胁发生的可能性太大，不利后果也很严重，又无其他策略可用时，主动放弃项目或改变项目目标与行动方案，从而规避风险的一种策略。例如，承包方通过风险评价后发现参与某一项目投标，中标的可能性较小，且即使中标，也存在亏损的风险。此时，就应该放弃投标，以回避亏损的经济风险。

5. 自留风险

有时候项目管理者可以把风险事件的不利后果自愿接受下来，即为自留风险或称风险自留（Risk Acceptance）。自愿接受风险又有主动和被动之分。在风险管理计划阶段已对一些风险有了准备，所以当风险事件发生时，马上执行应急计划，这是主动接受。例如，在水电工程施工导流设计中，对可能出现的超标准洪水一般有对策措施，当这种超标准洪水出现时，采取相应措施就能消除风险。被动接受风险是指当风险事件造成的后果不严重、不会影响大局时，项目管理者列出一笔费用用以应对。例如，对材料涨价的风险，一般项目均应准备备用金。

6. 后备措施

有些风险要求事先制定后备措施。一旦实际进展情况与计划不同，就动用后备措施。后备措施（Back-up Measures）常包括：

1）预算应急费。这是一笔事先准备好的资金，用于补偿差错、疏漏及其他不确定性对工程项目费用估计精确性的影响。

2）技术后备措施。这是专门为应对工程项目的技术风险而预先准备的时间或资金。时间准备主要是为应对技术风险造成的进度拖延；资金准备主要是为应对技术风险提供费用支持。

思考题和习题

1. 风险是如何产生的？风险具有哪些属性？

2. 简述常见的风险分类方法，你曾经利用过哪些投机风险？请举例说明。

3. 工程项目风险管理的特点、重点和作用各有哪些？

4. 工程项目常见的风险识别方法有哪些？各有什么特点？

5. 工程项目风险大小估计包括哪两方面？用风险量 R 来衡量风险大小有什么特点？

6. 工程项目风险分配的基本原则包括哪些？

7. 工程项目风险应对措施有哪些？各有什么特点？

第 16 章

工程项目信息管理

本章知识要点与学习要求

序 号	知 识 要 点	学 习 要 求
1	工程项目信息及其特性	掌握
2	工程项目信息的分类和用途	熟悉
3	工程项目信息处理	了解
4	BIM 及其应用价值	熟悉
5	BIM 核心软件与应用障碍	了解
6	工程项目管理信息系统基本结构和功能	了解
7	工程项目管理信息系统建设过程	熟悉

21 世纪初，美国国家标准技术协会（NIST）以在建的商业、工业及公共建筑项目为对象，统计分析了信息交互不畅导致的费用增加。结果表明，工程建设成本增加了 20.08 美元$/m^2$。这在一定程度上说明了建设工程项目信息管理的重要性。

■ 16.1　工程项目信息及其特性

16.1.1　数据与信息

1. 什么是数据

数据（Data）并没有统一的定义，一般是指对客观事件进行记录并可以鉴别的符号，是对客观事物的性质、状态以及相互关系等进行记载的物理符号或这些物理符号的组合。它不仅指狭义上的数字，还可以是具有一定意义的文字、字母、数字符号及其组合，以及图形、图像、视频、音频等，也是客观事物的属性、数量、位置及其相互关系的抽象表示。

在计算机科学领域，数据通常是指所有能输入到计算机中并被计算机程序处理的符号和介质的总称。

2. 什么是信息

信息（Information）泛指人类社会传播的一切内容，包括音讯、消息、通信系统传输和处理的所有对象。但在管理科学领域，它一般是指经过加工、解释之后，对人们的行为产生影响的，或者说对人们有用的数据。

在工程项目管理中，信息和数据难以分开，但这是两个不能混淆的概念。信息是经过加工之后的有用的数据。例如，在工程施工实验室，试验人员经过试验记录下了一组有关工程质量方面的试验结果，然而仅根据记录的这组试验结果并不能评判工程施工质量的优劣，因而这组结果是数据；而当对这些数据进行加工分析，并与施工质量标准相比较后，就可以用来判定工程施工质量状况，这样数据就变成了信息。

16.1.2　工程项目信息及其特性

1. 什么是工程项目信息

工程项目信息（Project Information）是指反映与工程项目各方管理活动相关的、经过加工的数据，简称项目信息。如同人、财、物一样，项目信息也普遍被人们认为是项目管理者的基本资源之一。随着工程建设项目向大型化、复杂化和社会化方向发展，项目信息的地位也越来越突出。

2. 工程项目信息的特性

工程项目信息的特性很多，主要表现在下列几方面：

1）真实性。真实性是对项目信息最基本的要求，失真的项目信息不仅无用，而且可能会造成误导。

2）滞后性。项目信息由数据转换而来，它不可避免地落后于数据，而数据又是客观世界的记录。因此，项目信息总是滞后于事实的发生，即滞后于项目内部活动或外部变化。

3）不完全性。管理者不可能也没有必要得到反映客观世界的全部数据。数据的收集或信息的转换应有明确的目的性，且应分清主次。只有合理地舍弃无用和次要的信息，才能科学地使用信息资源。

4）层次性。项目系统是分层次的，如整个施工项目级、单项或单位工程级或分部工程项目级。处在不同层次的管理者，对同一事物所需的信息也不同，这就要求对项目信息进行分层管理。这是提高项目管理效率的客观要求。

5）价值性。信息是经过加工的数据，并对工程设计施工活动产生影响，因而具有价值。显然信息的价值必须经过应用才能实现，其自身是没有价值的。

■ 16.2　工程项目信息的分类、用途和处理

16.2.1　工程项目信息的分类

为满足项目管理需要，常从不同角度对项目信息进行分类。

（1）按项目信息源分类　工程项目实施阶段，参与建设的主体有发包方、设计方和施工方等，它们均存在项目信息管理问题。不论哪一家，按其信息源，均可将其分为内部信息和外部信息。

1）内部信息，是指工程项目某主体组织内部发生的信息。如对施工单位，施工项目部组织结构设置、部门职能调整、劳务人员薪酬分配等均属施工单位的内部信息。对这些信息的管理，包括信息传递、使用以及信息的格式等均由施工单位决定。

2）外部信息，是指工程项目某主体组织外部发生的信息。例如，对于施工单位而言，工程监理方下达的工程开工令、工程变更通知，或工程发包方直接下达的通知或指令等均属

外部信息。外部信息的内容和格式本组织一般难以左右。但在工程施工过程中，工程监理方、施工方、设计方和发包方之间对传递项目信息的格式一般有约定，即实行项目信息管理的标准化和格式化。这对提高信息管理效率具有重要意义。

（2）按工程项目管理目标分类　工程项目管理目标分为进度目标、费用目标、质量目标和安全目标等。常根据这些管理目标将工程项目信息做相应的分类：

1）进度管理信息，是指与工程进度计划和控制等直接相关的信息，如总进度计划、单位工程进度计划、年度和季度进度计划、进度控制的工作流程、承包方的进度报表、监理工程师的进度调整指令等。

2）费用管理信息，是指与工程项目费用计划和控制等直接相关的信息，如建筑材料价格、工程投资估算、合同单价和合价、承包方的费用支付申请等。

3）质量管理信息，是指与工程质量计划和控制等直接相关的信息，如合同对工程施工的质量要求、质量控制的工作流程、质量检验取得的分析数据、工程质量的统计报表等。

4）安全管理信息，是指与工程施工安全计划和控制等直接相关的信息，如施工安全预警方案、施工安全措施计划和方案等。

（3）按工程项目信息的稳定程度分类　按稳定程度，即变化程度，常将项目信息分为两类：

1）固定信息，是指在一定时间内相对稳定的信息，包括工程合同信息、长期计划信息等。它们在一定时间内是基本不变的。

2）流动信息，是指在不断发生变化或更新的信息。例如，每周或每日的工程质量和进度信息、建材市场上材料的价格信息等。它们不断在变化，有些信息变化频率还相当高。

（4）按信息的层次分类　按工程项目信息的层次，常将其分为战略性、策略性和常规业务性信息三类：

1）战略性信息，是指工程项目实施过程中有关战略决策的信息，如工程项目建设规模、投资总额、建设总工期、工程发包方案等。

2）策略性信息，是指工程项目管理中中级管理人员进行短期决策所涉及的信息，如工程项目年度、季度计划等。

3）常规业务性信息，是指工程建设过程中日常的工作信息，如周进度报表、月进度款支付报表、工程计量申请表等。这类信息较具体，精度较高。

16.2.2　工程项目信息的用途

工程项目信息作为一种资源，在工程项目管理中是不可缺少的。其用途主要体现在以下几方面：

1）工程项目信息是实施项目目标控制的基础。对工程项目的进度、质量、费用和安全等目标进行控制，是工程项目管理者的主要任务。其控制的方法是将项目实际值和计划值或合同目标相比较，找出差异，并对其结果进行分析，采取相应补救或预防措施，使项目目标得以实现。而为了进行比较、分析和采取措施，工程项目管理者首先应掌握有关工程项目进度、质量和费用等目标的计划值，即项目目标的计划值信息，这是进行控制的目标信息；其次，工程项目管理者应掌握项目目标的执行情况，即实际值。只有充分掌握这两方面的信息，工程项目管理者才能实施控制。因此，从工程项目目标控制的角度看，控制需要信息，离开信息无法进行控制，项目信息是项目控制的基础。

2）工程项目信息是管理决策的依据。项目管理决策是否适时、准确，直接影响工程项目总目标的实现。而项目决策能否做到适时、准确，影响因素是多方面的，但其中最重要的因素之一就是工程项目信息提供的是否及时和信息是否充足和可靠。若没有及时、充足和准确的信息，要做出正确及时的决策显然是不可能的。例如，在工程施工方制订施工方案时，项目经理一般需要工程结构方面的信息，即设计图和相关说明，此外，还需要施工条件方面信息，包括气象、交通、建材供应等方面，以及本企业资源供应方面的信息。仅当这些信息完备、准确时，项目经理才能做出合理的施工方案，或在众多施工方案中选择一个优化方案。

3）工程项目信息是项目协调建设各方关系的重要媒介。工程项目实施过程涉及的利益主体或相关方较多，有发包方、监理工程师、承包方和设计方等。这些主体对工程项目目标的实现均会产生影响。工程施工方要协调好他们的关系，使他们成为工程施工的重要保障，并充分发挥他们在工程建设中的特殊作用。这种协调首要的基础是掌握大量精准的项目信息，如果离开大量精准的项目信息，科学、有效的工程项目协调将是空谈。

16.2.3 工程项目信息处理

工程项目信息处理的内容常包括原始数据收集，项目信息加工，项目信息的传递存储，项目信息的维护和项目信息的使用。

（1）原始数据收集 这是指将时间和空间上分散的原始数据进行集中。这是项目信息处理的基础，也是十分重要的工作。数据收集要做到制度化和规范化，要明确收集的时间、次数和数量，并保证原始数据的完整和真实。对于施工承包方而言，开始施工前，收集的原始数据包括施工合同信息（包括施工招标文件）、施工环境信息（包括气象、交通、征地拆迁、建材市场等）、工程设计信息和发包方要求（包括工程监理指示等）以及施工组织和施工计划信息；工程施工开始后，施工承包方收集的信息还要增加工程施工过程和结果的相关信息，如施工质量、进度和安全控制等方面的信息。

（2）项目信息加工 按加工整理程度深浅，可分为下列三个层次：

1）初级加工，是指对资料和数据所做的筛选、校核、整理等简单的处理。

2）综合分析，是指将基础数据综合成决策信息的加工过程。经综合分析得到的信息可供工程项目建设中的中高级管理人员直接使用。

3）借助数学模型的统计分析和推断，是指采用特定的数学模型对基础数据或综合数据进行统计、模拟或推断的加工过程。由此得到的信息可为项目管理及其决策提供信息支持。

（3）项目信息的传递、存储 加工后得到的信息，大部分需要传递或存储。管理信息的传递是指借助于一定的载体，如纸张、U盘、通信线路等，在各管理部门、各信息用户单位之间的传递。通过传递，形成各种信息流，将报表、文字、记录、图像、文件等各种形式的管理信息传送到各类管理人员手中，或成为控制的依据，或成为进一步提炼信息的基础。保存加工后的信息，即存储。存储项目信息的介质一般有纸质和计算机硬盘。对工程施工承包方而言，在工程项目施工管理中，一般与工程交易（或施工合同）相关的信息有必要存储在纸质介质上，以满足施工合同管理的要求；其他项目信息可存储在计算机硬盘上，但要做好项目信息的备份工作。

（4）项目信息的维护 这是指在信息管理中要保证信息始终处于适用状态，要求项目信息经常更新，保持数据的准确性，做好保密工作，使数据保持唯一性。此外，还应保证项目信息存取方便。

（5）项目信息的使用 信息管理的目的在于使用，只有将信息应用于管理之中，其价值才能得以实现。因此，在工程项目管理中，一方面要管好信息，为管理决策提供决策支持；另一方面，在管理过程中要充分利用已取得的数据和信息，用数据说话，使管理和决策过程更科学、更准确。

■ 16.3 工程项目信息模型——BIM

16.3.1 什么是BIM

BIM（Building Information Modeling）是在计算机辅助设计（CAD）等技术基础上发展起来的建筑信息模型，可对建筑工程的物理特征和功能特性信息进行数字化承载和可视化表达。

BIM概念的由来可追溯到20世纪70年代，美国卡内基梅隆大学查克·伊斯特曼（Chuck Eastman）教授提出的"Building Description System"（BDS）。随着信息技术的发展和信息技术在建筑业的深入运用，与BDS相似的提法也曾出现多个，直到世纪之交，各方的看法逐渐趋于一致，"建筑信息模型"（BIM）的说法得到了广泛的认同。

BIM中的"M"最初为Model，即模型；随着BIM应用的深入，"M"发展为Modeling，即模型发展或应用；继而"M"又扩展为Management，即协同管理（包括进度管理、动态仿真、工程计量计价、资源管理、质量和安全管理等），以及Mobility，即电子资产移交。

BIM可应用于工程项目规划、勘察、设计、施工、运营维护等各阶段，实现建筑全生命期各参与方在同一多维建筑信息模型基础上的数据共享，为产业链贯通、工业化建造和复杂建筑创作提供技术保障；支持对工程环境、能耗、经济、质量、安全等方面的分析、检查和模拟，为项目全过程的方案优化和科学决策提供依据；支持各专业协同工作、项目的虚拟建造和精细化管理，为建筑业的提质增效、节能环保创造条件。

16.3.2 BIM核心建模软件

1. BIM核心建模软件简介

BIM核心建模软件，即BIM的基本软件。目前国际上主要有以下三个厂商的产品：

1）欧特克（Autodesk）公司的BIM软件产品。欧特克针对建筑工程领域提供了专业的BIM系统平台及完整的、具有针对性的解决方案，覆盖了工程建设行业的众多应用领域，涉及建筑、结构、土木工程、地理信息、流程工厂、机械制造等领域。欧特克针对不同领域的实际需要，特别提供了欧特克建筑设计套件、欧特克基础设计套件等综合型工具集，以支持企业的BIM应用流程。其中，面向建筑全生命期的欧特克BIM解决方案以AutoCAD Revit软件产品创建的智能模型为基础；面向基础设施全生命期的欧特克BIM解决方案以AutoCAD Civil 3D土工工程设计软件为基础。同时，还有一套补充解决方案用以增强BIM的功能和效果，包括项目虚拟可视化和模拟软件、AutoCAD文档和专业制图软件以及数据管理和协助系统软件。国内建筑企业大多选用欧特克公司的产品。

2）奔特力（Bentley）公司的BIM软件产品。奔特力的产品以支持协同工作和数据共享见长，其综合解决方案集成了用于建筑及基础设施设计的 MicroStation 图形环境，用于项目团体协同工作的 ProjectWise 工程项目管理环境，以及用于资产运营管理的 AssetWize 资产信息管理环境。通过专业应用模块的有机组合，形成适用于不同领域的综合解决方案，所以这些解决方案均支持数据互用及团队协同工作，辅以全球专业服务，持续支持全球建筑及基础设施建设。国内水利水电企业大部分选用奔特力公司的产品。

3）达索（Dassault）公司的 BIM 软件产品。法国的达索公司为建筑行业提供了全流程 BIM/PLM（Product Lifecycle Management）解决方案，包括项目协同管理平台 Enovia、设计建模平台 Catia/Digital Project、建筑性能分析平台 Simulia（Abaquse）、施工模拟平台 Delmia、虚拟现实交互平台 3DVIA 等软件，涵盖建筑行业所涉及的整个项目生命期。

2. BIM 核心建模软件选择

欧特克、奔特力和达索公司开发的 BIM 核心建模软件对行业支持的侧重点各不相同，欧特克侧重于民用建筑工程，奔特力侧重于基础设施，达索侧重于制造业。

1）欧特克 BIM 的核心产品，包括 Revit Architecture、Revit Structure 和 Revit MEP。它们由 AutoCAD 发展而来，并主要支持民用建筑工程。若将其拓展推广到其他基础设施领域，还需要投入相当大的精力去创建相应的模块或者进行二次开发。欧特克产品的特点是：从 CAD 发展而来，推广应用更适应传统的思维模式，因而容易被接受；同时，软件平台费用相对较低，开放程度相对较高，二次开发难度相对较小。因此，民用建筑工程设计、施工企业普遍使用欧特克的产品，其他工程领域的小型企业也经常选用欧特克的产品。

2）奔特力 BIM 的核心产品，包括 Bentley Architecture、Bentley Structure 和 Bentley Mechanical Systems。奔特力所有的应用程序均运行在 MicroStation 平台环境之上，软件平台具有绘图、渲染甚至强人的动画制作能力，能够用于不同的领域和业务方向，涵盖了整个基础设施行业的全生命期流程。随着近几年的推广，有不少工程设计院选用奔特力平台开展协同设计。但由于软件平台费用高，开放程度不高，二次开发难度较大，奔特力的产品目前主要在部分大型电力设计院和水利水电设计院使用。

3）达索 BIM 的核心产品，包括 CATIA、Digital Project 和 Delmia 等。达索的产品是全球航空航天业高档的机械制造设计软件，支持复杂曲面造型和复杂装配，具有强大的曲面建模功能及参数化能力，可以任意剖切生成需要的断面图和平面布置图，实现三维与二维图的转换。CATIA 与 ANSYS（有限元分析软件）之间有非常好的接口，CATIA 的零件可直接转化为 ANSYS 可以兼容的模型，为复杂有限元分析提供了较好的平台。

一般而言，从工程领域看，民用建筑工程多用欧特克的产品，基础设施工程多用奔特力的产品，航空和大型造船工程多用达索的产品；从企业规模看，民用建筑企业或一般小型建筑企业常用欧特克的产品，大型基础设施建筑企业多用奔特力的产品，航空和大型造船等企业常用达索的产品。

16.3.3　BIM 的应用价值和障碍

1. BIM 的应用价值

对建筑业而言，BIM 的应用促进了建筑业由依据二维图纸的生产方式进入依据三维模型的生产方式的跨越，有效地解决了二维生产方式下设计管线碰撞等难题；对工程施工过程而言，BIM 的应用使工程施工前的三维动态仿真成为可能，促进了工程施工资源的合理配置和施工质量的提升；对业主方监管而言，通过参与各方共享的 BIM 信息平台，促进了工程建设监管方式的改变，并有效地提升了监管效率。

BIM 在工程建设中的应用，形成了如图 16-1 所示的关系，对工程建设参与各主体均有深刻的影响，并产生应用价值。

美国宾夕法尼亚州立大学、我国住房和城乡建设部均组织相关人员就 BIM 对设计方、施工方和业主方的应用价值进行了研究。

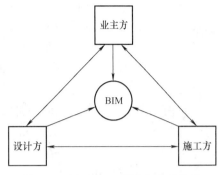

图 16-1　BIM 与工程参与方的关系

（1）BIM 为工程设计方提供的应用价值

1）工程设计方案论证的应用：设计方案比选与优化，并提出性能、品质最优的方案。

2）设计建模的应用：直观的三维模型展示与漫游体验；建筑、结构、机电各专业协同建模；参数化建模技术实现一处修改，相关联内容智能变更；避免错、漏、碰、缺发生。

3）能耗分析的应用：通过 IFC（Industry Foundation Classes）或 gbxml（Revit 中的一类文件）格式输出能耗分析模型；对建筑能耗进行计算、评估，进而开展能耗性能优化；能耗分析结果可存储在 BIM 模型或信息管理平台中，便于后续应用。

4）结构分析的应用：通过 IFC 或 Structure Model Center 输出数据计算模型；开展抗震、抗风、抗火等结构性能设计；结构计算结果可存储在 BIM 模型或信息平台中，便于后续应用。

5）光照分析的应用：建筑、小区日照性能分析；室内光源、采光、景观可视度分析；光照计算结果存储在 BIM 模型或信息管理平台中，便于后续应用。

6）设备分析的应用：管道、通风、负荷等机电设计中的计算分析模型输出；冷、热负荷计算分析；舒适度模拟；气流组织模拟；设备分析结果存储在 BIM 模型或信息管理平台中，便于后续应用。

7）绿色评估的应用：通过 IFC 或 gbxml 格式输出绿色评估模型；建筑绿色性能分析，其中包括规划设计方案分析与优化，节能设计与数据分析，建筑遮阳与太阳能利用，建筑采光与照明分析，建筑室内自然通风分析，建筑室外绿化环境分析，建筑声环境分析，建筑小区雨水采集和利用；绿色分析结果存储在 BIM 模型或信息管理平台中，便于后续应用。

8）工程量统计的应用：BIM 模型输出土建、设备统计报表；输出工程量统计，与概预算专业软件集成计算；概预算分析结果存储在 BIM 模型或信息管理平台中，便于后续应用。

9）其他综合应用：建筑表面参数化设计；建筑曲面幕墙参数化分格、优化与统计；各专业模型碰撞检测，提前发现错、漏、碰、缺等问题，减少施工中的返工和浪费；BIM 模型与规范、经验相结合，实现智能化的设计，减少错误，提高设计便利性和效率。

10）设计文件编制的应用：从 BIM 模型中出版二维图、计算书、统计表单，特别是详图和表单，可以提高施工图的出图效率，并能有效减少二维施工图中的错误。

（2）BIM 为工程施工方提供的应用价值

1）施工投标的应用：3D 施工工况展示；4D 虚拟建造。

2）施工管理和工艺改进等的应用：设计图审查和深化设计；4D 虚拟建造，工程可建性模拟（样板对象）；基于 BIM 的可视化技术讨论和简单协同；施工方案论证、优化、展示以及技术交底；工程量自动计算；消除现场施工过程干扰或施工工艺冲突；施工场地科学布置和管理；有助于构配件预制生产、加工及安装。

3）工程项目、企业管理的应用：4D计划管理和进度监控；施工方案验证和优化；施工资源管理和协调；施工预算和成本核算；质量安全管理；绿色施工；总承包、分包管理协同工作平台；施工企业服务功能和质量的拓展、提升。

4）工程档案数字化的应用：施工资料数字化管理；工程数字化交付、验收和竣工资料数字化归档。

（3）BIM为业主方提供的应用价值

1）数据调试（Data Commissioning）。把部件编号、保修信息等数据从BIM模型植入设施管理系统中，以保证数据精确和减少数据输入时间。

2）性能监测（Performance Monitoring）。BIM用于辅助监测能源、空气质量、安保等设施性能的过程。

3）系统控制（Systems Control）。BIM用于辅助控制，诸如照明、电力、暖通空调、输送等设施元件或系统的过程。

4）空间跟踪（Space Tracking）。BIM用于监测设施空间使用的过程。

5）资产管理（Asset Management）。BIM用于辅助设施资产管理以保证生命期最优价值的过程，这些资产包括建筑物本身、系统、周围环境、设备等，必须以最低可能成本有效维护、更新和运行，让业主和用户满意从而支持财务决策以及短期和长期规划。资产类型可以包括人员、空间、设备、系统、家具装置系统和部件、信息技术和音频视频系统部件以及其他对用户有价值的数据。

6）维护管理（Maintenance Management）。BIM用于辅助保持或恢复设施元素达到正常运行状态的各类行动的过程。

7）状态记录（Condition Documentation）。BIM用于辅助记录设施状态的过程。这个过程的完成可以利用诸如激光扫描、成像几何和传统测绘等其他工具。

8）场景预测（Scenario Forecasting）。BIM用于预测设施内诸如人流、疏散安排和其他灾害等可能情况的过程。

2. BIM的应用障碍

BIM这项新技术在传统建设工程管理体制机制下运行，必然会遇到许多障碍，主要表现在以下方面：

1）BIM的推广应用，其环境并不十分适应。首先，BIM是一个信息共享平台，这就要求参与工程的相关方客观、及时地提供工程信息，而这一要求在传统工程合同中并没有明确要求，或没有将其提到一定的高度来认识，这就要求首先将应用BIM相关的责任、权利和业务写进工程合同；其次，BIM平台自身也有建设和管理的问题，由谁来建设和管理，如何管理，这也有待研究。

2）BIM应用中的"协同"理念有待构建。BIM应用的协同体现在两个方面：一方面是工程建设不同参与方之间的协同；另一方面是工程不同阶段的协同。然而，目前这两个方面均存在障碍：

①工程建设"碎片化"的问题，如工程招标过程工程设计方和监理方均不参与，而是让工程招标代理主导。

②工程建设不同阶段的"割裂"问题，许多工程的建设和运行管理主体分离。这些均是"协同"障碍，阻碍着 BIM 作用的发挥。

3）BIM 理念贯穿项目全生命期，但各阶段缺乏有效的管理集成。BIM 给设计师带来可视化技术，但这只是 BIM 的一个层面。BIM 的精髓在于将信息贯穿项目的整个生命期，对项目的建造以及后期运营管理综合集成意义重大。这一方面还没有引起充分重视。

4）BIM 在目前的建设管理制度和建设市场面前困难重重。根据 BIM 自身管理要求和 BIM 应用管理要求，发包方应选择既懂全过程工程项目咨询，又熟悉 BIM 应用的企业承担全过程咨询，但目前制度方面存在障碍，建设市场也不能供给这种企业。

5）BIM 应用技术标准短缺。BIM 的使用客观上要求有一套完整的 BIM 标准体系，能够促使项目各参与方、各专业之间进行信息对接与共享，以提高工程效率。目前 IFC 标准提供了不同软件之间的连接通道，解决了数据之间互不相容的问题，但随着 BIM 技术的应用推广，对信息共享与传递过程中数据完整性和协调性的要求越来越高，项目建设不同参与方、项目不同阶段管理主体间数据的共享和传递对 BIM 应用技术标准提出要求，而这方面目前缺少统一的标准，给 BIM 的应用带来障碍。

■ 16.4　工程项目管理信息系统及其建设

在构建工程项目（或企业）信息管理系统或平台中，BIM 仅是工程项目管理信息系统中的一个子系统。

16.4.1　工程项目管理信息系统

1. 工程项目管理信息系统的基本结构和功能

工程项目管理信息系统是指为完成项目管理信息的收集、加工、传递或存储、维护和使用而形成系统。

应注意到，项目管理信息系统并不是目前使用计算机后才出现的，而是在传统工程项目管理中已客观存在。例如，从施工现场取样做试验，得到原始数据，然后进行分析加工，取得施工现场质量方面的信息；通过与有关标准或合同要求比较后，即可得到工程质量合格与否的结论；一般在月底或年终，还需将施工质量数据汇总上报，等等。这一过程实际上可看作信息管理的过程，而完成这一活动所需要的人员、组织机构和规章制度等就构成了管理信息系统。

在传统的信息管理中，由于数据和信息的整理加工过程靠手工完成，效率低、速度慢，加上缺乏信息管理应有的规章制度，导致信息管理落后、不规范，难以及时、准确地提供大量支持决策的信息。

计算机技术的飞速发展为建立高效、现代的管理信息系统创造了条件。现代的管理信息系统，可利用计算机效率高、速度快的特点，使管理信息系统更多地利用数学模型、优化方法和充分利用存储和分析数据的功能，使项目管理决策系统化、定量化和科学化。

现代工程项目管理信息系统是一个由人、计算机和管理规章制度构成的，能进行工程项目信息收集、加工、传递、存储、维护和使用的系统。

2. 工程项目管理信息系统的基本结构

工程项目管理信息系统的基本结构包括简单结构和复杂结构。

1）简单结构，是指没有反馈环路的系统，如图 16-2 所示。

2）复杂结构，是指存在反馈环路的系统，如图 16-3 所示。

图 16-2　工程项目管理信息系统的简单结构　　图 16-3　工程项目管理信息系统的复杂结构

复杂结构是将信息管理者单独划出，使其起到反馈、转移和处理信息的作用。

工程项目信息系统的完整结构模型如图 16-4 所示。在该模型中，信息管理者和信息处理机的功能彼此分开。信息管理者规定系统各单元之间的关系，根据用户要求，以数据量和技术条件来决定信息处理机的运算规则，从而对处理机的工作进行规划和控制。任何项目信息系统结构均可归纳为如图 16-4 所示模型，只是系统的具体结构更为复杂。

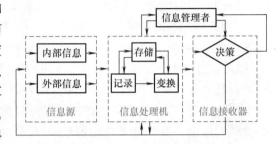

图 16-4　工程项目信息管理系统结构示意图

3. 工程项目管理信息系统的基本功能

工程项目管理信息系统的基本功能主要包括数据的收集和录入，数据的加工和存储，以及信息的输出（含信息的反馈）等，而这些基本功能又可分为数据处理功能和辅助管理功能。

（1）数据处理功能　工程项目管理信息系统的数据处理功能包括基本数据处理和分析数据处理两类。

1）基本数据处理功能。它包括对基本数据的收集、存储和转换工作。对工程施工方的信息管理系统，这些工作包括：原始数据收集，如施工日志，施工的周报、月报等数据的收集；数据准备，即把原始数据转换成适合在计算机上登录的形式，如把原始数据中的材料名称转换成约定好的代码等；数据输入，即将原始数据输入计算机；原始数据处理操作，即在原始数据输入后，对原始数据进行分类、合并、检索、存储、计算等。

2）数据分析处理功能。它是一种较为复杂的数据处理，用于从一些数据中提取某种有意义的信息。例如，将混凝土强度数据输入后，得到强度的平均值和离差系数，使人们对所浇筑混凝土的质量有所了解。这种处理包括的内容有：累计，即将汇总的数据和分类数据作为整理好的历史数据，使人们可以从中发现数据内所隐含的模式和数据之间的关系；分析，即对累计的历史数据进行变换，以估计当前或将来事件的基本模式、关系或一般的行为方式；推算，即通过一定的模型推测事件或行动的结果；报告，即分析、推断后提交的结果。

（2）辅助管理功能

1）进度管理功能。建立整个工程的网络进度计划系统，包括总网络进度计划和各种不同管理平面的子网络进度计划；计算网络进度计划的时间参数和时差；总网络和子网络进度计划的协调分析；提供具有时间坐标的网络图和相应的横道图计划；工程实际进度的统计分析；工程实际进度与计划进度的动态比较；工程进度变化趋势预测；工程进度计划的定期调整；工程进度的查询；提供多种（不同管理平面）工程进度控制的报表。

2）成本管理功能。成本经验数据的分析，即对已建同类施工项目的有关数据进行分类分析；成本计划值的计算和调整；对计划成本和实际成本进行比较，即进行成本的跟踪管理；实际工程成本的统计分析；项目成本变化趋势预测；项目成本的查询；提供多种（不同管理平面）有关项目成本管理的报表。

3）质量和安全管理功能。工程施工质量和安全要求或标准的制订和管理；设计质量的鉴证记录；已完工程质量的统计；实际质量情况和质量标准（要求）的比较；运用数理统计方法，对工序和重要质量指标进行统计分析；工程材料和设备质量的跟踪管理；质量和安全事故记录及其处理记录；已完工程质量验收记录；提供多种（不同管理平面）工程质量和安全管理报表。

4）合同管理功能。工程合同文件、资料登记、修改、删除等管理；合同文件执行情况跟踪和处理过程记录；工程变更和索赔事件记录；提供各种合同执行情况的报表。

5）综合管理功能。工程现场资源供应计划、调度等管理；公文处理；档案管理。

随着信息技术的发展，辅助项目管理的功能将越来越强，这必将促进工程项目管理水平的提升。

16.4.2 工程项目管理信息系统的建设方式与过程

工程项目管理信息系统的建设与工程项目建设过程类似，要经过系统分析（规划）、设计和实施的过程。所不同的是，工程项目建设应用的是工程技术，而工程项目管理信息系统建设应用的是信息技术。

1. 工程项目管理信息系统的建设方式

对工程项目建设单位或工程承包方，项目管理信息系统的基本建设方式有购买软件和委托开发。

1）购买软件，即由用户在市场上购买商品化的工程项目管理信息系统。该方式的优点是在较短的时间内就可建立系统。购买软件的关键是在决定购买前要进行充分的论证，选择既满足管理需要，又较经济的商品软件。该方式的缺点是尽管对所购买的软件进行了选择，但其毕竟是商品化软件，供应商要考虑到软件的通用性，因而难以满足采购方的特殊要求，除非进行二次开发。因此，应用采购软件后，工程项目管理机制、管理流程等只能跟着软件走。此外，有的软件中的一些功能用户可能用不到，这又会出现浪费现象。这种情况在采购国外软件时经常会出现，这主要由于我国的工程项目管理与国外的工程项目管理还存在一定的差异，在工程造价管理、质量和安全管理方面其差别更加明显。

2）委托开发，即由用户单位采用招标方式选择或委托专业的信息技术公司开发项目管理信息系统。该方式的优点是：用户可选择专业性强、有经验的公司来建设系统；可以根据工程项目管理需要确定信息系统的功能，即系统服务于工程项目管理需要。其缺点是信息系统开发投入较大，持续时间较长。

2. 工程项目管理信息系统分析

工程项目管理信息系统分析，即系统规划，其主要任务是了解和掌握原系统全面和真实的情况，确定新开发信息系统的要求，即要求将建立的计算机参与的管理信息系统"做什么"，并提出实施和评价新系统的方案。一般包括下列具体内容：

1）目标分析。与工程项目系统类似，工程项目管理信息系统建设首先要确定系统建设目标，其目标是为工程项目管理提供信息支持、辅助管理和决策等。但对不同的情况，具体的目标可能差异较大。因此，工程项目管理信息系统的建设人员要对其做详尽分析。

2）需求分析，即分析在工程项目管理中需要哪些信息的支持，以及为取得这些信息需要收集哪些原始数据。信息需求一般依据具体工程项目管理信息系统建设目标而定。

3）功能分析，即分析将建立的工程项目管理信息系统发挥作用的能力。信息系统作用依赖于管理组织机构，因此，在做功能分析时，系统分析人员要详细分析管理组织机构中各业务部门的职能，特别要注意到这些业务部门内在的工作流程，从而确定项目管理信息系统应有的功能和合理的管理组织机构。

4）限制分析，即分析在工程项目管理信息系统建设中设备、人力、投资、管理方式和组织协调等各方面的限制。在建设中，限制条件是各种各样的，既可能来自委托开发者，也可能来自建设者，还有可能受到社会环境和自然条件的限制。所以，必须确切地了解系统的现实环境，对各种各样的限制条件加以处置，以确保建设目标的实现和建设过程的顺利。

5）系统方案分析。根据确定的建设目标和对系统功能、限制等方面的分析，可以对建立的新系统提出各种可能的方案。其内容包括每一方案的信息流程图、数据处理方式、选定计算机及其外围设备的型号、规格等，还包括每一方案的费用、效益、功能和可靠性等各项技术经济指标。应对每一方案的内容和指标进行分析比较，选择经济合理的方案。

3. 工程项目管理信息系统设计

系统设计是工程项目管理信息系统建设的重要工作阶段。系统分析的任务是要明确系统"做什么"，而系统设计的任务是在明确"做什么"的基础上，确定"如何做"，即要实现系统分析阶段提出的系统目标和系统模型，详细地确定新系统的结构，并为下一阶段系统的实施做好充分准备工作。系统设计要求和步骤如下：

（1）系统设计要求 系统设计是系统建设的核心，其工作质量将直接影响系统的质量。对系统设计的一般要求有：

1）简明性。系统应该尽量简单，只要达到目的即可，应尽量避免一切不必要的复杂化。因为结构简单可以缩短处理流程，减少处理费用，提高系统效益，而且便于管理。

2）可变性。它是指系统应该对外界环境有很强的适应能力，即使在条件变化之后仍能提供具有现实意义的信息。可变性又称灵活性，要求系统结构容易变更、方便维护。

3）完整性。系统是作为一个统一整体存在的，系统的功能要完整，设计规范要标准，传递语言要一致。

4）可靠性。它是指系统在运行中能够适应外界的各种干扰。为了保证系统可靠，要设计相应的控制方法和处理措施。例如，能够检查错误数据的输入，保证数据安全、完整和具有恢复运行的能力。

5）经济性。系统应该为使用者带来经济效果，系统投资费用应得到补偿。同时还应注意，对比老系统，新系统不能仅仅考虑货币指标，还应当考虑非货币指标。

（2）系统设计的步骤 系统设计的步骤分初步设计和详细设计两个阶段。

1）初步设计，又称总体设计或概要设计。它是在系统分析所确定的系统模型的基础上，用自上而下的方法，建立系统结构的过程。

2）详细设计，又称物理设计。其主要工作内容有代码设计、输出设计、输入设计、文件设计、处理过程设计等。

4. 工程项目管理信息系统实施

系统实施的任务是按照系统设计确定的系统结构去具体实现计算机参与的项目管理信息

系统。系统实施的准备和工作内容如下：

（1）系统实施的准备　在系统实施前，系统开发（建设）者要做好的准备工作有：

1）调整开发/建设组织。由于系统实施阶段参与人员较多，需要适当调整和健全组织，加强建设过程管理工作。

2）加强人员培训。系统实施阶段，需要较多开发/建设人员，要通过培训使各类人员明确系统的目标、功能和设计方案，同时要使这些人员明确所从事工作的内容和具体要求。

3）项目管理信息的重新组织和管理职能的重新划分。将原系统的管理组织和职能进行必要的调整或改革，以逐步向新系统的管理模式和管理方式过渡。

4）软件和硬件设备的准备。有关计算机软件和硬件，一般不提倡在系统分析或系统设计阶段过早地购置，但进入系统实施阶段，应开始购置系统的目标设备。

5）实施方法、工具和数据等准备工作。

（2）系统实施阶段的主要工作内容

1）计算机硬件、软件及辅助设备的购置与安装。

2）计算机机房的建立。

3）程序的编写与测试。

4）系统调试。

5）数据的准备与录入。

6）系统的转换。

7）系统开发/建设技术资料的整理与归档。

16.4.3　工程项目管理的智能化发展

1. 什么是工程项目管理智能化

一般认为，智能化是指事物在互联网、大数据、物联网和人工智能等技术的支持下，所具有的能动地满足人的各种需求的属性。例如，无人驾驶汽车就是一种智能化的事物，它将传感器物联网、移动互联网、大数据分析等技术融为一体，从而能动地满足人的出行需求。它之所以是能动的，是因为它不像传统的汽车，需要人操作驾驶。

在 GB 50314—2015《智能建筑设计标准》中对智能建筑的定义如下："以建筑物为平台，基于对各类智能化信息的综合应用，集架构、系统、应用、管理及优化组合为一体，具有感知、传输、记忆、推理、判断和决策的综合智慧能力，形成以人、建筑、环境互为协调的整合体，为人们提供安全、高效、便利及可持续发展功能环境的建筑。"由此可以了解建筑智能化的目的，就是实现建筑物的安全、高效、便捷、节能、环保、健康等属性。

工程项目管理智能化则是指工程项目建设和运行（维护）管理过程中，在互联网、大数据、物联网和人工智能等技术的支持下，所具有的能动地满足项目管理各种需求的属性。

2. 工程项目管理智能化系统的开发建设

信息技术的发展使工程项目管理智能化成为可能。工程项目建设过程中质量、安全数据的采集、处理、预警的智能化系统不断出现，工程项目运行（维护）管理的智能化系统也在不断开发。例如住宅小区智能化系统，其可分为小区物业综合管理系统和家居智能管理系统两大部分。其中，前者包括社区安防、信息服务、计量收费三部分；后者包括家居安防、家居信息服务、家居智能化控制等。

案例 16-1　基础设施智慧服务系统

基础设施智慧服务系统（iS3）主要包含全生命周期数据的采集、处理、表达、分析和一体化决策服务几个部分，如图 16-5 所示。

1. 数据采集

数据采集是指利用各类传感器感知基础设施状态的过程，并将感知到的数据按一定规律变换成为电信号或其他所需的输出形式，以满足数据传输、处理、存储、显示、记录和控制等要求。数据采集方法是指利用各种

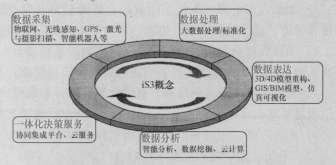

图 16-5　基础设施智慧服务系统（iS3）概念图

途径、方式、获取工程建设、运营过程中所需的各种数据。

数据采集技术是指探测、测量和感知数据的技术类型与方法，包括传感技术、遥测技术和遥感技术，如基于智能手机和穿戴式设备的移动互联网监测技术、物联网监测技术、数字照相技术、激光扫描技术、光纤监测技术、无线感知技术、射频识别技术、工程在线监测技术、工程变形卫星定位技术和卫星差分实时定位技术、航空摄影测量技术、三维重建卫星摄影测量技术、工程遥感技术、结构健康监测技术等。获取基础设施对象规划阶段、建造阶段、运营维护阶段的数据，实现数据自动进入 iS3，以此提高信息化水平和工作效率。

2. 数据处理

数据处理是指对采集到的基础设施数据进行去伪存真、去粗取精、由表及里、由此及彼的加工过程，也是在原始基础设施数据的基础上，提取出价值含量高、方便用户利用的信息的活动过程。基础设施数据是人与土木工程活动的一种交互通信的信号量。由于传感器的工作环境和布设位置等原因，采集到的大部分信号微弱，或掺杂了与基础设施结构工作性能及损伤状态无关的噪声，需要对数据进行处理。从基础设施监测数据中提取对象特征的方法主要有数字滤波技术、自适应卡尔曼滤波技术、小波分析技术、分形几何技术、模糊技术等。

多源异构数据是由基础设施在不同阶段，采用不同的采集技术、软件、数据格式和管理方式所形成的。广义上多源数据是指数据来源、格式、时空、尺度、语义性等几个层次的多源性；狭义上多源数据是指数据格式的多样性。通过技术手段对多源异构数据进行降噪、分类、关联和融合，能够实现多源异构数据综合应用。多源异构数据处理技术在基础设施领域的研究和应用主要集中在多源异构地质数据的集成和地质建模、建造与运营维护阶段多源异构数据的集成与分析、多源异构数据平台搭建等。工程多源异构信息处理是土木工程信息化的重要技术，只有解决了工程多源数据的处理和融合，传统工程才能成功地向信息化工程发展。

数据标准化是基础设施数据处理的一个重要环节，基础设施数据标准化以包括数据

编码标准化（将应用过程中的非数值型数据代码化表示的统一化）和数据交换标准化（规定数据交换的格式）。

3. 数据表达

基础设施在其规划、勘察、设计、施工、运营维护过程中产生大量数据，数据表达的目的是实现工程建设过程中抽象数据的可视化表达和交互共享。

基础设施数据表达包括建模（包括地质体、地下管线、建筑、结构、设备等建模）、仿真、可视化（如虚拟现实和增强现实）、三维打印等。基础设施数据表达作为可视化手段，以视觉认知的方式将工程数据呈现在用户面前；利用数据分析手段进行数据查询及数据相关关系分析，挖掘建设各阶段内和各阶段间数据的内在规律和特征；利用动态采集及实时分析技术进行信息重构，以解决工程辅助设计、三维动态施工、工程监测与智能控制等工程建设问题。

不同的数据需要不同的表达方式，一种数据也可以有不同的表达方式，大量数据的表达方式与少量数据的表达方式也有所不同。数据表达与处理、分析密不可分，如三维建模与三维可视化表达相辅相成，分析结果一般需要可视化表达等。

4. 数据分析

数据分析是指在工程规划、勘察、设计、施工与运营全生命数据的基础上，通过物理数学方法实现工程问题的定性和定量分析，数据分析的目标和对象是多种多样的，相应的分析手段也是多种多样的，包括统计分析、空间分析、数字-数值一体化分析、人工智能分析、大数据分析、云计算与物计算、数据融合，以及多维度模拟分析、造价分析、建筑物理性能分析、施工动态反馈分析、工程风险分析、建养一体化分析、火灾动态预警分析和决策支持分析等。iS3 对基础设施全生命周期数据制定了统一数据模型，并提供开放的、可扩展的数据接口，为分析功能的定制与开发奠定了坚实的基础。iS3 还对分析功能提供了插件式的开发支持方式。

一体化决策服务系统表示针对基础设施的智慧化提供从数据采集、处理、表达、分析、服务与决策的集成解决方案，它不是将现有的方法、技术、软件等做简单叠加，而是以基础设施的智慧化为目标，集智能终端研制、深度数据融合、方法和技术集成创新、软件平台开发等各种手段为一体的决策服务系统。决策与服务是与具体问题相关的，服务对象不同，服务的内容与所需要决策的内容也就不同。iS3 是一个开源的、开放的平台，任何单位和个人都可以根据自己的需求，在数据采集、处理、表达和分析的基础上，构建自己的专业扩展模块，满足决策与服务的个性化需求。

iS3 可分为基础、数据、服务、应用和用户五个层次，如图 16-6 所示。

（资料来源：朱合华，李晓军，林晓东. 基础设施智慧服务系统（iS3）及其应用 [J]. 土木工程学报，2018，51（1）：1－12. ）

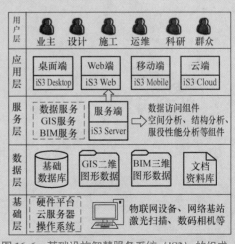

图16-6 基础设施智慧服务系统（iS3）的组成

思考题和习题

1. 工程项目信息的特性、分类和用途如何？
2. BIM 的内涵及应用价值如何？
3. BIM 产品的主要提供商有哪些？各有什么特点和应用领域？
4. BIM 在建设项目工程上应用对工程项目管理有哪些影响？
5. 工程项目管理信息系统的基本结构和功能如何？
6. 你认为工程项目管理智能化是建设阶段应用前景好，还是运行（维护）阶段应用前景好？为什么？

第 17 章

国际工程承包管理

本章知识要点与学习要求

序　号	知 识 要 点	学 习 要 求
1	国际工程和国际工程承包的概念	掌握
2	国际工程承包的特点和特殊风险	熟悉
3	国际工程投标准备工作的内容	熟悉
4	国际工程投标与国内工程投标的主要差异	熟悉
5	国际工程投标报价程序和编制方法	了解
6	国际工程投标报价的组成	了解
7	FIDIC 标准合同条件类型及适用场合	掌握
8	FIDIC 黄皮书的主要条款	熟悉

随着我国建筑业"走出去"战略和新时代"一带一路"倡议的实施，我国建筑企业对外承包工程业务，包括承包工程所在国的数量、承包工程的合同价以及承包工程的规模等，均有增长的势头，取得了瞩目成就，但也遇到一些挫折。这表现出国际工程承包的复杂性。

■ 17.1　国际工程承包及其特点和风险

17.1.1　国际工程及其承包

1. 什么是国际工程

国际工程，即国际工程项目，是指面向国际进行招标的工程项目。国际工程利益相关者是跨国的，包括工程项目在国内但有国外设计、施工方参与的，以及工程项目在国外而有我国建筑企业参与的。这两类均称国际工程。

在中国境内的国际工程，中方一般为工程项目的发包方，外方一般为承包方或咨询方（包括提供工程设计或工程咨询服务）；而在中国境外的国际工程，外方一般为工程项目的发包方，当中方参与时，中方一般为承包方或咨询方（包括提供工程设计或工程咨询服务）。

国内一般工程项目的实施过程，主要是建设单位与参与工程建筑企业间的合作、博弈或分享；而在国际工程实施中，不仅是不同国家的建设单位（雇主）与承包方（建筑企业）之间的合作、博弈等问题，而且与国际经济、相关国家的友好程度以及地缘政治（Geopolitics）等因素密切相关。

案例 17-1 黄河小浪底水利枢纽工程

黄河小浪底水利枢纽工程是黄河上最大的水利工程，主要由挡水大坝、泄洪排沙系统和引水发电系统等子项工程组成，于 21 世纪初建成。工程实施过程中，建设单位将大坝、泄洪排沙系统和引水发电系统的施工分成 3 个独立标段进行国际招标，并分别由以意大利的英波吉罗公司为责任方的联营体、以德国旭普林公司为责任方的联营体和以法国的杜美兹公司为责任方的联营体。3 个国际标段以 FIDIC《土木工程施工合同条件》（第四版）为基础，签订施工合同，并按相应的规则进行施工管理，使工程建设工期、质量和投资目标得到了全面控制，打破了当时我国大型水利工程建设"工期马拉松、投资无底洞"的诅咒，并为我国积累了管理国际工程项目的经验。

资料来源：殷保合. 黄河小浪底水利枢纽工程 [M]. 北京：中国水利水电出版社，2004.

[问题] 为什么黄河小浪底水利枢纽工程要进行国际招标，而又均是国外承包商为主中标？

[解析] 黄河小浪底水利枢纽工程是利用世界银行贷款的一个工程项目，根据世界银行贷款的规则，所利用工程项目必须进行国际招标，且世界银行成员国均有资格进行投标。从理论上讲，在我国境内的国际工程，我国建筑企业也可参与投标竞争，并有中标的机会，但进入竞争状态后，即在招投标过程中，谁能中标主要凭实力。

2. 什么是国际工程承包

国际工程承包是指我国企业走出国门，参与国际工程投标竞争，中标后与发包方签订承包合同，进行境外工程的设计或/和施工等的活动。

国际工程承包是一种综合性的国际经济合作，是国际技术贸易的一种方式，也是国际劳务合作的一种方式。之所以将这种方式作为国际技术贸易的一种方式，是因为承包国际工程项目的建设过程中，包含大量的技术转让内容，特别是项目建设的后期，承包人要培训发包方的技术人员，提供所需的技术知识（专利技术、专有技术），以保证建成工程的正常运行。

案例 17-2 中国建筑企业在美国基础设施建设领域崛起

纽约曼哈顿岛东北部，一座弧度优美的钢结构拱桥横跨哈勒姆河，连接纽约市曼哈顿和布朗克斯两区。在这座名为亚历山大·汉密尔顿的繁忙大桥上，每天有约 30 万辆汽车往来通行。这座由中国建筑企业负责改造的大桥工程项目，位于美国东北部最繁忙的两条高速公路大动脉 I-95 和 I-87 的交会处。在不影响交通的情况下，中国建筑美国有限公司成功将桥面由双向八车道拓宽至双向十车道，并对已有钢结构桥面进行拆换。

亚历山大·汉密尔顿大桥项目见证了中国建筑企业在美国基础设施建设领域的崛起。这项大桥改造工程拿下了中美建筑领域的至高奖项——中国土木工程学会颁发的詹天佑奖和美国土木工程协会颁发的施工成就暨年度项目奖。

中国建筑美国有限公司已由当时只有 12 名员工、年营业额不足 1000 万美元的小企业，发展为 2016 年雇用员工约 2000 人（98% 为当地员工）、营业额近 20 亿美元的当地知名建筑企业。2016 年，中国建筑美国有限公司在美国桥梁承包商排名中跻身全美前十。

[**问题**] 中国建筑企业除了桥梁建设领域崛起、在全美排名前列外，还在哪些建设领域中在国际上处于先进水平？

[**解析**] 最近十多年来，中国建筑企业在国际建筑舞台上的表现精彩纷呈，除桥梁工程在国际上具有影响力外，高铁、水电、港口等工程均是我国建筑的名片。特别是高铁，我国的建设水平已达到国际领先。在各国的国际工程承包竞争中，我国不仅在发展中国家占有一定份额，在发达国家也有一席之地。

17.1.2 国际工程承包的特点和特殊风险

1. 国际工程承包的特点

对我国建筑企业而言，国际工程承包一般就意味着跨出国门，到其他国家或地区去承包工程。这与国内工程承包存在很大差异，主要表现为：

1) 工程承包合同主体或工程项目利益相关者的多国性。在这种情况下，首先面临的问题是不同主体间的交流、沟通问题。不论是工作还是生活交流都要使用国际通用语言，一般为英文。这一般在国际工程合同中有明确规定，即所谓"主导语言"。

2) 宗教信仰、风俗习惯的差异。世界各国宗教信仰、风俗习惯差异很大。如中东伊斯兰国家，其有独特的宗教信仰、风俗习惯，作为其国家项目的承包者，有必要深入了解，并入乡随俗，否则将面临较大的风险。

3) 政治和法律制度的差异。不同国家有其独特的政治和法律制度，一般不可能为了一个国际工程项目而去修改政治和法律制度，而这种政治和法律制度可能与国内存在较大差异。因此，项目承包者只有适应这种政治和法律制度。

4) 工程结算货币和工程支付方式的多样性。工程结算一般是部分美元和部分当地货币；而承包方支付方面，工程所在国的支付一般要求当地货币，国际采购的材料、设备等可能是美元或其他货币。而国际工程承包的支付方式除了现金和支票外，还有银行信用证、国际托收、银行汇付、实物支付等不同方式。由于雇主支付的货币和承包人使用的货币不同，而且在整个漫长的工期内按陆续完成的工程内容逐步支付，承包方时刻处于货币汇率浮动和利率变化的复杂国际金融环境之中。

5) 工程技术标准不同。目前国际工程中大多使用欧美技术标准或工程所在国的标准，我国现有技术标准难以适应。在工程投标、签订合同和工程验收时，对此要引起重视。

6) 国家关系对国际工程承包影响敏感。我国政府与工程所在国政府的关系以及地域政治对国际工程承包影响敏感。国际上存在许多这样的国际工程，工程开工始于两国关系较好的状态，而中间两国关系出现障碍甚至冲突时，经常工程也遇到困难或中止。

2. 国际工程承包的特殊风险

对建筑企业，承包国际工程除了承担国内工程承包的一般风险外，还须面临或承担国际工程承包的特殊风险，也称国家风险，是指国际工程承包活动中，由于主权行为所引发的可能损失。主要包括五个方面，即政治风险、主权风险、经济风险、货币风险和地缘风险。

(1) 政治风险 这是指政治或政策的变化而引发的企业战略、财产及人员的损失。此风险分两个层次：一个是宏观政治风险；另一个是微观政治风险。宏观政治风险着眼于非特定项目，是指投资国总体政治环境，也包括地方、区域及国家的政治事件，还有政府的货币行为、制度变化、主权债务违约、战争、腐败及政府更替等；微观政治风险是指特定项目层面的风险，建筑企业必须关注与国际工程承包直接相关的产业动态，以及当地的政治选举、政治冲突、家族世袭政治势力的消长等。

（2）主权风险　这是指一个政府不愿意履行其借贷义务，或没有能力履行其借贷义务，或对其贷款担保合同违约。主权风险对国际工程承包的影响表现为东道国政府不按合同时间支付承包商工程款及利息，或不按合同指定的币种支付工程款或利息；当一个国家的经济恶化、外汇收支不能平衡时，主权风险就有可能转化成经济风险与货币风险；当一个国家的政府因政治原因而不愿意履行其借款承诺时，主权风险就转化成政治风险。主权风险作为国家风险之一的原因主要是，对外承包企业在东道国从事工程业务时，尤其是与政府打交道时，往往处于弱势地位，一般来说，外国承包商是不能够起诉当地政府的。

（3）经济风险　这是指明显的经济结构性变化或经济增长的变化使得投资预期回报产生变化。经济风险源于国家经济政策的变化，如财政政策、货币政策、国际贸易及财富分配等方面，以及国家比较优势的变化，如资源耗尽、工业下降、人口变化等。由于经济风险多与政策相关联，因此，经济风险与货币风险及政治风险有重叠之处。

（4）货币风险　这包括货币的自由兑换及自由汇出，也包括汇率的变化。在一些外汇管制的国家从事业务，货币风险可能导致承包商完成工程后大量当地货币无法兑换成硬通货币，或者被强制性地以固定汇率进行兑换。此外，有些国家控制外汇，致使利润、分红甚至资本金难以回流，在一些自由兑换但币值不稳定的国家，汇率大幅度的变化导致货币贬值，产出的效益折成硬通货币后还抵不上原先投资的资本金。货币的风险有些是因经济形势或政策所引起的，有些是政治因素所引起的，彼此之间有难以分割的交集。

（5）地缘风险　这是指在受到制裁的国别市场、有可能受到制裁的国别市场及具有高度战争可能的国别市场从事工程承包容易产生风险，这种风险可能产生于因国际社会制裁东道国而带来的政治、经济形势恶化，商机缺失，投资难以回收，或者是本身也因为各种原因而转入制裁之中。

案例 17-3 *缅甸密松水电站的停建*

　　　缅甸密松水电站位于缅甸北部的克钦山区，是缅甸伊洛瓦底江上游干流流域7个梯级电站中的第一座，位于中缅边界，距离云南腾冲县城227km，距缅甸克钦邦首府密支那约30km。密松水电站于2009年12月21日开工，计划2017年首台机组发电；密松水电站由中国电力投资集团投资，并由中国水电集团下属几个工程局（公司）具体设计和施工。2011年9月30日，缅甸总统吴登盛宣布在本届政府任期内停止建设密松水电站。缅甸伊洛瓦底江密松水电站总投资36亿美元，已完成投资20余亿美元。显然，工程停止建设后，中资企业不论是投资方还是施工承包方，均受到重大损失。

　　[问题]　中国投资企业和施工承包企业从该工程中应吸取什么样的教训？

　　[解析]　密松水电站从开建到停建其原因是复杂的，既有作为投资主体的中国电力投资集团自身的问题，也有背后隐藏的政治力量的博弈（缅甸国内派别以及国际势力的角逐），还有所谓当地民意的原因。所涉及的风险因素归结如下：

1）缺乏科学合理的政治风险评估体系是密松水电站工程搁浅的重要原因。投资方是否对政治风险进行了科学的评估，尤其是对缅甸国内政治势力范围情况的评估，是值得怀疑的。密松水电站项目早在前总统吴奈温时代就由一家日本公司（Kansai）负责勘探与设计，该日本公司较为了解当地克钦军与缅军之间的冲突，担心项目会面临该风险，所以一直没有实施。

2）公关意识的缺乏。投资方在进行工程投资的同时，十分注重履行社会责任，包括为安置伊洛瓦底江上游的移民，投资高达2505.5万美元；对环保问题也相当重视，并根据缅甸政府的要求，采用世界银行与亚洲开发银行的环境影响评估标准，结合多个评估主体进行了流域环境影响评价工作，其结论是项目对环境的影响较小。这些积极信息很少在缅甸国内的媒体上宣传，没有积极争取民意，从而让停建成为所谓"国内民意的使然"。

3）过程风险评估与认知不够。密松水电站的搁置似乎早有预兆，在2011年3月，缅方就以各种形式刁难施工承包方进入，同时国内环保组织的抗议加剧。对此，投资方并没有意识到风险，没有相应地进行阶段风险评估，及时停止或者延缓工程项目的建设。

4）对当地文化与国内民意走向了解不充分。投资方缺乏与当地自治政府以及人民的充分沟通，在一定程度上忽视了当地文化习俗因素。

5）缺乏独立性、自主性以及风险分担与保障意识。对外投资或工程承包企业不应该具有充分的独立性与自主性，不应该过分依赖国家去处理或者协调一些问题。这是现代企业必须具备的基本本领，而不应当认为只要是国家高级别的项目就无风险。事实上，对外工程政治风险不是母国可以控制的。此外，要有一定的风险分担意识，比如若与工程所在国企业合作或者外包一些子项目等，可减轻风险，包括降低发生风险的可能性或减轻风险发生后的损失。这些方面投资方在密松水电站均是失当的。

资料来源：贾秀飞，叶鸿蔚. 中国海外投资水电项目的政治风险——以密松水电站为例 [J]. 水利经济，2015，33（2）：32-36.

■ 17.2　国际工程投标管理

17.2.1　投标前期准备工作

国际工程投标前期的准备工作十分重要，具体包括：投标环境（政治、经济、法律、社会等方面的条件和情况）调查；工程项目的跟踪与选择，工程项目情况（主要包括工程的性质、规模、招标范围、技术要求、工期、资金来源等）调查；物色当地代理人；寻求当地合作伙伴；在工程所在国办理注册手续；建立公共关系；参加招标项目的资格预审；组织投标小组；搜集情报和分析招标文件。其中对一些重要环节说明如下：

（1）收集招标信息和资料　首先是寻找投标目标，获取招标信息的关键在于及时、准确。各国政府、国际组织、各国企业进行建设工程招标时，都会在影响较大的媒体上发布消息，因此从这些媒体上得到信息是寻找投标机会的一种方式。除了招标信息，还应收集与招标有关的其他资料，如招标人情况、招标工程情况及可能参与投标的竞争对手情况等。

（2）投标可行性分析　参加投标往往要耗费大量的人力、物力及时间，而这些代价要由投标人承担，因此，要认真谨慎地研究中标的可能性和将来的风险。对企业能承揽项目的能力进行评估，进行市场调研，鉴别投标机会；筛选参加投标项目；对选择的投标项目相关情况进一步调研；最后做出投标决定。考虑外部环境，包括工程所在国一般国情（政治、经济、法律、社会等各方面）、工程项目招标范围与施工条件、发包人情况和竞争对手情况；分析内部情况，包括本公司竞争实力、目前对工程的需求等。

（3）组建投标小组　如果确认参加投标，就要成立投标小组，应挑选市场经营、工程施工、采购、财务及合同管理等人员组成。其任务是按招标要求确定投标工作安排及分工。

国际工程招标中通行代理制度，外国投标方进入工程所在地投标，一般需要委托工程所在国的代理人开展业务活动。代理人一般是咨询机构，有的是个人独立开业的咨询工程师，也有的是合伙企业或公司。委托代理人应当签订委托代理合同，并授予授权委托书（即代理证书，须经有关方面认证才有效）。委托代理合同的主要内容一般包括：

1）代理的业务范围和活动地区。

2）代理的权限和有限期限。

3）代理费用（一般为工程标价的 2%～3%，最低为 1%，最高为 5%）和支付方法（分期或一次性支付，支付代理费以中标为前提，投标人未中标的不支付代理费）。

4）有关特别酬金的条款（除代理人失职或无正当理由不履行合同外，不论投标人是否中标，都必须支付特别酬金）。

在国际工程招标中，外国公司常需要寻求与工程所在国的公司进行合作，合作的主要方式是临时或长期组成联合组织，如合资公司、联合集团或联合体等。这种合作主要基于以下两种情况：

① 国际资助机构对当地承包商的优惠，在评标时对借款国公司报价或外国公司与借款公司联合投标报价优惠 7.5%，即借款国公司的报价或与借款国公司联合投标的报价可以比最低报价高 7.5% 而中标。

② 世界上多数国家要求外国公司与本国公司合作，有的国家要求成立合作企业并让本国人出任董事甚至董事长等。

外国投标人到工程所在地国开展投标活动，需要按当地规定办理注册手续。具体做法主要有两种：

① 在投标前注册，经注册后才准许开展业务活动；

② 准许先开展投标活动，在中标后再办理注册手续。

17.2.2　投标询价

工程投标询价是投标人按招标文件要求的规格，向供货人询问相应材料、人工、机械以及服务等方面的价格，了解并确定所需物资的价格。询价工作要注意以下问题：

1）询价对象要认真选择，并选择 3 家以上，俗话说"货比三家"。

2）询价内容要详细、明确。要注意 FOB（离岸价）、CIF（到岸价）或 EXW（工厂交货价）的差异；要详细说明所需的货物质量、性能规格等。如果询价单不明确，则对方发出的报价就可能产生错误，使成本计算不准确。

17.2.3　投标报价

1. 国际工程投标报价的过程

国际工程投标报价比我国国内工程投标报价要复杂得多。国际工程采用不同的合同类型（包括单价合同、总价合同和成本补偿合同等），计算报价是存在差异的。以具有代表性的单价合同为例，国际工程投标报价的一般过程可分为如下步骤：

1）投标环境调查和工程项目调查。

2）制订投标计划。

3）参加标前会议、核算工程量。

4）编制施工方案和进度计划。

5）器材询价、分包询价和施工机械设备询价。

6）确定报价项目直接费和分摊项目的费用。

7）编制报价项目单价表、基础标价。

8）盈亏分析、备选标价。

9）报价决策。

10）标书的编制与递交。

2. 国际工程投标报价的组成

投标价格的制定是整个投标的关键，投标价格的高低不仅直接关系到投标的成败，而且对中标后的盈亏有重要影响。在国际工程中，业主方是根据承包商实际完成的工程量付款的，报价单中的单价为综合单价。国际通用的《建筑工程量计算规则》总则中规定，除非另有规定，工程单价中应包括：人工及其有关费用；材料、货物及其一切有关费用；机械设备的费用；临时工程的费用；开办费、管理费及利润。

总体而言，国际工程投标报价的组成应根据投标项目的内容和招标文件的要求进行划分。为了便于计算工程量清单中各分项的价格，进而汇总整个工程报价，通常将国际工程投标报价分为人工费、材料费、施工机具使用费、待摊费、开办费、分包工程费、暂定金额。其中，待摊费包括现场管理费、临时设施工程费、保险费和税金等。这些费用是在工程量清单中没有单独列项的费用项目，需将其作为待摊费用分摊到工程量清单的各个报价分项中去。国际工程待摊费的组成如表17-1所示。

表17-1　国际工程待摊费的组成

待摊费	现场管理费	工作人员费	
		办公费	
		差旅交通费	
		文体宣教费	
		固定资产使用费	
		国外生活设施使用费	
		工具用具使用费	
		劳动保护费	
		检验试验费	
		其他费用	
	其他待摊费	临时设施工程费	
		保险费	工程保险、第三方责任险
		税金	
		保函手续费	投标保函、履约保函、预付款保函、维修保函
		经营业务费	
		贷款利息	
		总部管理费	
		利润	
		风险费用	

3．单价分析和标价汇总方法

（1）工日基价的计算　工日基价是指国内派出的工人和在工程所在国招募的工人每个工作日的平均工资。一般来说，在分别计算这两类工人的工资单价后，再考虑功效和其他一些有关因素以及人数，加权平均即可算出工日工资基价。

1）对我国出国工人，其工资单价一般按下式计算

$$工人日工资单价 = 一名工人出国期间的费用/(工作年数 \times 年工作日) \qquad (17\text{-}1)$$

工人工资一般由下列费用组成：国内工资及派出工人企业收取的管理费；置装费；差旅费；国外零用费；人身保险费和税金；伙食费；奖金；加班工资；劳保福利费；卧具费；探亲及出国前后调遣工资；预涨工资。对于工期较长的投标工程，还应考虑工资上涨的因素。除上述费用之外，有些国家还需要包括按工人人数征收的费用。

2）对当地雇用工人，其工资单价一般包括以下几方面：日基本工资；带薪法定假日工资、带薪休假日工资；夜间施工、冬期雨期施工增加的工资；规定由承包人支付的福利费、所得税和保险费等；工人招募和解雇费用；工人上下班交通费。此外，若招标文件或当地法令规定，雇主须为当地劳工支付个人所得税、雇员的社会保险费等，则也应计入工资单价之内。

（2）材料、半成品和设备预算价格的计算　应按当地采购、国内供应和从第三国采购分别确定。

1）在工程所在国当地采购的材料设备，其预算价格应为施工现场交货价格，通常按下式计算

$$预算价格 = 市场价 + 运输费 + 采购保管损耗 \qquad (17\text{-}2)$$

2）国内供应的材料、设备的预算价格，通常按下式计算

$$材料、设备价格 = 到岸价 + 海关税 + 港口费 + 运杂费 + 保管费 + 运输保管损耗 + 其他费用 \qquad (17\text{-}3)$$

式（17-3）中各项费用如果细算，包括海运费、海运保险费、港口装卸、提货、清关、商检、进口许可证、关税、其他附加税、港口到工地的运输装卸、保险和临时仓储费、银行信用证手续费，以及材料设备的采购费、样品费和试验费等。

3）从第三国采购的材料、设备，其预算价格的计算方法类似于国内供应材料、设备价格的计算。如果同一种材料、设备来自不同的供应来源，则应按各自所占比重计算加权平均价格，作为预算价格。

（3）施工机具使用费的计算

1）施工机械使用费。施工机械使用费由基本折旧费、场外运输费、安装拆卸费、燃料动力费、机上人工费、维修保养费以及保险费等组成。基本折旧费，如果是新购设备，应考虑拟在本工程中摊销的折旧比率（一般折旧年限按不超过 5 年计算）。按下式计算

$$基本折旧费 = (机械预算价格 - 残值) \times 折旧比率 \qquad (17\text{-}4)$$

式中，机械预算价格可根据施工方案提出的施工机械设备清单及其来源确定；残值是工程结束时施工机械设备的残余价值，应按其可用程度和可能的去向考虑确定，除可转移到其他工程上继续使用或运回国内的贵重机械设备外，一般可不计残值。

场外运输费的计算，可参照材料、设备运杂费的计算方法；安装拆卸费，可根据施工方

案的安排,分别计算各种需拆装的机械设备在施工期间的拆装次数和每次拆装费用的总和;燃料动力费,按消耗定额乘以当地燃料、电力价格计算;机上人工费,按每一台机械上应配备的工人数乘以工资单价来确定。维修保养费,是指日常维护保养和中小修理的费用;保险费,是指施工期间机械设备的保险费。

2)仪器仪表使用费。仪器仪表使用费是指工程施工所需使用的仪器仪表的摊销及维修费用。按下式计算:

$$仪器仪表使用费 = 工程使用的仪器仪表摊销费 + 维修费 \qquad (17-5)$$

(4)待摊费的计算

1)现场管理费。这是指由于组织施工与管理工作而发生的各种费用,涵盖费用项目较多,主要包括:工作人员费;办公费;差旅交通费;文体宣教费;固定资产使用费;国外生活设施使用费;工具用具使用费;劳动保护费;检验试验费;其他费用,包括零星现场的图样、摄影、现场材料保管等费用。

2)其他待摊费用。其他待摊费用包括以下几方面:临时设施工程费、保险费、税金、保函手续费、经营业务费、工程辅助费、贷款利息、总部管理费、利润、风险费。

(5)开办费的计算 有些招标项目的报价单中单独列有开办费(或称初期费用)一项,是指正式工程开始之前的各项现场准备工作所需的费用。如果招标文件没有规定单列,则所有开办费都应与其他待摊费用一起摊入工程量表的各计价分项价格中。它们究竟是单列还是摊入工程量表的其他分项价格中,应根据招标文件的规定计算。

开办费在不同的招标项目中包括的内容可能不相同,一般可能包括以下内容:现场勘察费;现场清理费;进场临时道路费;业主代表和现场工程师设施费;现场试验设施费;施工用水电费;脚手架及小型工具费;承包商临时设施费;现场保卫设施和安装费用;职工交通费;其他杂项,如恶劣气候条件下施工设施、职工劳动保护和施工安全措施(如防护网)等,可按施工方案估算。

(6)暂列金额的计算 暂列金额是业主在招标文件中明确规定了数额的一笔资金,标明用于工程施工,或供应货物与材料,或提供服务,或应对意外情况,也称待定金额或备用金。每个承包商在投标报价时均应将此暂列金额数计入工程总报价,但承包商无权做主使用此资金,这些项目的费用将按照业主工程师的指示与决定,全部或部分使用。

4. 国际工程投标报价的分析方法

初步计算出投标报价后,应对其进行综合分析,并考虑将来的盈利和风险,从而做出最终报价,具体包括对比分析和动态分析:

1)国际工程投标报价的对比分析。分项统计计算书中的汇总数据,并计算其占标价的比例指标;通过对各类指标及其比例关系的分析,从宏观上分析标价结构的合理性;探讨平均人月产值或人年产值的合理性和实现的可能性;参照同类工程的经验,扣除不可比因素后,分析单位工程价格及用工、用料量的合理性。从上述宏观分析得出初步印象后,对明显不合理的标价构成部分进行微观方面的分析检查。重点是在提高工效、改变施工方案、降低材料设备价格和节约管理费用等方面提出可行措施,并修正初步计算标价。

2)国际工程投标报价的动态分析。内容包括工期延误的影响、物价和工资上涨的影响,以及其他影响(如汇率、利率等可变因素)。

5. 国际工程投标报价的技巧

投标报价的技巧是指在投标报价中采用适当的方法，在保证中标的前提下，尽可能地获得更多的利润。报价技巧是各国际工程公司在长期的国际工程实践中总结出来的，具有一定的局限性，不可照抄照搬，应根据不同国家、不同地区、不同项目的实际情况灵活运用，要坚持"双赢"甚至"多赢"的原则，诚信经营，从而提升公司的核心竞争力，实现可持续发展。

国际工程投标报价的技巧很多，如根据招标项目的不同条件采用不同报价。通常而言，报价可高一些的工程包括：施工条件差的工程；特殊的工程，如港口码头、地下开挖工程等；专业要求高的技术密集型工程，而本公司在这方面有专长，声望也较高；总价低的小型工程以及自己不愿做又不方便不投标的工程；工期要求急的工程；竞争对手少的工程；支付条件不理想的工程。报价可低一些的工程包括：施工条件好的工程；竞争对手多、竞争激烈的工程；非急需的工程；支付条件好的工程；工作简单、工程量大而一般公司都可以做的工程；本公司目前急于打入某一市场、某一地区，或在该地区面临工程结束，机械设备等无工地转移时；本公司在附近有工程，而本项目又可利用该工地的设备、劳务，或有条件短期内突击完成的工程。

其他技巧还有：适当运用不平衡报价法；适当运用多方案报价法；适当运用"建议方案"报价；适当运用突然降价法；适当运用先亏后盈法；注意暂定工程量的报价；注意计日工的报价；合理运用无利润算标法等。

6. 投标报价决策的影响因素

投标报价决策，是指投标报价经过一系列的计算、评估和分析后，由决策人应用有关决策理论和方法，根据自己的经验和判断，从既有利于中标而又能盈利这一基本目标出发，最后决定投标报价的过程。影响国际工程投标报价决策的主要因素有：成本估算的准确性、期望利润、市场条件、竞争程度、公司实力与规模等。国际工程投标报价的策略包括生存策略、补偿策略、开发策略、竞争策略和盈利策略等。

17.2.4 编制投标书与竞标

投标书，即由投标人编制填报的投标文件，是投标人正式参加投标竞争的证明，是投标人向发包人发出的正式书面报价，通常可分为商务法律文件、技术文件和价格文件三大部分。承包人的实力体现于投标书之中。投标书一般包括：

1）投标证明文件，如授权书、资信证明、资产负债表等。

2）填制招标人已编制成表格的文件，主要有投标书、报价单、投标保函等。

3）对招标项目和合同内容的说明性文件，如投标人须知、合同条款、技术规范及图样等。

4）招标人要求提供的说明性文件，即招标机构要求投标人对项目施工的某一方面进行详细说明的文件，如施工计划等。

全部投标书编好、经校核并签署后，投标人应按投标须知的规定封装好，在投标截止时间前送达招标人。开标后，中标候选人可按对项目的掌握情况进一步澄清投标文件，补充某些优惠条件等，进行下一步的竞标活动。

■ 17.3 国际工程承包合同管理

17.3.1 国际工程承包合同条件

与国内工程交易一样，国际工程交易也有多种不同方式，包括 DBB 方式、DB/EPC 方式等。为规范国际工程参与各方的行为，保证国际工程有序、高效地实施，国际咨询工程师联合会（FIDIC）组织专家为国际工程编制了系列标准化合同条件，为国际工程承包管理提供方便。目前应用较多的 FIDIC 标准合同条件有：

1）《施工合同条件》，主要适用于各类大型或较复杂的工程项目，承包方按照雇主（或业主）提供的设计进行施工或施工总承包的合同。

2）《工程设备和设计—施工合同条件》，主要适用于由承包方按照雇主要求进行设计、生产设备制造和安装的电力、机械、房屋建筑等工程的合同。

3）《设计—采购—施工与交钥匙工程合同条件》，主要适用于承包方以交钥匙方式进行设计、采购和施工，完成一个配备完善的工程，雇主"转动钥匙"时即可运行的总承包项目建设合同。

4）《简明合同格式》，主要适用于投资金额相对较小、工期短、不需进行专业分包，相对简单或重复性的工程项目施工。

5）《施工分包合同条件》。与《施工合同条件》配套使用，也可以稍加修改用于任何分包项目。

6）《业主/咨询工程师（单位）标准服务协议书》，主要适用于雇主委托工程咨询单位进行项目的前期投资研究、可行性研究、工程设计、招标评标、合同管理和投产准备等的咨询服务合同。

2017 年 12 月，FIDIC 在伦敦正式发布了 FIDIC 系列合同文件（2017 版），分别是《施工合同条件（Conditions of Contract for Construction）》（简称红皮书）、《生产设备和设计—施工合同条件（Conditions of Contract for Plant and Design-Build）》（简称黄皮书）和《设计—采购—施工与交钥匙项目合同条件（Conditions of Contract for EPC/Turnkey Projects）》（简称银皮书）。2017 版 FIDIC 合同条件中，对承包商的项目管理和合同管理提出了严格要求。

17.3.2 2017 版 FIDIC 黄皮书的主要条款

2017 版 FIDIC 合同条件的再版先从黄皮书开始，嗣后再版了红皮书和银皮书。因此，下面以 2017 版黄皮书为主线，分析 2017 版 FIDIC 合同条件的特点，同时对红皮书和银皮书的差异做简要介绍。

1. 关于工程师

（1）工程师（在国内称监理工程师）的地位　早期的 FIDIC 合同范本延续了英国 ICE（Institution of Civil Engineers）合同的理念，在 1987 年 FIDIC 土木工程施工合同条件（第四版）及之前 FIDIC 的其他合同范本中，工程师均处于核心地位（第三版在描述工程师时使用了术语"独立的"），工程师是公平和公正的（Fair and Impartial）第三方，是业主和承包商之间沟通的桥梁和中枢。但因为工程师要和业主签订合同，工程师和业主有利益关系，因此，业界一直对工程师能否真正做到公平和公正有所质疑，而这种质疑主要来自承包商。

1999 版 FIDIC 红皮书和黄皮书对工程师角色的定位做出了非常大的调整，强调工程师就是为业主服务的。2017 版 FIDIC 红皮书和黄皮书（银皮书没有设工程师）则在 1999 版的基础上加强和拓展了工程师的地位和作用，要求工程师代表业主行事的同时，在做出决定时保持中立（Neutral）。只有高水平、权威、专业且敬业的工程师才有可能做到中立，为此，2017 版 FIDIC 对工程师人员的资质提出了更高、更详细的要求，要求工程师必须"在与实施工程相适应的主要工程领域具有适当的资格、经验和能力"履行职责。

（2）工程师代表 在 2017 版 FIDIC 黄皮书中增加了"工程师代表"角色，并要求工程师代表常驻现场，且工程师不能随意更换其代表。

若工程师是法律实体，依据合同需指定并授权一个自然人代表工程师行使权力。工程师（或者如果是法律实体，则代表行使权利的自然人）应当是有合同要求的相应资质、经验和能力的专业工程师；并且具备流畅使用 FIDIC 黄皮书第 1.4 款［法律和语言］规定的主导语言能力。如果工程师是一个法律实体，它应当向各当事方通知其指定并授权代表其行事的自然人（任何替换的人）。通知到达各方之后，授权才生效。工程师撤销此类授权时也应当发出类似通知。

同时新设立第 3.3 款［工程师代表］，进一步规定工程师可指派一个工程师代表并依据第 3.4 款［工程师的付托］授予其在现场代表工程师行使权力，不同于"工程师"，该代表需常驻在现场。同时要求工程师代表具有相应的资格、经验和能力。如果在此期间工程师代表要暂时离开现场，工程师应当指派另一位有相当资格、经验和能力的人代替，并向承包商发出此次替换的通知。

（3）商定或决定 2017 版 FIDIC 黄皮书中规定，工程师无须经业主同意即可根据"商定或决定"条款做出决定，且业主也不能给工程师设限；还要求工程师在处理合同事务时使用"商定或决定"条款，尤其是处理索赔问题时要保持中立，并强调此时工程师不应被视为代表业主行事。

工程师与双方协商和做出决定时应遵循以下程序：

1）与当事方充分协商，尽最大努力在规定的期限内达成协议；工程师应就达成的、双方签字的协议向双方发出通知；如未达成协议，则由工程师做出决定。

2）工程师应在规定的期限内就其做出的公平的（Fair）决定向双方发出通知，并详细解释做出此决定的原因和依据。

3）工程师应当在 42 天内或者工程师提议且双方同意的其他期限内发出其决定的通知，在条款中规定了此期限的计算方法。

4）每项协议或者决定都对各方具有约束力（工程师也应当遵守），除非且直到依据合同对其进行修正；如对工程师的决定有疑问，任一方可向工程师提出，工程师应在 7 天内对此做出解释并发出通知。

5）如果不满意工程师的决定，可向对方发出不满意通知，同时抄送工程师，并提交争端避免/裁决小组（DA/AB）做出裁决。

2. 关于质量管理

（1）工程质量的总体要求 根据第 4.1 款［承包商的一般义务］和第 5.4 条［技术标准和规范］，承包商负责的设计、施工、承包商文件（包括设计图、竣工记录、运维手册等）应符合合同规定和项目所在国的法律要求、技术标准和规范及合同约定的其他技术标准，工程竣工后应满足预期使用目的（Fit for the Purpose（s），FFP）。承包商应选择有经验的人员或分包商，使用配备好的设施和无害的材料，以恰当的方式实施工程。

业主有权在工程实施期间对生产设备、材料和工艺进行检验、检查、测量和试验等，并要求承包商在工程移交前进行竣工试验；在工程移交后，承包商仍要负责缺陷通知期（Defects Notification Period，DNP）内的缺陷修补工作。FIDIC 黄皮书和银皮书中还可以要求进行竣工后试验。

此外，业主有权在承包商文件编制的地点检查承包商文件。根据第 5.2 款［承包商文件］，承包商文件应提交工程师进行审核，工程师应在收到承包商文件 21 天内发出不反对通知（No-objection Notice）或通知承包商修改（若工程师未在规定时间内做出回应，视为已发出不反对通知）。除了竣工记录（As-built Records）和运维手册（Operation and Maintenance manuals）外，承包商在收到工程师的不反对通知后方可实施相应的工程。如果承包商要修改设计或承包商文件，相关的工程应暂停实施，直至工程师对修改后的设计或承包商文件发了不反对通知。

（2）QMS 与 CVS　根据第 4.9 款［质量管理体系与合规验证体系］，承包商应在开工后 28 天内向工程师提交质量管理体系文件（Quality Management System，QMS），包括：确保与工程、货物、工艺或试验相关的通信文件、承包商文件、竣工记录、运维手册、实时记录可以被追踪的程序；确保工程实施界面和不同分包商工作界面协调和管理恰当的程序；承包商文件提交的程序。工程师应在收到 QMS 的 21 天内做出回应，发出不反对通知或通知承包商修改。承包商应至少每 6 个月进行一次 QMS 内部审计，并在审计结束后 7 天内将审计报告提交给工程师，审计报告应说明每次审计的结果，包括改进措施。如果承包商进行了关于质量保证的外部审计，承包商也应立即通知工程师外部审计中发现的问题。

此外，承包商还应建立合规验证体系（Compliance Verification System，CVS），验证设计、生产设备、材料、工作或工艺符合合同要求，并应包括承包商实施的全部检验和试验结果的报告方式。如果任何一项检验或试验证明承包商不符合合同，则应根据第 7.5 款［缺陷及拒收］进行修补或拒收。

QMS 和 CVS 为 2017 版 FIDIC 新增内容。其中，QMS 侧重于承包商在项目实施过程中应采取措施保证工程质量和相关文件可被追踪；CVS 侧重于承包商在项目实施过程中和竣工后应采取措施验证设计、材料、工作等符合合同规定，CVS 应与合同规定的检验、检查、试验等结合使用，是各种检验、检查和试验汇总而成的体系性文件。但是，遵守 QMS 和 CVS 不能免除承包商合同下的任何义务和责任。

3. 关于支付

（1）关于支付的基本概念

1）中标合同金额：中标函中双方认可的实施工程的金额。FIDIC 红皮书和黄皮书使用中标合同金额的概念（FIDIC 银皮书中无此概念）。

2）合同价格：FIDIC 红皮书的合同价格为以单价和实际结算的工程量为基础计算的价格，并考虑相应的调整和增减；FIDIC 黄皮书和银皮书的合同价格为合同协议书中的固定总价，考虑相应的调整和增减。如果 FIDIC 黄皮书中包括重新计量工作，则该部分工作价值应包含在合同价格中。

3）接收证书：工程师在工程竣工后向承包商颁发的证书。该证书表示工程已竣工，且承包商已将工程移交给业主。

4）履约证书：工程师在缺陷通知期结束后颁发的证书，该证书表示承包商已完成所有与实施工程有关的合同义务。

5）预付款：合同中约定的业主借给承包商的一笔无息款项，用于承包商前期工程的启动。

6）预付款保函：承包商为获得预付款而自费开具并向业主提交的保函。该保函的金额可随着预付款的返还逐步减少。

7）履约担保：承包商自费开具并向业主提交的用于确保承包商履约的担保。

8）保留金：业主在工程款支付时扣留的一部分金额，用于确保承包商严格按照合同实施工程。

9）期中报表：承包商在工程竣工前提交的用于申请期中支付的报表。

10）期中支付证书（Interim Payment Certificate，IPC）：工程师针对期中报表颁发的支付证书。该证书应列明承包商本期应获得的金额（FIDIC 银皮书中无此概念）。

11）竣工报表：承包商在工程竣工后84天内提交的用于申请竣工后工程款支付的报表。

12）最终报表初稿：承包商在收到履约证书后56天内提交的用于申请最终支付的报表。

13）最终报表：若工程师与承包商对最终报表初稿中的金额不存在争议，承包商应编制并提交的达成一致的报表。

14）部分同意的最终报表：如果在履约证书颁发后双方仍有金额存在争议，承包商应编制并提交的部分同意的报表。

15）最终支付证书（Final Payment Certificate，FPC）：工程师针对最终报表颁发的支付证书。该证书将列明承包商支付给业主或业主应支付给承包商的金额（FIDIC 银皮书中无此概念）。

16）结清单：承包商在提交最终报表时，承包商应提交的结清证明。该结清单可注明在承包商收到 FPC 中的金额和履约担保后生效。

图 17-1 对合同中与支付相关概念之间的先后关系进行了梳理。

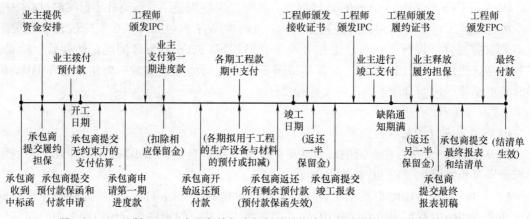

图 17-1　2017 版 FIDIC 合同条件与支付相关的概念关系示意图（以黄皮书为例）

（2）预付款的申请与拨付　在业主拨付预付款前，承包商应先自费开具并向业主提交预付款保函，保函的金额应等于预付款的金额，随着预付款的返还逐步减少，保函的格式、开具机构和有效期应满足合同的要求。在提交预付款保函的同时，承包商应向工程师提交预付款报表申请预付款，在工程师收到预付款报表且业主收到履约担保和预付款保函后的14天内，工程师应颁发预付款支付证书（Advance Payment Certificate），业主应在收到预付款支付证书后于合同约定的期限内将相应的预付款拨付给承包商。

（3）期中支付 依据第14.3款［期中支付申请］，承包商应于合同约定的每一个支付周期的期末之后，向工程师提交期中报表，报表应采用工程师接受的格式；期中报表应按照合同中约定的支付币种及内容列明金额，并附支持资料（含进度报告）以便工程师审核。工程师颁发IPC需要满足两个前提条件：承包商向业主提交履约担保和承包商按合同任命其代表。工程师应在收到承包商提交的期中报表和支持资料后28天内颁发IPC。IPC应列明工程师认为的应付金额，并附详细支持资料说明其确认金额与申请金额的差异和原因。如果IPC的金额（扣除保留金和其他扣款后）少于合同约定的最低支付限额，工程师可以扣留该IPC并及时通知承包商。

（4）竣工支付 依据第14.10款［竣工报表］，承包商应在竣工日期（Date of Completion）后84天内提交竣工报表，并附支持资料。竣工报表应列明：

1）截至竣工日期，承包商根据合同完成的所有工作的价值。

2）承包商认为在竣工日期应获得的其他金额。

3）承包商认为在其竣工日期后根据合同应得的其他费用的估算（该费用应单列），包括承包商依据合同已发通知的索赔金额、已提交DA/AB解决事项的金额和针对DA/AB决定已发不满意通知事项的金额。

工程师应在收到竣工报表后，依据第14.6款［IPC的颁发］颁发IPC，业主根据第14.7款［支付］进行竣工支付。竣工支付与期中支付的流程相同，只是报表的内容不同。

（5）最终支付 最终支付是指缺陷通知期结束、颁发履约证书后对承包商的支付。因双方可能会对最终支付的金额有争议，2017版FIDIC合同条件中关于最终支付的处理原则为：无论是否存在争议金额，最终报表初稿的提交不应因此而延误；若存在争议金额，应将争议金额与非争议金额分开列出；若双方未能就争议金额及时达成一致，应先针对双方同意的金额颁发支付证书并支付。

4. 关于进度管理

（1）进度中的关键节点 进度中的关键节点及其顺序如图17-2所示。

（2）开工通知及进度计划 工程师应在不少于14天前向承包商发出开工日期的通知，除非专用条件另有说明，开工日期应在承包商收到中标函后42天内，开工日期是竣工时间起算的日期，承包商应在开工日期后，在合理可能的情况下尽早开始工程的设计和施工。承包商应在收到开工通知后28天内向工程师提交一份初始进度计划，此进度计划应当使用合同规定的软件编制。当原定进度计划与实际进度或承包商义务不相符时，承包商还应提交一份修订的进度计划，每项进度计划必须包含逻辑关系、浮时（机动时间）和关键路径，对使用什么版本的进度计划软件等细节都要求在合同中详细规定。如果工程师在收到初始进度计划后的21天内（或者在收到修订进度计划后的14天内）没有提出反意见，合同双方就应该按照该进度计划安排工作。

（3）提前通知 合同各方对于自己意识到的严重影响承包商工作的、严重影响未来工

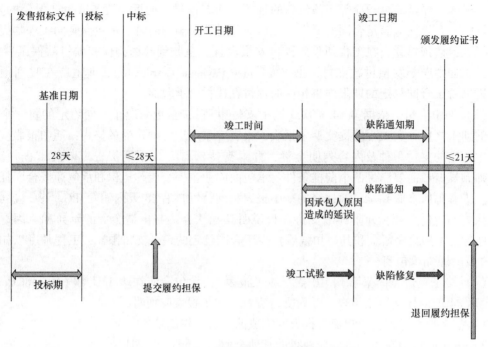

图 17-2　进度中的关键节点及其顺序示意图

程性能的、使合同价格上升的或会使工程工期延误的已知的或者可能发生的事件或情况，应提前告知各方，以使损失降到最小。这项规定旨在使合同各方提前有效地进行沟通，在问题萌芽状态将其解决，以减少争端。

5. 关于竣工后试验

如果需要，可以在业主要求中约定竣工后试验。根据黄皮书第 12.1 款［竣工后试验的程序］，竣工后试验由业主负责，业主应负责提供竣工后试验所需的人员、材料、燃料、水电、仪器仪表等，并应根据合同和运维手册，在承包商的指导下实施。根据银皮书第 12.1款［竣工后试验的程序］，竣工后试验由承包商负责，业主负责提供竣工后试验所需的水、电、污水处理、燃料、耗材、材料等，承包商应负责提供竣工后试验所需的其他仪器仪表、文档和其他信息、设备、人员等，并向业主提交竣工后试验计划供业主审核，按照业主审核同意的竣工后试验计划实施。在 FIDIC 黄皮书下，双方也可在专用条件中约定由承包商负责竣工后试验，按照类似 FIDIC 银皮书的方式进行。

竣工后试验多用于含生产设备较多的工业项目或基础设施项目。此类项目在工程移交以前可能无法满足竣工后试验的条件。竣工后试验一般包括与竣工试验类似的性能试验和可用性试验（Availability Tests），性能试验旨在测试工程可以达到合同中约定的指标，可用性试验旨在检验工程在缺陷通知期内的可用性。FIDIC 黄皮书和银皮书中均包括竣工后试验的性能保证表，约定生产设备应达到的性能指标。竣工后试验要求在正常运行条件下测试，所以应考虑外部环境的影响。因 FIDIC 红皮书多用于由业主负责设计的土木工程施工，一般不需要竣工后试验，故无该条款。

6. 关于变更

（1）变更的定义　在 2017 版 FIDIC 系列合同条件中，将变更（Variation）的定义统一为"对工程所做的任何更改，且该更改是根据第13条［变更和调整］规定指示为变更"。从该定义可以看出，该变更为通常所说的工程变更，这与合同变更或修改有实质性的区别。工程变更属于合同范围内工作的自然延续或改变，或与完成合同下的工程紧密相关，表现为工程量、工作性质（质量、功能、功效或技术指标等）、工作范围、施工程序或顺序等方面的变化。本文所述变更均指工程变更。

（2）变更程序　2017版FIDIC系列合同条件中，根据变更发起人的不同将变更分为由业主方（包括业主和工程师，FIDIC红皮书和黄皮书中为工程师，FIDIC银皮书中为业主）发起的变更和由承包商发起的变更。业主方发起的变更又可分为业主直接签发变更指示发起变更（"指示变更"）和业主方要求承包商提交变更建议书发起变更（"征求建议书变更"）。承包商发起的变更由承包商从价值工程的角度自发提交变更建议书，由业主方确认是否变更。其流程与业主方征求建议书变更基本相同，不同之处包括以下几方面：

1）出发点不同。业主方征求建议书变更是承包商按业主方要求提交变更建议书供其审阅并确定是否变更；而承包商发起的变更是承包商从价值工程的角度（包括可加快完工，降低业主实施、维护或运营工程的成本，能为业主提高工程的效率或价值以及为业主带来其他效益）自发提交变更建议书。

2）编制建议书的费用承担方不同。由承包商发起的变更，编制建议书的相关费用由承包商自行承担；而由业主方发起的变更，如果业主方最终决定不变更，则承包商编制建议书的费用由业主承担。

3）对于承包商发起的变更，业主方在确认签发变更令时，应在其中说明合同双方对价值工程产生的效益、费用和（或）延误的分享和分担机制。

（3）变更的权利　无论是由业主方还是承包商发起变更，在确认变更后业主方都应签发变更指示，即变更的决定权在业主方，由业主决定是否变更、如何变更；但对于业主方发起的变更，承包商可以合理理由拒绝接受变更或拒绝提交变更建议书。这些理由包括（FIDIC红皮书没有第4条和第5条）：

1）从工程的范围和性质考虑，该变更工作是不可预见的。

2）承包商不能获得实施变更所需的物资。

3）该变更会严重影响承包商履行第4.8款［健康和安全义务］以及第4.18款［保护环境］下的义务。

4）该变更会严重影响性能保证值的实现。

5）该变更可能会对承包商完成工程的义务产生不利的影响，导致工程无法满足第4.1款［承包商的一般义务］所述的工程预期目的（Fit for Purpose）。

收到承包商的拒绝通知后，业主方可以取消、确认或修改变更指示。

7. 关于索赔

（1）索赔的定义　2017版FIDIC系列合同条件中对索赔的定义为"一方向另一方要求或主张其在合同条件中的任何条款下，或与合同、工程实施相关或因其产生的权利或救济"。

从上述定义可看出，索赔具备的特性有：合法性，它的确定必须以合同文件和相关法律法规为依据；补偿性，而非惩罚性，它是为了补偿无过错方的损失而设定的；无过错性，它是非自身原因导致的，提起索赔一方的当事人没有过错；客观性，只有当实际的经济或权益确实受到损失时，受损方才能向对方提起索赔请求。

（2）索赔的分类　2017 版 FIDIC 系列合同条件在第 20 条 ［业主和承包商的索赔］ 中将索赔明确分为三类：

第一类：业主关于额外费用增加 （或合同价格扣减） 和 （或） 缺陷通知期 （Defects Notification Period，DNP） 延长的索赔。

第二类：承包商关于额外费用增加和 （或） 工期延长 （Extension of Time，EOT） 的索赔。

第三类：合同一方向另一方要求或主张其他任何方面的权利或救济，包括对工程师 （业主） 给出的任何证书、决定、指示、通知、意见或估价等相关事宜的索赔，但不包含与上述第一和第二类索赔有关的权利。

2017 版 FIDIC 黄皮书中承包商向业主索赔可引用的明示条款如表 17-2 所示，索赔处理流程如图 17-3 所示。

表 17-2　2017 版 FIDIC 黄皮书中承包商向业主索赔可引用的明示条款

序号	条款号	条款名称	可索赔内容	序号	条款号	条款名称	可索赔内容
1	1.9	业主要求中的错误	T＋C＋P	17	11.7	接收后的进入权	C＋P
2	1.13	遵守法律	T＋C＋P	18	11.8	承包商的调查	C＋P
3	2.1	现场进入权	T＋C＋P	19	12.2	延误的试验	C＋P
4	4.6	合作	T＋C＋P	20	12.4	未能通过竣工后试验	C＋P
5	4.7.3	整改措施，延迟和/或成本的商定或决定	T＋C＋P	21	13.3.2	要求提交建议书的变更	C
6	4.12.4	延误和/或费用	T＋C	22	13.6	因法律改变的调整	T＋C
7	4.15	进场道路	T＋C	23	15.5	业主自便终止合同	C＋P
8	4.23	考古和地理发现	T＋C	24	16.1	承包商暂停的权利	T＋C＋P
9	7.4	承包商试验	T＋C＋P	25	16.2.2	承包商的终止	T＋C＋P
10	7.6	修补工作	T＋C＋P	26	16.3	合同终止后承包商的义务	C＋P
11	8.5	竣工时间的延长	T	27	16.4	由承包商终止后的付款	C＋P
12	8.6	当局造成的延误	T	28	17.2	工程照管的责任	T＋C＋P
13	8.10	业主暂停的后果	T＋C＋P	29	17.3	知识和工业产权	C
14	9.2	延误的试验	T＋C＋P	30	18.4	例外事件的后果	T＋C
15	10.2	部分工程的接收	C＋P	31	18.5	自主选择终止	C＋P
16	10.3	对竣工检验的干扰	T＋C＋P	32	18.6	根据法律解除履约	C＋P

注：表中的 T 代表可获得工期索赔；C 代表可获得费用索赔；P 代表可获得利润索赔。

8. 关于争端

合同争端解决方式主要包括协商解决、争端解决替代方式 （Alternative Disputes Resolution，ADR）、仲裁、诉讼等。

2017 版 FIDIC 系列合同条件的争端解决机制为 DA/AB，强化其争端避免功能。DA/AB 的主要特点为：

（1）DA/AB 的成员　原则上由业主方和承包商协商，从专用合同条件的合同数据列明的备选名单中选取一人或三人，除非另有约定，一般应为三人。为保证 DA/AB 的中立性，其成员候选人由业主和承包商各自确定一人并报对方认可，双方及两名候选人共同协商确定第三名候选人并指定其为 DA/AB 主席。DA/AB 成员任命应在承包商收到中标函后的约定时限或 28 天内完成，并以正式签署 DA/AB 协议的日期为 DA/AB 组建日。

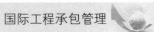

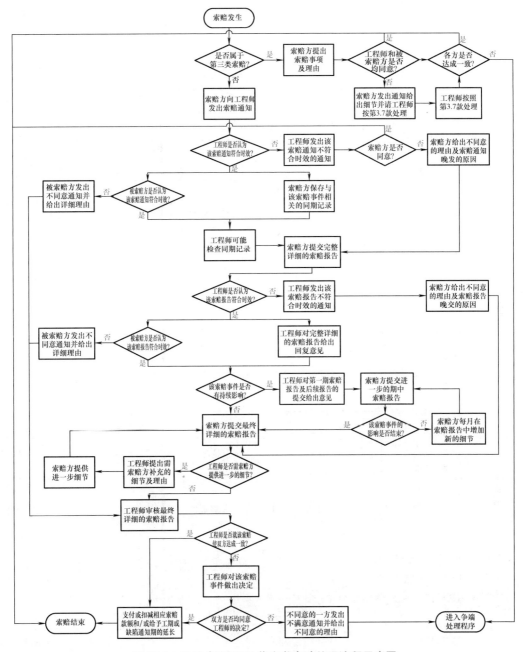

图 17-3 2017 版 FIDIC 黄皮书索赔处理流程示意图

（2）DA/AB 责任与权利 DA/AB 的主要责任是合同实施过程中的争端避免和裁决。争端避免方面，DA/AB 可应各方请求或主动提供协助，启动非正式讨论，尝试解决合同履行期间产生的任何问题。争端裁决方面，DA/AB 接受任一方关于争端裁决的委托，进行必要的调查，并在期限内给出有理有据的决定；DA/AB 的裁决行为不被视作仲裁，DA/AB 成员也不以仲裁员身份开展工作。

（3）DA/AB 争端解决程序 2017 版 FIDIC 合同条件中 DA/AB 的争端解决程序如图 17-4 所示（以黄皮书为例）。

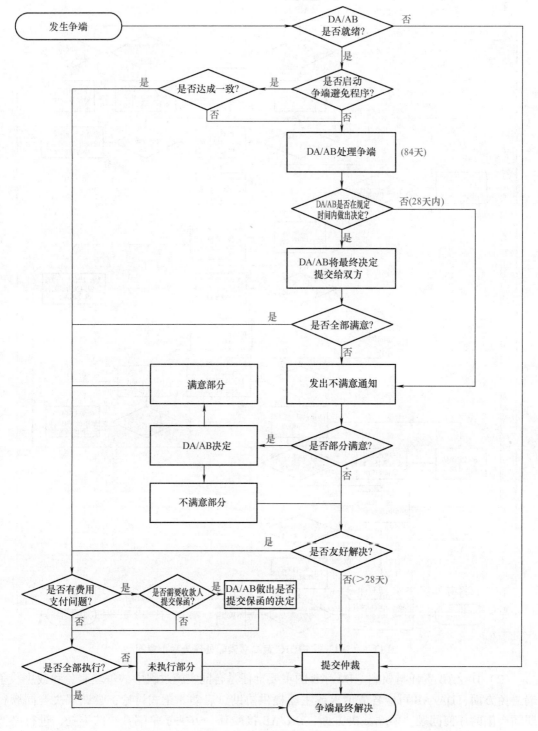

图 17-4　2017 版 FIDIC 合同条件中 DA/AB 的争端解决程序示意图（以黄皮书为例）

9. 关于工程照管

根据合同，承包商和业主应分别在不同的阶段负责照管工程、货物和承包商文件，使其免受损害；一旦发生损害，将根据双方的照管职责和损害来源进行责任划分和承担。

1）对工程、货物和承包商文件的照管职责。根据2017版FIDIC黄皮书通用合同条件第17.1款［工程照管职责］（Responsibility for Care of the Works），自工程开工日起至工程竣工，承包商应负责照管工程、货物和承包商文件；工程竣工后，对工程的照管职责移交给业主。如果工程师（或业主）针对工程某一部分颁发了接收证书，那么该部分工程的照管职责将相应移交给业主。在工程照管职责移交给业主后，承包商仍应负责照管工程竣工时未完成的扫尾工作，直至该扫尾工作完成。如果合同执行过程中发生合同终止，自合同终止日起，承包商不再负责照管工程。

2）工程、货物、承包商文件发生损害后的修复责任。在承包商照管期间，如果工程、货物或承包商文件出现了任何损失或损害，除以下六类除外责任外，皆由承包商负责修复使工程、货物或者承包商文件符合合同要求，并承担修复的风险和费用。此外，根据第17.2款［工程照管责任］（Liability for Care of the Works），对接收证书颁发后由承包商原因引起的，或接收证书颁发前由承包商应负责原因造成的发生在接收证书颁发后的，任何工程、货物或承包商文件的损失或损害，也应由承包商负责。

根据第17.2款［工程照管责任］，对于以下六类事件引发的工程、货物或承包商文件的损失或损害，承包商不应承担责任（除非在以下事件发生前工程、货物或承包商文件已被工程师根据合同拒收）：

① 按照合同实施工程对道路通行权、光、空气、水或者其他通行权不可避免的干扰（由承包商施工方法导致的除外）。

② 业主对永久工程任何部分的使用，除非合同中另有规定。

③ 业主负责的设计或者业主要求中的任何错误、缺陷或遗漏（一个有经验的承包商在投标前考察现场和检查业主要求时尽到了应有的注意后仍未能发现），根据合同规定承包商负责设计的部分除外。

④ 任何不可预见的或一个有经验的承包商不能合理预见到并采取足够预防措施的自然力的作用（合同数据表中分配给承包商的风险除外）。

⑤ 第18.1款［例外事件］中列明的事件或情形。

⑥ 业主人员或业主其他承包商的任何行为或违约。

以上第1类事件是项目实施不可避免的，第2、3和6类事件属于业主方行为造成的，第4和第5类事件属于客观原因造成的。上述6类事件属于业主方应该承担的风险。

若以上6类事件导致工程、货物或承包商文件损害，承包商应该立即通知工程师，此后承包商应该按照工程师的指示修复损失或损害。该指示应被视为是工程师根据第13.3.1款［指示变更］做出的，将按变更程序处理。例外事件造成的承包商的损失将按照第18.4款［例外事件的后果］的规定处理。

如果工程、货物或承包商文件的损失或损害是由于以上六类事件和承包商负有责任的原因共同造成的，且承包商因修复损失或损害遭受了延误和（或）招致了额外的费用，承包商有权根据第20.2款［索赔款项和（或）EOT］的规定获得相应比例的、因以上六类事件造成的工期延长和（或）成本及利润补偿。

关于第3类事件，2017版FIDIC三本合同条件是有差异的。其中，红皮书没有"业主要求"这个文件，取而代之的是技术规范和图样；银皮书业主要求中的错误、缺陷或遗漏风险在签订合同后均由承包商承担，FIDIC 银皮书的第 3 类事件仅指业主负责的设计工作中的错误、缺陷或遗漏。

10. 合同双方的相互保障

承包商和业主除应根据合同照管工程、货物和承包商文件外，还应保障对方的利益免受因为自己行为或违约造成的来自第三方索赔的影响。同时，承包商应对自己负责设计部分的失误给业主造成的损失应予以补偿/保障。

(1) 承包商对业主的保障　根据第 17.4 款 [承包商的保障]（Indemnities by Contractor），承包商应保障业主、业主人员以及他们各自的代理人免受以下原因导致的来自第三方的索赔、损害赔偿、损失和开支（包括法律费用和开支）：

1) 由承包商实施工程引起的任何人员的人身伤害、患病、疾病或死亡，业主、业主人员或他们各自的任何代理人的过失、故意行为或违约行为造成的除外。

2) 由下列情况造成的对任何财产、不动产或动产（工程除外）的损害或损失：

① 承包商实施工程引起的。

② 由于承包商、承包商人员以及他们各自的任何代理人或他们中任何人直接或间接聘用的任何人的过失、故意行为或违约行为造成的。

根据第 17.4 款 [承包商的保障]，承包商还应保障业主免受因承包商履行设计义务的行为、错误或遗漏而导致的已完工工程（包括生产设备）不符合合同预期目的（FFP）带来的损失或损害。由于涉及承包商设计方面的内容，在使用 FIDIC 黄皮书或银皮书的项目中，这项规定对维护业主的相关利益提供了重要保障；虽然 FIDIC 红皮书中也保留了同样的内容，但在使用 FIDIC 红皮书的项目中，这种情况应该很少出现。

(2) 业主对承包商的保障　根据第 17.5 款 [业主的保障]（Indemnities by Employer），业主应保障承包商、承包商人员以及他们各自的代理人免受以下原因导致的来自第三方的索赔、损害赔偿、损失和开支（包括法律费用和开支）：

1) 由于业主、业主人员或他们各自的任何代理人的过失、故意行为或违约行为造成的人身伤害、患病、疾病或死亡，或对除工程外的任何财产造成的损失或损害。

2) 第 17.2 款 [工程照管责任] 下的六类除外事件造成的对任何财产、不动产或动产（工程除外）的损失或损害。

(3) 知识产权与工业产权侵权保障　业主和承包商还应保障双方免受知识产权与工业产权（专利权、商标权、版权等）侵权引起的第三方索赔带来的损失或损害。根据第 17.3 款 [知识产权与工业产权]（Intellectual and Industrial Property Rights），承包商应保障业主免受承包商实施工程或承包商使用施工设备引起任何侵权索赔带来的损失或损害（包括法律费用及开支）。业主应保障承包商免受因以下情况引起的任何侵权索赔带来的损失或损害（包括法律费用及开支）：

1) 承包商遵守业主要求和（或）任何变更而造成的不可避免的结果。

2) 业主对工程的使用造成的结果：

① 该使用是为了合同以外的目的（明示或暗示）。

② 该使用连同非承包商提供的任何物品一起使用，除非合同中另有规定或承包商在基准日前知悉。

当合同一方收到第三方索赔时，应立即向另一方发出通知，如果一方未能在收到第三方索赔28天内发出该通知，该方应被认为已放弃本条款规定的任何受保障的权利。

如果一方有权根据本款受到保障，保障方可（自费）承担第三方索赔谈判以及可能由其引起的任何诉讼或仲裁。在保障方请求并承担费用的情况下，另一方应协助处理该索赔。除非保障方未能及时参与第三方索赔谈判，另一方（及其人员）不应做出可能有损保障方的任何承诺。

知识产权与工业产权侵权保障是一个非常重要的问题，且该侵权问题不能通过保险转移风险，也没有赔偿的最高责任限额。可能正因为其特殊性，知识产权与工业产权侵权保障与第17.4款［承包商的保障］及第17.5款［业主的保障］分开单列成一个子条款。

（4）共同保障　根据第17.6款［共同保障］（Shared Indemnities），如果合同双方均对导致损失或损害的事件负有责任，承包商对业主的保障，应考虑第17.2款［工程照管责任］下的六类除外情况对该损失或损害的影响程度，由此按比例减少承包商的责任。类似地，业主对承包商的保障，也应考虑第17.1款［工程照管职责］下承包商承担责任的任何事件对该损害、损失或伤害的影响的程度，按比例减少业主的责任。

11．例外事件分析

例外事件是项目实施过程中所面临的一类特殊风险。

（1）例外事件的定义和常见类型　根据第18.1款［例外事件］，例外事件是指满足以下条件的某种事件或情况：

1）一方无法控制的。

2）该方在签订合同前，不能对之进行合理预防的。

3）发生后，该方不能合理避免或克服的。

4）不能实质性归因于另一方的。

例外事件可能包括但不限于满足上述四项条件的下列事件或情况：

1）战争、敌对行动（不论宣战与否）、入侵、外敌行为。

2）叛乱、恐怖主义、革命、暴动、军事政变或篡夺政权或内战。

3）承包商人员和承包商及其分包商其他雇员以外的人员造成的骚动、喧闹或混乱。

4）非仅涉及承包商人员和承包商及其分包商其他雇员的罢工或停工。

5）战争军火、爆炸物质、电离辐射或放射性污染，但可能因承包商使用此类军火、炸药、辐射或放射性引起的除外。

6）自然灾害，如地震、海啸、火山活动、飓风或台风。

上述六类情况的前五项是"人祸"，最后一项是"天灾"。

（2）例外事件的一般处理　根据第18.2款［例外事件的通知］，如果一方因例外事件使其履行合同规定的任何义务已经或将受到阻碍（称为"受影响一方"），受影响一方应通知另一方，并明确说明已经或将受到阻碍的各项义务（称为"受阻碍的义务"）。

此通知应在受影响一方察觉或应已察觉到例外事件发生后的14天内发出。发出此通知后，受影响一方应在例外事件阻碍其履行义务之日起免于履行受阻碍的义务。如果另一方未在上述14天内收到此通知，受影响一方仅应在另一方收到此通知日起免于履行受阻碍的义务。除受阻碍的义务外，受影响一方应继续履行合同下的其他义务。而且，例外事件不应免除任何一方根据合同规定对另一方的支付义务。

如果例外事件具有持续性的影响，受影响一方应在第一次通知后，每28天发出进一步通知并描述其影响。当受影响一方不再受例外事件影响时，应立即向另一方发出通知；如果受影响一方未按照要求发出通知，另一方可以通知受影响一方，说明其认为受影响一方合同义务的履行不再受例外事件阻碍，并说明原因。

例外事件发生之后，合同双方应尽快进行处理，尽所有合理的努力，使例外事件对合同履行造成的延误和损失降到最低程度。

如果承包商为受影响一方，例外事件使其遭受工期延误和（或）费用增加，且承包商已根据以上规定通知业主该例外事件，承包商应有权根据第20.2款［索赔款项和（或）EOT］的规定，提出工期延长索赔；如果是第18.1款［例外事件］中第1）~5）项所述的事件或情况，且第2）~5）项所述事件或情况发生在工程所在国，承包商还有权进行费用索赔。

第18.1款［例外事件］中所列出的六类例外事件发生时，承包商均有权获得工期延长，但并非所有情况均能获得费用补偿。由此可见，虽然例外事件的风险主要由业主承担，但在不同情况下，承包商可以获得的索赔不同，要注意甄别。

思考题和习题

1. 为什么国际工程要比一般工程项目复杂？
2. 国际工程承包风险众多，哪些是承包人可以控制的，哪些是承包人难以控制的？
3. 国际工程投标报价程序、报价组成如何？
4. 国际工程投标报价技巧有哪些？国际工程投标决策的主要因素有哪些？
5. FIDIC标准合同条件主要包括哪几类？各适用于什么环境？
6. FIDIC黄皮书中的争端解决机制是什么？有何特点？
7. 请分析国际工程期中支付、竣工支付及最终支付的关系。

参 考 文 献

[1] 何继善，等．工程管理论［M］．北京：中国建筑工业出版社，2017．

[2] 项目管理协会．项目管理知识体系指南：PMBOK 指南［M］．6 版．北京：电子工业出版社，2018．

[3] 王卓甫，杨高升．工程项目管理：原理与案例［M］．3 版．北京：中国水利水电出版社，2014．

[4] 中华人民共和国住房和城乡建设部．建设工程项目管理规范：GB/T 50326—2017［S］．北京：中国建筑工业出版社，2017．

[5] 王卓甫，丁继勇，杨高升．现代工程管理理论与知识体系框架：一［J］．工程管理学报，2011，25（2）：132－137．

[6] 王卓甫，杨志勇，丁继勇．现代工程管理理论与知识体系框架：二［J］．工程管理学报，2011，25（3）：256－259．

[7] 国家发展改革委，建设部．建设项目经济评价方法与参数［M］．3 版．北京：中国计划出版社，2006．

[8] 柯永建，王守清，陈炳泉．基础设施 PPP 项目的风险分担［J］．建筑经济，2008（4）：31－35．

[9] 李世蓉．公共项目私人融资新途径：PFI［J］．重庆建筑大学学报，2000（5）：90－94．

[10] 王守清，柯永建．特许经营项目融资［M］．北京：清华大学出版社，2008．

[11] 戴大双．项目融资［M］．2 版．北京：机械工业出版社，2009．

[12] 郑光复．建筑的革命［M］．南京：东南大学出版社，2004．

[13] 王卓甫，杨高升，洪伟民．建设工程交易理论与交易模式［M］．北京：中国水利水电出版社，2010．

[14] 王卓甫，杨高升，刘俊艳．现行建设法规对工程交易模式发展影响的分析［J］．建筑经济，2008（7）：9－12．

[15] 洪伟民，刘红梅，王卓甫．基于熵权模糊综合评判法的工程交易模式决策［J］．科技管理研究，2010（3）：122－125．

[16] 李慧敏，王卓甫．建设工程交易的研究范式［J］．华北水利水电学院学报，2012，33（4）：13－18．

[17] 陈勇强，焦俊双．工程项目交易方式与支付方式对项目成本的影响［J］．同济大学学报（自然科学版），2011，39（9）：1407－1412．

[18] 陈勇强，傅永程，吕文学．不同交易方式下项目冲突对成本绩效的影响［J］．同济大学学报（自然科学版），2014，42（10）：1626－1632．

[19] 丁继勇，王卓甫，王道冠，等．建设工程项目交付方式与项目绩效研究综述［J］．土木工程学报，2014（4）：131－144．

[20] 张莹．招标投标理论与实务［M］．北京：中国物资出版社，2003．

[21] 吴芳，冯宁．工程招投标与合同管理［M］．北京：北京大学出版社，2010．

[22] 王卓甫，杨高升，邢会歌．建设工程招标模型与评标机制设计［J］．土木工程学报，2010，43（8）：140－145．

[23] 《标准文件》编制组．中华人民共和国标准施工招标文件：2007 年版［M］．北京：中国计划出版社，2010．

[24] 谈飞，欧阳红祥，杨高升．工程项目管理：工程计价理论与实务［M］．北京：中国水利水电出版社，2013．

[25] 王卓甫，丁继勇．工程总承包管理理论与实务［M］．北京：中国水利水电出版社，2014．

[26] 李明顺．工程招投标与合同管理［M］．长沙：中南大学出版社，2013．

［27］　王卓甫，丁继勇，杨志勇．工程招投标与合同管理［M］．北京：中国建筑工业出版社，2018．

［28］　李瑞阳，王选仓．珠海淇澳大桥联合投标简介［J］．公路，1995（2）：1－4．

［29］　TURNER J R. Farsighted Project Contract Management：Incomplete in Its Entirety［J］．Construction Management and Economics，2004，22（1）：75－83．

［30］　WEAVER P. Effective Project Governance – linking PMI's Standards to Project Governance［C］．Hong Kong：PMI Global Congress，2007．

［31］　WINCH G M. Managing Construction Project：An Information Processing Approach［M］．2nd ed. Manchester：Wiley Blackwell，2009．

［32］　严玲，赵黎明．论项目治理理论体系的构建［J］．上海经济研究，2005（11）：104－110．

［33］　沙凯逊．建设项目治理［M］．北京：中国建筑工业出版社，2013．

［34］　沙凯逊．建设项目治理十讲［M］．北京：中国建筑工业出版社，2017．

［35］　王卓甫，张显成，丁继勇．项目管理与项目治理的辨析［J］．工程管理学报，2014，28（6）：102－106．

［36］　丁士昭．工程项目管理［M］．北京：高等教育出版社，2017．

［37］　戴运良，张志国．土木工程施工组织［M］．武汉：武汉大学出版社，2014．

［38］　成虎，肖静，虞华．工程项目管理［M］．2版．北京：高等教育出版社，2013．

［39］　李忠富．建筑施工组织与管理［M］．北京：机械工业出版社，2013．

［40］　郭汉丁．工程施工项目管理［M］．北京：化学工业出版社，2010．

［41］　杨剑明．重大工程项目建设的环境管理［M］．上海：华东理工大学出版社，2016．

［42］　韩文成．HSE 管理体系审核与评估［M］．北京：石油工业出版社，2015．

［43］　王卓甫．工程项目风险管理：理论、方法与应用［M］．北京：中国水利水电出版社，2003．

［44］　何关培．企业 BIM 应用关键点的分析与思考［J］．工程质量，2015，33（8）：8－12．

［45］　宦国胜，王海俊，沈国华．水利工程中三维信息模型技术平台的比选和应用［J］．江苏水利，2015（1）：41－45．

［46］　FIDIC. Conditions of Contract for Plant and Design – Build［M］．2nd ed. Geneva：FIDIC – World Trade Center II，2017．

［47］　陈勇强，张水波，吕文学．2017 年版 FIDIC 系列合同条件修订对比［J］．国际经济合作，2018（5）：47－52．

［48］　陈勇强，吕文学，张水波．FIDIC 2017 版系列合同条件解析［M］．北京：中国建筑工业出版社，2019．